España
temas de cultura y civilización

Luisa Piemontese-Ramos
Southern Connecticut State University

Carlos Arboleda
Southern Connecticut State University

THOMSON HEINLE

Australia Canada Mexico Singapore Spain United Kingdom United States

España: temas de cultura y civilización
Luisa Piemontese-Ramos
Carlos Arboleda

Publisher: *Janet Dracksdorf*
Acquisitions Editor: *Helen Richardson*
Development Editor: *Heather Bradley*
Production Editor: *Samantha Ross*
Director of Marketing: *Lisa Kimball*
Associate Mktg Manager: *Elizabeth Dunn*
Senior Print Buyer: *Mary Beth Hennebury*
Project Coordination and Composition: *Pre-Press Company, Inc.*
Photography Manager: *Sheri Blaney*
Photo Researcher: *Lili Weiner*
Text Designer/Illustrator: *Maria Grubor*
Cover Designer: *Ha Nguyen*
Printer: *Webcom, Ltd.*

Printed in Canada.

1 2 3 4 5 6 7 8 9 10 07 06 05 04 03

For more information contact Heinle, 25 Thomson Place, Boston, Massachusetts 02210 USA, or you can visit our Internet site at http://www.heinle.com

ISBN: 0-8384-5149-7

Library of Congress Control Number: 2003107869

To Julian and Adrian, my never-ending realm of possibility . . .

To Natalia, Juan, and Emanuel, my beloved children, for the many hours we could not spend together . . .

Contents

Preface

España: temas de cultura y civilización, designed for intermediate and advanced college courses or advanced high school courses, exposes students to the diversity of contemporary Spain. The text provides a comprehensive view of the country through its history, geography, visual arts, politics, sociology, and music, as well as its people, languages, traditions, and daily customs. In addition to expanding students' cultural and historical knowledge, the text works to develop students' skills according to the five standards for foreign language learning. *España: temas de cultura y civilización* presents new and current perspectives regarding Spain and its role in the European and international communities in the new millennium.

Traditionally, Spanish culture and civilization textbooks have focused on "big C" culture, specifically those elements that refer to the creative impetus of Spanish society: art, music, architecture, and literature. These same textbooks have also spotlighted "big C" civilization, or rather, significant events and prominent figures in history. As a result, today's market offers a variety of textbooks that remain quite similar in nature, which provide students with only a diachronic view of Spain. As such, the standard university or high school Spanish culture and civilization course becomes, in essence, a history course detailing events and biographies. In response to this, we have designed a text that offers a synchronic view of Spanish society. *España: temas de cultura y civilización* looks to create a dialogue between the old and the new, between "big C" culture and "little c" culture, in particular those elements which constitute the daily life, values, conventions, roles, and behaviors of the Spanish people.

This horizontal view of Spanish society is achieved through several means. The readings included in this book represent contemporary, as well as older, authentic sources that belong to a variety of genres and styles: essays, current newspaper and magazine articles, testimonials and interviews, traditional and contemporary song lyrics, movie reviews, and excerpts from literary texts. Furthermore, the book offers visual stimuli: art and photographs as well as a companion web site (http://espana.heinle.com) that includes links to related topics on the Internet. Equally important are the many communicative activities, both guided and open-ended, which aid students in becoming active participants in the culture and civilization of Spain.

España: temas de cultura y civilización contains fourteen chapters plus a brief introduction and conclusion, which highlight the uniqueness of Spain and each of its different regions. The first and final chapters deal with Spain and its role in the European and international communities, offering students a general overview, while the twelve remaining chapters focus on the specific regions with an eye to what binds them together as well as what differentiates them. Each chapter opens with a map and geographical information for students to use as a reference. A general introduction with a guided activity follows the chapter opener and serves as the starting point for students' study of the region or regions of focus. Each chapter is organized into six sub-sections, complete with readings and activities, which instructors may present in any order they desire. The sub-sections are: *Gente y personajes ilustres* (People and Illustrious Characters), *El idioma* (Language), *El arte y la arquitectura* (Art and Architecture), *Las fiestas y el folclore* (Celebrations and Folklore), *Gastronomía* (Gastronomy), and *Aspectos sociopolíticos* (Social Issues). Each chapter concludes with a *Materiales suplementarios* section that lists supplementary sources, including video and audio recommendations. The *Appendice* further complements the chapters' contents by offering a cultural and historical chart that presents a holistic view of Spain without foregoing the emphasis on diversity, followed by a glossary of terms used within the text. Thanks to chronological and alphabetical organization, respectively, the Cronología y Glosario also serve as quick references for students.

With respect to the sub-section content of each chapter, each includes author-generated and authentic readings of varying lengths with footnotes of particularly difficult vocabulary or important historical information. The reading nucleus includes three types of student-centered activities:

- *A tu parecer (2–3 questions):* These are pre-reading activities, which serve to activate students' prior knowledge and are interpersonal and presentational in nature.
- *Para conocer mejor (10 questions):* These post-reading activities stress comprehension, encourage interpretation, and aid students in making connections among the chapters
- *Para saber más (2–4 questions):* These expansion activities call for further interpretation, analysis, and research, and are interpersonal and presentational in nature.

The chapter and the overall structure of *España: temas de cultura y civilización* are uniquely flexible in that all sub-sections and chapters cross-reference and, therefore, may be introduced in any order that the instructor deems appropriate. The order in which the autonomous communities appear within the chapters and within the text remains arbitrary.

España: temas de cultura y civilización also takes into consideration the recent development of the National Standards for Foreign Language Learning. Currently, the focus is on more communicative, student-centered approaches. While this book is intended for upper-level courses, we believe that, for the most part, students at this level are still working toward proficiency in Spanish. Our text empowers students both intellectually, by stimulating their sense of inquiry and analysis, and linguistically, by applying the 5 C's consistently throughout each unit in order for students to be actively engaged in a variety of tasks. Students are asked to form opinions on certain issues, defend their beliefs, solve problems, research, and explore. Furthermore, they are encouraged to process the material in intelligent and creative ways, through reading, writing, and discussion activities. *España: temas de cultura y civilización* places the emphasis on cultural studies and, more specifically, on issues of global multiculturalism and diversity. Our text presents the diversity of Spain's society, people, and language, by offering multiple perspectives and including readings from various genres on both contemporary and historical issues.

Through our synchronic presentation of Spain we invite students to explore the country's culture and civilization in ways that are not always chronological. Although the text makes reference to and explains all of Spain's major cultural and historical events from its inception to the present day, we invite students to be active readers: piecing together and cross-referencing. For further clarification, we provide students with chronological timelines and other reference materials.

The clear narrative style of the readings and definitions of vocabulary also serve to maintain a level appropriate for third-year Spanish students but still challenges them both linguistically and intellectually. With *España: temas de cultura y civilización*, students arrive at an understanding of Spain synchronically through an appreciation of each region and its importance in history as well as in modernity.

Our ultimate goal is that students who use *España: temas de cultura y civilización* are prepared to engage in substantive dialogue and debate regarding Spain, its culture, and its civilization in any context, whether in an academic setting or at a sidewalk café. With *España: temas de cultura y civilización* we hope to spark students' interest so that they gain confidence in their abilities and continue to study both Spain and Spanish.

Acknowledgments

We would like to express our profound appreciation to our colleagues and friends who have supported, motivated, and inspired our work during this project. In particular, we are deeply grateful to the hundreds of students who, over many years, have joined us in a dialogue of ideas, insights, and enthusiasm concerning the language and culture of the Spanish-speaking world.

We are indebted to our colleagues in the profession who have shared their wisdom and knowledge toward the shaping of this text. Some of the following professors participated in more than one round of reviews:

Eugenia Afinoguenova, *Marquette University*
Carmen Chavez, *Clemson University*
Allan Englekirk, *Gonzaga University*
José María García-Sánchez, *Eastern Washington University*
Michael Gerli, *University of Virginia*
Ruth Kauffmann, *William Jewell College*
Ignacio Javier López, *University of Pennsylvania*
Cristina Moreiras-Menor, *University of Michigan*
Esperanza Román-Mendoza, *George Mason University*
José Angel Sainz, *Mary Washington College*
Phillip Thomason, *Pepperdine University*

We would like to thank Helen Richardson and Heather Bradley for their extraordinary trust in us and in our vision. Heather, your guidance and support throughout the project has been invaluable. We express our gratitude to the members of the Heinle team for their care and expertise in processing the manuscript.

Luisa would like to offer particular thanks to her husband, Valeriano Ramos, for always offering loving and unconditional support and encouragement; her amazing children, Julian and Adrian, who are her source of inspiration; her father, Michele Piemontese, and her sister, Antonella Piemontese, for always believing in her endeavors. In particular, Luisa acknowledges Manuel Durán, her mentor and guide, for instilling in her a passion for the Spanish-speaking world.

Carlos is particularly thankful to his mentor, Daniel Testa, of Syracuse University, for his encouragement and support since the beginning of his professional career, not only in Salamanca, Spain, but also in the United States.

Luisa & Carlos

About the Authors

Luisa Piemontese-Ramos is Associate Professor of Spanish at Southern Connecticut State University. She received her PhD in Spanish Literature from Yale University in 1988, where she remained as faculty until 1998. While at Yale, she received the prestigious prize for Excellence in Teaching in 1995. She has given numerous workshops at local, regional, and national conferences. In 2002, she received the Teacher of the Year Award in the category of College and University Professors from the American Association of Teachers of Spanish and Portuguese.

Carlos A. Arboleda, PhD, is Professor of Spanish at Southern Connecticut State University. He has written several articles on Miguel de Cervantes's dramatic ideas and contemporary Colombian Literature. His publications include *Teoría y formas del metateatro en Cervantes,* a translation into English of *Biografías fantásticas,* a book by the Colombian writer Laureano Alba, and a publication with the Colombian writer and journalist Medardo Arias of an interview with Rigoberta Menchú, winner of the Nobel Peace Prize in 1992. He has been directing the SCSU Program in Salamanca, Spain, since 1990.

Introducción

Históricamente España ha servido de puente entre distintos territorios, continentes y culturas. Ubicada en la Península Ibérica, entre el océano Atlántico y el mar Mediterráneo, ha sido punto de arribo y desembarque para muchos pobladores viajeros e invasores como los celtas, los fenicios, los griegos, los romanos, los visigodos, los musulmanes y más recientemente los marroquíes. Durante la época de su imperio la presencia española se sintió en Europa, América y en Asia. Hoy en día España incluye la mayor parte de la Península Ibérica, dos archipiélagos —las Islas Baleares en el Mediterráneo y las Islas Canarias en el Atlántico— y dos territorios en el Norte de África —Ceuta y Melilla.

España, cuya capital es Madrid, está dividida en 17 comunidades autónomas; cuenta con aproximadamente 39.5 millones de habitantes, y tiene cinco lenguas oficiales. Su clima y geografía son variados: desde el frío del área septentrional montañosa de los Pirineos, hasta la llanura templada de la meseta central de la Mancha y hasta el calor del desierto de Almería en el sur.

Desde épocas muy remotas España ha sido sometida a divisiones y separaciones culturales y políticas; separaciones que todavía se perciben hoy en día en la diversidad de la gente, los idiomas y las tendencias políticas. Sin embargo, para poder entender la historia de España hay que verla también desde una perspectiva vertical. Al apreciar la totalidad y la integridad del cuadro entero, se podrán

http://espana.heinle.com

comprender más profundamente los elementos que componen este mosaico que ha sido y sigue siendo España.

Según varios artefactos encontrados en el territorio español de la provincia de Burgos, se opina que los primeros habitantes, quienes aparentemente son cazadores, se remontan al año 1.000.000 a.C. Luego pueblan el territorio el hombre *Neandertal* y el hombre de *Cro Magnon* desde el año 100.000 a.C. hasta el 35.000 a.C.

Del norte de Africa aparecen los *iberos* que crean diferentes culturas, entre ellas la turdetana en el sur. En el año 1.200 a.C. llegan los *celtas* desde el norte y se mezclan con los iberos. Durante esta época, en el norte viven los *vascos*, cuyo origen es incierto. Poco después, en el año 1.100 a.C., los *fenicios* se establecen mayormente en el sur por aproximadamente setecientos años. Trabajan y exportan mucho el oro, la plata y el bronce, y desarrollan unas ciudades muy grandes y prósperas. En el siglo VII a.C. llegan los *griegos* a la costa sureste de la península y establecen el comercio con otras colonias ya existentes.

Durante las Guerras Púnicas entre Roma y Cartago en el siglo III a.C. los *cartagineses* invaden y conquistan gran parte de la península. Aníbal, general cartaginés, lucha contra Roma entre 218 y 202 a.C. Al ser derrotados los cartagineses, los *romanos* toman control de casi toda la península y el dominio de su imperio dura más de seiscientos años. En esa época se le pone nombre de Hispania al territorio y hay divisiones en provincias. Se adopta el latín como idioma, y se implementan leyes y costumbres romanas. También esta época se distingue por la riqueza arquitectónica de acueductos, palacios, anfiteatros y puentes. Hispania llega a ser un lugar de gran importancia para el imperio: hasta dos emperadores, *Trojano* y *Adriano,* nacen en ella. Durante el imperio romano el emperador *Teodosio* declara el cristianismo como religión oficial en la península. Pero en el año 409 d.C. llegan los *visigodos* del norte y derrotan a los romanos.

Desde el año 419 hasta 711 los *visigodos* ocupan la península. En el año 589 con el III Concilio de Toledo el líder visigodo Recaredo públicamente se convierte al cristianismo, aunque secretamente lo ha hecho dos años antes. A pesar de que se mantienen el latín y las leyes romanas durante el reino visigodo, hay mucho desacuerdo y animosidad entre los diferentes grupos de esta civilización. Este estado de desconcierto hace posible la invasión musulmana de la península. En el año 711, con la batalla de Guadalete, los visigodos son derrotados y así comienza la invasión árabe. Rodrigo es el último rey visigodo.

En el año 711 los soldados musulmanes cruzan el estrecho de Gibraltar, invaden la península y la convierten en un emirato o provincia árabe llamada Al-Ándalus. En los siglos que siguen, la península va arabizándose y se convierte Al-Ándalus en el siglo X en un califato independiente bajo Abderramán

III. En esta época hay mucha prosperidad y se desarrollan las ciudades de Zaragoza, Sevilla, Córdoba y Valencia. Florecen el arte *mudéjar*, mayormente decorativo con mosaicos y relieves detallados en marfil, bronce, plata y oro, y la arquitectura se reconoce por la decoración interna con diseños geométricos, azulejos y relieves en marfil y distintos metales. Por más de siete siglos los musulmanes aportan también una riqueza cultural y lingüística que permanecería hasta su derrota final en 1492. Aparecen textos científicos y líricos que luego serán traducidos al castellano vernáculo. En el siglo XI se inician las guerras entre el califato y las familias reales musulmanas, y Al-Ándalus comienza a separarse en reinos taifas. Mientras tanto el esfuerzo de los cristianos hacia la reconquista gana más terreno. En el siglo XIV los musulmanes sólo tienen el reino de Granada, hasta que en 1492 triunfa por completo la Reconquista y los cristianos se apoderan de la península entera.

La Reconquista en contra de la invasión musulmana comienza en el año 722 con la batalla de Covadonga encabezada por el rey Pelayo. Se establece el reino de *Asturias* y se inicia la trayectoria victoriosa hacia el sur que durará más de 700 años. Entre los años 810 y 852 Íñigo Arista funda el reino de *Navarra*. Luego de varias batallas entre los años 850 y 866 se retoman Astorga, León y Amaya y se logra en el año 910 reconquistar Zamora, Simancas y Toro bajo Alfonso III de Asturias. Entre los años 911 y 914 el reino de Asturias se convierte en reino de *León* bajo García I. En el año 961, Fernán González logra la autonomía del *Condado de Castilla*, y en el año 986 se independizan los *Condados Catalanes*. Con Sancho III, el Mayor se establece la hegemonía de Navarra en el año 1000, y en el 1035 nacen los reinos de *Castilla* y *Aragón*, con Fernando I como primer rey de Castilla y Ramiro I, primer rey de Aragón. En 1065 muere Fernando I de Aragón y se divide el reino entre sus hijos: Sancho, *Castilla*; Alfonso, *León*; García, *Galicia*; Elvira, *Toro*; Urraca, *Zamora*. En 1085, luego de unas batallas y discordias entre los reinos hermanos, Alfonso VI conquista Toledo y Madrid. En 1094, el Cid Rodrigo Díaz de Vivar toma Valencia. Años después aparecerá el poema épico del Cid que canta las hazañas de este personaje histórico. Entre 1230 y 1252 *Castilla y León* se unen bajo Fernando III. En 1236 los esfuerzos de la reconquista llegan hasta el sur y Fernando III conquista Córdoba, y en 1238 Jaime I de Aragón toma Valencia. Alfonso X, el Sabio, rey de Castilla y León, reina entre 1252 y 1282 estableciendo en Toledo el centro de las artes y las letras. Durante esta época se traducen varios textos del griego, latín, hebreo y árabe al castellano vernáculo. En 1350 muere el soberano Alfonso XI debido a la epidemia de peste negra que se ha extendido ya por la península. El 19 de octubre de 1469 contraen matrimonio Isabel de Castilla y Fernando de Aragón, uniéndose de esta forma los dos reinos más poderosos. La unión de los reinos de Castilla y Aragón con las bodas de

Fernando e *Isabel* es suficiente para el triunfo final de la Reconquista y la derrota de los musulmanes. En 1480 se crea el Tribunal del Santo Oficio de la Inquisición. En 1492 los Reyes Católicos entran en Granada, para luego firmar el decreto para la expulsión de los judíos.

El esfuerzo por extender el cristianismo en la península por medio de la Reconquista se refleja aparentemente en el arte y las letras del momento. Mayormente se desarrolla en el territorio cristiano, un arte que consiste en retratos religiosos por artistas de renombre como *Ferrer Bassá, Jaume Serra, Luis Borrassa, Lluis Dalmau, Bernat Martorell, Pedro Berruguete* y *Bartolomé Bermejo*. La *arquitectura cristiana* de esta época es *románica*, y consiste en la construcción de templos y monasterios que se distinguen por paredes masivas y por su falta de decoración. El estilo *gótico* se importa de Francia y se conoce por sus templos de decoración opulenta. En la literatura, después del poema épico del Cid que pertenece al Mester de Juglaría, también se desarrollan textos del Mester de Clerecía cuyos temas son religiosos, como por ejemplo Milagros de Nuestra Señora de Gonzalo de Berceo y el *Libro de buen amor* de Juan Ruiz, Arcipreste de Hita. En la lírica se distinguen el Marqués de Santillana y Jorge Manrique, y en la prosa, Juan Manuel, sobrino de Alfonso X, el Sabio.

Con la toma de Granada y la unificación del reino español bajo una única corona y religión se establece una de las épocas, por un lado más ilustres, y por otro lado, más tristes de la historia española: se extiende el territorio español a otros continentes, pero se expulsa a los judíos y a los musulmanes por medio de la Inquisición. En 1492 salen del puerto de Palos de la Frontera, bajo la dirección de Cristóbal Colón, la Santa María, la Pinta y la Niña y llegan al Nuevo Mundo, después de seis meses de navegar el océano. En 1493 los Reyes Católicos reciben a Colón y después éste comienza su segundo viaje. Luego en 1498 hace el tercero y en 1502 el cuarto y último. En 1500 Juan de la Cosa realiza el primer mapa de América, basándose en las exploraciones españolas.

En 1504 muere Isabel, convirtiéndose Fernando en regente de Castilla, hasta que en 1505 doña Juana (la Loca) es declarada reina. En 1512 ocurre la anexión de Navarra. Carlos I (Carlos V de Alemania) se reconoce como monarca de Castilla y Aragón. En 1535 se crea el virreinato de Nueva España, y en 1542 se promulgan las Leyes Nuevas de Indias. En 1556, con la abdicación de Carlos I, comienza el reino de Felipe II de la familia Habsburgo. Nueve años más tarde, en 1564, comienza la colonización de las Filipinas. Unos años después, la batalla de Lepanto en 1571 establece la victoria española sobre los turcos. Durante la época del imperio y de la conquista de los territorios americanos, España es una de las potencias más fuertes del mundo.

En esta época el arte *renacentista* sigue siendo mayormente religioso; sin embargo también se desarrolla el retrato cortesano y el autorretrato. Los artistas más conocidos de la época son *El Greco, Francisco Ribalta* y *Francisco de Zurbarán*. La arquitectura renacentista proviene de Italia, y es una copia de la arquitectura romana en cuanto a la simetría y al uso de columnas. Se distingue en esta época en España el estilo plateresco donde el entalle se asemeja al trabajo en plata. En el estilo *barroco* la perspectiva se complica al representar la figura humana y sus entornos. *Diego de Velázquez, Bartolomé Esteban Murillo* y *Claudio Coello* son los artistas más distinguidos de esta época. La arquitectura barroca se distingue por una decoración extravagante, columnas curveadas y esculturas imponentes. Este estilo arquitectónico se extiende también hacia las Américas. En la literatura surge el género de la picaresca con el *Lazarillo de Tormes* paralelamente al desarrollo de las ciudades, y se distinguen las obras de Garcilaso de la Vega, Miguel de Cervantes, Lope de Vega, Luis de Góngora y Calderón de la Barca. La forma y el estilo literarios de esta época reflejan el contacto con otros autores italianos y europeos, debido a la extensión del imperio.

Desde su principio el imperio sufre dificultades, pero la decadencia empieza a sentirse más concretamente en 1588 cuando la Armada Invencible es derrotada desastrozamente, y cuando Carlos II muere sin sucesores y comienza la dinastía borbónica con Felipe de Borbón, sobrino de Luis XIV de Francia. Como resultado de la revolución francesa en 1789 España declara la guerra a la nueva república, pero sufre una gran derrota. Napoleón toma poder de España de 1808 a 1814 e impone a su hermano José en el trono. Por seis años España se ve envuelta en una Guerra de Independencia que termina con la derrota de Napoleón en Waterloo, la vuelta al trono de Fernando VII y el comienzo de un sistema absolutista. En las artes durante esta época se distingue Francisco de Goya, considerado el padre del arte moderno en España con sus representaciones de las realidades de la sociedad y de las guerras. Al heredar el trono Isabel II, Carlos, hermano de Fernando, mediante la Guerra de los Siete Años, se apoya a la derogación de la Ley Sálica que impedía la sucesión de mujeres al trono. Debido a la recesión y la inestabilidad política España pierde todas sus colonias menos las Filipinas, Cuba y Puerto Rico. Debido a la revolución de 1868, Isabel tiene que renunciar al trono. Es entonces caundo le ofrece la corona a Amadeo de Saboya, hijo del rey de Italia. Luego de su breve reinado se proclama la Primera República que tampoco dura mucho tiempo. Alfonso XII, hijo de Isabel II, es proclamado rey y con su muerte, María Cristina, su viuda, queda regente hasta que su hijo Alfonso XII toma la corona. Pronto Cuba inicia una rebelión por su independencia, y España pierde sus últimas colonias como resultado de la guerra con los Estados Unidos.

Las letras de la época neoclásica y de la ilustración se distinguen en las obras de Benito Jerónimo Feijoó y Gaspar Melchor de Jovellanos; Ignacio de Luzán y Félix María Samaniego que demuestran una preocupación por las ciencias, la educación y la cultura popular. En la época del romanticismo se distingue la afinidad hacia la subjetividad, el idealismo, el liberalismo y el nacionalismo, en particular en reacción contra la ocupación napoleónica. Surgen autores como el duque de Rivas, Espronceda, Zorrilla, Campoamor, Bécquer y Tamayo y Baus. Los costumbristas más conocidos como Alarcón, Valera, Galdós, Emilia Pardo Bazán y Blasco Ibáñez se fijan en los usos cotidianos de los ciudadanos de la época. Al finales del siglo surge la Generación del 98 con autores como Miguel de Unamuno, Azorín, Baroja, Valle-Inclán, y Antonio Machado. La generación del 98 resalta un cierto malestar español que ha crecido en todo el siglo. Se comienza a contemplar el alma española a través del conocimiento, la psicología y las tradiciones.

Al principio del siglo XX, España se distingue por una inestabilidad política y una crisis económica que resultan en un golpe de estado en que se establece la dictadura militar de Primo de Rivera entre 1923 y 1930. Luego el general Berenguer forma un gobierno de izquierdas, el rey abandona el país y se establece la Segunda República entre 1931 y 1939. En 1936 en España empieza la Guerra Civil española entre los nacionalistas, bajo la dirección del general Francisco Franco, y los repúblicanos. El apoyo de Alemania e Italia para Franco asegura su triunfo y en 1939 termina la guerra. Así comienzan las casi cuatro décadas de dictadura hasta la muerte de Franco en 1975.

En arte moderno se encuentran las obras de Joaquín Sorolla, Pablo Picasso, Juan Gris, Joan Miró, Salvador Dalí, Antoni Tàpies y Antonio Saura quienes ofrecen muestras del cubismo, surrealismo y otros movimientos más contemporáneos. La arquitectura moderna/contemporánea se distingue mayormente por el trabajo de Antoni Gaudí, cuyos ornamentos son sumamente complejos y originales. En la literatura sobresale la Generación del 27 con Federico García Lorca, Jorge Guillén, Pedro Salinas, Rafael Alberti y Vicente Aleixandre quien propone la búsqueda de lo nuevo entre la vanguardia y tendencias más clásicas. La Generación del 27 se afina con el ultraísmo y luego el surrealismo. Más tarde comienzan a surgir novelistas como Ángela Figuera, Camilo José Cela, Ana María Matute, Concha Zardoya, Carmen Laforet, Max Aub, Miguel Delibes, Elena Quiroga y Juan Goytisolo quienes representan una perspectiva más moderna del pensamiento español.

Desde sus inicios hasta Franco, España se ve en gran parte fragmentada debido a la dominación e invasión de varios pueblos. Aunque en la época del Siglo de Oro hay intentos hacia la unificación, el enfoque en la expansión a otros territorios da lugar a un debilitamiento interno que se desarrolla en discordias políticas, que no tienen otro remedio que resolverse en conflictos armados como la Guerra Civil. Bajo Franco se logra la unificación, pero con ella se impulsa un aislamiento político, social y cultural que por muchos años aleja a España del resto del mundo.

Capítulo

1

España y la Comunidad Europea

Capital	*Madrid*
Comunidades y Ciudades Autónomas	*Galicia, Asturias, Cantabria, País Vasco, Navarra, La Rioja, Cataluña, Aragón, Valencia, Murcia, Madrid, Castilla y León, Castilla-La Mancha, Extremadura, Andalucía, islas Baleares, islas Canarias, Ceuta, Melilla*
Idiomas	*castellano, euskera, catalán, gallego, bable, aragonés, valenciano, calo, andaluz, extremeño*
Montañas	*Sierra Nevada, Los Pirineos*
Ríos	*Ebro, Duero, Guadiana, Miño, Tajo, Guadalquivir, Segura, Júcar, Turia*
Límites	*Portugal, Francia, Andorra, Gibraltar, mar Mediterráneo, océano Atlántico, mar Cantábrico*

http://espana.heinle.com

Para explorar

1. Mira el mapa de Europa. ¿Qué importancia puede tener el lugar donde se encuentra España? Piensa en términos políticos, económicos y sociales.
2. ¿Qué medios de transporte conectan a España con el resto de Europa? En tu opinión, ¿cómo podrían mejorarse para establecer enlaces aún más directos entre los países europeos?

España y la Unión Europea

Con la transición pacífica a la democracia después de la muerte del dictador Francisco Franco y con su posterior integración a la Unión Europea, España ha experimentado un cambio substancial en muchos aspectos de su estructura, y se ha convertido en una de las naciones de mayor y más rápido crecimiento en el mundo. Los productos españoles son cada vez más competitivos en los mercados externos.

Dentro de esta dinámica de apertura hacia el mundo España ha hecho y hace un papel de primer orden, como puente entre Latinoamérica y Europa, para el intercambio y la cooperación efectiva no sólo en materia económica, sino también en aspectos científicos y la culturales. España promueve encuentros internacionales en los que se dialoga sobre conflictos y retos que enfrentan nuestras sociedades. Tal es el caso de los diferentes foros iberoamericanos sobre los derechos humanos, la ciencia y la tecnología, la democracia y el estado de derecho; y la cumbre entre la Unión Europea, América Latina y el Caribe celebrada en Madrid en mayo de 2002, en la que se abrieron amplias posibilidades de firmar acuerdos de libre comercio con países latinoamericanos.

De la misma manera y fiel a su nueva identidad europeizante España organizó en Barcelona una Conferencia Euromediterránea, en la que se trataron propuestas para la organización de tratados de libre comercio entre la Unión Europea, Marruecos, Argelia, Túnez, Egipto, Jordania, Palestina, Líbano, Siria, Turquía, Chipre, Malta e Israel.

No obstante las enormes ventajas de la integración de España a la Unión Europea se afrontan algunos retos como la inmigración ilegal, el narcotráfico, el terrorismo, los conflictos en el Cercano Oriente, la tensión entre India y Pakistán, la política de defensa europea y las relaciones con Rusia, para citar sólo algunos. Estos conflictos son los mismos que preocupan a toda la comunidad internacional, y el que no se agudicen o degeneren en una crisis violenta depende en gran parte del mantenimiento del diálogo constructivo entre todas y cada una de las partes involucradas.

Para saber más

1. Busca más información sobre uno de los siguientes retos a los que se enfrenta actualmente España: la inmigración ilegal, el narcotráfico, el terrorismo, los conflictos en el Cercano Oriente, la tensión entre India y Pakistán, la política de defensa europea y las relaciones con Rusia.
2. Busca más información sobre el papel que España hizo en la Europa del siglo XV al XVIII, durante la Guerra Civil española y durante la Segunda Guerra mundial.

Gente y personajes ilustres: Los sefardíes en la Península Ibérica y Europa

A tu parecer

1. En parejas, pensad en algún grupo étnico en vuestro país que se distinga por ciertas destrezas, trabajos o costumbres que han traído de su propio país. Compartid vuestras ideas con el resto del grupo.
2. Con todo el grupo, pensad en grupos religiosos que históricamente han tenido que ocultar su fe, o en grupos políticos que han tenido que ocultar sus ideas. ¿Qué medidas toman para seguir expresándose?

"Sefarad" es el término hebreo que significa España. Los sefardíes son los judíos provenientes de la Península Ibérica. La historia de los judíos en Iberia data de la época de la invasión de la península por los romanos. La mayoría de estos judíos son agricultores y mercaderes, y durante esta época de dominio romano son tolerados, aunque no pueden ser propietarios de tierras ni de viviendas. Las persecuciones contra los judíos en la península se inician en el año 409 cuando los visigodos conquistan a los romanos.

Los árabes (o moros) invaden España en 711 y un año después expulsan a los visigodos. Los sefardíes ayudan a los moros, ya que sólo de esta manera pueden liberarse de los visigodos. La vida de los judíos durante el reinado moro en la península es de relativa tranquilidad. Construyen sus sinagogas, fortifican sus creencias, y además se solidifican económicamente. Son expertos en asuntos comerciales y administrativos, y se desempeñan como agricultores y plateros y, ejercen la medicina. A manera de ejemplo vale la pena nombrar a Moisés Maimónides (Córdoba, 1135–1204), famoso judío sefardí estudioso de los asuntos judíos y reconocido por sus aportes a las matemáticas, la astronomía, la filosofía y la física. Sus méritos intelectuales son reconocidos incluso por Santo Tomás de Aquino. Debido a la persecución contra los judíos, Maimónides tiene que abandonar España y establecerse en Egipto.

Los judíos hacen un papel muy importante en la economía de España. Entre los años de 1391 y 1497 muchos de ellos son forzados a convertirse al catolicismo. En el año de 1481 la reina Isabel, aconsejada por su confesor Torquemada, instala la Inquisición en la ciudad de Sevilla y más adelante en el resto de la península. La idea es perseguir a los falsos conversos, es decir, a aquellos judíos y musulmanes convertidos al catolicismo sin convicción. Esta persecusión religiosa contra los judíos y musulmanes pronto llega a convertirse en una persecusión racial y de "limpieza de sangre", y la Inquisisón adquiere un carácter represivo. Muchos son torturados, expropiados de sus bienes, y sus sinagogas son quemadas o convertidas en criaderos de marranos. Si no acatan los autos de fe, es decir, si no se convierten al catolicismo se les quemará vivos. "Marranos" (en hebreo *B'nei Anusim*: "hijos de los Forzados"), es el término peyorativo dado a los judíos "conversos" que secretamente practican su fe. La hoguera se elige como la pena capital, pues quemando vivos a los incrédulos, éstos no podrán compartir y reproducir su sangre con los hijos del demonio.

Hacia 1492, el mismo año en que Cristóbal Colón sale en su primer viaje hacia América, los judíos son expulsados definitivamente de España por un decreto de la reina Isabel y el rey Fernando. De hecho muchos judíos sefardíes acompañan a Colón en su primer viaje a América. Para esta época España ya ha reconquistado todos sus territorios del poder del gobierno moro. Sin embargo la expansión del imperio español entre los siglos XVI y XVII no detiene la Inquisición. Al contrario, ésta continúa con la misma fuerza represiva en todas las colonias españolas, y sólo termina hacia 1820 cuando ya el poderío español llega a su ocaso.

Los sefardíes se establecen en el norte de África, Italia, Egipto, Palestina, Siria, los Balcanes y en el imperio turco. Otros grupos se asientan en Holanda, las Indias Occidentales y Norteamérica. Muchos de ellos fundan comunidades judías en Hamburgo, Amsterdan, Londres y Nueva York. Hoy el término sefardí es muy amplio y cobija no sólo a los judíos venidos de la península, sino a comunidades judías de África del Norte, Irak (Babilonia), Siria, Grecia y Turquía. En hebreo se usa el término Ashkenazi, que significa "germano", y se utiliza para incluir tanto a judíos alemanes, como aquellos provenientes de Rusia y Europa Oriental, cuyas culturas por razones históricas obvias son un tanto diferentes a la de los sefardíes. Es innegable el aporte de los sefardíes a la economía, las ciencias y las artes de España, y de los pueblos que los acogieron en calidad de exiliados.

A continuación hay un diálogo/viñeta de la realidad judeo-española de tiempos remotos. En la selección se observan no sólo el uso del dialecto sefardí, una mezcla del hebreo y del español, sino también la devoción de los jóvenes hacia la religión y el poder de la conversión.

La ija del rey i el ijo del jaham

En una kamaretika[1] ay un manseviko[2] ke s'ambesa[3] la Ley. Lo ve la la ija del rey i batea[4] la puerta. Avre el manseviko i ve una ermoza donzeya.

Dicho:—Kén[5] sos[6] tú?

Dicho[7] eya: Demandó[8]—kén sos tú?

Dicho él :—Yo so ijo de un rav[9], amá[10] no sé de ánde[11] viní[12] yo akí, en ké sivdad[13] morí... No sé nada (Porke no saviya.)

Pensó ella:—El sta ermozo[14]!

Dicho:—Kuálo[15] azes? Ké livros estás meldando[16]?

Dicho él:—La Ley muestra[17].

—Ké Ley?

—Na[18], esta Ley.

Kada notche eya abachava[19] ande[20] él i él empesó a ambesarle la Torá, el Tanah. Estuvo mezes kon él. Un anyo entero. El le mityó[21] el nombre de Sará, porké se izo djudiya[22] komo él. I eya lo yamó Avram.

(Matilda Cohen Sarano, "Tehiat ametim," Konsejas i Konsejikas del mundo djudeo-espanyol. *Jerusalem: Ed. Kana, 1994, p. 281.)*

Para conocer mejor

1. Compara los sefardíes (también llamados sefarditas) con otros grupos que vivían en la Península Ibérica antes o después del Imperio Romano, como por ejemplo los celtas (ver Capítulo 3) y los guanches (ver Capítulo 13).
2. ¿Por qué razones, en tu opinión, ayudaron los judíos a los moros en su invasión de la península?
3. Compara a los sefardíes con los mozárabes. (ver Capítulo 9)
4. Haz una comparación entre los emigrantes de España y los sefardíes. (ver Capítulo 14)
5. Compara los castigos usados para los judíos con otros castigos de la Inquisición. (ver Capítulo 2)
6. Compara a los sefardíes con los gitanos. (ver Capítulo 9)

[1] habitación
[2] muchacho joven
[3] estudia, aprende
[4] golpea
[5] ¿Quién
[6] eres
[7] Dijo
[8] Preguntó
[9] rabino
[10] pero
[11] dónde
[12] vine
[13] ciudad
[14] guapo, hermoso
[15] ¿Qué
[16] estudiando
[17] nuestra
[18] Aquí
[19] bajaba
[20] donde
[21] puso
[22] judía

7. Haz una comparación entre los exiliados de España durante la época de la Guerra Civil española y la expulsión de los sefardíes. (ver Capítulo 14)
8. En tu opinión, ¿por qué se trasladaron los sefardíes a tantos lugares diferentes en vez de irse a un solo país?
9. Explica el tema del texto auténtico incluido en la lectura.
10. ¿Qué peculiaridades ortográficas encuentras en el texto auténtico?

Para saber más

1. Busca más información sobre las comunidades sefardíes en el mundo de hoy en día.
2. Busca más información sobre el dialecto sefardí y cómo se distingue de otros idiomas hablados por los judíos.
3. Busca más información sobre la relación entre los sefardíes y otros grupos judíos alrededor del mundo.

El idioma: El español, lengua romance

A tu parecer

1. En parejas, haced una lista de las palabras en vuestro idioma nativo que se derivan del latín.
2. Con todo el grupo, dialogad sobre los factores pro y los en contra de los idiomas artificiales.
3. En grupos, pensad en vuestro idioma nativo. ¿A qué familia de idiomas pertenece? ¿Qué otros idiomas pertenecen a esa familia? ¿Cuáles son las similitudes y diferencias entre ellos? Compartid vuestras ideas con los otros grupos.

El idioma español pertenece al grupo de lenguas indoeuropeas que incluye las lenguas romances, germánicas, teutónicas, eslavas, indoiranias, camíticas y semíticas. Se les llama lenguas romances al italiano, al portugués, al español, al francés, al rumano, al sardo, al catalán, al provenzal, al gallego y al bable, además de los muchos dialectos que derivan de estas lenguas. Estos idiomas nacieron del antiguo latín que se extendió por el mundo durante el Imperio Romano. Sin embargo los idiomas romances que se hablan hoy en día no surgieron directamente del latín clásico o escrito, sino del "latín vulgar", una forma oral del latín hablada por la gente común. Este latín hablado se mezcló con los idiomas que ya existían en cada región; luego de la caída del imperio siguió desarrollándose y mezclándose con los idiomas de otros pueblos invasores, y de esta forma se distinguieron las peculiaridades de cada lengua romance.

Las similaridades entre los idiomas romances son varias, en particular entre el español, el francés, el italiano y el portugués. En términos de vocabulario hay un gran número de palabras en común entre los cuatro idiomas. En el siguiente cuadro se pueden observar algunos ejemplos de palabras con el mismo significado y con sólo pequeñas distinciones ortográficas:

español	italiano	francés	portugués
libro	libro	livre	libro
escuela	scuola	école	escola
doctor	dottore	docteur	doutor
color	colore	couleur	côr
boca	bocca	bouche	boca

Otros ejemplos muestran que a veces dos idiomas se parecen más entre sí:

español	italiano	francés	portugués
comer	mangiare	manger	comer
silla	sedia	chaise	cadeira
cerca	vicino	prês	perto
muchacho	ragazzo	garçon	rapaz
pluma	penna	plume	pena

En algunos casos todos los idiomas se parecen, menos uno:

español	italiano	francés	portugués
ayer	ieri	hier	ontem
cortina	cortina	rideau	cortina
negro	nero	noir	preto
alumno	alunno	élève	aluno
papel	carta	papier	papel

Y en casos más raros cada lengua es diferente:

español	italiano	francés	portugués
zapato	scarpa	soulier	calçado
cepillo	spazzola	brosse	escova

En cuanto a la sintaxis y la morfología también hay muchas similitudes entre estos cuatro idiomas: se hace distinción entre el femenino y el masculino, el singular y el plural; y los tiempos y modos verbales, los pronombres, las preposiciones, los adverbios, los artículos y los adjetivos son muy similares, con muy pocas distinciones.

Las diferencias entre los idiomas romances se encuentran primordialmente en la fonética y la fonología (en el francés y el portugués, por ejemplo, hay sonidos nasales; y el francés y el español tienen sonidos guturales), en la ortografía y en el vocabulario. No es difícil para un hablante de italiano entender el español escrito, por ejemplo, pero en una conversación oral tanto el italianoparlante como el hispanohablante tendrían dificultad para comunicarse a la perfección.

Al igual que el Imperio Romano dejó el latín como patrimonio, el imperio español también extendió su idioma por los territorios bajo su mando. Aunque el continente americano es el ejemplo más claro del impacto del idioma español fuera de la Península Ibérica, también en Europa se pueden observar varios ejemplos de la presencia del español en otros idiomas. Durante el Reino de las Dos Sicilias, la presencia del español fue considerable en el Sur de Italia. Todavía se encuentran hoy en día huellas del español en varios idiomas de la Italia meridional. El siguiente cuadro ilustra algunas palabras del idioma hablado en la ciudad de Nápoles (antiguamente la capital del Reino de las Dos Sicilias) que difieren del italiano y que claramente llegaron del español:

napolitano	español	italiano
borraccio	borracho	ubriaco
soga	soga	corda
varquilla	barquilla	cornetto
approvecciarse	aprovecharse	aprofittare
mucia	mucha	molta
passià	pasear	passeggiare
pelea	pelea	bisticcio
pesame	pésame	condoglianze

Las influencias histórico-lingüísticas entre los idiomas y dialectos romances son innumerables, y han sido causadas por el contacto político y social entre los países donde se hablan. En años recientes hasta se ha creado un idioma "artificial" llamado esperanto y luego interlingua que intenta recalcar las interrelaciones de los idiomas romances. Este idioma contiene los elementos morfológicos, sintácticos, léxicos y semánticos comunes entre los idiomas derivados del latín. Aunque hay personas que han aprendido el idioma interlingua, muchos otros lo han resistido quizás para no perder la singularidad de cada uno de sus idiomas.

Para conocer mejor

1. ¿Cuáles son los dialectos hablados en España que pertenecen a la familia de lenguas romances?
2. ¿Cuáles son algunos de los pueblos invasores en España que influyeron en el idioma después del Imperio Romano? (ver cuadro sinóptico)
3. En tu opinión, ¿por qué en algunos casos algunos idiomas romances se parecen más que otros?
4. Según tu punto de vista, ¿a qué se deben las diferencias semánticas entre los idiomas romances?
5. ¿Por qué piensas que el latín vulgar tuvo más peso en el desarrollo de las lenguas modernas que el latín clásico o escrito?
6. En tu opinión, ¿a qué se deben las diferencias fonéticas en los idiomas romances?
7. Según tu opinión, ¿es necesario para un hablante de un idioma romance aprender otro idioma romance?
8. ¿Opinas que el napolitano es dialecto del italiano o del español? ¿Por qué?
9. ¿Qué opinas del esperanto o interlingua?
10. En tu opinión, ¿cómo será el futuro de los idiomas romances?

Para saber más

1. Toma los cuadros en esta lectura, y añádeles las palabras en catalán y en gallego para comparar o contrastar.
2. Añade un ejemplo más en cada cuadro de la lectura.
3. Busca un texto en interlingua para ver cuánto entiendes.

El arte y la arquitectura: El Museo del Prado

A tu parecer

1. En parejas, pensad en el museo en vuestro país donde se encuentran las obras de arte más antiguas. Describid el museo y su colección.
2. En grupos, reflexionad sobre la siguiente pregunta: si tuvieséis que embellecer y modernizar vuestra ciudad, ¿qué cambios implementaríais?
3. En parejas, pensad en el siguiente problema: si un museo tuviera poco espacio y muchas obras de arte, fuera de ampliar el edificio o trasladar las obras a otros lugares, ¿qué otras alternativas habría para exhibir todas las obras?

En 1731 Carlos III abandonó España para pasar a territorio italiano, donde en 1734 fue declarado rey de Nápoles y de las Dos Sicilias. Al fallecer su hermano Fernando VI sin sucesión, Carlos III abdicó el trono en Nápoles para ocupar la corona española en 1759. Durante su reinado su mayor objetivo fue el embellecimiento de Madrid: mandó eregir monumentos públicos, limpiar, iluminar y pavimentar las calles e insertar arboledas y fuentes. Se creó así el Salón del Prado: un vasto jardín poblado de árboles, fuentes, paseos y edificios dedicados a las ciencias como el Observatorio Astronómico, la Escuela de Cirugía y el Gabinete de Ciencias Naturales, que hoy en día es el Museo del Prado.

El proyecto del arquitecto Juan de Villanueva para el Gabinete de Ciencias Naturales recibió aprobación del "rey albañil" en 1785, pero se paralizó la construcción en el reinado de Fernando VII, nieto del rey, durante las guerras napoleónicas. Después de las guerras fue el mismo Fernando VII quien mandó seguir la construcción del Gabinete, pero con el fin de convertirlo en museo para exhibir las colecciones de obras de arte pertenecientes a la monarquía española. Las obras de construcción terminaron en 1819 y resultaron en un edificio elaborado al estilo Barroco tardío y Neoclásico. En 1872 la colección del Museo del Prado creció notablemente, ya que se incorporaron a ella todas las obras del Museo de la Trinidad, obras mayormente religiosas. Ya entonces comenzaba a notarse la falta de espacio para las exhibiciones. El Museo del Prado fue sometido a tres ampliaciones, la primera en 1918 y las otras en los años cincuenta y sesenta. Sin embargo hasta el traslado de algunas obras a otros edificios y museos cercanos no solucionaron el problema de la falta de espacio. Inicialmente el museo se creó para exhibir pinturas y esculturas, pero su colección ha venido enriqueciéndose con dibujos, grabados, monedas, medallas y artes decorativas. Su colección de pinturas es tan vasta, y hay tan poco espacio en el Museo, que sólo una séptima parte puede exhibirse. De vez en cuando se programan exhibi-

Vista del pasillo principal del Museo del Prado

ciones por temporadas para mostrar algunas obras que no son parte de la colección permanente. Tiene también una gran colección de nuevas adquisiciones que sigue creciendo.

La colección del Museo del Prado abarca las épocas entre los siglos XII y XIX, e incluye obras de las escuelas española, italiana, flamenca, francesa, británica y holandesa. Se encuentran allí las obras de los grandes maestros españoles como Velázquez, Goya, El Greco, Zurbarán, Maíno y Murillo, así como varias obras de artistas extranjeros. Carlos I de España y V de Alemania y su hijo Felipe II fueron los primeros en enriquecer la colección real con obras extranjeras, como las de Tiziano, uno de sus favoritos. Algunos de los artistas europeos cuyas obras se incluyen en el Museo son: Tintoretto, Giorgione, El Bosco, Van der Weyden, Rubens, Rigaud, Poussin, Rembrandt, Tiepolo y varios otros. El museo abrió en 1819 como pinacoteca; se abría un día entero al público, otro día se cerraba para la limpieza y el mantenimiento, y los otros días se abría sólo para los estudiosos de historia del arte. Ahora el museo y sus edificios del entorno los visitan miles de españoles y extranjeros aficionados al arte de los grandes maestros europeos de la pintura. Carlos III quiso construir el Salón del Prado para embellecer y modernizar Madrid al estilo de otras capitales europeas. Ahora la zona del Prado es una de las más cotizadas, y el museo y su colección encabezan y les sirven de modelo a otros museos en Europa y en el mundo entero.

Para conocer mejor

1. En tu opinión, ¿por qué fue importante para el rey en esa época embellecer Madrid?
2. ¿Qué importancia tenían las ciencias en la época de Carlos III? (ver cuadro sinóptico histórico)
3. En la época de Fernando VII las obras de arte tomaron un lugar más importante que las ciencias. ¿Por qué? (ver cuadro sinóptico)
4. En tu opinión, ¿por qué incluye el museo sólo obras entre los siglos XII y XIX?
5. Según tu punto de vista, ¿por qué Carlos I y Felipe II vieron la necesidad de ampliar su colección de arte?
6. En tu opinión, si hay poco espacio, ¿por qué el Museo del Prado sigue aceptando nuevas adquisiciones?
7. ¿Qué esfuerzos se han implementado para poder exhibir más obras?
8. En tu opinión, ¿cuál es la importancia de tener un museo/pinacoteca?
9. Según tu punto de vista, ¿por qué piensas que la colección incluye mayormente las escuelas europeas?
10. ¿Qué representa ahora el Museo del Prado en Europa?

Para saber más

1. Pablo Picasso fue director del museo. Busca más información sobre sus logros en este puesto.
2. Por falta de espacio algunas obras más contemporáneas se pasaron a otros museos. Un ejemplo es el "Guernica" de Pablo Picasso. Busca información sobre cuáles son esas obras y dónde se exhiben o ubican ahora.
3. Compara el Museo del Prado con el Museo Louvre de Francia o el Museo Uffuzzi de Italia. Búscalos y prepara un breve informe sobre ellos para tus compañeros.

 Las fiestas y el folclore: La "fiesta" del fútbol

A tu parecer

1. En parejas, describid los deportes nacionales en vuestro país. ¿De dónde se derivan?
2. En grupos, dialogad sobre algunos ejemplos de la comercialización de los deportes.
3. Con todo el grupo, hablad sobre los factores en pro y los en contra de contratar a atletas extranjeros para jugar en equipos profesionales.

El fútbol, tal como lo conocemos hoy en día, fue inventado por los ingleses hacia mediados del siglo XIX. Actualmente este deporte se valora y se sigue a nivel mundial, y es causa de una infinidad de emociones entre sus fanáticos. España es, en la actualidad, el país que cuenta con los jugadores mejor cotizados del mundo. En España los mejores jugadores a nivel nacional actúan en el club Real Madrid. Tal es el caso del español Raúl, el portugués Luis Figo, los brasileños Roberto Carlos y Ronaldo (elegido como el mejor jugador del mundial de Corea y Japón del 2002) y el francés Ziredine Zidane, entre muchas otras estrellas. Otros clubes españoles como el Fútbol Club Barcelona, el Valencia, y el Club Deportivo La Coruña de Galicia también han pagado jugosas cantidades por algunos de sus jugadores.

El fútbol es indudablemente un gran negocio. En España se considera que mueve un poco más de mil millones de dólares al año. Paralelamente al comercio de jugadores se dan millonarias transacciones por derechos de transmisión de los encuentros por televisión, por anuncios publicitarios, y por los ingresos que reciben los equipos por la venta de diferentes tipos de mercancías.

Los clubes españoles, al menos los más poderosos, los controlan sociedades anónimas que ejercen un monopolio sobre ellos. De esta manera los dueños de los equipos comercializan su imagen y la de sus jugadores estrellas. Se trata entonces de vender al público la marca de sus camisetas, sus escudos, sus colores, banderines y balones autografiados por los jugadores: todo lo anterior, sin añadir las grandes cantidades que perciben por comisiones por venta de productos alimenticios, refrescos, licores, cigarillos, etc. También algunos futbolistas reciben sus "tajadas" por promocionar entre sus aficionados (muchos de ellos niños) una gran variedad de productos.

En la última década el fútbol europeo y todo el fútbol del mundo occidental han entrado en una creciente comercialización y adquirido una importancia económica sin precedentes, debido al hecho de que producen transacciones que generan cifras multimillonarias de dólares. La Federación Internacional de Fútbol Asociado (FIFA), máxima autoridad internacional en material de fútbol y encargada de organizar eventos mundiales, recibe millones de dólares sólo por los derechos de transmisión de los partidos de campeonatos mundiales. Sus ingresos en el pasado Mundial de Corea y Japón fueron de casi 800 millones, frente a los 70 que había recibido en el Mundial de Francia 1998 por el mismo concepto.

La UEFA o Unión Europea de Fútbol Asociado existe a nivel del fútbol dentro de la Comunidad Europea. Esta entidad auspicia anualmente la Liga de Campeones en la cual participan los mejores clubes europeos. Al igual que la FIFA, UEFA recibe ingresos millonarios sólo por la venta de derechos de televisión.

Toda esta situación de mercantilismo en el deporte ha generado una serie de dudas y críticas sobre la forma como el fútbol se ha alejado más y más de su verdadera esencia deportiva. Son muchos los comentarios en torno a la presencia de dinero negro, y las especulaciones y lavado de dólares por parte de algunos dirigentes y propietarios de los clubes. También se ha criticado la manera como algunos políticos han venido utilizando el fútbol como una poderosa arma demagógica para imponer sus intereses. En la historia de este deporte hay varios casos de jugadores y equipos que han sido adoctrinados por políticos corruptos y por dictadores, para que defiendan sus atrocidades, y promuevan una imagen positiva en los países en donde triunfan como futbolistas.

La violencia también ha inundado muchos de los estadios de fútbol en los últimos años. Una de las causas de este problema tiene que ver con el mal manejo de la información deportiva por parte de algunos medios de comunicación. No es gratuito que el fútbol y la televisión, instrumentos masivos por excelencia, se complementen mutuamente y vayan de la mano. Los dos se han convertido en aparatos mercantiles claves para los intereses de la sociedad de consumo europea. Muchas veces los medios de comunicación transmiten polémicas y valores deportivos falsos para atraer la atención de los aficionados al producto que quieren vender, en este caso, el encuentro futbolístico por el cual pagan una buena cantidad de dinero. Estas polémicas han creado enfrentamientos violentos y trágicos alrededor del mundo entre los hinchas o “barras” de equipos antagónicos. Estos actos de violencia son auspiciados por ciertos comportamientos y códigos típicamente machistas como “el buen parecer” y “la virilidad”, que unidos en muchos casos al consumo de drogas y alcohol, generan actos delictivos como explosiones, lanzamiento de objetos a los árbitros y/o jugadores, ataques a los hinchas de los equipos rivales, ultrajes a mujeres, etc.

Desafortunadamente el fútbol ha adquirido una organización y unos parámetros que distan mucho de sus verdaderos objetivos deportivos y recreativos. Millones y millones de espectadores de todas las edades sueñan con el día en que puedan presenciar pacíficamente un hermoso espectáculo futbolístico, si no gratuitamente, al menos pagando precios al alcance de su bolsillo.

La guerra o la fiesta

Eduardo Galeano

La Jornada-México, *30-05-2002*

En los conflictos en el mundo, el futbol es el único instrumento de conciliación que no ha fracasado.

El año pasado murió el hombre más viejo de Inglaterra. La vida de Bertie Felstead había atravesado tres siglos: nació en el siglo 19, vivió en el 20, murió en el 21.

Él era el único sobreviviente de un célebre partido de fútbol que se jugó en la Navidad de 1915. Se enfrentaron en ese partido los soldados británicos y los soldados alemanes. Una pelota apareció, venida no se sabe de dónde, y se echó a rodar, no se sabe cómo, entre las trincheras. Entonces el campo de batalla se convirtió en campo de juego, los enemigos arrojaron al aire sus armas y saltaron a disputar la pelota, todos contra todos y todos con todos.

Mucho no duró la magia. A los gritos, los oficiales recordaron a los soldados que estaban allí para matar y morir. Pasada la tregua futbolera, volvió la carnicería. Pero la pelota había abierto un fugaz espacio de encuentro entre esos hombres obligados a odiarse. El barón Pierre de Coubertin, fundador de las olimpiadas modernas, había advertido: "El deporte puede ser usado para la paz o para la guerra".

Al servicio de la guerra mundial que estaban incubando, Hitler y Mussolini manipularon el fútbol. En los estadios, los jugadores de Alemania y de Italia saludaban con la palma de la mano extendida a lo alto. "Vencer o morir", mandaba Mussolini, y por las dudas la escuadra italiana no tuvo más remedio que ganar la Copa del Mundo en 1934 y en 1938. "Ganar un partido internacional es más importante, para la gente, que capturar una ciudad", decía Goebbels; pero la selección alemana, que lucía la cruz esvástica al pecho, no tuvo suerte. La guerra de conquista vino poco después, y el delirio de la pureza racial implicó también la purificación del fútbol: 300 jugadores judíos fueron borrados del mapa. Muchos de ellos murieron en los campos alemanes de concentración.

Años después, en América Latina, las dictaduras militares también usaron el fútbol, al servicio de la guerra contra sus propios países y sus peligrosos pueblos. En el Mundial de 70 la dictadura brasileña hizo suya la victoria de la selección de Pelé: "Ya nadie para a este país", proclamaba la publicidad oficial. En el Mundial de 78, en un estadio que quedaba a pocos pasos del Auschwitz argentino, la dictadura argentina celebró "su" triunfo del brazo del infaltable Henry Kissinger, mientras sus aviones arrojaban a los prisioneros vivos al fondo de la mar. Y en 80, la dictadura uruguaya se apoderó de la victoria local en el llamado Mundialito, un torneo entre campeones mundiales, aunque fue entonces cuando la multitud se atrevió a gritar, por primera vez, después de siete años de silencio obligatorio. Rugieron las tribunas: "Se va a acabar, se va a acabar, la dictadura militar..."

Hay partidos que terminan en batallas campales, hay fanáticos que encuentran en el fútbol un buen pretexto para el ejercicio del crimen, y en las gradas desahogan los rencores acumulados desde la infancia o desde la última semana. Como suele ocurrir, es la civilización la que da los peores ejemplos de barbarie. Entre los casos de más triste memoria se podría citar, por ejemplo, la matanza de 39 hinchas italianos del club Juventus a manos de los hooligans ingleses del Liverpool, hace poco menos de 20 años... Los estadios de fútbol son los únicos escenarios donde se abrazan los etíopes y los eritreos. Durante los torneos interafricanos los jugadores de esas selecciones consiguen olvidar por un rato la larga guerra que periódicamente rebrota entre sus países.

Y después del genocidio que ensangrentó a Ruanda, el fútbol es el único instrumento de conciliación que no ha fracasado. Los hutus y los tutsis se mezclan en las hinchadas de los clubes, y juegan juntos en los diversos equipos y en la selección nacional. El fútbol abre un espacio para la resurrección del respeto mutuo que reinaba entre ellos antes de que los poderes coloniales, el alemán primero y el belga después, los dividieran para reinar...

Pero, la verdad sea dicha, la gran mayoría de los jugadores no ha hecho caso a las órdenes que sus himnos imparten, ni a los delirios épicos de ciertos periodistas que compiten con los himnos, ni a las instrucciones carniceras de algunos dirigentes y directores técnicos, ni a los clamores guerreros de unos cuantos energúmenos en las gradas.

Ojalá los jugadores, o al menos la mayoría de ellos, se sigan haciendo los sordos en el Mundial que viene, y que no se confundan a la hora de elegir entre la guerra o la fiesta.

(La Jornada-México, *30 mayo 2002*)

Para conocer mejor

1. ¿Por qué piensas que los jugadores más cotizados están en España?
2. ¿Qué ejemplos hay de que el deporte sea un negocio?
3. Compara el fútbol con cualquier otra fiesta celebrada en España. (ver otros capítulos)
4. ¿Cuál es el papel del niño en la comercialización del fútbol?
5. Compara la FIFA con otras organizaciones europeas y mundiales que tratan de mantener la integridad de los miembros, y establecer un diálogo entre ellos. (ver este mismo capítulo, Aspectos sociopolíticos)

6. ¿En qué ocasiones se ha usado el fútbol con fines bélicos?
7. ¿Cuáles son algunos sentimientos humanos afines al juego y a la guerra?
8. En tu opinión, ¿qué elementos tiene el fútbol que permiten que los jugadores se olviden de sus creencias políticas?
9. En tu opinión, ¿es irónico que en el mundial participen equipos de varias naciones?
10. ¿Qué significa "hacerse el sordo" según Eduardo Galeano?

Para saber más

1. Busca más información sobre el fútbol en España durante la época de la Guerra Civil española.
2. Busca más información sobre las ligas españolas actuales y sobre sus partidos de la última temporada.
3. Busca más información sobre los jugadores españoles que juegan en equipos extranjeros.

Gastronomía: Las tapas

A tu parecer

1. ¿Cuales son los aperitivos más comunes en vuestro país? ¿En qué situaciones se acostumbra comer sólo aperitivos? En parejas, haced una lista y compartidla con vuestros compañeros.
2. ¿Cuáles son algunos platos típicos de las diferentes regiones de vuestro país? En grupos de tres o cuatro, tomad una región para contestar esta pregunta.
3. Con todo el grupo, dialogad sobre algunos problemas que existen actualmente en el ámbito de la agricultura de vuestro país. ¿Qué medidas se han implementado para resolver estos problemas?

"Tapear" es una costumbre española muy conocida en que se va de bar en bar con amigos a degustar unas pequeñas porciones de comida y una o más copas de vino. Tapear es el pretexto para reunirse informalmente con amistades y conversar sobre cualquier tema que surja de momento. El origen de esta práctica, y más específicamente del hábito de servir y consumir una porción reducida de comida, es desconocido, y por esta razón circulan versiones variadas e interesantes. Una sugiere que es otra huella de la cultura morisca en la que los aperitivos son muy comunes. Otra se refiere al rey Alfonso X, el Sabio, quien durante una enfermedad en vez de comer platos en su tamaño regular, los tenía que comer en porciones más reducidas. Otra versión también se remonta a la Edad Media cuando en las tabernas se les servía junto al vino, una porción pequeña de comida a los soldados para que no se emborracharan. Sin embargo ninguna de estas versiones explica la palabra "tapa" mejor que la que cuenta que en la antigüedad se acostumbraba colocar una rebanada de pan o embutido para "tapar" la copa de vino y protegerla de las moscas. Lo interesante es que tapeando se pueden degustar los platos típicos no sólo del bar, sino de las diferentes regiones de España. Cada sitio ofrece una gastronomía diferente y única y todos participan en esta empresa con sus especialidades. Tan popular ha sido el tapear que esta costumbre ha traspasado las fronteras, y no es raro hoy en día encontrar taperías en otros países de Europa y del mundo. Recientemente hasta se convocó un congreso en San Sebastián dedicado a los pinchos y las tapas donde, entre otros temas, se discutió la posibilidad de enriquecer la variedad de las tapas para incluir recetas, no sólo de la "pequeña gastronomía" popular, sino también de la "alta cocina en miniatura" de índole más artístico.

La preparación y el consumo de diferentes tapas en cada región de España es como una contribución de la singularidad de cada comunidad hacia una sola empresa común del país. Esto es el simbolismo establecido en 1992 de los esfuerzos de la confederación de los países miembros de la Unión Europea. Cada país de la Unión Europea contribuye individualmente al proyecto total, y el resultado es un mayor diálogo y una coexistencia más sólida y más congruente. Tal propósito es el de la organización TAPAS (Technical Action Plan for Agricultural Statistics), que promueve la mejora de las estadísticas agrícolas de las comunidades europeas. TAPAS es un proyecto que se inició desde 1996, y cuyo objetivo "consiste en lograr que las estadísticas agrícolas comunitarias respondan mejor a las necesidades de información derivadas de la reforma de la política agrícola común". (La Comisión de las Comunidades Europeas, Bruselas (13 marzo 2002). Segundo informe de la Comisión al Parlamento Europeo y al Consejo sobre el avance de la Decisión 96/411/CE del Consejo relativa a la mejora de las estadísticas agrícolas comunitarias, p. 3).

TAPAS ha realizado sus estudios basándose en las siguientes modalidades en cuanto al estudio y análisis de la agricultura europea: simplificación, mejoras y nuevas aplicaciones.

a) Simplificación

Se ha trabajado en los siguientes ámbitos ...:

Encuestas sobre la estructura de las explotaciones agrícolas. ... Encuestas sobre las superficies vitícolas. ... Encuesta sobre los árboles frutales. ... Encuestas sobre el ganado. ... Encuestas porcinas. ... Estadísticas lecheras. ...

b) Mejoras

Estas acciones se centraron en los siguientes puntos:

Estadísticas de producción de frutas y hortalizas. ... Balances de aprovisionamiento de productos agrícolas y balances de alimentación animal.

c) Nuevas aplicaciones

La Comisión ha participado en la financiación de los trabajos de desarrollo iniciados por los Estados miembros en los siguientes ámbitos:

Estimaciones tempranas de las siembras de cereales y grandes cultivos. Contenido en proteínas de los productos lácteos. Previsiones de producción de carne. Utilización de plaguicidas. Indicadores agroambientales. Aspectos medioambientales de la contabilidad agrícola.

(La Comisión de las Comunidades Europeas, Bruselas (13 marzo 2002). Segundo informe de la Comisión al Parlamento Europeo y al Consejo..., p. 5–6)

Para que se aprecie el trabajo en conjunto entre los países europeos con TAPAS, citamos los esfuerzos relacionados con la utilización de plaguicidas:

> *Se están realizando nuevas encuestas piloto sobre el uso de plaguicidas para determinados cultivos en Grecia y en Bélgica y para frutas y verduras en España. En Portugal, se han validado los datos recogidos en la acción anterior para evaluar la posibilidad de realizar encuestas más amplias. Dinamarca, Finlandia y los Países Bajos estudian métodos de recoger datos regionales. Alemania y Suecia han experimentado y perfeccionado métodos de estimación basados en los datos de venta. Italia examina las posibilidades de aprovechar mejor las bases de datos existentes.*
>
> *El número de países participantes en la acción y la calidad de los trabajos dan fe de un balance muy positivo.*
>
> *(La Comisión de las Comunidades Europeas, Bruselas (13 marzo 2002). Segundo informe de la Comisión al Parlamento Europeo y al Consejo..., p. 14)*

Es interesante que la costumbre milenaria española de "tapear", en realidad una práctica de contribución, coexistencia y diálogo comunitario con base en la gastronomía, se vea en este nuevo siglo reflejada simbólicamente hasta en el nombre TAPAS en una organización que fomenta la unión y la concordia con base en la agricultura.

Para conocer mejor

1. Compara las tapas españolas con las empanadas gallegas. (ver Capítulo 3)
2. En tu opinión, ¿cuál de las versiones del origen de las tapas te parece la menos verídica y por qué?
3. Según tu punto de vista, además de lo que señala la lectura, ¿cuáles son las ventajas y desventajas de tapear?
4. ¿Qué importancia tiene el hecho de que se haya organizado un simposio sobre los pinchos y las tapas?
5. En tu opinión, ¿por qué se prestan las tapas para traspasar fronteras?
6. ¿Cuál es la diferencia entre la "pequeña gastronomía" y la "alta cocina en miniatura"?
7. ¿Qué relación hay entre las tapas y la organización TAPAS?
8. En tu opinión, ¿qué importancia tiene la estadística para la agricultura?
9. En tu opinión, ¿por qué es importante que los países europeos estén activamente envueltos en los esfuerzos de TAPAS?
10. Según tu punto de vista, ¿qué resultados pueden darse a largo plazo debido a los esfuerzos de TAPAS?

Para saber más

1. Busca una receta de tapas popular y una de culinaria más artística.
2. Busca más organizaciones europeas como TAPAS que cuentan con el apoyo de varios países. Tu investigación no debe limitarse a la gastronomía o la agricultura.

3. Busca más información sobre el origen y la historia de la organización TAPAS.

 Aspectos sociopolíticos: ¿Qué es la Unión Europea?

A tu parecer

1. En parejas, pensad en la posibilidad de que todo el mundo usara el mismo sistema monetario. ¿Qué implicaría este cambio para la economía mundial?
2. Con todo el grupo, dialogad sobre la posibilidad de tener una Unión de países en los diferentes continentes. ¿Cuáles son los factores en pro y los en contra de esta unión?

La Unión Europea es un sistema político y económico de quince países de Europa: Alemania, Austria, Bélgica, Dinamarca, España, Finlandia, Francia, Gran Bretaña, Grecia, Italia, Irlanda, Luxemburgo, Países Bajos, Portugal y Suecia. El proceso de la unificación europea ha pasado por tres etapas: La primera en 1987 con la firma del Acta Única Europea por medio de la cual se sentaban las bases para el Tratado de la Unión Europea; la segunda fase tiene lugar el 7 de febrero de 1992 cuando se constituye formalmente la UE, mediante la firma del Tratado de Maastricht, el cual entra en vigor el 1° de noviembre de 1993; y finalmente el tratado de Maastricht se ratifica y perfecciona con el Tratado de Amsterdam, el cual entra en vigor en 1997.

Como su nombre lo indica, el objetivo de la UE es estrechar y afianzar la unión, el progreso económico y social entre los países de Europa, y organizar de modo coherente y solidario las relaciones entre sus Estados miembros y entre sus pueblos. La UE está regida por las siguientes instituciones políticas: La Comisión Europea encargada de hacer las diferentes propuestas, el Parlamento Europeo encargado de dictaminar dichas propuestas, el Consejo de la Unión o cuerpo que decide sobre las propuestas, el Tribunal de Cuentas, o gestión saneada y legal del presupuesto, y el Tribunal de Justicia, en quien recae la sentencia final sobre las propuestas, y a quien corresponde garantizar que dichos tratados sean seguidos y respetados.

Una de las medidas más trascendentales de la Unión Europea fue la puesta en circulación del euro en 2002 como moneda única de todos los países miembros. También la UE espera que se apruebe el ingreso de un grupo de países actualmente candidatos: Polonia, Hungría, Bulgaria, Chipre, Malta, República Checa, Estonia, Letonia, Rumania, Eslovenia, República Eslovaca, Lituania y Turquía para el año 2005.

Con la muerte de Franco en 1975 termina un período de cuatro décadas de dictadura y se abre para España la posibilidad de redefinir sus políticas interior y exterior. España se convierte en una Monarquía Constitucional y se llevan a cabo las primeras elecciones democráticas que suben al poder a Adolfo Suárez, del partido Democrático. Dos años más tarde se redacta y aprueba la Constitución de la Monarquía Democrática donde se apartan el gobierno y la monarquía, cumpliendo ésta funciones mayormente limitadas a un nivel simbólico. Uno de los objetivos primordiales de Suárez fue el de afianzar las relaciones internacionales de España, empezando con el ingreso de su país en las Comunidades Europeas. España hace su ingreso en la OTAN (Alianza Atlántica), y en el año de 1982 bajo la dirección del presidente socialista Felipe González, ingresa junto con su vecino Portugal a la CEE Comunidad Europea en 1986.

TRATADO DE LA UNIÓN EUROPEA (extracto)

TÍTULO I

Disposiciones comunes

Artículo B

La Unión tendrá los siguientes objetivos:

- *promover un progreso económico y social equilibrado y sostenible, principalmente mediante la creación de un espacio sin fronteras interiores, el fortalecimiento de la cohesión económica y social, y el establecimiento de una unión económica y monetaria que implicará, en su momento, una moneda única, conforme a las disposiciones del presente Tratado;*
- *afirmar su identidad en el ámbito internacional, en particular mediante la realización de una política exterior y de seguridad común que incluya, en el futuro, la definición de una política de defensa común que podría conducir, en su momento, a una defensa común;*
- *reforzar la protección de los derechos e intereses de los nacionales de sus Estados miembros, mediante la creación de una ciudadanía de la Unión;*
- *desarrollar una cooperación estrecha en el ámbito de la justicia y de los asuntos de interior;*
- *mantener íntegramente el acervo comunitario y desarrollarlo con el fin de examinar, con arreglo al procedimiento previsto en el apartado 2 del artículo N, la medida en que las políticas y formas de cooperación establecidas en el presente Tratado deben ser revisadas, para asegurar la eficacia de los mecanismos e instituciones comunitarios.*

Artículo C

Los objetivos de la Unión se alcanzarán conforme a las disposiciones del presente Tratado, en las condiciones y según los ritmos previstos y en el respeto del principio de subsidiariedad tal y como se define en el artículo 3 B del Tratado constitutivo de la Comunidad Europea.

> *La Unión velará, en particular, por mantener la coherencia del conjunto de su acción exterior en el marco de sus políticas en materia de relaciones exteriores, de seguridad, de economía y de desarrollo. El Consejo y la Comisión tendrán la responsabilidad de garantizar dicha coherencia y asegurarán, cada cual conforme a sus competencias, la realización de tales políticas.*
>
> *(La Unión Europea, Maastricht (7 febrero 1992))*

A pesar de que Grecia, Portugal y España son los países más pobres de la Unión, en los últimos diez años ésta ha reducido su distancia económica con respecto a los otros países. Un balance de su ingreso a la UE se puede ver como positivo en muchos aspectos. El país ha crecido económicamente tras la apertura de nuevos mercados, sus relaciones económicas han evolucionado ampliamente, y mantiene una reserva de divisas por encima de su deuda externa.

Para conocer mejor

1. En tu opinión, fuera de ser países europeos, ¿qué tienen en común los países miembros de la UE?
2. En tu opinión, ¿qué necesidad hay para la Unión Europea?
3. Compara la España bajo la dictadura de Franco con la España actual de la Unión Europea.
4. Compara la Unión Europea con el Imperio Español. (ver Capítulo 12)
5. En tu opinión, ¿por qué es importante que los países europeos utilicen el mismo sistema monetario?
6. La Unión Europea propone crear "un espacio sin fronteras interiores". Explica.
7. En tu opinión, ¿por qué es importante que la Unión Europea "afirme su identidad en el ámbito internacional"?
8. Según tu punto de vista, ¿qué implica "crear una ciudadanía de la Unión"?
9. ¿Cómo piensas que España puede contribuir a la Unión Europea?
10. En tu opinión, ¿qué implica esta unión para otros continentes?

Para saber más

1. Busca en el periódico las últimas noticias sobre la UE. Prepara un pequeño informe para tus compañeros.
2. Busca más información sobre las diferentes instituciones de la UE.
3. Busca más información sobre el papel de España en la UE.

Materiales suplementarios

Los sefardíes en la Península Ibérica y Europa:

Baer, Yitzhak. *Historia de los judíos en la España cristiana.* Barcelona: Riopiedras, 1998.

Romero Castelló, Elena y Uriel Macía Capón. *Los judíos de Europa.* Un legado de 2.000 años. Madrid: "Al-Andalus", Anaya, 1997.

El español, lengua romance

Boretti de Macehia, Susana H. *La investigación de la lengua hablada y el discurso coloquial.* EFil 20:115–126, 1985.

Fradejas Rueda, José Manuel. *Prácticas de historia de la lengua española.* Madrid: UNED, 1998.

El Museo del Prado

El Museo del Prado del Centro Virtual Cervantes: http://cvc.cervantes.es/actcult/museoprado/

Información: http://museoprado.mcu.es/

La "fiesta" del fútbol

Alabarces, Pablo. *Peligro de gol. Estudios sobre el Deporte y Sociedades en América Latina.* Buenos Aires: CLAESO, 2000.

Galeano, Eduardo. *El fútbol a sol y sombra.* Buenos Aires: Editorial Catálogos, 1995.

Las tapas

Equipo Cocinova. *El libro de las tapas para todas las ocasiones.* Barcelona: Editorial de Vecchi, S. A., 1991.

Lujan, Néstor. *El ritual del aperitivo: avisillos, llamativos y tapas.* Barcelona: Ediciones Folio, S. A., 1995.

Vázquez, Itos. *El libro de oro de las tapas de España.* Gaudí Española de Ediciones, 1995.

La Comunidad Europea

Barón Crespo, Enrique. *Europa en el alba del milenio.* Madrid: Acento Editorial, 1999.

Sidjanski, Dusán. *El futuro federalista de Europa.* De la Comunidad Europea a la Unión Europea. Barcelona: Ariel, 2001.

Ripol Carulla, Santiago. *La Unión Europea en transformación.* Barcelona: Ariel, 1995.

Vídeo

"Christians, Jews, and Moslems in Medieval Spain", Films for the Humanities & Sciences, ISBN: 0-89113-248-1.

"Crimes Against Humanity: The Search for Justice", Films for the Humanities & Sciences, Item: BVL7628.

"Europe: A Modern Profile", Films for the Humanities & Sciences, ISBN: 0-7365-2419-3.

"Expanding Europe: Round Five of the E.U. Buildout", Films for the Humanities & Sciences, ISBN: 0-7365-2425-8.

"In Search of Contemporary Spain: In the Shadow of the Sun", Films for the Humanities & Sciences, ISBN: 0-89113-672-X.

"Lo español, hoy, en los EE.UU.", Films for the Humanities & Sciences, ISBN: 0-89113-463-8.

"Madrid: The City Today", Films for the Humanities & Sciences, Item: BVL3915.

Capítulo

2

Comunidad de Madrid

Capital	*Madrid*
Provincias	*Alcalá de Henares, Aranjuez, El Escorial*
Idioma	*castellano*
Montañas	*Sierra Centro de Guadarrama, Sierra Norte*
Ríos	*Guadix, Jarama, Manzanares, Tajo*
Límites	*Castilla-La Mancha, Castilla y León*

Para explorar

1. ¿Qué características debe tener una ciudad para que se considere capital de un país? Con un(a) compañero(a), explora los datos más importantes sobre las capitales de algunos países.
2. En tu opinión, ¿qué implica ser ciudad capital y también región autónoma de un país?

http://espana.heinle.com

Pongamos que hablo de Madrid

Allá donde se cruzan los caminos
donde el mar no se puede concebir
donde regresa siempre el fugitivo
...pongamos que hablo de Madrid.

(Joaquín Sabina)

 Introducción

La ciudad de Madrid es capital y centro geográfico de España. En 1562 los Reyes Católicos deciden hacer de ella el corazón político, económico y religioso del imperio. La ciudad es toda una metrópoli en donde la monumentalidad moderna se conjuga perfectamente con la riqueza histórica, cultural y arquitectónica de los siglos anteriores. Uno de los lugares más sobresalientes lo constituye El Paseo del Prado (ver Capítulo 1). Al recorrerlo a pie o en coche se puede disfrutar no sólo de la belleza natural del ambiente, sino que se aprecian los emblemas más importantes de Madrid.

En El Paseo del Prado, se encuentran tres de los museos más conocidos de España y del mundo: El Museo del Prado, El Museo Thyssen-Bornemisza y El Museo Nacional Centro de Arte Reina Sofía. En ellos es posible apreciar obras de famosos pintores como "Las Meninas" de Velázquez, "Las Majas" de Goya y "Guernica" de Picasso. En Madrid también se encuentran otros impresionantes monumentos como La Plaza Mayor, La Plaza de Cibeles, La Puerta del Sol, La Puerta de Alcalá y El Palacio Real.

La provincia de Madrid cobija[1] también otros centros históricos importantes como la ciudad de Alcalá de Henares, cuna[2] de Miguel de Cervantes, autor de *Don Quijote de la Mancha*, la novela más conocida de España (ver Capítulo 12) y El Monasterio de El Escorial, situado a sólo cincuenta kilómetros de la ciudad de Madrid.

Para saber más

1. En el Internet, busca información sobre la actual familia real de España. ¿Quiénes son y qué importancia tienen?
2. Preséntale un informe a la clase sobre uno de los centros históricos de Madrid.
3. Busca qué otras ciudades de España fueron en la historia capitales del país. Compáralas con Madrid.

[1] contiene
[2] lugar de nacimiento

 Gente y personajes ilustres: La movida

A tu parecer

1. Con un(a) compañero(a) pensad en las diversiones y pasatiempos de los jóvenes de hoy en día y comparadlos con los de la época de vuestros padres. ¿A qué se deben los cambios?
2. En grupos pensad en canciones populares que conozcáis y que traten temas de la realidad social. ¿Cuáles son estas canciones y qué dicen?
3. Con el resto de la clase hablad sobre los diversos movimientos sociales que se han manifestado en vuestro país particularmente encabezados por los jóvenes. ¿Cuáles son estos movimientos y qué importancia tienen o han tenido para la sociedad entera?

Al terminarse la época franquista y al poco tiempo de entrar en vigor la nueva constitución española, a fines de los años setenta empieza en Madrid un movimiento sociocultural y artístico denominado "la movida madrileña". Esta época marca un período de transición en el que los jóvenes artistas, diseñadores, músicos y cineastas se atreven a experimentar y logran expresarse en formas que por tanto tiempo se han prohibido. Al comienzo, la movida sólo consiste en unos pocos integrantes, pero pronto llega a ser un símbolo de la resurrección de un país entero.

El principal integrante de este movimiento joven es Pedro Almodóvar, director de cine hoy en día conocido y premiado mundialmente. Sus películas tratan ciertos temas controversiales como la homosexualidad, el travestismo, las drogas y la promiscuidad en forma abierta y audaz.

En la música se introducen estilos como el "tecno-pop", "new-romantic", "heavy" y hasta se incorporan ecos del "punk" con grupos como Mecano, Alaska y los Pegamoides, y Loquillo. Aunque algunos de ellos no son músicos muy bien formados, las canciones que componen y cantan, al igual que las películas de Almodóvar, ponen fin a la represión franquista y exponen la efervescencia de una nueva cultura, más joven, más libre, más atrevida y consecuentemente más decadente.

Pedro Almodóvar, director de cine

En su canción titulada "Pongamos que hablo de Madrid", Joaquín Sabina ofrece un retrato de Madrid en esa época.

Pongamos que hablo de Madrid

Allá donde se cruzan los caminos
donde el mar no se puede concebir
donde regresa siempre el fugitivo
...pongamos que hablo de Madrid.

Donde el deseo viaja en ascensores
un agujero queda para mí
que me dejó la vida en sus rincones
...pongamos que hablo de Madrid.

Las niñas ya no quieren ser princesas
y a los niños les da por perseguir
el mar dentro de un vaso de ginebra
...pongamos que hablo de Madrid.

Los pájaros visitan al psiquiatra
las estrellas se olvidan de salir
la muerte pasa en ambulancias blancas
...pongamos que hablo de Madrid.

El sol es una estufa de butano
la vida un metro a punto de partir
hay una jeringuilla en el lavabo
...pongamos que hablo de Madrid.

Cuando la muerte venga a visitarme
no me despiertes; déjame dormir
aquí he vivido aquí quiero quedarme
... pongamos que hablo de Madrid.

(*Joaquín Sabina,* Joaquín Sabina y vice-versa. *Madrid: Ariola, 1986.)*

La movida también es notable en la expresión poética del momento, y en los nuevos diseños de moda. En la ciudad de Madrid se abren nuevas discotecas y pubes y aflora la vida nocturna. Hasta se establece una jerga[3] especial donde algunas palabras y expresiones han llegado a ser parte del español actual. Tal es el caso de colega (amigo), comerse el coco (pensar demasiado), jalar (comer), mojarse (comprometerse, implicarse).

Para algunos la movida es meramente una boga[4], un capricho de jóvenes confundidos y socialmente rebeldes que aprovechan el momento para desen-

[3] lenguaje coloquial
[4] moda

frenar sus deseos. Sin embargo los que viven y promueven la movida concuerdan que con ella nace una nueva generación "pop" que todavía está presente en la cultura del país. Actualmente es normal expresarse libremente en la música y en el arte; no hay restricciones para la vida nocturna, son aceptados más amplia y abiertamente la homosexualidad, el travestismo y la promiscuidad. Gracias a los jóvenes de la movida madrileña, la sociedad española ha podido lograr alejarse de las garras[5] de la represión y establecerse como país postmoderno.

Para conocer mejor

1. En tu opinión, ¿por qué se ha llamado ese fenómeno "movida"?
2. ¿Cuál es la importancia de la época que precede la movida madrileña? (ver cuadro sinóptico)
3. Compara a Pedro Almodóvar con Luis Buñuel. (ver Capítulo 6)
4. ¿Cuáles son algunos de los estilos musicales que se introducen en España durante la movida y en tu opinión dónde se originan?
5. ¿En qué campos artísticos y culturales se establece la movida?
6. La lectura dice que la movida crea una cultura más decadente. ¿Qué significa esta observación?
7. Compara la movida madrileña con la Guerra Civil española. (ver Capítulo 9)
8. Compara el fenómeno de la jerga de la movida con el fenómeno de otras jergas del idioma español. (ver sección sobre el idioma en este mismo capítulo)
9. En tu opinión, ¿cuál es una de las críticas de este movimiento?
10. En tu opinión, ¿cuáles son los aspectos positivos de la movida?

Para saber más

1. Busca más información sobre Pedro Almodóvar y sus películas; en particular trata de encontrar alguna entrevista que le hayan hecho. Busca lo que él personalmente piensa de la movida y prepara un pequeño informe sobre el asunto para la clase.
2. En el Internet, busca la letra de alguna canción que haya surgido durante la época de la movida. ¿Cuáles son algunos ejemplos de la nuevas realidades sociales mencionadas en la canción? Prepara un pequeño informe para la clase.

[5] control

El idioma: La Real Academia de la Lengua y las jergas

A tu parecer

1. Con un(a) compañero(a) pensad en quiénes deberían establecer las reglas de gramática y de vocabulario en vuestro idioma. ¿Hay alguna organización que se dedique a regular el uso de la lengua? ¿Qué cambios se han implementado recientemente?
2. ¿Qué otros idiomas han tenido alguna influencia en vuestra propia lengua? Con un(a) compañero(a) haced una lista de palabras que provienen de otros idiomas. Clasificadlas en términos de significado o función. ¿Qué patrón encontráis?

Las lenguas, como los pueblos, son entes vivos, en constante evolución. Los hablantes, el pueblo, son los encargados de darle vida, de re-crearla. Los grandes cambios económicos, el desarrollo de la ciencia, la tecnología, así como también la evolución de los lenguajes literarios, crean la necesidad de nuevas palabras que acompañen los hechos. De no ser así, los hablantes se ven en la necesidad de adoptar vocablos o expresiones de otro idioma, llamados extranjerismos. En muchos casos los hablantes también recurren al uso de palabras raras para poder comunicar el significado del objeto que quieren describir. Un ejemplo es el de los escritores que se valen de neologismos[6] para poder expresar exactamente su creatividad. La Real Academia Española de la Lengua se crea en 1713 por iniciativa de Juan Manuel Pacheco y por medio de un decreto expedido por el rey Felipe V de España. Su finalidad es "fijar las voces y vocablos de la lengua castellana en su mayor propiedad, elegancia y pureza". Hoy en día la Real Academia Española así como también las diferentes Academias hispanoamericanas siguen trabajando en su objetivo de analizar y fijar nuevas palabras y giros[7] que resultan, debido a la adaptación de la lengua a las nuevas condiciones de la sociedad.

Debido al rápido y desorbitado avance de las nuevas tecnologías, el Diccionario de la Lengua Española en su última versión de 1992 incorpora términos del inglés, como computadora (*computer*) en Hispanoamérica y ordenador (derivado del vocablo francés *ordinateur*) en España, cursor (*cursor*), interfaz (*interface*), disquete (*disquette*), implementar (*implement*), formatear (*format*), indexar (*index*). En otros casos la palabra se adopta libremente,

[6] vocablo, acepción o giro nuevo en una lengua
[7] expresiones

como "chip", "bit", "virus". La otra opción es la de traducir directamente la palabra de una lengua a otra como en ratón (*mouse*).

Por otro lado la última edición del diccionario que aparece en octubre del 2001 añade cerca de 90.000 nuevas palabras, muchas de ellas relacionadas con la ciencia y la tecnología. Tal es el caso de palabras como "web", "in vitro", y "liposucción". También incluyen expresiones nuevas como "videojuego", "zapear" y "autoestima". En la elaboración de esta última versión participan por primera vez representantes de las academias hispanoamericanas de la lengua. De hecho, 30.000 de las nuevas palabras son americanismos.

El que las lenguas sean entes dinámicos lo demuestra el llamado "spanglish", un fenómeno linguístico que se está dando en los Estados Unidos debido al contacto, de dos de las lenguas más universales, el inglés y el español. A pesar de que el inglés es la lengua mayoritaria, el uso del español se está acrecentando, no sólo por la presencia de los más de 40 millones de hispanohablantes, sino por los miles y miles de estadounidenses que han adoptado el español como segunda lengua. A esta constante interrelación entre las dos lenguas se añade el hecho significativo de que millones de los hispanohablantes son bilingües, es decir, hablan y/o escriben en las dos lenguas. Como producto de este forcejeo y entrecruzamiento entre las dos lenguas surge el spanglish, o la españolización de voces inglesas por parte de los hispanos en su intento por comunicarse en la lengua mayoritaria.

El spanglish es una jerga en proceso de dialectización. Muchos de los usuarios del spanglish son personas que no han tenido la oportunidad de aprender formalmente ninguna de las dos lenguas. Como dice don Fernando Lázaro Carreter, académico español y director de la Real Academia Española de la Lengua entre 1991 y 1998, en una entrevista con *El País*, el 13 de octubre de 2001, "el spanglish es un fenómeno muy duradero que se renueva continuamente".

Según Víctor García de la Concha, presidente de la Real Academia de la Lengua Española, el spanglish no puede considerarse "idioma, ni dialecto, ni siquiera jerga. Es un invento de laboratorio". En su opinión, el spanglish nace cuando un hispanohablante intenta hablar inglés pero no lo domina, "y entonces lo trufa con otros términos" hasta que aprende a expresarse con soltura y se convierte en bilingüe. "Decir que se está creando una lengua híbrida que se llama 'spanglish' es una falsedad sociológica", agregó García de la Concha convencido de que, en cualquier caso, "esta supuesta deformación del idioma constituye un problema para el inglés y no para el castellano". ("El spanglish ha sido un invento de laboratorio", Estrella Digital, Madrid.)

Hay muchos, sin embargo, que difieren con la opinión de García de la Concha, como se puede observar en una entrevista con Ilán Stavans, catedrático de español en el Amherst College en los Estados Unidos.

P. *Para muchos estudiosos se trata de un fenómeno que debe combatirse, pues arguyen que es nocivo para la lengua española, como lo son los anglicismos indiscriminados que combate la Real Academia Española y sus correspondientes americanas. ¿Cree Ud. que ese peligro existe, o más bien el "spanglish" es prueba de la fortaleza e implantación del español en EE UU?*

I.S. La resistencia de los cultos tampoco es nada nuevo. Ya en la Biblia se encuentran manifestaciones similares de pomposidad. Todo cambio genera ansiedad. Pero hay que recordar que las lenguas vivas siempre están en constante movimiento; sólo las que están inmóviles se fosilizan. Me entristezco cuando oigo en boca de aquellos que aspiran a mejorar las condiciones de los hispanos en EE UU —la mayor parte de ellos educadores— que nuestra labor docente es la de "curar a los iletrados de su lengua bastarda", y por bastarda quieren decir impura e ilegítima. Pero ¿cuál es el español puro y legítimo, el de Góngora y Quevedo? ¿Y quién lo habla en la actualidad? Nuestros escritores —pienso en Borges, en Goytisolo, en Cortázar— han hecho suyo el español, afrancesándolo, o modelándolo a partir del inglés o del árabe; de allí su originalidad. ¿Hay pues que pedirle a la gente que hable como los personajes de Rayuela? Si el spanglish, un híbrido lingüístico, le sirve como vehículo de comunicación a la población, ¿qué derecho tenemos nosotros de arrebatárselo?

("Entrevista con Ilán Stavans, profesor de español en EE.UU.", Cuadernos Cervantes *n'31.)*

Otro fenómeno importante dentro del spanglish es el ciberspanglish, término utilizado por Ilán Stevans para referirse a aquellas palabras híbridas[8] utilizadas por los cibernautas hispanos de todo el mundo. Tal es el caso de palabras como chatear (conversar), downlodear (descargar), taipear (escribir a máquina), printear (imprimir), resetear (encender).

Si el próposito de una lengua es la comunicación, es natural que los cambios sociales, políticos y de población influyan en la sintaxis y el léxico. En particular con la todavía reciente apertura a otros países y otras culturas, es de esperarse que haya en España más posibilidad de cambios lingüísticos. Además el pasar de los siglos y el afrontar nuevos horizontes lleva a la creación de neologismos. Sin embargo, a pesar de todo, siempre existirá un debate entre los puristas que miran más hacia dentro y los más liberales que miran más hacia afuera.

Para conocer mejor

1. ¿Cómo entiendes la afirmación "la lengua es un ser vivo"?
2. Compara el spanglish con cualquier otro idioma "no oficial" hablado en España. (ver Capítulos 5, 9, 11)

[8] parte español y parte inglés

3. Las siguientes palabras son ejemplos de spanglish. Busca en el Internet más ejemplos de palabras y expresiones.

   signear = firmar

   rufo = techo, cielorrazo

   guachear = observar, ver (de *to watch*)

   janguear = divertirse (de *to hang*)
4. Expresa tu reacción sobre la siguiente afirmación: "el spanglish es un signo de identidad de los hispanohablantes en los Estados Unidos".
5. En tu opinión, ¿qué importancia tiene la Real Academia de la Lengua?
6. ¿Qué factores pueden afectar el crecimiento y desarrollo del español?
7. Algunos expertos en la lengua española se quejan de que hay mucho desinterés creciente por el uso correcto de la lengua. ¿Estás de acuerdo? ¿Qué crees que se puede hacer para corregir esto?
8. Habla sobre la manera como el Internet y los teléfonos celulares introducen extranjerismos que amenazan la ortografía y la sintaxis del español.
9. Compara el fenómeno de inclusión de palabras como *e-mail, link, @, Web, clic, chip, cell phone,* al concepto de crear un idioma en común entre varios.
10. En tu opinión, ¿cómo sería el español de hoy en día si se hubiera mantenido la lengua completamente pura, sin ningún cambio?

Para saber más

1. En octubre del 2001 se realizó en Valladolid el II Congreso Internacional de la Lengua Española bajo el lema "El español en la sociedad de la información". Consulta en el Internet sobre las conclusiones de este congreso.
2. Obten una lista de cuando menos veinte términos del vocabulario informático y su equivalente en inglés y español.
3. En un mapa de los Estados Unidos señala las regiones en donde se concentra la población hispanohablante.

El arte y la arquitectura: El monasterio de San Lorenzo de El Escorial

El monasterio de El Escorial

A tu parecer

1. ¿Cuáles son los edificios más grandes de tu país? ¿Son museos o qué otras funciones tienen? Comparte tus ideas con otros compañeros.
2. ¿Qué edificios en tu país tienen un estilo arquitectónico muy simple y poco adornado? ¿Cuáles son y qué funciones tienen?

Este edificio se construyó entre 1563 y 1584 bajo el reinado de Felipe II. La idea surgió el 10 de agosto de 1557, día de San Lorenzo y fecha del triunfo español sobre las tropas invasoras francesas en la famosa Batalla de San Quintín. Está localizado en el municipio de El Escorial, un pequeño pueblo de 10.000 habitantes ubicado a 50 kilómetros de la parte nororiental[9] de Madrid, en las laderas[10] de la Sierra de Guadarrama.

La sencillez, novedad y severidad de su estilo arquitectónico hacen que se le conozca con el nombre de "desornamentado". Es un estilo novedoso en el sentido que se aparta de lo que se había hecho antes en España. En la construcción

[9] noreste
[10] a un lado

de esta monumental obra participaron dos arquitectos, Juan Bautista de Toledo, quien murió en 1567, y Juan de Herrera. La obra está construída en piedra y su estructura cubre una supeficie de 30.000 metros cuadrados. Para darnos una mejor idea de la magnitud de El Escorial pensemos en sus 9 torres, 16 patios, 73 estatuas, 86 gradas[11], 88 fuentes, 300 celdas, más de 1.600 pinturas, 1.200 ventanas y 2.673 puertas, para citar sólo algunas partes.

Su valor artístico es incalculable. En su interior hay museos, un monasterio, un panteón real y una biblioteca. La biblioteca dispone de aproximadamente 40.000 ejemplares. Allí se encuentran entre otras obras, la colección personal de Felipe II, algunos manuscritos árabes y persas y los textos originales de famosos escritores como Santa Teresa de Jesús. Las piezas más importantes de la Basílica son el altar mayor, las esculturas de Carlos V y Felipe II y el tabernáculo. El Panteón Real está localizado bajo el altar mayor y en él se encuentran los sepulcros de 26 monarcas españoles. En los museos de El Escorial se encuentra la Pinacoteca con pinturas de las Escuelas flamenca, italiana y española. También hay un museo de arquitectura en donde se hallan los planos y los utensilios usados para la construcción del edificio.

Para conocer mejor

1. En tu opinión, ¿cuál es la importancia del lugar donde se construyó El Escorial?
2. En la época en que se construyó El Escorial, ¿qué estaba ocurriendo en el resto de España? (ver cuadro sinóptico)
3. En tu opinión, ¿por qué es el estilo arquitectónico de El Escorial desornamentado?
4. Compara a los arquitectos de El Escorial con Juan de Villanueva, el arquitecto del Prado.
5. Compara los materiales y adornos utilizados en la construcción de El Escorial con aquellos utilizados en la construcción de la Catedral de Santiago de Compostela. (ver Capítulo 3)
6. ¿Por qué está compuesto El Escorial de varios edificios?
7. En tu opinión, ¿qué importancia tuvo la relación entre la religión y el arte en la realización de El Escorial?
8. Compara la colección de El Escorial con la del Prado. (ver Capítulo 1)
9. Según tu punto de vista, ¿por qué razones se pudo tardar la construcción de El Escorial veintiun años?
10. ¿Qué estilos arquitectónicos se utilizaron antes y después de la construcción de El Escorial? (ver cuadro sinóptico)

[11] peldaños

Para saber más

1. Haz una visita a la página de El Escorial y comparte tu experiencia con la clase. Se dice que El Escorial, además de ser una excelente obra arquitectónica, es un edificio importante desde el punto de vista social, económico y religioso. ¿Cómo?
2. ¿A cuál o cuáles edificios de otros países se asemeja[12] el monasterio de San Lorenzo de El Escorial? ¿En qué forma?

Las fiestas y el folclore: La fiesta de San Isidro

A tu parecer

1. ¿Sabes de alguna fiesta religiosa en tu país que contenga también elementos no religiosos, sino más conectados con la tradición y la diversión popular? Dialoga sobre algunos ejemplos con tus compañeros de clase.
2. ¿Por qué piensas que en las ciudades de algunos países católicos hay santos patronos? ¿Cuál es la función de estos personajes religiosos? Explora tus ideas sobre este asunto con un(a) compañero(a).

Desde el año 1947, a mediados de mayo, en Madrid se celebra la fiesta de San Isidro, patrono de la ciudad. Sin embargo en estas festividades la presencia religiosa es mínima, limitándose a la procesión del santo y a la romería a su ermita[13] para beber del agua milagrosa y curativa. El enfoque de esta celebración parece caer mejor dicho en las corridas de toros, dado que durante la fiesta de San Isidro se lidian los toros más bravos y participan los toreros más famosos del país. Mientras las festividades del Santo duran aproximadamente una semana, las corridas de toros siguen durante todo el mes.

Aparte de las corridas, otra importante característica de esta fiesta es la música. Dicen los madrileños que la fiesta de San Isidro es la más sonora de la ciudad. En la Plaza Mayor hay conciertos al aire libre, el parque de las Vistillas se vuelve verbena[14] y hasta se pueden aprender algunos bailes típicos de España, como el pasodoble, la jota y el chotis madrileño, bailado típicamente por chulapos y chulapas[15]. Hay también procesiones de Gigantes y Cabezudos[16],

[12] se parece
[13] sepulcro
[14] lugar donde se baila al aire libre
[15] personas vestidas en trajes tradicionales
[16] con cabezas grandes hechas de papel maché

muñecos enormes y muy coloridos de papel maché que llaman la atención tanto de niños como de adultos.

Las festividades también ofrecen abundante comida, como churros, porras, pan de ángel y el tradicional cocido madrileño. Todo culmina el 15 de mayo, día en que se conmemora la muerte de San Isidro. Las celebraciones son un pretexto para salir de la monotonía de la vida cosmopolita y precipitada de Madrid y aprovechar las tradiciones y recursos artísticos que ofrece esta ciudad y hasta toda la región.

San Isidro nace en Madrid y durante toda su vida obra benévola y misericordiosamente hacia los pobres y los animales. Su devoción a Dios y al trabajo, así como sus milagros que afectan favorablemente la vida y la salud de varios monarcas españoles como Alfonso el Sabio, rey de Castilla, y el Rey Felipe III justifican su canonización. Es uno de los denominados "Cinco Santos", entre los que se encuentran San Ignacio, San Francisco Javier, Santa Teresa y San Felipe Neri.

En contraste con otros santos, no obstante, lo interesante de San Isidro es que antes de dedicarse por completo a la religión, contrae matrimonio con una humilde labradora llamada María. Al morir su primer hijo a tierna edad, los dos deciden encomendarse[17] a Dios. La esposa de San Isidro también es canonizada y conocida como Santa María de la Cabeza porque en tiempos de sequía[18] se acostumbra llevar su cabeza en una procesión. Constituyen la única pareja de santos en la historia. En su vida, San Isidro conoció el amor espiritual y también el amor terrenal; ahora, después de su muerte, la celebración que se le dedica tiene carácter tanto divino como mundano.

Para conocer mejor

1. En tu opinión, ¿por qué se celebra la fiesta de San Isidro?
2. Compara a San Isidro con otras figuras santas de España como la Virgen del Pilar (ver Capítulo 6), San Fermín (ver Capítulo 8), etc.
3. ¿A qué se debe la riqueza del aspecto sonoro de la fiesta?
4. ¿Cuál es la diferencia entre la fiesta de San Isidro y la fiesta de San Fermín? (ver Capítulo 8)
5. Con respecto a los lugares en Madrid donde tienen lugar los eventos de la celebración, ¿qué funciones tienen en la ciudad en épocas cuando no se está celebrando la fiesta?

---

[17] dedicar su vida
[18] cuando hay poca lluvia

6. En tu opinión, ¿por qué es San Isidro el santo patrono de Madrid?
7. ¿Qué relación hay entre San Isidro y los monarcas de España?
8. ¿Qué cualidades hay en común entre San Isidro y Santa María de la Cabeza?
9. En tu opinion, ¿por qué es extraño que haya dos santos casados? Y en contraste, ¿por qué mencionan los españoles este dato con un tono de orgullo?
10. ¿En qué se parece la vida de San Isidro a la fiesta que lleva su nombre?

Para saber más

1. En el Internet, busca un tour virtual de la fiesta de San Isidro. ¿Qué aspecto te llama más la atención y por qué? Prepara un pequeño informe para la clase.
2. Busca más información sobre los "cinco santos". ¿Qué importancia tienen? ¿Por qué se agrupan de esta forma?

Gastronomía: ¿El círculo perfecto?

A tu parecer

1. Con un(a) compañero(a), pensad en un plato típico de vuestra cultura que tenga una forma geométrica especial. ¿Cuál es, cómo se prepara y qué importancia tiene?
2. Con toda la clase, piensa en algún plato que metáforicamente simbolice tu cultura. En qué se basa esta metáfora: ¿en la vista, el olfato, el tacto, el gusto o el oído? Explica.

Madrid está ubicada hacia el centro del país y su Puerta del Sol constituye el kilómetro "cero" de España. Desde este centro irradian[19] todas las calles hacia el resto del país. No es extraño entonces que el plato más famoso de esta región sea la tortilla española o tortilla de patatas, cuya forma redonda simboliza la misma simetría circular. Nadie sabe con certeza la historia de la tortilla de patatas, aunque se piensa que este plato se saboreó por primera vez a principios del siglo XIX. Algunos dicen que un general carlista[20] con mucha hambre llegó a un caserío[21] y

[19] se difunden
[20] de la época del rey Carlos
[21] casa aislada en el campo con edificios dependientes

tuvo que comerse lo único que había: patatas y huevos. Otros dicen que existía ya este plato en Bélgica desde el siglo XVI y otros opinan que es un plato árabe. Muchos españoles creen firmemente que es un plato autóctono español, y que bajo ningún punto de vista puede faltar en la dieta del país. Se come en tapas, sola, en bocadillo, caliente, fría. Es uno de los platos más degustados por los españoles y uno de los que más rápidamente desaparece al servirse a la mesa.

Los ingredientes de este plato son muy sencillos: aceite, huevos y patatas. Hay pequeñas adiciones según el cocinero o el gusto; hay quienes le añaden pimiento, tocino, jamón, tomate. Cuando a los ingredientes básicos se les añade cebolla, se denomina tortilla española y aunque este ingrediente no es necesario para degustar bien el plato, lo hace más sabroso especialmente cuando está frío.

Aquí hay una receta para la tortilla de patatas a la española:

Tortilla de patatas a la española (6 personas)

Ingredientes

8 huevos
1 kg de patatas
2 vasos (de los de agua) de aceite (1/2 litro) (sobrará)
sal

Preparación

Se lavan las patatas, una vez peladas, y se secan con un paño; se parten en dos a lo largo y después se cortan en láminas finitas. Se pone el aceite en la sartén a calentar y se fríen las patatas, moviéndolas de vez en cuando y echándoles un poco de sal.

Una vez fritas (más o menos doradas, según gusten), se separan y se ponen a escurrir en un colador grande. Se quita el aceite sobrante de la sartén.

Aparte se baten los huevos con tenedor y muy fuerte; se pone un poco de sal; en el mismo plato de los huevos se echan las patatas y se mueven con un tenedor.

En una sartén grande (o en dos pequeñas) se ponen 2 cucharadas soperas de aceite para que sólo cubra el fondo. Cuando está caliente se vierte la mezcla de huevos y patatas. Se mueve la sartén por el mango para que no se pegue la tortilla. Cuando se vea que está bien despegada y dorada (esto depende del gusto de cada cual), se pone una tapadera encima, se vuelca la sartén y se escurre suavemente la tortilla otra vez en la sartén. Se vuelve a mover por el mango y cuando esté cuajada (al gusto) se pasa a una fuente redonda y se sirve.

Nota. Se puede servir la tortilla de patatas fría acompañada de mayonesa. Ésta la puede cubrir, o se sirve aparte en una salsera.

(Ortega, Simone. 1080 recetas de cocina. *Madrid: Alianza Editorial, 2000, p. 344)*

Ya vemos entonces que en cuanto a los ingredientes, este plato es sencillo y directo. La sofisticación del plato yace en su preparación, y más específicamente en lograr su forma redonda y simétrica. La tortilla, aunque fue por muchos años considerada poco sofisticada y un tanto vulgar, ahora se sirve en los restaurantes y taperías más finos de no sólo España sino de todo el mundo. Este plato se distingue por sus ingredientes simples y directos e igualmente por el arte y la destreza de su preparación. Además metafóricamente se parece a Madrid en marcar una simetría circular igual a la que la ciudad irradia geográficamente. Sin embargo es importante notar que aunque la tortilla propone ser perfecta en su redondez, no ha existido jamás cocinero que haya podido lograr hacer una tortilla idéntica a otra.

Para conocer mejor

1. Compara la historia del origen de la tortilla española con la del origen de la paella valenciana, otro plato muy conocido de España. (ver Capítulo 5)
2. ¿Cuál es la diferencia entre la tortilla de patatas y la tortilla española?
3. Compara la simpleza de los ingredientes de la tortilla con la sofisticación de la elaboración del plato.
4. En tu opinión, ¿por qué están muchos de acuerdo en que la tortilla es un plato muy versátil?
5. Según tu punto de vista, ¿qué resultados pueden obtenerse de una tortilla cocinada por un cocinero no muy diestro?
6. ¿Qué elementos tienen en común la tortilla española y la empanada gallega? (ver Capítulo 3)
7. Compara la sencillez de los ingredientes de la tortilla con los materiales de construcción para El Escorial. (ver sección de arte y arquitectura en este capítulo)
8. Compara la perfección del producto final con la elaboración de la crema catalana. (ver Capítulo 10)
9. Metafóricamente, ¿en qué se parece la tortilla a Madrid?
10. ¿Por qué no es posible lograr hacer una tortilla idéntica a otra?

Para saber más

1. Busca en el Internet otros platos típicos de Madrid (algunos de ellos aparecen en la sección de este capítulo sobre la fiesta de San Isidro). Prepara un pequeño informe para la clase explicando qué son y cómo se preparan.

2. Contempla otras formas en que se puede lograr la forma circular de la tortilla de patatas. Comparte tus ideas con el resto de la clase.
3. Busca la etimología de las palabras "tortilla" y "torta" y su uso y desarrollo en los distintos países de habla hispana.

Aspectos sociopolíticos: La Inquisición española

A tu parecer

1. ¿Ha habido alguna vez en tu país algún tipo de persecusión en contra de grupos étnicos, religiosos o políticos? ¿En qué consistió esta persecución? ¿Quiénes fueron las víctimas? Compara tus ideas con un(a) compañero(a).
2. ¿Conoces ejemplos de algunas prácticas de tortura que se han utilizado en contra de seres humanos? ¿En qué países se siguen usando esas prácticas? Trata sobre este tema con el resto de la clase.

La Inquisición Papal es instituida por primera vez en Roma hacia el año 1231 por el Papa Gregorio IX para perseguir a los sospechosos de herejía. El famoso Tribunal de la Santa Inquisición, considerado como una de las instituciones más polémicas de la Iglesia Católica, se crea en España en 1478. El primer inquisidor general es Tomás de Torquemada. En 1480 la Inquisición es reconocida oficialmente por Isabel de Castilla y Fernando de Aragón —los Reyes Católicos— y forma parte de la ortodoxia de fe y limpeza de sangre. La idea es instaurar una ideología católica única y monolítica. La persecusión mayor se lleva a cabo en contra de judíos y musulmanes, y en general en contra de cualquier persona sospechosa de herejía. Ninguno de ellos puede servir a Dios, al rey o a la Iglesia pues su sangre está "manchada".

En la España de entonces son muy comunes los edictos de fe o sermones leídos por los curas en las parroquias o en las catedrales. En ellos se obliga a todo el pueblo a que denuncie secretamente, y en un plazo de seis días, a cualquier sospechoso de tener un modo de pensar o comportamientos heréticos. El clima general entre la sociedad española de la época es un clima de tensión, de delación[22] y desconfianza entre la gente. Muchas personas aprovechan el secreto inquisitorial para denunciar falsamente a otras personas para por humillarlas o para vengarse. Esta situación de sospecha e inseguridad colectiva es recreada magistralmente y de manera burlesca por Miguel de Cervantes en

[22] denuncia

El Retablo de las Maravillas, uno de sus entremeses, o pequeñas piezas teatrales más famosos. Por su parte el escritor Mateo Alemán en su *Guzmán de Alfarache*, famosa novela picaresca (para más información sobre la picaresca, ver Capítulo 7) escrita en 1599, critica severamente a los jueces de la Inquisición.

El proceso inquisitorial se inicia con una bula papal[23] y acto seguido el inquisidor general nombra un tribunal inquisidor. En muchos casos los condenados no tienen derecho a un defensor, y se les tortura para obtener su confesión. Sin ser acusados formalmente, los herejes son encadenados, incomunicados y encerrados en pequeñas y frías celdas o mazmorras, sin acceso a servicios sanitarios y con pan y agua como única alimentación. Los castigos son horribles y variados. Al acusado lo desnudan y le atan los pies y manos. Los frailes inquisidores calientan hierros al rojo vivo[24] y queman y arrancan pezones, lenguas, narices, genitales y otras partes del cuerpo de sus víctimas hasta lograr su confesión. En otras ocasiones los pasan por ruedas de tortura, les estirpan[25] su cuerpo, les sumergen la cabeza en agua, los cuelgan con los brazos amarrados hacia atrás y los suben y bajan lentamente hasta casi tocar el piso.

> *Ambos el inquisidor y el obispo debían de estar presentes. Al prisionero le eran mostrados los instrumentos de tortura y era incitado a confesar. Al rehusarse era desnudado y atado y de nuevo instado a confesar y se le prometía misericordia si lo hacía. Estos hombres y mujeres estaban atados y desnudos ante los agrios e implacables frailes mientras veían como calentaban los hierros al rojo vivo, probaban las ruedas de tortura y engrasaban los mecanismos en preparación para su uso en sus propios huesos y cuerpo.*
>
> *(Elias Bernard, "El Taller del inquisidor",* Herencia Cristiana *(24/12/2000))*

Los conversos o cristianos nuevos son aquellas personas que se "convierten" a la fe católica. Una vez aceptada su culpa estas personas deben llevar siempre consigo un saco de lana blanco con la cruz roja de San Andrés en la parte de adelante. Esta cruz la bendice el sacerdote del pueblo. Llevar el sambenito[26] es de cierta manera una tortura sicológica, ya que estas personas son mal vistas en la sociedad, y muchas veces son objetos de burla.

[23] documento expedido por el Papa en material de fe o de interés general
[24] a temperaturas muy altas
[25] extraen
[26] símbolo

Una máquina de tortura

En el año de 1610 el Tribunal de la Inquisición se traslada a las Indias, es decir a América, para que —según dicta una de las leyes de Indias— la Santa Fe sea dilatada[27] y ensalzada[28] por todo el mundo y para que se conserve con la pureza y enteresa que conviene. Las primeras ciudades americanas en donde se fundan Tribunales del Santo Oficio son Lima, México y Cartagena.

Para conocer mejor

1. En tu opinión, ¿por qué los monarcas de España recurren a la Inquisición?
2. Compara los grupos "herejes" durante la Inquisición con los grupos étnicos presentes hoy en día en España. (ver Capítulos 9 y 13)

[27] extendida
[28] alabada, elogiada

3. ¿Qué estaba pasando en España durante la Inquisición? (ver cuadro sinóptico)
4. ¿Qué relación hay entre la Inquisición y la literatura?
5. En tu opinión, ¿por qué es contradictorio que unos frailes lleven a cabo los actos inquisitoriales?
6. Según tu punto de vista, ¿por qué se traslada el Tribunal de la Inquisición a las Indias?
7. Compara a los conversos con los agotes. (ver Capítulo 8)
8. ¿Qué está pasando en España cuando se elimina la Inquisición? (ver cuadro sinóptico)
9. En tu opinión, ¿cuáles son los aspectos positivos de la Inquisición?
10. Según tu punto de vista, ¿se justifica la tortura de un ser humano?

Para saber más

1. Consulta en el Internet sobre la presencia de los judíos y musulmanes en España en la época de la Inquisición.
2. Fernando de Rojas, Miguel de Cervantes y muchos otros grandes escritores fueron culpados de conversos. Busca más información sobre este asunto y prepara un pequeño informe para la clase.

Materiales suplementarios

La movida

Ordovás, Jesús. *Historia de la música pop española.* Alianza Editorial, 1986.

Cervera, Rafael. *Alaska y otras historias de La movida.* Plaza Janes: Rock Indiana. Número 10–11, 2002.

La Real Academia de la Lengua y las jergas

Cascón Martín, E. *Español coloquial: Rasgos, formas y fraseología de la lengua diaria.* Madrid: Edinumen, 1995.

Cortés Rodríguez, L. (ed.) *El español coloquial.* Actas del I Simposio sobre análisis del discurso oral, Almería: Universidad de Almería, 1995.

Zamora Vicente, Alonso. *Historia de la Real Academia Española.* Espasa-Escalpe, 1989.

El Monasterio de San Lorenzo de El Escorial

Justel Calabozo, Braulio. *La Real Biblioteca de El Escorial y sus manuscritos árabes: sinópsis histórico-descriptiva.* Madrid: Instituto Hispano-Árabe de Cultura, 1978.

La Inquisicion española

García Cárcel, Ricardo y Doris Moreno Martínez. *Inquisición: Historia crítica.* Madrid: 2000.

Escudero, José Antonio (ed.). *Perfiles jurídicos de la Inquisición Española.* Madrid: Instituto de Historia de la Inquisición, Universidad Complutense, 1989.

Vídeo

"El espejo enterrado: La Edad de Oro", 60 min, Sogetel, en colaboración con la Institución Smithsonian y el Quinto Centenario, España, 1992.

"Pasión" de Tonino Ricci. Amanecer Films, 1977.

"El hombre que supo amar" de Miguel Picazo. General Films Corporation, 1976.

CD

Sabina, Joaquín. "Joaquín Sabina y Viceversa". Madrid: Ariola, 1986.

"Los éxitos del año". 3 CDs. DRO East West S.A., 1999.

"Las 101 mejores canciones del pop español". 5 CDs. BMG Music Spain S.A. 1998.

Capítulo

3

Comunidad Autónoma de Galicia

Capital	*Santiago de Compostela*
Provincias	*La Coruña, Lugo, Orense, Pontevedra*
Idioma	*castellano, gallego*
Ríos	*Eo, Lambre, Miño, Ulla*
Límites	*Cantabria, Castilla y León, Océano Atlántico, Portugal*

Para explorar

1. Si tuvieras que hacer un peregrinaje a alguna parte de tu país, ¿cuál sería y por qué? Comparte tus ideas con el resto del grupo.
2. Con un(a) compañero(a), explora la siguiente pregunta: ¿qué importancia tiene la religión en el desarrollo de la identidad de tu pueblo?

http://espana.heinle.com

En la distancia la nave iba alejando su velamen
de nuestras tierras, de nuestros recuerdos
de las playas y de los muertos
que, presentes, iban al pie de nosotros
en comitiva inmortal
hasta el cabo de las edades,
de las épocas.

(Vítor Vaqueiro Vigo, 1948)

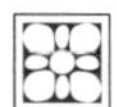

Introducción

A nivel administrativo Galicia está conformada por cuatro provincias: La Coruña (conocida como el "Balcón del Atlántico"), Lugo, Orense y Pontevedra. Su organización territorial consiste en 314 municipios dirigidos por sus respectivos alcaldes y concejales[1].

Durante su historia que data de muy antiguo, los gallegos han formado su identidad basándose en una lengua y una cultura muy propias. Por su territorio han pasado importantes culturas como la celta y la romana. Ésta última ha dejado una profunda huella[2] que se expresa en murallas, templos y puentes. Desde la Edad Media —época en que se descubre la tumba del apóstol Santiago— la ciudad de Santiago de Compostela se convierte junto con Jerusalén y Roma en una de las tres ciudades santas del mundo. Además de su riqueza geográfica, histórica y cultural Galicia se caracteriza por sus inmensas playas, sus paisajes rurales y marítimos, su clima templado y por contar con una renombrada gastronomía. Galicia tiene también una infraestructura turística, así como una estructurada red[3] de carreteras.

Para saber más

1. Busca información en el Internet sobre las Rías Baixas y las Rías Altas en Galicia. ¿Qué son, dónde se encuentran y qué importancia tienen? Comparte la información con el resto del grupo.
2. Busca más información sobre la industria pesquera de Galicia. ¿Qué importancia tiene en España, en Europa y en el mundo? ¿Qué impacto ha tenido la reciente tragedia petrolera de 2002 en las costas de Galicia?

[1] representantes
[2] rastro
[3] enlace

Gente y personajes ilustres: Un pueblo belicoso

A tu parecer

1. Con tus compañeros de clase, pensad en algunos grupos alrededor del mundo y de diferentes épocas que sean conocidos por las guerras. ¿Cómo se preparan para la batalla? ¿Qué ropaje llevan? ¿Qué papel hacen las mujeres? ¿Qué armas usan? Tomad algunos de los grupos más sobresalientes y comparadlos.
2. Con un(a) compañero(a), pensad en algún culto, superstición o creencia que pertenezca a vuestra cultura. Describidla y contemplad sus orígenes. ¿Qué importancia tiene este culto en la cultura contemporánea?

Entre los años 700 a. C. y 100 d. C. se establecen en la parte central y occidental de Europa una variedad de pueblos pertenecientes a una vasta etnia denominada por los griegos Keltoi o celtas. Estos pueblos establecen sus raíces en Escocia, Gales, Bretaña, Irlanda, parte del norte de Italia, la actual Provenza, Portugal, Asturias, y principalmente Galicia. No hay restos en Galicia de ningún pueblo anterior a los celtas y por lo tanto se piensa que ellos forman la base histórica de la cultura gallega. De hecho, hasta el sonido semi-nasal de los idiomas gallego y portugués se ha atribuido a este pueblo.

Probablemente los celtas llegan a Galicia para huir de las invasiones de otros celtas en otros territorios. En el noroeste de España encuentran su pequeña Galia, "Galicia", debido quizás al hecho de que el clima y las condiciones agrícolas se parecen a los de Irlanda y Escocia.

Los celtas se conocen por su espíritu guerrero: pelean con furor, completamente desnudos, armados con espadas y escudos y ayudados por sus mujeres. Sus gritos de guerra y el sonido continuo de la gaita, instrumento bélico, sorprenden y asustan a sus adversarios y agresores. Se piensa que le tienen más miedo a la derrota que a la muerte.

En la sociedad celta no existe la esclavitud y su estructura administrativa se basa en la autoridad del rey, la aristocracia guerrera y los granjeros libres. Hay cinco tipos de druidas o sacerdotes: los vacíos que tienen a su cargo los asuntos religiosos, los bardos quienes se ocupan de las artes, los sarónidos encargados de la educación, los adivinos que predicen el futuro y los causídicos quienes regulan los

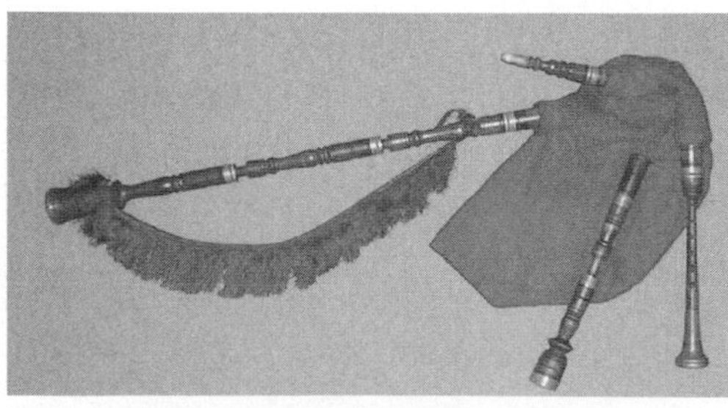

Gaita gallega

conflictos. Además de luchar apasionadamente, los celtas se distinguen por ser amantes de la guerra, las fiestas y la bebida. Las mujeres no se consideran inferiores a los hombres, pueden escoger a sus amantes y la virginidad no juega un papel muy importante. Aunque se ocupan primordialmente del hogar y la artesanía, las mujeres también hacen un papel indispensable como curanderas y protectoras de los hombres en los campos de batalla.

Luego de la derrota de los celtas por los romanos, pasan a establecerse en Galicia otros pueblos como los suevos, los visigodos, los árabes, los normandos y sarracenos. Pero, Galicia sigue recibiendo migraciones de origen celta a lo largo de su historia.

Alrededor de 1599 los gallegos se juntan a los irlandeses, pueblo de origen propiamente celta, para luchar por la independencia de Irlanda, y cuando este esfuerzo se trunca, muchas familias irlandesas se establecen en Galicia; por eso se observan nombres irlandeses en el norte de España como O'Neill y O'Donnell. Hay también varias leyendas en común entre los irlandeses y los gallegos, por ejemplo la del rey celta Breogán, el supuesto creador de la torre de Hércules (en la ciudad de La Coruña).

Aparte de los restos arqueológicos que incluyen joyas, viviendas de piedra y dólmenes[4], el legado[5] celta también incluye mitología y cultos. Aquí hay un ejemplo del culto al árbol.

El árbol era la vida

La importancia del árbol

Los celtas veían en el árbol no sólo la esencia de la vida sino el recurso para predecir el futuro. Curiosamente, este medio tan primitivo era considerado por los druidas el más eficaz a la hora de establecer un pronóstico sobre el destino que espera a cualquier ser humano. Al observar todo el conjunto del árbol, desde sus raíces que se hundían en la tierra hasta su copa más o menos frondosa, lo que aconsejaban era mantener la vista elevada, permanecer bien apoyado en el suelo y tener en cuenta que la Naturaleza es tan previsora que a un tiempo de caída de las hojas le sigue otro de nieves, las cuales propiciarán la aparición de los mejores brotes. Se habría llegado entonces a la época de fertilidad y del renacimiento de la vida más pletórica.

Desde el principio de los tiempos el árbol había mantenido una relación vital con el ser humano celta, al proporcionarle el primer hogar, leña, sombra y alojamiento para las aves que podían convertirse en caza para alimentar a la tribu. Sin embargo, los druidas consideraban que la relación podía hacerse más íntima, si se tenía en cuenta que cada hombre o mujer lleva en su interior un árbol, por

[4] monumentos
[5] aporte

medio del cual alimentaba el deseo de crecer de la mejor manera. En realidad se suponía que el árbol era el protector de todo lo material y espiritual de los seres humanos celtas.

El árbol articulaba toda la idea del cosmos al vivir en una continua regeneración. Además en él contemplaban los druidas el simbolismo de la verticalidad, de la vida en completa evolución, en una ascensión permanente hacia el cielo. Por otra parte, el árbol permitía establecer una comunicación con los tres niveles del cosmos: el subterráneo, por sus raíces que no dejaban de hurgar en las profundidades; el de la superficie de la tierra, por medio de su tronco y sus ramas; y las alturas, a través de la copa y las ramas superiores. En el árbol, se encontraba siempre reunidos los elementos: el agua que fluía en su interior, la tierra que se integraba en su cuerpo por las raíces, el aire que alimentaba las hojas y el fuego que surgía de su fricción. Los celtas conseguían el fuego frotando hábilmente unas ramas, entre las cuales habían introducido hierba seca o paja.

(Jorge R.A. Nuñez Cid, basado en Los Celtas, *Solana M. Yuñez. M.E. Editores, S.A.)*

El poder curativo del roble, el culto al fuego, al agua y a los astros y la creencia en seres sobrenaturales como las hadas y las brujas y otras creencias primitivas religiosas todavía son evidentes entre los gallegos de hoy en día. Hasta se piensa que la leyenda de Santiago tiene su origen en los celtas.

Para conocer mejor

1. ¿Cómo se comparan los celtas con los visigodos? (ver Capítulo 11)
2. Compara los restos romanos con los restos celtas en España. (ver Capítulo 7)
3. Según tu punto de vista y según la lectura, ¿cómo se compara Galicia con Irlanda y a Escocia?
4. Compara la ocupación celta con la invasión árabe en España.
5. Comenta sobre la estructura del gobierno celta y su relación con la religión.
6. Compara a las mujeres celtas con mujeres más contemporáneas como Agustina de Aragón. (ver Capítulo 6)
7. En tu opinión, ¿cómo puede conocerse un pueblo como festero y guerrero?
8. ¿En que medida han seguido las relaciones entre Galicia e Irlanda?
9. ¿Cuál es la importancia del árbol en la cultura, según la lectura?
10. ¿Cuál es la conexión entre los celtas y la leyenda de Santiago de Compostela?

Para saber más

1. Busca más información en el Internet sobre la gaita. Prepara un breve informe, comparando las gaitas gallega, asturiana, escocesa e irlandesa.
2. Busca más información sobre la mitología y los cultos celtas y prepara un pequeño informe sobre algo que te parezca más interesante.

El idioma: La lengua gallega

A tu parecer

1. Con un(a) compañero(a), pensad en las técnicas y estrategias que un pueblo implementa para conservar su idioma. Haced una lista de las diferentes técnicas y seleccionad una o dos para elaborarlas y presentarlas al resto del grupo. ¿Qué factores dificultan la conservación de un idioma?
2. A veces, por razones políticas, religiosas, sociales o de otra índole, se prohibe hablar o usar algún idioma. Pensad en alguna situación en que se ha dado este fenómeno históricamente o en la actualidad. ¿Por qué razones se prohibe el idioma y cuáles son las consecuencias de esta prohibición?

En la Península Ibérica se hablan cinco lenguas: cuatro de origen romance (el portugués, el castellano, el gallego y el catalán), y una de origen aún no muy bien conocido, el vascuence o euskera. El gallego es la lengua que hablan más de tres millones de personas en la comunidad autónoma de Galicia. Además lo hablan un millón y medio de gallegos que viven en diversas regiones del mundo.

Como lengua neolatina el gallego es muy similar al castellano y al portugués, pero mucho más a este último. Los portugueses y gallegos se pueden entender casi perfectamente. Inicialmente el gallegoportugués se origina en Galicia entre los siglos IX y X. Los conquistadores cristianos lo llevan a lo que hoy conocemos como Portugal. Durante la Edad Media Galicia no tiene mucha fuerza política en la Península Ibérica y depende bastante de otros reinos como el de León y Castilla. Desde el punto de vista lingüístico y literario el prestigio de Galicia resalta, gracias a la fama del Camino de Santiago, que atrae a miles de peregrinos a Galicia. Muchos de estos peregrinos aprenden gallego y lo leen. Ya hacia el siglo XV el gallego deja de ser una lengua popular, debido al creciente predominio político de la nobleza de Castilla. La lengua castellana comienza a influir y a afectar el gallego al punto de convertirlo en un dialecto. No sucede lo mismo con el reino de Portugal cuya lengua, el portugués, pasa a ser una de las lenguas más fuertes de Europa, debido en gran parte a su predominio marítimo y político.

En el siglo XII aparece el primer texto literario y se da todo un esplendor literario que se extiende hasta el siglo XIV. Es tan importante su presencia y prestigio en las letras que durante estos dos siglos el gallegoportugués pasa a ser la lengua de toda la producción lírica de la península con la exepción de Cataluña, en donde prevale la poesía trovadoresca[6]. Los textos más representativos de la lírica gallegoportuguesa son las *Cántigas de Santa María* (composiciones hechas en honor a la Virgen María por Alfonso X, el Sabio). También en lengua gallega se escriben los textos históricos famosos como la *Historia Troiana*, la *Crónica Troiana* y los *Milagres de Santiago*. A partir del siglo XV el gallegoportugués se divide en portugués y gallego, debido a diferentes situaciones de carácter político e histórico.

Es sólo a partir del siglo XIX, época del Romanticismo, cuando se da el famoso "Rexurdimiento" o recuperación de Galicia, no sólo a nivel lingüístico y literario, sino en los aspectos históricos, políticos y culturales. La figura más sobresaliente es la poetisa Rosalía de Castro con sus famosos *Cantares Gallegos* (1863). Con ella resurge un interés por la lengua gallega que se traduce en la publicación de diccionarios, libros sobre la estructura de la lengua y otros textos literarios famosos como las *Follas novas*, también de Rosalía de Castro, *Aires da mina terra*, de Curros Enríquez, *Saudades gallegas*, de Lamas Carvajal, *Máxima ou a filla espúrea* (primera novela gallega contemporánea, 1880), de Marcial Valladares y *Queixumes dos pinos*, de Eduardo Pondal. Ya a comienzos del siglo XX se constituye la Real Academia Gallega (1905).

Durante la Guerra Civil española (1936–1939) y el inicio de la dictadura de Francisco Franco (1939–1975), el gallego pasa a ocupar un segundo plano en todas las actividades de la vida de Galicia y de España, debido a que Franco instaura el castellano como único vehículo de comunicación en España. Muchos escritores gallegos se ven forzados a abandonar su tierra y buscar asilo en países como Argentina, Brasil, Cuba, México y Venezuela. En estos países continúan con su trabajo cultural y con su lucha por preservar la identidad gallega en todos sus aspectos.

Sólo a finales de los años sesenta comienza poco a poco a resurgir la actividad cultural en Galicia con la creación del Instituto da Lingua Galega y de la instauración de la Cátedra de Lingua e Literatura Galegas. En 1981, y amparado en la nueva Constitución española de 1978, se establece el Estatuto de Autonomía de Galicia. En éste se dictamina[7] que el gallego es, junto con el castellano, lengua oficial de Galicia. Hoy en día los gallegos se sienten muy orgullosos de su lengua y de su identidad gallega dentro y fuera de Galicia.

---

[6] de tradición oral
[7] se declara

"Andurinha" es una canción de Juan Pardo, popular cantante gallego, acerca de una niña que se va de su aldea. Esta canción expone la tristeza que se siente por alguien que ha partido, y el deseo que se siente por verlo regresar. Sin duda esta canción refleja el sentimiento de los que habitan en Galicia hacia el millón y medio de compatriotas gallegos que se han establecido en otros lugares del mundo.

En Galicia un dia escoitei
Unha vella historia, nun café.
Era dunha nena que da aldea se escapou.
...Andurinha nova que vóou...
Choran ó pensar, ¿onde andará?
Mais ninguen a quere ir buscar.
Andurinha lle chamaron, os que alí deixou
Torna pronto ó porto, ¡Por favor!
Un velliño fala xunto ó lar
di-me moi baixiño e sin maldade
Andurinha e nova....Voltará, ¡Xa lo verán!
Probe paxariño, sen plumar
Nun día cualquiera, pousará
Seu misterio, xa non o será.
O nome Andurinha, xa xamais, se llo dirán.
Pero mentres tanto, ¿Onde vái?
Andurinha onde vái... Andurinha onde vái...
Andurinha onde vái...

(Alma Galega
Madrid: Hispavox S.A., 1997.)

Desde 1981, la lengua gallega ha logrado estatus oficial y ha resurgido su poder literario y lingüístico de antaño. De igual forma Galicia se ha convertido en una de las comunidades autónomas de mayor progreso en España. Su idioma sigue enriqueciéndose, debido a las influencias de los viajeros y peregrinos en el Camino de Santiago y al uso y a la transformación de la lengua por las comunidades gallegas en el extranjero.

Para conocer mejor

1. Usando la canción como ejemplo, compara el gallego con el castellano. Busca palabras que se parecen entre las dos lenguas e intenta averiguar los significados tanto de éstas como de las frases que componen.
2. Compara el gallego con el catalán, otra lengua romance oficial de España. (ver Capítulo 10)

3. ¿Qué importancia tiene el Camino de Santiago para la lengua gallega?
4. ¿Cuál es la importancia de las *Cántigas de Santa María*? (ver Capítulo 5)
5. En tu opinión, ¿por qué es importante que haya resurgimiento de un idioma?
6. Compara a Rosalía de Castro con Ana María Matute. (ver Capítulo 10)
7. ¿Qué otros autores de renombre hay en España en la época del Romanticismo junto a los gallegos?
8. Compara lo que ocurrió con el gallego durante la Guerra Civil española con lo que ocurrió con otros idiomas en España. (ver Capítulos 4, 5, 6, 10, 11)
9. Compara la canción "Andurinha" con "Todos vuelven". (ver Capítulo 14)
10. ¿Qué importancia tiene, en tu opinión, que el gallego sea lengua oficial de España?

Para saber más

1. Busca un poema de Rosalía de Castro o de cualquier otro autor gallego. ¿Cuánto entiendes? Prepara un breve informe para la clase, comparando el castellano con el gallego, según las palabras que encuentres.
2. Busca más información sobre la Real Academia Gallega de la Lengua y prepara un informe acerca de lo que encuentres.

El arte y la arquitectura: El Arte Románico

A tu parecer

1. Con un(a) compañero(a), pensad en los templos, catedrales y edificios religiosos en vuestro país. ¿Cuáles son los más importantes y más visitados, y por qué?
2. Pensad en un edificio en vuestro país que es famoso por su construcción masiva o por su simpleza estética. Compartid las ideas con los otros de vuestro grupo.

La Catedral de Santiago de Compostela

El Románico es un estilo artístico que se desarrolla en España entre los siglos XI y XIII. La mayoría de sus vestigios se encuentran principalmente hacia el centro y norte de la península. La producción artística perteneciente a este estilo se concentra en la arquitectura y particularmente en la construcción de catedrales, monasterios y templos. Su carácter religioso se desarrolla paralelamente con los avances de la Reconquista (ver Capítulo 11) y por ende, según algunos, afirma la presencia cristiana y occidental frente al resto de la península, la cual la influyen fuertemente la cultura y el arte musulmán. Otros afirman, sin embargo, que este estilo es una combinación de varias influencias —romana, bizantina, visigoda, árabe, francesa e italiana— y por lo tanto no simboliza una contienda en contra de otros grupos, sino una síntesis de las influencias de ese momento histórico. La región de Galicia se destaca en la península por contar con unas quinientas catedrales, capillas y monasterios pertenecientes a este estilo arquitectónico.

Existen varias etapas del arte románico. El primer románico llega del norte de Italia y el sur de Francia y se caracteriza por el uso de la piedra escuadrada y no pulida, el empleo del pilar en vez de la columna y la ausencia de escultura figurativa. El segundo románico, también conocido como románico compostelano, llega de Francia y se establece en Galicia por el Camino de Santiago. Esta etapa se caracteriza por su gracia y equilibrio, por la escultura en canecillos y los capiteles tímpanos[8]. El tardorrománico, que tiene influencia cisterciense, muestra una gran monumentalidad, espaciosidad y falta de escultura decorativa. Finalmente, el románico mudéjar es una combinación del arte cristiano y musulmán.

[8] partes de la estructura arquitectónica

El monumento románico por excelencia en Galicia es sin duda alguna la Catedral de Santiago de Compostela, el majestuoso monumento en honor al apóstol Santiago, una de las grandes figuras del Cristianismo. Se erige en parte para poder dar cabida[9] a la multitud de peregrinos venidos de todo el mundo para visitar el sepulcro del apóstol. El edificio se construye entre los siglos XI y XII junto a la basílica terminada en el siglo IX por Alfonso II. Las dos torres de la fachada que dan a la Plaza Obradoiro se incorporan al edificio en el siglo XVIII y constituyen un excelente ejemplo de arquitectura barroca. Las torres tienen 74 metros de altura y son la parte más alta de la catedral. Se cree que los restos del apóstol y dos de sus discípulos se encuentran preservados en una tumba situada a un lado del altar mayor. El estilo arquitectónico románico se distingue por su tendencia horizontal, muros anchos y masivos, la construcción sólida, el equilibrio, la simetría, la elegancia y la sencillez. La escultura es simbólicoreligiosa y sirve para enseñar historia sagrada. Se observan episodios del Antiguo y Nuevo Testamentos y se representan los modelos del bien y las consecuencias del pecado y del mal. Otros ejemplos gallegos de este estilo arquitectónico son las Catedrales de Orense,Tuy, Lugo y la de Mondoñedo. También el arte románico es notable en otras regiones de España, particularmente Cataluña, País Vasco, Extremadura, Castilla y León, Castilla-La Mancha, Aragón, La Rioja, Madrid, Valencia y Andalucía.

Para conocer mejor

1. Cuando se centra el arte románico en España, ¿qué más está pasando en el país?
2. Compara el carácter del arte románico con el arte barroco. (ver Capítulo 14)
3. En tu opinión, ¿cuál es la relación entre el arte románico y la Reconquista? (ver Capítulo 11)
4. Compara la Catedral de Santiago con El Escorial.
5. Compara la Catedral de Santiago con La Sagrada Familia de Gaudí. (ver Capítulo 10)
6. En tu opinión, ¿qué importancia tiene la catedral de Santiago de Compostela en Galicia?
7. Según tu punto de vista, ¿qué impacto puede tener la catedral con sus diferentes estilos arquitectónicos?
8. En tu opinión, ¿por qué hay tantos templos en Galicia?
9. ¿Qué función tiene la escultura en el arte románico? (ver sección sobre gastronomía en este mismo capítulo)
10. Compara la arquitectura románica con la arquitectura romana. (ver Capítulo 7)

[9] espacio

Para saber más

1. Busca más información sobre las otras catedrales románicas en Galicia y prepara un pequeño informe sobre una de ellas para compartir con el resto de la clase.
2. Busca más información sobre algún monumento románico en otra región de España o en otro país de Europa y prepara un informe con fotos para tus compañeros de clase.

 Las fiestas y el folclore: El Camino de Santiago

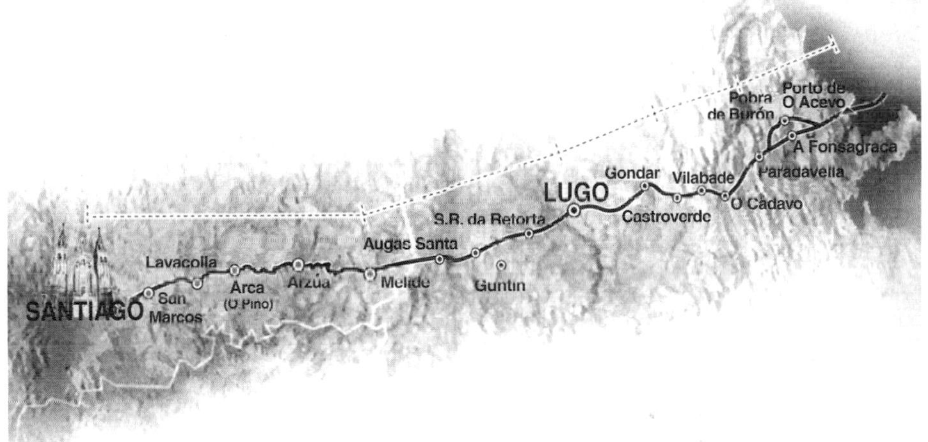

Camino primitivo del Camino de Santiago

A tu parecer

1. Con un(a) compañero(a), pensad en las razones por las que se hacen peregrinajes. ¿Qué implica esta palabra y cuál es la diferencia entre un viaje y un peregrinaje? ¿Conocéis a algún peregrino? Compartid vuestras ideas con el resto del grupo.
2. Con el resto del grupo definid la palabra "reliquia". Proveed ejemplos de reliquias religiosas y no religiosas. Compartid alguna historia, cuento o superstición que conozcáis relacionada con alguna reliquia.

Según la tradición, Santiago es el apóstol de Cristo que predica en España. Regresa a Palestina y el rey Herodes Agripa lo decapita en el año 42. Sus discípulos deciden enviar su cuerpo por barco a Galicia y lo entierran en Padrón[10], lugar

[10] un puerto

muy cercano a Finisterre[11]. En el año 813, durante el reinado de Alfonso II el Casto, el Obispo Teodomiro descubre la tumba con los restos y, el rey Alfonso II manda construir allí una basílica para que se veneren las reliquias del apóstol de Cristo. Dos siglos más tarde en ese mismo sitio se erige[12] la famosa Catedral de Santiago de Compostela. Desde esta época miles y miles de peregrinos venidos de diferentes rincones de España, Europa y, el mundo visitan la tumba. Las rutas para llegar a Santiago se conocen con el nombre de Camino de Santiago. Desde esta época la ciudad de Santiago de Compostela es, junto con Roma y Jerusalén, la ciudad cristiana más visitada del mundo.

Cada 25 de julio desde 1920, año en que las Irmandades de Fala organizan el primer día de Galicia como acto de afirmación de su identidad colectiva, todo el pueblo gallego, tanto los que viven en Galicia como las sociedades gallegas en la emigración, celebran con orgullo la que consideran como su fiesta mayor: el día de la patria gallega. Ese día también se celebra la fiesta del santo apóstol.

Hoy en día, y después de más de mil años de peregrinación religiosa y turística, el Camino de Santiago es una ruta que ofrece a los caminantes un variado patrimonio cultural y artístico, así como también una gran variedad y diversidad geográfica y ecológica. En la actualidad el Camino de Santiago cuenta con rutas bien demarcadas: el Camino Francés, el Camino del Norte, la Vía de la Plata, el Camino Portugués, y el Camino Inglés. Este último, a diferencia de los otros que se hacen por tierra, es el único que se recorre por mar.

El camino Francés es la ruta más conocida y mejor acondicionada. Entra en España por Somport o Roncesvalles, en los Pirineos, y termina en Puente la Reina (Compostela). En sus 787 kilómetros de recorrido los caminantes pasan por regiones de Castilla y León, Burgos y Galicia. Entre algunos de los monumentos más importantes se encuentran los Monasterios de Suso y Yuso en el municipio de San Millán de la Cogolla, en el Valle de San Millán. Estos monumetos tienen un extraordinario valor histórico, artístico y religioso. También se reconocen por razones lingüísticas y religiosas, ya que en Suso nació el castellano. La Catedral de Burgos es una de las más hermosas del mundo declarada por la UNESCO "Patrimonio de la Humanidad" en 1984. Muy famoso también es el Palacio Episcopal de Astorga o Palacio de Gaudí, conocido con este nombre, ya que después de su incendio en 1886 el artista Gaudí, el principal arquitecto modernista de España, se encargó de su reconstrucción entre 1887 y 1893.

Dado el gran valor integrador de la tumba del apóstol Santiago, en el año de 1985 la UNESCO "reconoce la ciudad gallega de Santiago de Compostela como Patrimonio Universal de la Humanidad". También en 1987 el Consejo de Europa resalta el Camino de Santiago como "Primer itinerario cultural de Europa".

[11] significa "fin de la tierra conocida"
[12] se levanta

Para conocer major

1. Compara la veneración del Apóstol de Santiago con la de San Isidro en Madrid.
2. Según tu opinión, ¿qué impacto puede tener en una región la llegada de tantos peregrinos?
3. ¿Cuál es la relación entre Santiago de Compostela, Jerusalén y Roma?
4. Compara la relación del estado y la Iglesia en Galicia con la cultura celta (en este mismo capítulo), la Inquisición y El Escorial. (ver Capítulo 2)
5. Compara el Camino de Santiago con la ruta de El Cid. (ver Capítulo 5)
6. En tu opinión, ¿por qué hay varias rutas en el Camino?
7. Según tu punto de vista, ¿por qué hay una ruta más popular?
8. ¿Por qué se encuentran monumentos en esta ruta, en tu opinión?
9. ¿Qué importancia tiene Gaudí para el Camino de Santiago? (ver Capítulo 10)
10. Según tu punto de vista, ¿por qué han reconocido el Camino varias organizaciones?

Para saber más

1. Busca más información sobre los detalles de la fiesta de Santiago que tiene lugar el 25 de julio. Prepara un breve informe para la clase.
2. De las varias rutas del Camino de Santiago, ¿cuál tomarías y por qué? Busca un mapa de tu ruta favorita y preséntale tu itinerario a la clase.

Gastronomía: Un platillo trotamundos

A tu parecer

1. Con un(a) compañero(a), pensad en las comidas que son más transportables, o sea que pueden llevarse o comerse durante un viaje. ¿Qué características e ingredientes tienen? ¿Por qué se consideran transportables?
2. El pan es una comida casi universal. En grupos de tres o cuatro, pensad en las variedades de panes que se encuentran en todo el mundo. ¿Qué ingredientes, forma y consistencia llevan? ¿Cuántos de estos panes se encuentran en vuestro país?

Una empanada gallega

Galicia es indudablemente una de las regiones pesqueras más conocidas de España, y por lo tanto tiene renombre por una variedad de recetas con ingredientes marítimos. Además de sus costas fecundas[13], esta región también se destaca, debido al Camino de Santiago, por sus rutas terrestres colmadas[14] de caminantes y peregrinos de todo el mundo. Sin lugar a duda, junto a los platillos de pescado, mariscos y moluscos, la empanada gallega, de tradición claramente viajera, es una de las comidas que más se consumen en esta región.

La empanada es una comida muy sencilla, práctica y versátil. Es un pan con algo envuelto adentro. Sus orígenes no son muy claros, pero se supone que en la antigüedad la tradición de la empanada empezó por querer aprovechar los panes ya duros vaciándolos y llenándolos de comida para no desecharlos. Es una forma muy práctica de juntar la comida y el pan para viajes y jornadas, dado que la empanada se puede comer, tanto fría como caliente, y puede transportarse fácilmente por muchas horas sin que se eche a perder.

La versatilidad de este plato es indudable. Por un lado, la masa puede prepararse de varias formas, siempre teniendo en cuenta los tres ingredientes básicos: grasa, líquido y harina. La grasa puede ser aceite, margarina, mantequilla o manteca de cerdo; el líquido puede incluir agua, huevos, vino, leche o cerveza; y algunos ejemplos de la harina son trigo, centeno o maíz. El sofrito, o embutido, también varía de gusto a gusto, de cocinero a cocinero. Existen las empanadas de tapa (porción pequeña) y de plato fuerte; de carne (cerdo, ternera, chicharrones, pollo, conejo, jamón); de pescado (bonito, bacalao, merluza, sardinas, rape); de marisco (almejas, mejillones, pulpo, cigalas, gambas, vieiras). También, hay empanadas vegetales (espinacas, pimientos, setas) y empanadas dulces (manzana, uvas pasas).

Es tan antigua la empanada que hasta en el Pórtico de la Gloria de la Catedral de Santiago de Compostela se hace alusión a este platillo. En el arco del Pórtico se observa a un pecador en el infierno que por castigo a la gula[15] tiene una soga en el cuello que no le permite comerse una empanada. Hoy en día no son únicamente los peregrinos los que comen las empanadas gallegas. No hay feria en esta región donde no esté presente la empanada. Se comen en casa, en restaurantes, en la playa, en el campo y hasta fuera de Galicia. Existe actualmente una exportación internacional de empanadas a muchos países dentro y fuera de Europa. Además muchos de los peregrinos que descubren la empanada en Galicia se llevan la receta a sus propios hogares. El gallego inmigrante también ha establecido una variedad de panaderías

[13] ricas
[14] llenas
[15] exceso en la comida o bebida; un pecado mortal

alrededor del mundo donde se pregona[16] y se disfruta este platillo. La empanada en su tradición viajera se ha convertido en trotamundos acompañando al peregrino y al caminante desde Galicia hacia otras laderas del planeta.

Para conocer major

1. Compara Galicia con otras comunidades conocidas por su pesca como Valencia (ver Capítulo 5), Cantabria (ver Capítulo 11), Andalucía (ver Capítulo 9) y las islas Baleares y Canarias (ver Capítulo 13).
2. ¿Qué influencia tiene el Camino de Santiago sobre la comida?
3. ¿Qué importancia tiene el Camino de Santiago con el desarrollo de la empanada gallega?
4. Compara la empanada gallega con el gazpacho en cuanto a sus ingredientes y variaciones. (ver Capítulo 9)
5. Compara el elemento práctico de la empanada con la versatilidad de la tortilla española. (ver Capítulo 2)
6. En tu opinión, ¿en qué se asemeja o contrasta la empanada gallega a un bocadillo de otros lugares de España y del mundo?
7. Según tu punto de vista, ¿por qué son tan variados los ingredientes que lleva la empanada?
8. Compara la relación entre la comida y la religión con referencia a la empanada gallega y al cochinillo o la carne de cerdo en otras partes de España. (ver Capítulo 7)
9. En tu opinión, ¿cómo serán las empanadas gallegas en otras partes del mundo? Piensa en algún ejemplo.
10. ¿Qué significado tiene el título "un platillo trotamundos"?

Para saber más

1. Inventa tu propia receta para la empanada, usando ingredientes que no se mencionen en esta lectura, pero que sean típicos de tu propia cultura. Comparte tus ideas con el resto de la clase.
2. La empanada es un platillo típico también de otros países, en especial de Latinoamérica (Puerto Rico, Argentina, etc.). Busca en el Internet información sobre estas empanadas y compáralas con la empanada gallega. Comparte la información con tus compañeros.

[16] difunde

Aspectos sociopolíticos: Los partidos políticos gallegos

A tu parecer

1. Con un(a) compañero(a), contestad las siguientes preguntas: ¿cuáles son los partidos políticos más populares en vuestro país? ¿cómo se distinguen entre sí? Compartid vuestras ideas con el resto del grupo.
2. Con el resto de la clase, haced una lista de los partidos políticos de vuestro país que no sean tan populares. ¿A cuál os afiliaríais y por qué? ¿A qué se debe la falta de apoyo popular para estos partidos?

España es un estado plurinacional conformado por 17 comunidades y 2 ciudades autónomas. Tres de las naciones más desarrolladas e históricamente definidas son Euskadi, Cataluña y Galicia. La autonomía de las diferentes nacionalidades y regiones que integran España está regulada en la Constitución de 1978. Cada una de ellas tiene derecho a defender su identidad y sus intereses democráticos. La Comunidad Autónoma de Galicia tiene un Parlamento conformado por 75 diputados, elegidos a través de sufragios[17] libres cada cuatro años y una Xunta[18]. Al presidente de la Xunta lo elige el Parlamento y su nombramiento lo ratifica[19] el rey de España.

La vida política de Galicia se concentra en tres partidos dominantes: el PP (Partido Popular), el BNG (Bloque Nacionalista Gallego) y el PSdeG-PSOE (Partido Socialista de Galicia-Partido Obrero Español). En las elecciones más recientes al Parlamento de Galicia estas tres fuerzas políticas alcanzan el 95 porciento de los sufragios. El resto de los votos se reparten entre formaciones nacionalistas, ecologistas o de izquierda: Esquerda de Galicia (Izquierda de Galicia), Fronte Popular Galega (Frente Popular Gallega), Esquerda Unida (Izquierda Unida), la Democracia Progresista Galega (Democracia Progresista Gallega) y el Grupo Verde. Este último es un partido ecologista fundado en abril de 1994. Se encarga de promover iniciativas en favor de la preservación del medio ambiente, la paz, los derechos humanos y el respeto a las minorías. También abogan[20] por la diversidad cultural, sexual y espiritual de la humanidad. La nota característica electoral la constituye la abstención, que alcanza el 37 porciento.

[17] elecciones
[18] poder ejecutivo
[19] acepta
[20] luchan

El Partido Popular (PP) es el partido hegemónico no sólo en Galicia, sino en toda España. Surge de la evolución natural de Alianza Popular y otros partidos de centro-derecha, para ofrecer una alternativa a la muerte del general Francisco Franco. En 1989, en el IX Congreso de la Alianza Popular se adopta el actual nombre y el proyecto del Partido Popular. En Galicia el PP aglutina[21] en sus filas a sectores conservadores tradicionalistas del campesinado, comerciantes y funcionarios de la sociedad gallega. Desde 1989 han venido controlando el gobierno de Galicia.

El Bloque Nacionalista Gallego (BNG) es después del PP, la segunda fuerza de oposición más influyente de España. Es una coalición que agrupa a varios sectores nacionalistas. Formalmente no es un partido político, sino una organización que aglutina varias fuerzas partidarias. Según su programa político, el objetivo más reciente del BNG es la liberación nacional y social del pueblo gallego.

...sin embargo, el pueblo gallego tiene una conciencia de identidad propia muy diferente de la conciencia de los pueblos vasco y catalán.

Los gallegos se [han sentido] distintos, aislados geográficamente durante siglos del resto de España, y con rasgos demográficos, de asentamientos medioambientales, económicos y culturales propios. Pero, al mismo tiempo, no existen agravios históricos recientes —como pueden ser el catalán o las guerras carlistas-fueristas vascas— que hayan hecho surgir un sentimiento de rechazo o reticencias profundos, hacia España o el Estado español contemporáneo, en sectores significativos de la población. Y tampoco existe un problema de identidad derivado de procesos inmigratorios intensísimos, como los de los años sesenta de este siglo en Cataluña o Euskadi.

Lo que sí se da es un sentimiento de abandono, de aislamiento, de desprotección (...) Situación de abandono que ha producido, asimismo, un permanente y secular proceso de desangramiento del país, a través de la emigración de gentes y recursos económicos y financieros.

(Luis Bouza Brey, La consciencia nacional gallega y la percepción pragmática de que "o que non chora, non mama", ¿Qué está pasando en Galicia? *(20/12/1997).)*

El P.S. de G. es la representación gallega del Partido Socialista Obrero Español (PSOE), de orientación sociodemócrata. En Galicia el PSdeG-PSOE es la tercera fuerza política después del PP —quienes encabezan la Xunta Galega— y el BNG. Los orígenes del PSOE datan desde 1879 cuando un

[21] reúne

grupo de intelectuales y obreros españoles dirigidos por Pablo Iglesias fundan clandestinamente el Partido Socialista. El PSOE es uno de los primeros partidos socialistas fundados en Europa, como respuesta a las nuevas condiciones sociales nacidas de la revolución industrial. El PSOE ha sido uno de los principales protagonistas en los momentos históricos más importantes de la política española. Durante la dictadura del general Franco (1939–1975) el PSOE tiene que continuar con la lucha clandestina y en el exilio. La represión franquista elimina en 1953 a uno de sus grandes dirigentes y Secretario General de UGT (Unión General de Trabajadores). Resurge con fuerza después de la muerte de Franco y gana las elecciones generales de España durante dos períodos consecutivos entre 1982 y 1996 bajo la dirección de su Secretario General Felipe González.

En general se puede observar que aunque el gobierno autonómico está controlado por las derechas, el nacionalismo gallego está haciendo un papel cada día más decisivo en la política de Galicia. "Galicia siente la necesidad de un Estado que funcione, de un Estado federal solidario, que resuelva problemas, impulse el desarrollo y navegue hacia el futuro, potenciando la unión desde la diversidad del autogobierno". (Bouza Brey)

Para conocer mejor

1. En tu opinión, ¿por qué hay tantos partidos políticos en Galicia?
2. Compara las diferencias ideológicas entre los partidos políticos en Galicia con las ideologías durante la Guerra Civil española. (ver Capítulo 9)
3. En tu opinión, ¿por qué es popular en Galicia el partido más conservador?
4. Compara el Partido Popular con el gobierno central de España.
5. Compara el Bloque Nacionalista Gallego con la ideología separatista catalana. (ver Capítulo 10)
6. Compara la política en Galicia con la situación de España y Marruecos. (ver Capítulo 13)
7. ¿Cuál es el objetivo del BNG?
8. ¿Cuál es la relación entre el general Franco y el PSOE? (ver Capítulo 9)
9. Compara a Pablo Iglesias con los intelectuales de la Guerra Civil española. (ver Capítulos 9 y 14)
10. Explica la siguiente declaración: "...que impulse el desarrollo y navegue hacia el futuro, potenciando la unión desde la diversidad del autogobierno".

Para saber más

1. Busca información sobre la infraestructura política del gobierno central de España. ¿Cuáles son los partidos políticos populares y los no populares? Prepara un breve informe para tu clase, comparando la información encontrada con lo que sabes del gobierno de Galicia.
2. Presenta un informe sobre uno de los partidos no dominantes de Galicia.
3. Cada estudiante o grupo de la clase debe tomar una comunidad autónoma de España y buscar los resultados de las elecciones más recientes. Juntos deberán comparar los resultados, inclusive también con los resultados de las elecciones más recientes en el gobierno central de España.

Materiales suplementarios

Los celtas

Gonzalez Maya, Jose Luis (ed.). *Celtas e iberos en la Península Ibérica.* Barcelona: Centre d'Informació i Documentació Internacionals, 1999.

Renales Cortés, Juan. *Celtismo y literatura gallega: la obra de Benito Vicetto y su entorno literario.* Santiago: Xunta de Galicia.

Reynolds, Roberto. *Los Celtas. Magia, Mitos, y Tradición.* Buenos Aires: Ed. Continente.

Gastronomía

Cunqueiro, A. y A. Filgueira Iglesias. *Cocina gallega.* L. 1992. 416 pp. ills 18x21.

El Camino de Santiago

Fernández Arenas, José. *Los Caminos de Santiago: historia, arte y leyendas.* Barcelona, Anthropos, 1993.

Martínez Sopena, Pascual. *El Camino de Santiago en Castilla y León.* S.l., Junta de Castilla y León, 1990.

Morín Bentejac, Juan Pedro y Jaime Cobreros Aguirre. *El camino iniciático de Santiago.* Barcelona: Ediciones 29, 1976.

Frontón, Isabel. *El Arte Románico en el Camino de Santiago.* Madrid: Ediciones Jaguar S.A., 1999.

Muller, W. y G. Vogel. *Atlas de arquitectura, vol. 2: Del Románico a la actualidad.* Madrid: Alianza, 1986.

Valdeón, J. y otros. *El Camino de Santiago.* Madrid: Ed. Anaya, 1990.

La lengua

Alvar, Carlos. *Antología de la poesía gallegoportuguesa.* Madrid: Alhambra, 1989.

Juárez Blanquer, Aurora [et al]. *Las lenguas románicas españolas tras la Constitución de 1978.* Granada: TAT, 1988.

Rojo Sánchez, G. "La situación lingüística gallega", En Revista de Occidente, Num. Extraordinario II, El bilingüismo: Problemática y realidad, 1982.

Vídeo

Corpas, Juan Ramón. *10 Crónicas Camino [Vídeo]: Hitos monumentales. Camino de Santiago en Navarra: guión y textos*; Ayuntamiento de Pamplona, 1992.

———. RONCESVALLES [Vídeo] : Camino de Santiago. Romerías a la Virgen. Pamplona : Vídeo Estudios Trazos, 1991.

"Serpiente del mar" de Amando de Ossorio. Constan Films, 1977.

"Compostela: The Next Step", "Exploring the Celtic Lands" and "Santiago de Compostela". Films for the Humanities & Sciences.

Capítulo 4

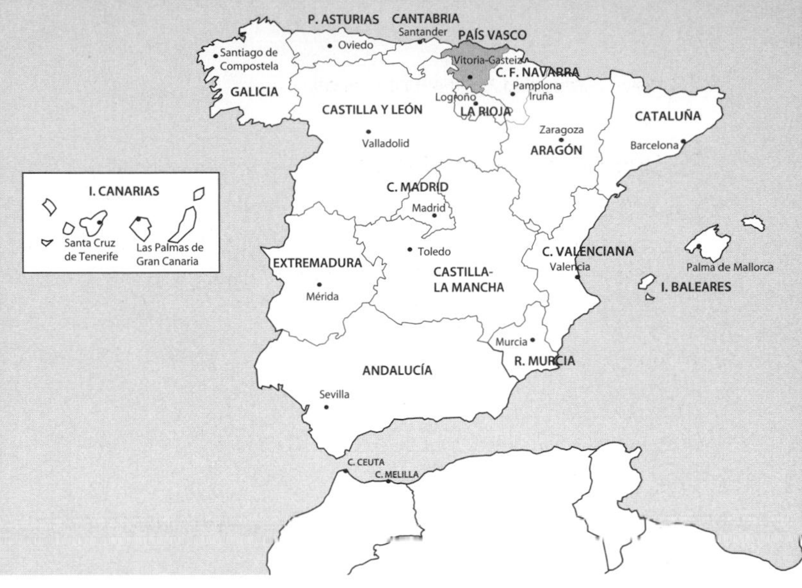

Comunidad Autónoma del País Vasco

Capital	*Vitoria-Gasteiz*
Provincias	*Araba-Álava, Biskaia y Gipuzkoa*
Idioma	*castellano, euskera*
Ríos	*Ebro, Oris y Nebrón*
Límites	*Aragón, Castilla y León, La Rioja, Navarra, Francia, el mar Cantábrico*

Para explorar

1. ¿Cómo se distingue el área más al norte de tu país? Piensa en todas las características posibles. ¿Es semejanté o diferente a otras áreas?
2. Piensa en alguna región que sea parte de algún país del mundo, pero que se distinga de las otras regiones por su idioma y su cultura. ¿Cómo es posible convivir con compatriotas que hablan un idioma diferente, pero que siguen las leyes de un gobierno central?

http://espana.heinle.com 

Durante siglos vivió mi raza en silencio histórico, en las profundidades de la vida, hablando su lengua milenaria, su eusquera; vivió en sus montañas de robles, hayas, olmos, fresnos y nogales, tapizadas de helecho, argoma y brezo, oyendo bramar al océano que contra ellas rompe, y viendo sonreír al sol tras de la lluvia terca y lenta, entre jirones de nubes.

(*Miguel de Unamuno,* Alma vasca)

 Introducción

Euskadi o País Vasco es una de las 17 comunidades autonómicas de España. Cada una de estas comunidades se diferencia en mayor o menor grado de las otras por su diversidad lingüística, geográfica y cultural. Como autónomica cada región cuenta con sus propias leyes, pero también sus acciones están en comunicación con el gobierno central. En otras palabras, las leyes del gobierno de la autonomía están bajo juicio de las Cortes Constitucionales, es decir, respetan la constitución.

La Comunidad Autónoma Vasca o Euskadi tiene una población de 3.000.000 habitantes, o sea el 5.2 porciento de la población de España. Está compuesta por tres regiones históricamente diferentes: las regiones de Araba-Álava, Biskaia y Gipuzkoa. Su capital y centro político administrativo es Vitoria-Gasteiz. Euskadi goza de una situación geográfica privilegiada. Se extiende entre los Pirineos al este, la cordillera Cantábrica al oeste, el mar Cantábrico (golfo de Vizcaya) al norte, y el valle del Ebro al sur. Sus ríos principales son el Ebro, el Oris y el Nebrón. En Vitoria se encuentran el presidente de la comunidad, el Parlamento Vasco y otras instituciones gubernamentales.

Cada región tiene su identidad propia y también su propio presidente y parlamento. El Gobierno vasco coordina los tres territorios históricos, pero cada región posee autonomía y poder de decisión. Según datos oficiales del Gobierno vasco el 25.2 porciento de la población de Euskadi es vascoparlante (530.000 h.), el 16.3 porciento lo entiende pero no lo habla (344.000 h.) y el 58.5 porciento es monolingüe hispanoparlante (1.230.000 h.). Aunque existen varias teorías sobre el origen de la lengua y de la población vasca, una de las cosas en que sí coinciden los historiadores es en señalar que la etnia vasca es una de las más antiguas que existen sobre la Tierra.

Para saber más

1. ¿Por qué tiene dos nombres esta comunidad autónoma? Busca información en el Internet sobre este asunto y compártela con tus compañeros.

2. Esta comunidad autónoma se conoce también como sede del grupo terrorista ETA. Busca información en el Internet sobre este grupo y prepara un breve informe para el resto de la clase.

Gente y personajes ilustres: Miguel de Unamuno y Jugo

A tu parecer

1. ¿Cuál es uno de los autores más famosos de vuestro país? ¿Por qué es tan famoso? ¿Qué características lo destacan de los otros? Contestad estas preguntas y luego compartid vuestra información con la del resto del grupo.
2. En grupos de cuatro o cinco, pensad en algún autor o artista que ha sido encarcelado por alguna causa social o política. ¿De dónde es? ¿Cuál es su causa?

Miguel de Unamuno y Jugo es uno de los filósofos, escritores y poetas universalmente más conocidos. Como filósofo es uno de los precursores, con Kierkegaar, del existencialismo. A nivel literario es una de las figuras más notables del movimiento de la Generación del 98. Los temas de sus ensayos gravitan casi siempre entre las nociones de razón y fe cristiana, religión y libertad de pensamiento y sobre la tragedia de la muerte en la vida del hombre.

Miguel de Unamuno nace en Bilbao en 1864. Después de finalizar sus estudios de bachillerato se traslada a Madrid e ingresa en la Facultad de Filosofía y Letras para obtener un doctorado con una tesis sobre el pueblo vasco. Desde muy joven manifiesta un profundo interés por los asuntos religiosos, pero estando en Madrid, comienza a visitar el Ateneo, considerado por algunos como el "centro de blasfemia de la ciudad". Allí tiene la oportunidad de leer obras de escritores liberales. Después de terminar su doctorado, Unamuno se traslada a Bilbao para dar clases particulares. Allí funda el periódico *La Lucha de Clases*. Más adelante, en 1891, pasa a Salamanca donde enseña griego en la prestigiosa Universidad de Salamanca. Durante algunos años Unamuno simpatiza con las ideas positivistas, pero más adelante se decide por las ideas socialistas afiliándose al Partido Socialista en el año de 1894.

En 1891 Unamuno contrae matrimonio con Concepción Lizárraga Ecénnarro; la pareja tiene diez hijos. El escritor y su esposa deciden vivir en Salamanca por el resto de su vida. En 1900 se le nombra rector de la Universidad de Salamanca, cargo en el que permanece hasta 1914 cuando se ve obligado a renunciar por razones políticas. En 1924 se le deporta a Fuerteventura en las Islas Canarias por oponerse a la dictadura del general Primo de Rivera. Algunos meses después sus amigos le ayudan para que se escape a París y posteriormente se traslada a la ciudad de Hendaye, en la región vasca francesa, muy cerca de la frontera con España.

Después de la muerte del general Primo de Rivera, Unamuno regresa a Salamanca y en 1931 acepta de nuevo el cargo de rector de la Universidad. Durante ese mismo año se le expulsa nuevamente de su cargo, esta vez por confrontar abiertamente al general Francisco Franco, y de conjunto a todos los falangistas. Se le encarcela en su propia casa hasta que muere el 31 de diciembre de 1936, a sólo unos meses de haber estallado la Guerra Civil española.

Miguel de Unamuno fue un escritor prolífico. Sus ideas se encuentran diseminadas en ensayos, poemas y novelas. Algunos de sus ensayos más famosos son *En torno al casticismo* (1895), una serie de escritos en los que Unamuno intenta definir el carácter del español y su psicología colectiva, *Del sentimiento trágico de la vida en los hombres y en los pueblos* (1913), *La agonía del cristianismo* (1926–1931) y *Vida de Don Quijote y Sancho* (1905). Entre sus poemas reconocidos se encuentran *El Cristo de Velázquez*, libro de poemas escrito en 1920, "De vuelta a casa", "En un cementerio del lugar castellano", "El cuerpo canta", "La luna y la rosa" y "La oración del ateo". Como narrador merece la pena destacar *Niebla*, novela experimental (1914) y *San Manuel bueno, mártir* (1933), novela de temática ética y religiosa, uno de sus mejores trabajos. Las ideas y trabajos de Unamuno influyen a muchos autores, entre ellos al escritor y ganador del Premio Nobel de literatura Juan Ramón Jiménez (1881–1958) y al poeta Antonio Machado y Ruiz (1874–1947), ambos españoles.

Castizo deriva de casta, así como casta del adjetivo casto, puro. Se aplica de ordinario el vocablo casta a las razas o variedades puras de especies animales, sobre todo domésticas, y así es como se dice de un perro que es "de buena casta", lo cual originariamente equivalía a decir que era de raza pura, íntegra, sin mezcla ni mesticismo[1] alguno. De este modo castizo viene a ser puro y sin mezcla de elemento extraño. Y si tenemos en cuenta que lo castizo se estima como cualidad excelente y ventajosa, veremos cómo en el vocablo mismo viene enquistado el prejuicio antiguo, fuente de miles de errores y daños, de creer que las razas llamadas puras y tenidas por tales son superiores a las mixtas, cuando es cosa probada, por ensayos en castas de animales domésticos y por la historia además, que si bien es dañoso y hasta infecundo a la larga todo cruzamiento de razas muy diferentes,

[1] mezcla

> *es, sin embargo, fuente de nuevo vigor y de progreso todo cruce de castas donde las diferencias no preponderen demasiado sobre el fondo de común analogía.*
>
> *(Miguel de Unamuno.* En torno al casticismo, *8a edición. Madrid: Espasa-Calpe, 1972.)*

En esta selección se aprecia la forma en que Unamuno desmiente los prejuicios del pasado en cuanto a la pureza de las castas o de las razas. Desde esa época tan remota la ideología y el modo de pensar de Unamuno ya anunciaban el concepto de la diversidad que ahora es tan presente en la España posfranquista: "(es) fuente de nuevo vigor y de progreso todo cruce de castas donde las diferencias no preponderen demasiado sobre el fondo de común analogía".

Para conocer mejor

1. Compara a Unamuno con otros intelectuales desterrados durante la época de Franco. (ver Capítulos 9 y 14)
2. Según tu punto de vista, ¿por qué escogió Unamuno ciertos temas para sus obras?
3. En tu opinión, ¿por qué hace un papel tan importante la religión en las obras de Unamuno?
4. ¿Qué importancia tiene la afiliación política para Unamuno?
5. Compara las obras de Unamuno con las películas de Luis Buñuel. (ver Capítulo 6)
6. En tu opinión, ¿por qué seguía volviendo Unamuno a Salamanca?
7. ¿Qué importancia tiene la fecha en que muere Unamuno? (ver cuadro sinóptico)
8. Según tu punto de vista, ¿por qué es el casticismo tan importante para Unamuno?
9. Unamuno pertenece a una generación de escritores llamada la Generación del 98. ¿Quiénes son otros autores de esta época? (ver cuadro sinóptico)
10. En tu opinión, ¿por qué ha influido Unamuno a otros autores españoles?

Para saber más

1. Busca información sobre la Generación del 98 y prepara un pequeño informe para la clase.
2. Busca información sobre una de las obras de Unamuno. Busca el texto en la biblioteca y lee una parte. Prepara un pequeño informe para la clase.

El idioma: El euskera

A tu parecer

1. Con un(a) compañero(a), pensad en la importancia que tiene un idioma para la identidad de un pueblo. ¿Cómo se decide sobre el idioma oficial de un país?
2. Conversación en grupo: ¿qué pasaría si en cada región de vuestro país se hablara un idioma oficial diferente? ¿Cúales serían las consecuencias de esta situación?

La historia de la etnia vasca data desde muchos siglos atrás, desde la época de los celtas, quienes les dieron el nombre de vascones, que en lengua celta significa "los de lo alto" o "los de la cima". La mayoría de las lenguas europeas pertenecen a la familia de las lenguas indoeuropeas. El vasco, sin embargo, ni pertenece a esta familia ni tampoco tiene semejanzas con lenguas cercanas geográficamente. Esto ha determinado que existan varias hipótesis en torno al origen del euskera. Una de las hipótesis más aceptadas es la que sostiene que el euskera se desarrolla en el mismo territorio ocupado por la antigua tribu de los vascones. Se basa esta teoría en el hecho de que se han encontrado cráneos y otros restos arqueológicos del tipo vasco en yacimientos neolíticos, lo que descarta cualquier posibilidad de inmigraciones de otros territorios.

El euskera recibe influencia de otras lenguas, como del árabe (gutun: carta, alkate: alcalde), del germano (gerra: guerra) o del celta (maite: amado, mendi: monte). La mayor influencia lingüística viene del latín, a partir del año 196 a.C.:

latín	euskera	español
lex-legem	lege	ley
tabula-tabulam	taula	tabla
rex-regem	enrege	rey

En la actualidad aproximadamente 600.000 personas hablan euskera en todo el territorio de las siete provincias históricas vascas: Gipuzkoa, Bizkaia, Álava y Nafarroa (en el estado español) y Lapurdi, Zuberoa y Behenafarroa (en el estado francés). El euskera se divide en siete dialectos principales: el bizkaiera (vizcaíno) que cuenta con el mayor número de hablantes, el gipuzkera que se habla en Gipuzkoa y el extremo noroeste de Navarra, el nafarrea (Navarro Oriental), el nafar-lapurtera (Navarro-Labortano) que se habla en Lapurdi, en la Baja Navarra y en las zonas fronterizas de Gascuña, y finalmente, el zuberera o suletino que se habla en Zuberoa.

En 1918 se funda la Academia de la Lengua Vasca como esfuerzo para unificar la lengua. Hoy en día el euskera comparte con el castellano la nominación de lenguas cooficiales de la Comunidad Autónoma de Euskadi o País Vasco. La primera gramática euskera, escrita por Manuel de Larramendi, se publica en 1729. Los estudiantes vascos, desde la edad preescolar hasta la universitarias, reciben clases en su lengua natal. Los medios masivos de comunicación transmiten sus mensajes en euskera y muchos programas de computación se pueden también adquirir en euskera.

Los vascos han tenido que recorrer, desde sus orígenes caminos bastante difíciles, como la competencia con poderes lingüísticos y políticos, por ejemplo el romano, el castellano y el francés. A esto se añaden las censuras y prohibiciones de su uso durante el turbio período de cuatro décadas de dictadura del general Francisco Franco (ver Capítulo 9). A pesar de todo, el euskera se ha mantenido como seña de identidad de los vascos. Todo lo anterior, unido a las características geográficas de su territorio, ha hecho que los vascos sean una de las comunidades con mayor propensión a la autodeterminación. La manera y los medios de mantener y desarrollar esta autodeterminación han sido bastante polémicos y han llegado a dividir la opinión pública, tanto en el mismo Euskadi, como en el resto de España. Tal vez el aspecto más controversial lo constituye el surgimiento de ETA, organización armada para la independencia vasca. Éste es un grupo armado bastante activo para el que la violencia es el método de lucha más importante para obtener la independencia total de Euskadi.

Algunas palabras útiles en euskera son:

euskera	español
Agur	Adiós, saludo, hola
Kaixo	Hola
Zer moduz?	¿Qué tal?
Egun on	Buenos días
Arratsalde on	Buenas tardes
Gabon	Buenas noches
Bihar arte	Hasta mañana
Gero arte	Hasta luego
Mesedez	Por favor
Barkatu	Perdón
Mila esker, eskerrik asko	Gracias
Ez horregatik	De nada
Bai	Sí
Ez	No

Algunos proverbios en euskera son:

Txori ttattarra, abesti ttattarra.
"Pájaro insignificante, canción insignificante".

Zahar-ele, zuhur-ele.
"Palabra de viejo, palabra sabia".

Aurrera begiratzen ez duena, atzean dago.
"Los que no miran adelante, se quedan atrás".

Hilak lurpera, biziak mahaira.
"El muerto al hoyo y el vivo al baile".

El hecho de que el territorio euskadi sea tan pequeño y haya logrado, no sólo mantener su idioma, sino también ser una de las lenguas oficiales de España, es prueba del fuerte sentido de identidad del pueblo. Uno de sus proverbios lo resume todo: "Palabra de viejo, palabra de sabio". Entre sus tradiciones antiquísimas queda la sabiduría más profunda y al mantener vivo el idioma de sus ancestros, se mantiene vivo el pasado como base para un futuro más cierto.

Para conocer mejor

1. ¿Qué importancia tienen los celtas para los vascos? (ver Capítulo 3)
2. En tu opinión, ¿por qué la lengua vasca ha logrado la cooficialidad en España?
3. Compara el vasco con el murciano en términos de sus dialectos. (ver Capítulo 5)
4. En tu opinión, ¿por qué tiene la lengua vasca tantos dialectos?
5. ¿Cuándo se establece la Academia de la Lengua Vasca? Compara este dato con el de las otras Academias. (ver Capítulos 2, 3, 10)
6. Compara a Antonio de Nebrija con Manuel Larramendi. (ver Capítulo 7)
7. Compara la función que tiene el euskera en las escuelas del País Vasco con la función del valenciano en las escuelas de la Comunidad Valenciana. (ver Capítulo 5)
8. En tu opinión, ¿qué semejanzas o diferencias hay entre el euskera y el español? Consulta los ejemplos en la lista que aparece en la lectura.
9. Explica la siguiente afirmación, "el euskera se ha mantenido como seña de identidad de los vascos".

10. Según tu punto de vista, ¿cómo se refieren los otros proverbios a la cuestión de la identidad y el idioma en el País Vasco?

Para saber más

1. Busca información en el Internet sobre la autodeterminación lingüística del País Vasco. Prepara un breve informe para el resto de la clase.
2. Busca en el Internet algún texto en euskera. ¿Reconoces alguna palabra? Haz una lista de las palabras que se parecen al español.

El arte y la arquitectura: El Nuevo Museo Guggenheim Bilbao

El Museo Guggenheim, Bilbao

A tu parecer

1. ¿Cuáles son los museos de arte moderno más famosos en tu país? ¿En qué ciudades se encuentran?
2. ¿Conoces algún edificio que sea en sí una obra de arte? ¿Cuál es? ¿Dónde se encuentra? Prepara una descripción con un(a) compañero(a) y luego presentádsela al resto del grupo.

Desde su comienzo, el propósito de la Fundación Solomon R. Guggenheim ha sido promover el arte contemporáneo y de tal forma, en 1959, esta fundación dirige la construcción y la apertura en Nueva York de un museo dedicado exclusivamente a exponer el arte desde la época de la posguerra de la Segunda Guerra mundial hasta nuestros días. El Museo Guggenheim de Nueva York, arquitectónicamente diseñado por Frank Lloyd Wright, es en sí una obra de arte y se destaca como uno de los museos más visitados de esa ciudad universalmente conocida como el centro artístico del continente americano.

Con motivo de desarrollar el potencial y el valor artístico de la ciudad de Bilbao en el siglo XXI, se ha realizado allí otro museo Guggenheim. Diseñado por el arquitecto Frank O. Gehry, el edificio es una escultura impresionante y muy compleja que une materiales como el cristal, el titanio (que por lo regular se usa para construir aviones), la piedra, el acero y el agua. Hasta el Puente de la Salve está incorporado dentro del diseño del edificio. Por fuera, hay formas regulares e irregulares, curvas, y una cúpula cubiertas de metal que brillan con la luz del día. Por dentro, hay ascensores acristalados, torres escaleras, pasarelas curvas y varias galerías designadas a exposiciones temporales y permanentes.

El propósito del Museo Guggenheim Bilbao, o "guggen" como lo llaman los que residen en la ciudad, es exponer las obras que más claramente encarnan las tendencias artísticas contemporáneas. En la colección permanente se encuentran muestras del arte minimalista, pop, conceptual, expresionista y abstracto y de varias otras tendencias artístícas de nuestra época. También se encuentran expuestas las obras de varios artistas contemporáneos vascos y españoles.

El 19 de octubre de 1997 se abren las puertas del museo al público con mayor éxito. Es el más reciente de los museos Guggenheim: el Museo Solomon R. Guggenheim y el Museo Guggenheim SoHo en Nueva York, EE.UU. y la Colección Peggy Guggenheim, en Venecia, Italia. A la construcción del museo se juntan otros esfuerzos por desarrollar la ciudad de Bilbao, como por ejemplo la construcción de un nuevo ferrocarril metropolitano, una estación de trenes y autobuses, la renovación del aeropuerto y un nuevo centro de empresas. De esta forma, se espera que Bilbao sea un importante centro industrial y artístico en el Arco Atlántico Europeo.

Para conocer mejor

1. En tu opinión, ¿por qué una fundación como la de Guggenheim decidió invertir en un museo en Bilbao?
2. Compara el Museo Guggenheim de Nueva York con el de Bilbao.
3. Según tu punto de vista, ¿qué importancia tiene el diseño del edificio?

4. Compara el guggen con el Museo del Prado.
5. Compara a Frank O. Gehry con Gaudí. (ver Capítulo 10)
6. Compara los materiales del guggen con los materiales de El Escorial. (ver Capítulo 2)
7. En tu opinión, ¿qué tienen en común la estructura moderna del guggen y el antiguo acueducto romano de Segovia? (ver Capítulo 7)
8. Compara la colección del guggen con las del Prado y El Escorial.
9. En tu opinión, ¿qué relación puede haber entre todos los otros museos Guggenheim?
10. En tu opinión, ¿por qué siguen los esfuerzos para el desarrollo de la ciudad de Bilbao?

Para saber más

1. Busca en el Internet a algunos artistas contemporáneos vascos y españoles y presenta un pequeño informe sobre sus obras.
2. Busca más información sobre el Museo Guggenheim Bilbao. ¿Cuáles han sido las exposiciones más recientes? ¿Qué se expone allí ahora mismo? Prepara un pequeño informe para la clase.

Las fiestas y el folclore: Euskal pilota

A tu parecer

1. ¿Cuáles son algunos juegos de pelota que conocéis? En grupos de tres o cuatro, haced una lista de los juegos y clasificadlos en términos del tamaño y construcción de la pelota. Luego, clasificadlos en términos del campo o la cancha.
2. ¿Qué partes del cuerpo (manos, pies, etc.), modalidades (raquetas, palos, etc.) o destrezas (agilidad, fuerza, etc.) se usan para los juegos de pelota que tú conoces? Con un compañero, tomad tres juegos de pelota que sean muy diferentes y contrastadlos, teniendo en cuenta el cuerpo, la modalidad y la destreza.

Los juegos en que se usa la pelota son innumerables. Cada país o cultura disfruta de uno o más juegos donde se tira, golpea o rebota una pelota que varía en tamaño, peso y contrucción. Según el juego, es preciso usar las manos, unos guantes, un palo o una raqueta, y los campos o las canchas de igual manera varían en forma y tamaño. El País Vasco es cuna de la euskal pilota o pelota vasca, deporte y juego conocido universalmente como jai-alai. Su origen se remonta a épocas muy antiguas y hoy en día se conoce y juega en todo el mundo.

Aunque existen varias opiniones en cuanto al origen del jai-alai, muchas coinciden en que este juego llega a Europa Central por medio de los árabes. En la Edad Media y particularmente en Francia se desarrolla un juego parecido al tenis de hoy en día, donde los jugadores, mayormente de la nobleza, se pasan la pelota de un lado de la cancha a otro con la ayuda de la mano, una raqueta o un palo de madera. La pelota que se utiliza para el juego es hueca[2]. Más tarde al desarrollarse este mismo juego en el País Vasco se implementan unos cambios. Se utiliza la pelota de cuero, dura y maciza; empieza a jugarlo la gente rural y menos pudiente hasta en las plazas; se dispone del uso de una pared o frontis para que rebote la pelota.

Al llegar el caucho[3] desde el continente americano, la pelota del jai-alai adquiere más velocidad. El campo de juego, o frontón, se alarga, y los guantes para proteger la mano se convierten en remontes[4] con forma curveada para facilitar la recogida de la pelota. Al enganchar[5] la pelota se alcanza tirar con más fuerza y agilidad.

---

[2] vacía por dentro
[3] material que se utiliza para fabricar pelotas, llantas, etc.
[4] guantes largos parecidos a cestas
[5] recoger en forma de curva

Jugador y espectadores de jai-alai

Los jugadores o pelotaris llevan camisa, pantalón largo y zapatillas y forman dos equipos, cada uno con dos o más participantes. El juego consiste en tirar la pelota contra el frontis, y sin que rebote más de una vez en el suelo, el otro equipo debe recogerla y devolverla al frontis. Se apunta cuando el equipo contrario no alcanza a recoger o lanzar la pelota. Es un juego rápido que requiere mucha fuerza, energía, y agilidad.

Algunos pelotaris legendarios son José Irigoyen, llamado "el león de Bera", Ramón Salsamendi, "el tigre de Orio", y el gran campeón Jesús Abrego Narvate, quien debutó a la temprana edad de catorce años en Pamplona. El juego del jai-alai, sin embargo, no se limita a la región del País Vasco. En Almería, por ejemplo, este deporte ha sido popular por más de un siglo y medio y los jugadores del lugar les hacen mucha competencia a los pelotaris del área del País Vasco, de La Rioja y de Navarra. Uno de los pelotaris de Almería más destacado es Nicolás Salmerón y Alonso, presidente de la Primera República en 1873. Debido a la inmigración vasca a los Estados Unidos, el jai-alai se ha desarrollado también en Connecticut, Florida y Rhode Island, donde se ha convertido en espectáculo y en negocio que invita al público a apostar.

A lo largo del tiempo, el juego de la pelota vasca se ha desarrollado según las épocas, las circunstancias y las innovaciones del pueblo. Es un juego que sigue manteniéndose vivo sin abandonar los elementos básicos tradicionales de antaño.

Para conocer mejor

1. En tu opinión, ¿qué hay en común entre el jai-alai y el fútbol? (ver Capítulo 1)
2. Según tu punto de vista, ¿por qué hay varios nombres para el jai-alai?
3. ¿Por qué hay una diferencia entre la pelota que se usa en Francia en la Edad Media y la pelota que se usa en el País Vasco?
4. Contrasta el frontis con el campo de fútbol. (ver Capítulo 1)
5. ¿Cómo influye el continente americano en el desarrollo de la pelota?
6. En tu opinión ¿qué destrezas se necesitan para jugar el jai-alai?
7. Compara a los espectadores del jai-alai con los del fútbol. (ver Capítulo 1)

8. Compara el jai-alai con el encierre de los toros en la fiesta de San Fermín. (ver Capítulo 8)
9. Además del País Vasco, ¿dónde se juega el jai-alai?
10. Compara el juego de jai-alai con los castells de Cataluña. (ver Capítulo 10)

Para saber más

1. Busca información en el Internet sobre algunos de los equipos o pelotaris más recientes de la pelota vasca y preséntale un pequeño informe al resto de la clase.
2. Hay otros juegos que se derivan del juego de pelota vasca, uno de ellos está el frontenis que es muy popular en México, por ejemplo. ¿Cuál es la diferencia entre el jai-alai y el frontenis? ¿Cuáles son las semejanzas? Busca información en el Internet y preséntale un informe a la clase.

Gastronomía: El bacalao y la angula

A tu parecer

1. Con un(a) compañero(a), pensad en las distintas formas en que se pueden conservar las comidas. Compartid vuestras ideas con el resto del grupo.
2. Con un(a) compañero(a), pensad en algunos animales que están en peligro de extinción. ¿Cuáles son algunas razones de este peligro? Compartid vuestras ideas con el resto del grupo.

En términos sociopolíticos, el País Vasco es una comunidad pequeña cuyo esfuerzo constante es luchar contra los peligros de extinción, reafirmando y manteniendo su propia identidad, sus tradiciones y su lengua. De igual forma, su cocina refleja la conservación y preservación de recetas, ingredientes y sabores. Existen sociedades gastronómicas, por ejemplo, cuyos miembros se reúnen para preparar platillos exclusivos, recuperando viejas recetas y rescatándoles su valor culinario.

Uno de los platillos más conocido del País Vasco es el bacalao a la vizcaína. Aunque hay muchas formas de preparar el bacalao en la comunidad vasca, la salsa a la vizcaína se ha popularizado aún fuera de la región. Hoy en día hay varias versiones de esta salsa alrededor del mundo, aunque la receta auténtica sigue preparándose en su lugar de origen, el País Vasco. Los ingredientes para la salsa son cebolla, perejil, jamón, pimienta, pimientos cochiceros

Bacalao seco

y yema de huevos cocidos. En otros lugares se le echa tomate, pimiento morrón y aceitunas.

Aunque vive en el lejano Atlántico norte y no en los mares Cantábricos, el bacalao ha sido sumamente popular en la cocina vasca desde hace muchísimo tiempo. Los diestros pescadores vascos lo han capturado y preparado desde hace muchos siglos. Para que este pescado sea degustado en las áreas mediterráneas, ha sido necesario conservarlo y secarlo en salazón[6]. En varios países el bacalao se considera comida de segunda clase, pero los vascos han desarrollado técnicas de desalado[7] y preparación que han hecho de este pescado una delicia.

Otro ingrediente muy popular en la región vasca es la angula (palabra inventada por los vascos), o la cría de la anguila. Este es un pez largo y parecido a una serpiente que vive en aguas dulces. Cuando la anguila llega a su madurez, se deja arrastrar por la corriente hacia el Mar de los Sargazos, entre Puerto Rico y las Bermudas. Allí cada hembra desova[8] produciendo un promedio de 20 millones de huevecillos. Las larvas de nuevo se dejan llevar por la corriente y tardan tres años en llegar a Europa. Las larvas se convierten en angulas que nadan río arriba hasta que se maduran y se convierten en anguilas. La forma de

[6] sal
[7] para quitarle la sal
[8] pone sus huevos

prepararlas en el país vasco es al ajillo[9], un plato sencillo y sabroso. Las angulas están en peligro de extinción a causa de la falta de regulación de su pesca, y por lo tanto son carísimas.

Aquí reproducimos una receta para las angulas a la cazuela.

Angulas a la cazuela

Ingredientes (Para 1 persona)

200 gramos de angulas
2 dientes de ajo
guindilla
5 cucharadas de aceite

Preparación

En una cazuela de barro se pone el aceite y los dientes de ajo cortados en trozos pequeños; cuando los ajos estén dorados se retira la cazuela del fuego y se deja enfriar. Cuando el aceite queda templado se echan las angulas, se ponen de nuevo al fuego vivo, removiéndolas con la ayuda de dos tenedores de madera muy rápidamente, de forma que todas se calienten a la vez y, al mismo tiempo, se impregnen del aceite. Al romper a hervir se retiran del fuego y se sirven seguidamente en la misma cazuela. Tienen que llegar hirviendo a la mesa.

En el caso de gustar un poco picante se pone un trozo de guindilla picada con los ajos. Para que las angulas queden bien se deben freír unas pocas de cada vez. Se sirven en cazuelas individuales.

(Ángel Cabiedes Escudero, Papeo.)

Gracias a los pescadores vascos, diestros en capturar los pescados más frescos, y gracias a los cocineros de la región, peritos en prepararlos, la cocina pesquera vasca es muy variada y cuenta con un sinnúmero de platillos tradicionales caseros y sencillos al igual que unas recetas más modernas y complejas. Es interesante que los dos platillos más conocidos en la región y presentados aquí se caractericen por la conservación y la preservación. Por un lado, el bacalao se somete a un proceso de salazón para que se preserve. Por otro lado, la angula se distribuye poco y a precios muy caros para conservarla y protegerla de la extinción. Estos dos pescados, populares y conocidos ingredientes de la gastronomía vasca, parecen reiterar las preocupaciones de un pueblo entero: la preservación, conservación y reafirmación de su cultura e identidad.

[9] con ajo y aceite de oliva

Para conocer mejor

1. Compara el bacalao con los embutidos y jamones de cerdo producidos en España. (ver Capítulo 7)
2. En tu opinión, ¿por qué es el bacalao tan popular en el País Vasco?
3. Compara la función de las sociedades gastronómicas del País Vasco con aquella de las Academias de la Lengua. (ver Capítulo 2)
4. En tu opinión, ¿a qué se debe la diferencia entre la salsa auténtica vizcaína y la que se prepara en otros lugares?
5. Hay muchos platos en España que en el pasado se consideraban de segunda clase, pero ahora son los más degustados a nivel mundial. En tu opinión, ¿a qué se debe este cambio de estatus?
6. Según tu punto de vista, ¿por qué es necesario preservar el bacalao?
7. Compara la angula con el cochinillo. (ver Capítulo 7)
8. En tu opinión, si están en peligro de extinción, ¿por qué siguen comiéndose las angulas?
9. Compara la receta de las angulas con la de la tortilla de patatas. (ver Capítulo 2)
10. Compara la angula con las fabas de Asturias. (ver Capítulo 11)

Para saber más

1. Busca en el Internet otras formas de preparar el bacalao. Preséntale una receta al resto del grupo.
2. Busca en el Internet información sobre los procesos de salazón y desalado del bacalao. ¿Se sigue el mismo proceso con otros pescados o carnes? Presenta un pequeño informe para la clase.
3. Busca más información sobre las angulas. ¿Qué se podría hacer para preservarlas?

Aspectos sociopolíticos: Los vascos y su derecho a la libre autodeterminación

A tu parecer

1. En parejas, pensad en algunos actos terroristas que han impactado la vida de algún pueblo. ¿A qué se deben estos actos? ¿Cuáles han sido las reacciones ante estos actos?
2. En grupos, pensad en algún ejemplo en el mundo del "separatismo", o de algún pueblo que se esfuerza por independizarse del gobierno del país al que pertenece. ¿Qué esfuerzos se han intentado? ¿Es posible "separarse" o independizarse sin recurrir a la violencia?
3. Pensad en algún ganador del Premio Nobel de la Paz y describid sus hazañas. ¿Por qué ha merecido este premio? ¿Qué individuo actualmente exhibe cualidades de ganador del Premio Nobel y merece que se le otorgue el premio? ¿Por qué?

España está dividida en 17 comunidades autónomas. Dos de esas comunidades, la Comunidad Autónoma Vasca (Viscaya, Guipuscoa y Araba-Álava) y Navarra pertenecen históricamente a la región vasca. El número de habitantes sobrepasa los dos millones. En territorio francés hay también una población de 300.000 personas de origen vasco. A pesar de su antigüedad la cultura vasca siempre ha conservado su lengua y muchas de sus costumbres. El vascuense o euskera está entre las lenguas más antiguas del mundo. Uno de los problemas más serios que enfrenta España en la actualidad tiene que ver con el grupo ETA (Euskadi Ta Askatasuna o "País Vasco y Libertad"), organización socialista revolucionaria vasca de liberación nacional que se opone al actual estatuto de autonomías amparado por la Constitución Española, y lucha por hacer de Euskadi un nuevo país dentro de la Unión Europea. El método escogido por ETA desde su conformación en el año de 1958 ha sido el de la lucha armada.

El gobierno español respaldado por los dos partidos políticos más importantes, el Partido Popular (PP) y el Partido Socialista Obrero Español (PSOE), ven en las pretenciones de ETA un "problema terrorista de Estado" y han optado por una arremetida militar en contra del grupo y de sus simpatizantes. Las consecuencias de esta polarización de fuerzas se ha traducido en ataques y atentados violentos de ETA, y secuestros, persecuciones, detenciones y operaciones policíacas por parte de los efectivos del gobierno. Muchas personas inocentes han muerto como producto de esta guerra. Está a la orden del día la necesidad de que los diferentes sectores en conflicto se sienten a negociar una salida política por fuera de la práctica de la violencia expresada en los atentados dinamiteros de ETA y en los operativos militares, la represión y la cárcel por parte del gobierno central de España.

Pugnan 5 premios Nobel por diálogo de paz en el País Vasco y España

Cinco Premios Nobel de la Paz pidieron al gobierno de José María Aznar, a ETA y a los partidos políticos del País Vasco aprovechar esta "oportunidad histórica" y comenzar a negociar para resolver el conflicto del pueblo vasco a través del diálogo.

Rigoberta Menchú Tum, Adolfo Pérez Esquivel, José Ramos Horta, Mairead Corrigan Maguire y Joseph Rotblat afirman en su Llamamiento por la paz en el País Vasco *que la tregua declarada por ETA y el pronunciamiento de formaciones políticas, sindicales y sociales vascas son elementos para negociar el fin de la violencia en el País Vasco y en España.*

A continuación reproducimos la misiva fechada el 16 de octubre:

Durante tres décadas el País Vasco y España han transitado caminos de violencia e intolerancia, con el trágico saldo de muertos, heridos y encarcelados.

Hoy se abren nuevas posibilidades de encontrar alternativas para la resolución del conflicto que tienen como base el protagonismo y decisión del pueblo vasco. El clamor popular por el fin de la violencia, la visión y compromiso expresados por un abanico mayoritario de formaciones políticas, sindicales y sociales en la Declaración de Lizarra *y la tregua ilimitada declarada por ETA, constituyen elementos de un horizonte distinto y esperanzador.*

Creemos que la paz es posible. Para alcanzarla, es necesario escuchar la diversidad de opiniones y enfrentar con decisión el conflicto que ha llevado a tanta violencia. Avanzar con hechos concretos que permitan generar la credibilidad y confianza mutua y abrir caminos nuevos.

Dar los primeros pasos requiere de coraje, decisión política y generosidad. Por este motivo nos dirigimos al gobierno español, a ETA, al pueblo y autoridades del País Vasco, a los partidos políticos, a las iglesias y organizaciones sociales, con la confianza de que sabrán asumir esta oportunidad histórica y redoblar los esfuerzos para resolver el conflicto a través del diálogo, la búsqueda de consenso, la participación de todos y el respeto democrático.

Sabemos que el camino de la paz está todavía lleno de dificultades y obstáculos. Por eso, siempre es positivo mirar y aprender de la experiencia de otros pueblos que atravesaron en su historia desafíos semejantes y que lograron, a través del diálogo y las negociaciones, superar las diferencias y construir caminos adecuados de respeto y convivencia.

En este final de siglo, la humanidad mira al nuevo milenio con esperanza en la construcción de nuevas relaciones de tolerancia y cooperación entre las

> *personas y los pueblos. En ese espíritu, nos sumamos solidariamente a esta oportunidad por la paz en el País Vasco y España y ofrecemos nuestro acompañamiento a la espera de que nuevos horizontes de vida sean pronto una realidad.*
>
> *Fechada el 16 de octubre, está firmada por Mairead Corrigan Maguire, Irlanda del Norte, premio Nobel de la Paz 1976; Adolfo Pérez Esquivel, Argentina, premio Nobel de la Paz 1980; José Ramos Horta, Timor Este, premio Nobel de la Paz 1996; Joseph Rotblat, Inglaterra, premio Nobel de la Paz 1995; Rigoberta Menchú Tum, Guatemala, premio Nobel de la Paz 1992.*
>
> (La Jornada Virtual *(18/10/1998), Mexico.)*

La solución democrática del conflicto y la consecusión de una paz estable, justa y duradera no puede estar en la salida falsa y sucia de la violencia. La solución hay que buscarla en el diálogo político abierto entre todos los sectores en conflicto sobre la base del respeto mutuo. Este diálogo debe por supuesto tener en cuenta al verdadero actor del conflicto, el pueblo vasco. La mayoría de la población en la Comunidad Autónoma Vasca está por la apertura de un proceso de negociación que abra el camino al reconocimiento de su derecho a decidir libremente por su futuro.

Para conocer mejor

1. Compara al grupo ETA y sus esfuerzos con los Comuneros y su rebelión. (ver Capítulo 7)
2. ¿Qué hay en común entre el grupo ETA y los republicanos durante la Guerra Civil española? (ver Capítulo 9)
3. Compara los operativos militares como respuesta a los atentados de ETA con los objetivos de la Inquisición. (ver Capítulo 2)
4. Compara los resultados de los actos terroristas de ETA con la representación del cuadro "Guernica" de Picasso. (ver Capítulo 9)
5. ¿En qué se parecen los partidos políticos del gobierno español mencionados en esta lectura con los partidos políticos en Galicia? (ver Capítulo 3)
6. En tu opinión, ¿qué importancia tiene que unos ganadores del Premio Nobel de la Paz se hayan convocado para abogar por la paz entre ETA, el País Vasco y España?
7. ¿Cómo puede lograrse la paz, según los ganadores del Premio Nobel de la Paz?
8. Compara el sentimiento político de autonomía en el País Vasco con el de Cataluña. (ver Capítulo 10)

9. Los ganadores del Premio Nobel hacen referencia a la importancia de "mirar y aprender de la experiencia de otros pueblos que atravesaron en su historia desafíos semejantes..." Según tu opinión, ¿a qué otros pueblos se refieren?

Para saber más

1. Busca algún artículo de periódico sobre algún incidente entre el grupo ETA y las autoridades españolas. Comparte la información que encuentres con el resto de la clase.
2. Busca más información sobre la "Declaración de Lizarra" y prepara un breve informe sobre ella para la clase.
3. Busca más información sobre los ganadores del Premio Nobel de la Paz que se mencionan en esta lectura. ¿Cuál ha sido la experiencia en sus propios países en torno a la paz?

Materiales suplementarios

El origen de los vascuences

Apalategui, J., (ed.) (1992b). *Movimientos sociales y nacionalismo*. Vitoria: IENC/ NKII.

Fernández Urbina, José Miguel. *Los vascos del 98 : Unamuno, Baroja y Maeztu: Juicios, actitudes e ideas ante la modernidad*. San Sebastián: Bermingham, 1998.

Fusi, Juan Pablo. *El país Vasco. Pluralismo y nacionalidad*. Madrid: Alianza Universidad, 1990.

El euskera

Caro Baroja, J. *Sobre la lengua vasca, Estudios vascos*. San Sebastián: Ed. Txertoa, 1988.

De Hoz, J. "El euskera y las lenguas vecinas antes de la romanización". En Linguistika eta Literatura: bide berriak, Universidad de Deusto, Bilbao, 1981.

Vídeo

"Unamuno: Abel Sánchez" y "Guggenheim Museum Bilbao". Films for the Humanities & Sciences.

Capítulo

5

Comunidad Valenciana y Comunidad Autónoma de la región de Murcia

Capital	*Valencia*
Provincias	*Castellón, Alicante, Valencia*
Idioma	*castellano, lengua valenciana*
Montañas	*Sierra del Maestrazgo, Espadán, Martés*
Ríos	*Turia, Júcar, Segura, Mijares*
Límites	*Cataluña, Aragón, Castilla-La Mancha, Murcia, mar Mediterráneo*

Capital	*Murcia*
Provincias	*Murcia*
Idioma	*castellano, dialecto murciano*
Montañas	*Macizo de Revolcadores, Sierra Espuña, Altiplano de Jumilla-Yecla*
Ríos	*Segura, Mula, Guadalentín*
Límites	*Andalucía, Castilla-La Mancha, Comunidad Valenciana, mar Mediterráneo*

http://espana.heinle.com

Para explorar

1. ¿Qué constituye una ciudad dinámica? ¿Cuáles son algunas ciudades en tu país con estas características?
2. ¿Por qué es importante fomentar la agricultura en un país? ¿Cuáles son algunos de los lugares más agrícolas en tu área? ¿Qué productos se cultivan?

A Murcia

Que no me muera yo sin que lo cuente.
Que el cielo que en tu río se refleja
alumbre tu ciudad caduca y vieja
con nimbo de laurel sobre su frente.

(Pedro Jara Carrillo, "El aroma del arca")

Introducción

La Comunidad Valenciana está integrada por las provincias de Castellón, Alicante y Valencia. Su capital, la ciudad de Valencia, cuenta con una población de cerca de 800.000 habitantes. Los romanos fundan la ciudad en el año 138 a.C., a un lado del río Turia tras vencer a los iberos. En el año 709 d.C. los musulmanes inician la conquista de estos territorios. A partir de este momento se da una serie de avances en diferentes áreas, principalmente en la agricultura, con la contrucción de canales para la irrigación de la tierra. A nivel industrial en el territorio valenciano comienzan a aparecer industrias como la del papel, la seda, la piel, los textiles, la cerámica, el vidrio y la orfebrería[1]. En 1096 el Cid Campeador, héroe nacional de los valencianos, reconquista la ciudad para los cristianos. Gobierna hasta su muerte en 1099 y luego su esposa, Doña Jimena, se ocupa de Valencia hasta 1102, año en que los Almorávides la reconquistan. Debido a sus hazañas, el nombre del Cid ha quedado inmortalizado en el famoso poema épico anónimo *El Cantar de Mío Cid*, escrito en 1180.

La ciudad de Valencia sigue en manos de los musulmanes hasta que en el año 1238, el rey Jaime I, "El Conquistador", expulsa a los árabes y reconquista definitivamente la ciudad, anexándola a la Corona de Aragón con el nombre de Reino de Valencia. De esta época datan contrucciones importantes como las Torres de Serranos y las Torres de Quart, que eran las antiguas puertas de la ciudad.

Después de Madrid y Barcelona es la tercera ciudad más grande y una de las más dinámicas de España. Se encuentra ubicada sobre el Río Turia al lado

[1] arte de labrar objetos artísticos de oro y plata

del mar Mediterráneo, lo cual la convierte en un sitio turístico por excelencia. La ciudad tiene reconocimiento internacional por sus famosas Fallas de San José, que tienen lugar en la segunda semana de marzo. Se trata de toda una semana de carnaval, colorido, desfiles típicos, fuegos artificiales y derroche de alegría. Los valencianos reciben el comienzo de la primavera con explosión y fuego. El acto central de la fiesta lo constituye la quema de los inmensos, grotescos y muy artísticamente elaborados monumentos de cartón[2].

Valencia también goza de reconocimiento por la rica variedad de su cocina, la cual es un reflejo de la diversidad de sus productos. De todos los platillos el más famoso a nivel internacional es la exquisita paella valenciana. Existe toda una variedad de paellas, pero dos de las más conocidas son la mixta y la de mariscos, también llamada "marinera". Una típica paella valenciana se cocina con fuego de leña e incorpora el arroz como su ingrediente básico. Además de la paella, Valencia también se conoce por la horchata: deliciosa y refrescante bebida hecha de chufa, una planta muy parecida al arroz que sólo se produce en Alboraya, pueblo cercano a Valencia.

Murcia también se conoce por su larga trayectoria comercial y agrícola, la cual data de la época de los iberos, sus primeros pobladores. Este pueblo mantiene estrechas relaciones comerciales con los griegos y cartagineses. La invasión y colonización musulmana favorece el desarrollo y tecnificación de la producción agrícola. La Comunidad Autónoma de Murcia cuenta con una población de 1.100.000 habitantes. Murcia es la capital de la región con 350.000 personas y los moros la fundan sobre el río Segura en el año 825 a.C. Los lugares más importantes de la Comunidad Murciana son Cartagena, Lorca, Caravaca de la Cruz y la Costa Cálida.

Geográficamente Murcia es una tierra con una impresionante variedad de paisajes. Sus costas cuentan con un total de 200 playas situadas en sus dos mares, el Mediterráneo y el mar Menor (que es una laguna costera). Esta privilegiada situación geográfica le proporciona excelentes beneficios no sólo a nivel de la industria turística sino en su gastronomía. La comida murciana de mar es deliciosa. Además, las frondosas huertas de Murcia, principalmente las de los ríos Segura y Guadalentín, proporcionan a la Comunidad importantes materias primas. Merece la pena resaltar la importancia del folclore de Murcia, en donde las tradiciones religiosas se combinan con los festejos de origen laico y pagano. Los llamados cantos de la aurora o "Auroros" son muy representativos. Los feligreses interpretan estos cantos o "Salves" a cappella y acompañados por campanas; su misión básica es la de ayudar e interceder en el tránsito a la muerte. El folclore murciano está muy influído por el andaluz y el de las regiones de La Mancha.

---

[2] se llama las Fallas

Para saber más

1. Busca más información sobre el paisaje de Valencia y Murcia, y presenta un breve reporte en clase.
2. Busca información histórica sobre Valencia y Murcia, y averigua más sobre los invasores del área y el cambio de configuración geográfica del área.

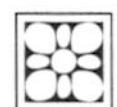

Gente y personajes ilustres: Cuerpo en Sevilla, corazón en Murcia

A tu parecer

1. En grupos, contemplad cuáles son las características de una persona sabia. ¿Cuáles son algunos de los personajes más sabios de la historia universal y por qué?
2. En parejas, hablad de los pro y los contra de la traducción. ¿Puede considerarse un traductor como autor?
3. En dos grupos, decidid en forma de debate si estáis de acuerdo o no sobre la donación de órganos a las ciencias, a otro individuo, etc. ¿Por qué? ¿Por qué no?

La fama del Rey Alfonso X, el Sabio (1221–1284), se debe sin duda alguna al esfuerzo de síntesis cultural que él emprende en la sociedad de su época. Bajo su dirección la Escuela de Traductores de Toledo, Sevilla y Murcia recupera en vernáculo[3] muchos textos clásicos, romanos, griegos, musulmanes y judíos. Se traducen y producen libros de índole religioso, jurídico, político, de astronomía, de historia, de recreación y de música. Algunos de los textos alfonsíes más conocidos son la *Estoria de España* y la *Grande e General Estoria*, *Libros de axedrez, dados y tablas*, las *Cantigas de Santa María*, *Libros del saber de astronomía*, el *Fuero Real* y las *Partidas*. Algunos textos traducidos son *Calila e Dimna*, la Biblia, el Corán, la Cábala y el Talmud.

Alfonso X también ayuda a adelantar el esfuerzo de la reconquista, llevándola hacia África. Además de tener en su poder a Valencia y a Murcia, también conquista Jerez, Lebrija y Niebla, Medina-Sidonia, Cádiz y Cartagena. Por su linaje materno, intenta ocupar el trono de Alemania pero no tiene éxito. Se casa con doña Violante, hija del rey Jaime I de Aragón y con ella tiene nueve hijos, de los cuales, Fernando, el mayor de los varones y el prometido al trono, muere prematuramente. Luego de una lidia entre los otros hermanos, Sancho le sucede a su padre.

[3] temprana lengua castellana

Lo que muchos desconocen sin embargo de Alfonso X, el Sabio es la gran fascinación que este rey tuvo por Murcia desde antes de ser monarca. Al reconquistar el Reino de Murcia, el entonces infante[4] Alfonso dijo mientras inspeccionaba el territorio que había ganado: "Esto es un auténtico vergel, y si alguien me dijera que aquí fue donde Adán y Eva vieron por primera vez la luz de la naturaleza, yo me lo creería sin oponer resistencia" (Antonio Galera, *El Rey que se enamoró de Murcia*). Bajo su reino Murcia goza de un desarrollo cultural, artístico y económico. El cultivo de productos agrícolas y mineros logra niveles notablemente altos. Se sospecha que algunos de los escritos alfonsíes tienen inspiración en Murcia.

Tanto es el amor que tiene el rey Sabio por Murcia que manda en su testamento que se enterre su cuerpo en Sevilla junto a la tumba de sus padres y su corazón en Murcia. Hoy en día el corazón del monarca se encuentra enterrado en una capilla al lado del altar mayor de la Catedral de Murcia. La inscripción dice: "Aquí están las entrañas[5] de Su Majestad el Rey don Alonso X, el cual muriendo en Sevilla, por la gran lealtad que esta ciudad le tuvo, en su testamento las mandó sepultar aquí".

El hecho de que este monarca mande separar su cuerpo difunto de esta forma puede llevar a diferentes interpretaciones. Tras su esfuerzo de síntesis cultural y enlace y, de fusión de pensamientos e ideas intelectuales, por un lado es contradictorio que Alfonso decida "dividir" su propio cuerpo. Por otro lado,

Alfonso X, el Sabio

[4] joven prometido al trono
[5] los órganos

sin embargo, estos mismos esfuerzos de diálogo intelectual y cultural llevan a la traducción de varios textos y entonces facilitan su más amplia divulgación y circulación. Asimismo el monarca habrá querido por un lado permancer descansando en más de un lugar, y por otro habrá querido que fuera compartida su grandeza y sabiduría por España, al distribuir las partes de su cuerpo al igual que un texto traducido.

Para conocer mejor

1. ¿Qué entiendes por síntesis cultural?
2. Compara la función de las Escuelas de Traductores de Toledo con las Academias de la Lengua. (ver Capítulo 2)
3. En tu opinión, ¿quién es el autor de las obras, Alfonso X o los traductores?
4. Compara Murcia para Alfonso X con el Panteón en El Escorial. (ver Capítulo 2)
5. ¿Qué importancia tiene Alfonso X para Galicia? (ver Capítulo 3)
6. Compara a Alfonso X, el Sabio, con Miguel de Unamuno en cuanto a la variedad de sus obras.
7. En tu opinión, ¿por qué donó Alfonso su corazón a Murcia?
8. Según tu punto de vista, ¿qué papel desempena Alfonso X respecto a la época contemporánea?
9. En tu opinión, ¿por qué es contradictorio, y a la vez simbólico, que Alfonso haya mandado enterrar su corazón lejos de su cuerpo?
10. En tu opinión, ¿qué significado tiene que los Traductores de Toledo hayan traducido la Biblia, el Corán, la Cábala, y el Talmud durante la época de Alfonso X?

Para saber más

1. Busca información sobre otros monarcas españoles. ¿Dónde están sepultados?
2. Busca una obra alfonsí; lee una parte y prepara un pequeño reporte para tus compañeros de clase.
3. Busca más información sobre la vida y la muerte del rey don Alfonso X, el Sabio, y prepara un informe para tu clase.

El idioma: ¿Lenguas o dialectos?

A tu parecer

1. En parejas, contemplad las diferencias y similitudes entre una lengua y un dialecto.
2. En grupos de tres, investigad las diferentes medidas que se han tomado a lo largo de la historia para preservar un idioma. Comparad vuestras conclusiones con otros grupos.

"Lengua", "idioma", "dialecto", "lenguaje", "habla": todos son términos sinónimos y asimismo polémicos. Según la Constitución Española, en España hay cinco lenguas: el castellano, el euskera, el catalán, el gallego y el valenciano; y con ellas coexisten varios dialectos: el bable (ver Capítulo 11), el andaluz, el aragonés, el extremeño, el murciano, el canario y el balear. Una lengua es un idioma ampliamente conocido, reconocido y empleado, mientras que un dialecto es un habla local que no se ha establecido todavía oficialmente como lengua. La controversia surge en el momento de designar estos términos a la forma de hablar de un pueblo, dado que no siempre es la extensión geográfica el detalle decisivo, sino que en algunos casos el denominar un habla o lengua o dialecto refleja alguna reyerta político-social. En la época actual en España muchos pueblos se preocupan por preservar, promover, divulgar y defender su propia lengua y cultura.

El valenciano, derivado del latín, se ha desarrollado con el pasar de los siglos con su propia identidad. Desde el siglo XII ha habido textos escritos en lengua valenciana por autores como San Pedro Pascual y Fray Bonifacio Ferrer que traducen la Biblia al valenciano y hasta por autores más contemporáneos del siglo XXI. Al igual que varios de los otros idiomas de España, durante la época de la dictadura de Franco, el empleo del valenciano se prohibe, imponiendo el uso exclusivo del castellano. El fin de la dictadura, sin embargo, da comienzo al renacimiento del valenciano, y en 1983 se decreta la ley de uso y enseñanza del valenciano que permite el fomento de la lengua en las escuelas de la comunidad. La lucha por la preservación del valenciano ha engendrado serios debates, por un lado con castellanos, y por otro con catalanes. Desde el nuevo gobierno en España, los valencianos en el proceso de emancipación de su idioma, aparentemente han adoptado unas estrategias exclusivistas, prohibiendo en algunos casos el uso del castellano y obligando a los castellanos que residen y trabajan en la Comunidad Valenciana a aprender valenciano. En 1992 nace la Asociación Valenciana de castellanohablantes que luchan "por la no discriminación lingüística, educativa, laboral y social de los castellanohablantes" (*Valenciano y castellano en la comunidad valenciana*) en la Comunidad Valenciana.

Por otro lado en su plan de estatuir su idioma en el área, los catalanes han marcado las similitudes entre la lengua catalana y la lengua valenciana, a tal punto que definen el valenciano como una modalidad del catalán. Muchos valencianos están en contra de la unidad de su lengua con el catalán, y la ven como un esfuerzo de Cataluña por anexar la Comunidad Valenciana a los países catalanes. Además recientemente han surgido manifiestos para el reconocimiento del "cavabà" o "bacavès" o lengua catalana-valenciana-balear. Al parecer algunos luchan por la expansión de su idioma, y otros pelean para que no desaparezca su individualidad.

Aquí hay una muestra de la lengua valenciana:

> *Manuel Sanchis Guarner, en "La llengua dels valencians", Valencia 1933, diu "LA LLENGUA DELS VALENCIANS ES EL VALENCIÀ… Som valencians, i el nostre idioma es el valencià... Qui renuncia a sa llengua renuncia a sa patria i el qui renega de la seua patria es com el qui renega de la seua mare…"*
>
> *(Grupo Cultural Valencianiste,* La llengua Valenciana, la llenqua del valencians.*)*

El caso del murciano también es controversial. Mientras los lingüistas están de acuerdo que es un dialecto, no han acertado de qué lengua. Hay estudios que muestran la presencia del castellano y del catalán en el murciano. También se han señalado las similitudes entre este dialecto y el andaluz, el extremeño y el canario, todos dialectos, pero no sabemos de qué. Algunos confunden el murciano con el "panocho", habla campesina que también se habla en Murcia, y otros afirman que éste es un dialecto de aquél. Los lingüistas han optado por deducir que el murciano es un dialecto del latín con ciertas peculiaridades similares a otros dialectos y lenguas.

Aquí hay un breve texto en murciano:

> *Quio a Murcia y'a sus honraos hijos, mu paecios, equilicuá, a los güertanos valencianos.*
>
> *(...) En cuanti ascucho platicar a los viejos güertanos con el ese que les da la vía sencilla, junto a su roalico, er mermullo de l'agua en la cieca y goliendo azadar der limonero, m'apercanzo qu'allí se topan los raijos d'un puebro. Y'er viejo y retestinao güertano es tal mesmo, tanto si riega der Segura, der Júcar u der Turia. Y como quean poquiquios hay que cudiallos, no solico a ellos, sino tamién a to su legao, poique alluego a lluego se nus van ar paere eterno y poemos perder toa la meli.*
>
> *(Salvador Silvestre Larrea, "Dende Valencia, con amor",* Enza XIII*)*

Al declarar una Constitución que un habla es lengua oficial y otra dialecto, no indica que una tenga más valor o sea digna de mayor respeto que la otra. Todo lenguaje sirve para la comunicación, y al lograr este fin, se autodefine como idioma cuya individualidad merece celebrarse y preservarse. La natural fusión de dos o más idiomas por razones de convivencia histórica es válida. Lo que preocupa es cuando un idioma se fuerza a caer en el olvido debido a la imposición de otro.

Para conocer mejor

1. Compara la problemática del valenciano con la del aragonés. (ver Capítulo 6)
2. Compara a Alfonso X, el Sabio, con San Pedro Pascual y Fray Bonifacio Ferrer como traductores de la Biblia. (ver sección sobre gente en este mismo capítulo)
3. En tu opinión, ¿por qué la lengua valenciana no ha logrado la cooficialidad en España?
4. Compara el fenómeno del cavabà o bacavès, con el de interlingua. (ver Capítulo 1)
5. Compara el murciano con el bable. (ver Capítulo 11)
6. Comenta sobre lo que entiendes del texto en valenciano incluido en la lectura.
7. En tu opinión, ¿cuál es la controversia entre el catalán y el valenciano? (ver Capítulo 10)
8. Compara el valenciano con el catalán. En tu opinión, ¿cómo son similares y cómo son diferentes? (ver Capítulo 10)
9. En tu opinión, ¿por qué hay tanta controversia en torno al murciano?
10. ¿Qué entiendes de la selección en murciano incluida en la lectura?

Para saber más

1. Compara el valenciano y el murciano con el castellano, usando los textos reproducidos en este capítulo. ¿Qué diferencias y similitudes encuentras?
2. Busca más datos específicos sobre la ley de uso y enseñanza del valenciano.
3. Busca algún documento de la Asociación Valenciana de Castellanohablantes. ¿Existen otras organizaciones similares en otras Comunidades Autónomas de España? Encuentra más información sobre ellas y compáralas.

El arte y la arquitectura: Las figuras de cerámica Lladró

A tu parecer

1. En parejas, pensad en la artesanía que existe en vuestro país. ¿Qué variedad de artefactos hay?
2. En grupos de tres, pensad en la importancia de coleccionar objetos. ¿Es un pasatiempo, o puede ser económicamente fructífero?
3. Pensad en alguna obra de arte en que hayan colaborado varios artistas. ¿Qué papel desempeñó cada individuo? Compartid vuestros comentarios con el resto de la clase.

Una de las porcelanas más famosas a nivel mundial son las figuras de cerámica Lladró. El nombre proviene de sus fundadores los hermanos Lladró, tres empresarios oriundos del pueblecito valenciano de Almácera. A mediados de la década de los cuarenta y siendo aún muy jóvenes, Juan, José y Vicente Lladró construyen un pequeño horno casero y empiezan a poner en práctica los conocimientos adquiridos en la Escuela de Artes y Oficios de San Carlos.

Hacia el año de 1958 se trasladan al pueblo de Tavernas Blanques y allí instalan un taller un poco más grande, el mismo que más tarde se convierte en una de las fábricas de porcelanas más grandes de España, y una de las de mayor reconocimiento a nivel mundial. En la actualidad cuentan con tiendas en Valencia, Madrid, Londres, Singapur, Hong Kong, Tokio, Roma, Nueva York, Los Ángeles y en otros 100 países. En 1985 se crea la prestigiosa Sociedad de Coleccionistas Lladró, la cual cuenta con casi 130.000 socios, de los cuales 80.000 son norteamericanos.

El proceso de elaboración de una pieza de porcelana pasa por la creación del boceto por parte de los artistas, los estudios de los problemas de color a cargo de los pintores, la preparación de los químicos y la modelación de la arcilla a cargo de los escultores. Lo más importante es el espíritu colectivo de todos ellos para gestar un producto armónico y único: la escultura Lladró.

Enamorados al atardecer

Algunas de las piezas más representativas de la compañía Lladró son: Don Quijote, Ciervos Perseguidos, Carrozas del siglo XVIII y el Triste Arlequín. La mayor colección de piezas Lladró se encuentra en el Museo y Galería Lladró de Nueva York, fundado en 1988. Otros museos en donde se exponen estas esculturas valencianas son el Hermitage de San Petesburgo, el Museo Cincuentenario de Bruselas y el Museo Internacional de Faenza de Italia.

Para conocer mejor

1. Compara las estatuas Lladró con las que se encuentran en la Catedral románica de Santiago de Compostela. (ver Capítulo 3)
2. En tu opinión, ¿cómo se compara la elaboración de las piezas Lladró con el trabajo literario hecho por Alfonso X y sus Traductores de Toledo?
3. Según tu parecer, ¿qué importancia puede tener el boceto en la creación de una pieza de porcelana?
4. En tu opinión, ¿hay ciertas figuras que pueden representarse mejor en porcelana que con otro material?
5. Según tu punto de vista, además de lo que se menciona en el ensayo, ¿qué otros detalles de la preparación de las porcelanas pueden ser importantes?
6. Compara el espíritu colectivo para producir una pieza Lladró con el mismo espíritu entre los castellers de Cataluña. (ver Capítulo 10)
7. Compara las figuras Lladró con los retratos de El Greco. (ver Capítulo 12)
8. En tu opinión, ¿por qué hay tantos coleccionistas de estas piezas?
9. En tu opinión, ¿por qué la mayor colección de porcelana Lladró se encuentra en un museo de Nueva York?
10. ¿Qué ocurría en España cuando los hermanos Lladró abrieron su fábrica? (ver cuadro sinóptico)

Para saber más

1. Busca más información sobre la Escuela de Artes y Oficios de San Carlos.
2. ¿Hay otras fábricas de porcelana en España? Busca en el Internet y prepara un informe comparativo para la clase.
3. ¿Hay otras fábricas de porcelana en otros países del mundo? Compáralas con las porcelanas Lladró.

Las fiestas y el folclore: Las Fallas de San José

A tu parecer

1. En parejas, pensad en la importancia y función que ha tenido el fuego en ciertas culturas. Compartid vuestras ideas con el resto de la clase, teniendo en cuenta la importancia y la función del fuego en nuestra época, además de las épocas más remotas.
2. En grupos, pensad en alguna festividad de alguna cultura que conozcáis donde los participantes invierten mucho tiempo y dinero en los preparativos. Comparad los detalles con el resto de la clase.
3. En parejas, pensad en los diferentes métodos que se emplean en vuestra cultura para hacer burla o satirizar alguna situación o algún personaje. ¿Son iguales los métodos en diferentes culturas y han sido diferentes a lo largo de la historia?

Desde el 9 hasta el día 19 de marzo, las calles y plazas de Valencia se engalanan con la celebración del día del santo patrón, San José. El centro de atracción son los impresionantes fuegos artificiales, las mascletás, y las quemas de las fallas o enormes esculturas construídas magistralmente a base de cartón, yeso y cera y rellenas de pólvora. La elaboración de uno de estos monumentos puede tomar varios meses y su costo asciende a varios miles de euros.

Festival de Las Fallas, Valencia

Las primeras fallas datan de mediados del siglo XVIII y son parte de las celebraciones de las fiestas de San José. La gente colgaba de las ventanas de sus casas o sobre un tablado, figuras grotescas que riduculizaban sucesos, costumbres o personajes censurables. Como parte de las celebraciones, los niños y adolescentes hacían pequeñas piras[6] de trastos viejos que también recibían el nombre de fallas. Al anochecer, en la víspera de San José, se encendía una hoguera y todo el pueblo participaba alrededor de ella.

Inicialmente se daba el nombre de fallas al conjunto de muñecos, hogueras,

[6] hogueras

antorchas y entablados. Hoy en día el uso de la palabra se limita exclusivamente a las piras satíricas. La característica esencial de las fallas es su carácter alegórico y burlón. Justamente por este carácter cuestionador y de denuncia, las fallas han sido objeto de censura en varios momentos de su historia. No obstante las fallas se arraigan mucho más en el alma de los valencianos y hacia 1932, se instituye la semana fallera y se crea la Asociación de Artistas Falleros. De esta manera las fallas pasan a ser la fiesta mayor de los valencianos. La inauguración de la semana fallera comienza con la crida o pregón. Aquí la Alcaldesa de Valencia hace entrega de las Llaves de la Ciudad a la dama elegida como fallera mayor de Valencia. En este pregón, proclamado desde las Torres de Serranos, la fallera mayor invita a todo el pueblo a unirse y participar pacíficamente en estas impresionantes fiestas. El siguiente es el texto en lengua valenciana de la crida del año 2002.

¡Valencians! ¡Valencianes!
¡Falleres! ¡Fallers!
¡Amics de tot el món!
¡Ja estem en Falles!
(...)¡Valencians! Demaneu a nostra Mare de Déu dels Desamparats i al nostre patró Sant Josep, que ens ajuden i ens amparen per a conviure en pau, harmonia i cordialitat.
¡Valencians! ¡Fallers! ¡Alceu els vostres estandarts i crideu ab mi, perquè València ja està en Festa!:
¡VIXCA VALENCIA! ¡VIXQUEN LES FALLES!

(*Discurso de la Crida,* Revista Raco Faller)

Aunque las primeras fallas de San José datan del siglo XVIII, el culto al fuego es un ritual mucho más antiguo. Todos los años , en los días que preceden la celebración del santo, el sol alcanza su mayor altura en el cielo, y antiguamente se formaban hogueras para conmemorar este evento estelar. Hoy en día se combina la fiesta de San José con la celebración del solsticio, y sigue siendo el fuego la ofrenda más preciada y esperada.

Para conocer mejor

1. En tu opinión, ¿por qué es tan importante el fuego en esta celebración?
2. Compara esta celebración con la de las Alcaldesas de Zamarramala. (ver Capítulo 7)
3. Compara las fallas con el carnaval de Tenerife. (ver Capítulo 13)

4. En tu opinión, ¿cuáles son algunas figuras históricas de España que podrían ser ridiculizadas en las fallas? ¿Por qué?
5. Compara la elaboración de las figuras de cartón con la de las estatuas Lladró. (ver sección de arte y arquitectura en este mismo capítulo)
6. En tu opinión, ¿por qué habrán sido las fallas objeto de censura en España?
7. En tu opinión, ¿cuál es la importancia de haberse creado la Asociación de Artistas Falleros?
8. Compara la crida o pregón con el chupinazo de San Fermín. (ver Capítulo 8)
9. ¿Qué opinas sobre el papel de la mujer en las fallas?
10. Compara este ritual para el sol y el fuego con el culto celta al árbol. (ver Capítulo 3)

Para saber más

1. Valencia es famosa por la producción de fuegos artificiales. Busca más información sobre este hecho y prepara un breve informe para tus compañeros.
2. Busca más información sobre la función satírica de las fallas. ¿Qué figuras famosas se han representado y denunciado?

Gastronomía: Comida barroca y bebida medieval

A tu parecer

1. A veces los platillos o combinaciones de comidas se desarrollan por necesidad. El cocinero incluye lo que tiene en el momento en su despensa. En parejas, pensad en alguna comida típica de vuestra cultura que posiblemente haya nacido de esta forma.
2. En grupos de tres, pensad en alguna comida de vuestra cultura que haya comenzado como una comida pobre y que ahora se considere un manjar.
3. En parejas, haced una lista de todos los platillos que vosotros conozcáis que se preparan con el arroz; luego comparad vuestra lista con la de otros en vuestra clase. Comentad sobre la relevancia geográfica de los ingredientes que se utilizan en cada platillo.

Los gastrónomos desconocen el origen de la paella, pero concuerdan en que nació en Valencia. Hoy en día constituye uno de los platillos de la cocina española más renombrados dentro y fuera del país, y hasta en restaurantes cuya especialidad no es la comida española. Lo indispensable para realizar la paella es el recipiente en que se cocina, comúnmente y erróneamente llamado "paellera". Según los expertos, la palabra en lengua valenciana para el recipiente es la "paella" mientras que "paellera" se refiere a una mujer que prepara el platillo. Este recipiente es una sartén no muy profunda de diámetro variable con dos mangos en vez de uno. El platillo en sí es una mezcolanza de arroz y varios otros componentes que pueden incluir carnes, mariscos, pollo, legumbres, aceite de oliva y azafrán, ingredientes que varían según el gusto o la posibilidad del cocinero. De hecho se piensa que la paella comienza con los ingredientes que se encuentran en el lugar: en la costa, se le echa lo que traen los barcos (paella de mariscos) y en el campo, la hortaliza y las carnes (paella más auténtica valenciana), y luego se añade el arroz y el condimento. Hay quienes la preparan negra con la tinta de los calamares o las sepias, y quienes en vez del arroz le echan fideos, cambiándole el nombre a "fidegua".

Paella de mariscos

Se ha usado el adjetivo "barroca" para describir la mezcolanza de la paella, al ser la mezcla tan singular, extravagante y dramática como la forma de arte, arquitectura y literatura en la España del XVII. No se sabe si

Diego de Velázquez, Bartolomé Murillo, Miguel de Cervantes, Luis de Góngora y Calderón, entre otros "barrocos", tuvieron la oportunidad de degustar la paella, pero la ejecución y la presentación en la mesa de este platillo son tan dignas de pasmo y admiración, como cualquiera de las obras maestras de esa época tan fructífera de España. La paella es, además, comunitaria: se sirve en la mesa en la sartén y los comensales la comparten. Muy famosas son las "paelladas" o reuniones de preparación y comida de paellas entre amigos y familiares en las plazas de Valencia, mayormente en el verano.

En el verano en Valencia una bebida se destaca entre todas las otras: la horchata de chufa. La chufa, tubérculo blanco y de sabor dulce y refrescante, llegó a España en el siglo VII con los árabes, y desde la época medieval se ha distinguido como la bebida por excelencia de la Comunidad Valenciana. Su preparación es sencilla se lava la chufa, se pica y se exprime y luego se junta con agua y azúcar. Ha habido intentos de enlatar esta bebida y venderla fuera de la Comunidad Valenciana, pero para apreciar el verdadero y singular sabor de la chufa, hay que beber la horchata antes de que pasen un máximo de 48 horas desde su preparación.

La gastronomía valenciana es un entrecruce de olores, sabores y de remembranzas de épocas remotas: en la paella, de la época barroca, y en la horchata de chufa, de la época medieval. El hecho de que se degusten aún hoy en día con tanto afán, es prueba que el paladar desconoce las distinciones del tiempo, y no discrimina las tradiciones culinarias del pasado.

Para conocer mejor

1. Compara la paella con el gazpacho. (ver Capítulo 9)
2. En tu opinión, ¿por qué se usa el término "barroco" para referirse a la paella?
3. Compara la paella con otro platillo comunitario como la tortilla española (ver Capítulo 2) o la fabada asturiana. (ver Capítulo 11)
4. En tu opinión y según lo que dice el ensayo, ¿por qué no existe una receta única para la paella?
5. Compara la paella con otros platillos en que es de importancia el recipiente donde se cocina o donde se sirve, por ejemplo, las angulas al ajillo. (ver Capítulo 4)
6. ¿Por qué opinas que la paella se ha hecho tan famosa por todo el mundo?
7. Compara el intento de enlatar la chufa con el intento de enlatar la mayonesa. (ver Capítulo 13)
8. Compara la chufa con el vino de La Rioja. (ver Capítulo 8)
9. Compara la chufa con las fabas de Asturias. (ver Capítulo 11)
10. Según tu parecer, ¿qué relación tienen Velázquez y Cervantes con la paella?

Para saber más

1. Hay otras horchatas producidas en otros países. Busca información sobre sus ingredientes y cómo y dónde se preparan.
2. El arroz es un ingrediente muy versátil, Busca información sobre algún otro plato en España que requiera el uso del arroz.
3. ¿Qué otras bebidas populares provinieron de los árabes? Busca más información sobre ellas.

Aspectos sociopolíticos: El Cid, ¿figura histórica o mítica?

A tu parecer

1. En parejas, hablad sobre cuáles son las características de un héroe y quién es el héroe más distinguido en la historia de vuestro país.
2. En grupos, pensad en alguna figura importante que haya sido mitificada. ¿Cuál es la realidad y cuál es el mito? Comparad vuestro personaje con el de otros grupos.
3. ¿Tiene alguna importancia o valor el "honor" en nuestra sociedad contemporánea? Apoyad vuestro punto de vista con ejemplos y comparad vuestras ideas en una discusión con toda la clase.

¿Quién es el bien nacido y honrado, el que en buena hora ciñó espada, el vencedor de lides, el que nació afortunado, el siempre tan buen luchador, el nacido bienhadado, el de la barba florida? Según el famoso cantar de gesta de la literatura española se trata de Rodrigo (o Ruy) Díaz de Vivar, don Rodrigo, el buen Campeador, El Cid. *El Poema de Mío Cid* cuenta las hazañas de este héroe épico que murió en Valencia, ciudad que conquistó al derrotar a los moros invasores.

Los historiadores cuentan que el Cid (del árabe sayyid—amo o señor), Rodrigo Díaz de Vivar, nace en 1043 de una pequeña familia noble de Castilla y lucha al servicio del rey Sancho II. Al morir el rey, el reino de Castilla pasa a manos de su hermano, Alfonso VI, rey de León. A pesar de las sospechas del Cid de que el rey Alfonso ha sido responsable de la muerte de Sancho, Ruy Díaz le presta servicio al nuevo rey. En 1074 se casa con Jimena Díaz, hija del Conde de Oviedo y tiene tres hijos: Diego, que muere en 1097, María y Cristina. El rey Alfonso lo comisiona para cobrar parias del reino taifa de Sevilla, y unos enemigos envidiosos del Cid le mienten al rey, diciéndole que Don Rodrigo se ha quedado con parte de las parias. El rey se enoja y destierra al Cid.

Aquí comienza el poema donde se cuenta que durante los años del destierro, Rodrigo Díaz sigue luchando en contra de los moros hasta tomar la ciudad de Valencia. El rey lo perdona y manda que se casen las hijas del Cid con los nobles infantes de Carrión. Los infantes, cobardes y envidiosos, se llevan a las hijas del Campeador, las golpean y las dejan por muertas en el camino. Al final del poema, el Cid venga la virtud de sus hijas en la anfrenta de Corpes, donde pide remuneración y justicia por el deshonor cometido por los infantes en contra de ellas. Termina el poema, al casar las hijas, doña Elvira y doña Sol (María y Cristina), con los infantes de Navarra y Aragón.

> *...Veed qual ondra creçe al que en buena hora naçió,*
> *Quando señoras son sues fijas de Navarra e de Aragón.*
> *Oy los reyes dEspaña sos parientes son,*
> *todos alcança ondra por el que en buena naçió...*
>
> *(Anónimo.* Poema de Mío Cid. *México: Editorial Porrúa, 1981, p. 206.)*

Con certitud no se sabe si todos los hechos mencionados en el poema son verídicos o verosímiles. No hay duda de que el Cid sea un luchador diestro y valiente, aunque algunas descripciones de sus proezas parecen un tanto exageradas, como suele verse en cualquier otro poema épico. De sus tres hijos, el poema nunca menciona a Diego, que muere en batalla en 1097 y sus hijas María y Cristina llevan otros nombres en el poema, y en realidad el Cid es el que las casa con el conde de Barcelona y el infante de Navarra para asegurar las alianzas con Valencia en contra de los almorávides. En 1099 Rodrigo Díaz muere en Valencia, y al no tener hijo varón que herede su lugar, Alfonso VI tiene que rendir la ciudad de Valencia en 1102.

A distancia de unos siglos de la muerte del Cid surgen unos romances dedicados a su vida y cuyos detalles tienden más a la inverosimilitud. El Romance C, por ejemplo, cuenta de una batalla contra el rey Búcar, ejecutada por el cuerpo difunto y embalsamado del Cid, montado en su caballo Babieca.

> *Trujeron pues a Babieca*
> *y en mirándole se puso*
> *tan triste como si fuero*
> *más razonable que bruto.*
> *Atáronle [el Cid] a los arzones*
> *fuertemente por los muslos*
> *y los pies a los estribos...*

> *y a la lumbre del lucero,*
> *que por verle se detuvo,*
> *Con su capitán sin alma,*
> *salieron al campo juntos,*
> *donde vencieron a Búcar...*
>
> *(Anónimo,* Romancero del Cid. *México: Editorial Porrúa, 1981, p. 276)*

Con el pasar de los siglos, la figura del Campeador se ha vuelto más distante, más mítica y ficticia, y a la vez más heróica e imprescindible en el estudio de la historia de España.

Para conocer mejor

1. En tu opinión, ¿por qué tiene tantos nombres el Cid?
2. Compara la importancia del Cid con la de Alfonso X, el Sabio en la Reconquista. (ver sección de gente en este mismo capítulo)
3. Compara el destierro del Cid con el destierro de otros españoles en otras épocas de la historia. (ver Capítulos 2 y 14)
4. Compara la relación entre el Cid y el rey Alfonso con la del Lazarillo y el ciego. (ver Capítulo 7)
5. En tu opinión, ¿qué importancia tiene el Poema *de Mío Cid* en España?
6. Al leer el texto del Cid, ¿qué peculiaridades ortográficas y sintácticas encuentras, comparando el castellano moderno con el antiguo?
7. Según tu punto de vista, ¿por qué ciertos detalles acerca de los hijos del Cid no son verídicos en el poema?
8. ¿Qué pasa en España en la época de la muerte del Cid? (Ver cuadro sinóptico.)
9. Compara el Romance con "Las Meninas" de Velázquez. (ver Capítulo 9)
10. Compara el Romance con el Romance de Rodrigo y la Cava. (ver Capítulo 11)

Para saber más

1. Busca más romances sobre el Cid y preséntale a tus compañeros algún detalle que te parezca exagerado o ficticio.
2. Busca más información sobre la figura histórica del Cid y su relación con su esposa y sus hijos.
3. Busca más información sobre la trayectoria del Cid en sus batallas hacia la Reconquista, y presenta un mapa de la trayectoria como parte de un breve reporte a la clase.

Materiales suplementarios

Alfonso X

Ariza, Manuel. "Alfonso X y el *Cantar de Mío Cid*". *Revista Portuguesa de Filología*. 22: 153–85. 1998.

Disalvo, Santiago Anibal. "La figura autoral de Alfonso X en las *Cantigas de Santa María*". *Letras*. 40–41: 79–84. 1999 julio–2000 junio.

González-Casanovas, Roberto J. "Reconquista y conquista en la historiografía hispánica: Historia, mito y ejemplo de Alfonso X a Las Casas". Univ. of California. Irvine; III: 42–55. 1994.

El valenciano y el murciano

Labarta, Ana. "Algunos aspectos del dialecto árabe valenciano en el s. XVI a la luz del fondo de documentos del AHN". *Inst. Hispano-Árabe de Cultura*. Madrid; 281–315. 1985.

Mourelle de Lema, Manuel. "El valenciano, lengua autóctona". *Thesaurus: Boletín del Instituto Caro y Cuervo*. 37(2): 255–267. 1982 mayo–agosto. Bogotá, Colombia.

Muñoz Garrigos, José y José Perona. "Los vocabularios murcianos". *Universidad de Jaen*. Jaen, España; 83–100. 1996.

Muñoz Garrigos, José. "Dialectología y lexicografía: Notas sobre el dialecto murciano". *Lingüística Española Actual*. 10(1): 73–80. 1988. Madrid, España.

Las Fallas de San José

El turista fallero. Valencia: Publicaciones Bayarri, 2002.

Vídeo *Fallas*. 1 hora (español). Valencia: Publicaciones Bayarri, 2002.

El Cid

Rich, Lawrence. "Reyes, vasallos y moros: Ideología en el *Poema de Mío Cid* y La primera crónica general". *Ariel*. 8: 5–16. 1992. Lexington, KY.

Rodiek, Christoph. "El Cid Campeador: La paulatina constitución de un personaje literario". *Versants: Revue Suisse des Littératures Romanes/Rivista Svizzera di Letterature Romanze/Schweizerische Zeit*. 37: 141–55. 2000.

Vídeo

"Music in the Age of Alfonso el Sabio". Films for the Humanities & Sciences.

Capítulo

6

Comunidad Autónoma de Aragón

Capital	*Zaragoza*
Provincias	*Huesca, Teruel, Zaragoza*
Idioma	*castellano, catalán, aragonés*
Montañas	*los Pirineos*
Ríos	*Ebro, Flumen, Cinca, Guadalope, Mijares, Guadalaviar, Huerva, Gállego, Aragón, Jiloca*
Límites	*Cataluña, Comunidad Valenciana, Castilla-La Mancha, Castilla y León, Navarra*

Para explorar

1. Aragón colinda con cinco comunidades autónomas. ¿Qué características piensas que pueden tener en común en las áreas fronterizas?
2. ¿Qué regiones en tu país colindan con otros países? ¿Son diferentes los habitantes de esas regiones comparados con los de otras? ¿Cómo y por qué?

http://espana.heinle.com

Habrá que echarle rasmia
y templar muy bien la voz
para que nadie y nada
se nos vaya de Aragón.
Queremos ríos sin presas
y nuestros pueblos bien vivos,
y no vengan con promesas
que hicieron hace ya un siglo...

(Angel Petisme, Rasmia (Calatayud, 1960))*
**Rasmia: fuerza, carácter.*

Introducción

La Comunidad Autónoma de Aragón, formada por las provincias de Huesca, Teruel y Zaragoza, comprende un territorio bastante extenso y con una situación geográfica privilegiada no sólo dentro de España sino en toda Europa. Tiene una superficie de 47.645 kilómetros cuadrados y es la cuarta Comunidad española en tamaño después de Castilla y León, Castilla-La Mancha y Andalucía. La provincia de Huesca es la puerta de entrada española a Europa a través de los Pirineos. Los picos más elevados de los Pirineos se encuentran en esta provincia.

La Comunidad se halla situada al nordeste de España, y tiene fronteras con las regiones más desarrolladas de España: Cataluña, Valencia, Madrid y País Vasco. Cuenta con excelentes sistemas de comunicación: fluvial, ferroviario, aéreo y terrestre. También está muy bien comunicada con el resto del país y con Francia por carretera, tren y avión. La gran variedad climática de la región se relaciona con la variedad del paisaje. Aragón cuenta con una población de 1.178.500 habitantes. Su capital, Zaragoza, con 601.750 habitantes y situada a una altitud de 200 metros, es la quinta ciudad en extensión de España. Zaragoza cuenta con muy valiosa riqueza histórica y monumental. Es también un importante centro comercial, industrial y cultural.

Entre los siglos XII y XV la Corona de Aragón se expande por toda la costa Mediterránea (Cataluña, Valencia), bajo la dirección de Fernando II, el Católico y más adelante bajo el liderazgo de su nieto Carlos I. En 1469 se da la unidad dinástica entre los reinos de Aragón con Fernando II a la cabeza— y el de Castilla, dirigido por Isabel la Católica. La unión entre Isabel y Fernando inaugura el estado español moderno. El nuevo gobierno monárquico auspicia aún más la política expansionista, esta vez a través del Atlántico. El mayor resultado de esta política se expresa en la conquista y colonización de las Indias Occidentales (América). El dominio imperial sobre América se prolongará por casi cuatro siglos.

Para saber más

1. Busca información sobre los pueblos españoles en la frontera con Francia. ¿Qué otras comunidades autónomas de España limitan con Francia? ¿Qué aspectos tienen en común los habitantes de los dos países?
2. Busca información sobre la Corona de Aragón. ¿Cómo se distingue esta corona en comparación con las otras que reinaron sobre España? Mira el cuadro sinóptico para ubicarte mejor.
3. Además del continente americano, el Imperio Español se impuso en otras partes del mundo. Hay más información sobre el imperio en el Capítulo 12. En tu opinión, ¿cuáles habrán sido algunas diferencias y similitudes entre la presencia española en Europa y en las Américas?

Gente y personajes ilustres: Luis Buñuel: padre del cine surrealista

A tu parecer

1. En parejas, identificad algunas películas basadas en obras literarias. ¿Cómo se compara la película con la obra?
2. Formad un foro de discusión sobre "qué es la libertad para un artista", cómo y por qué debería o no expresarse.
3. En grupos pequeños, pensad en algunas películas que exponen alguna crítica social o que demuestran algo que puede ser escandaloso. ¿Qué películas son, quiénes son los directores, cuál ha sido la acogida del público y de los críticos de cine?

> *"No eres libre como imaginas. Tu libertad no es más que un fantasma que va por el mundo con un manto de niebla. Cuando tratas de asirla se te escapa sin dejarte más que un rastro de humedad en los dedos."*
>
> *(Luis Buñuel)*

Luis Buñuel nace en Calanda, provincia aragonesa de Teruel, el 22 de febrero de 1900. Realiza sus estudios de bachillerato en Zaragoza bajo una estricta

Luis Buñuel

educación jesuita, la cual influye mucho en su posterior obsesión con la religión y con su conducta un tanto subversiva. En el año de 1917 se traslada a Madrid para estudiar en la Facultad de Filosofía y Letras, a pesar de que su padre quiere que estudiara ingeniería civil. Obtiene su licenciatura en letras en 1924. Su estancia en Madrid es muy importante, ya que le brinda la oportunidad de familiarizarse con las nuevas tendencias del arte y la literatura, y conocer y entablar amistad con Salvador Dalí y Federico García Lorca.

Por esta época Buñuel se adhiere a las propuestas básicas del movimiento superrealista, no sólo en lo que tiene que ver con el arte y la literatura, sino en la actitud radical de este movimiento en contra de la civilización capitalista cuya estructura económica, social e ideológica atenta —según los superrealistas— contra los más mínimos derechos del hombre a la libertad. La obra cinematográfica de Buñuel apunta mayormente a subvertir artísticamente, a través del lente cinematográfico, los valores de la sociedad burguesa. En este sentido es el primer director de cine que lleva las ideas de la estética superrealista a la pantalla. "Opino —decía Buñuel— que una película, salvo que sirva sólo para pasar el rato, siempre debe defender y comunicar indirectamente la idea de que vivimos en un mundo brutal, hipócrita e injusto. Y exactamente eso es lo que no suele hacer el cine".

Su primera película superrealista es "Un chien andalou" ("Un perro andaluz", 1928). La produce en colaboración con Salvador Dalí y es todo un éxito. En este cortometraje de 17 minutos, Buñuel y Dalí se proponen escandalizar al público, y romper con las formalidades de la época. El guión, escrito en tan sólo seis días, es el resultado de dos sueños que tuvieron Dalí y Buñuel. A propósito de esto dice Buñuel: "Adoro los sueños, aunque mis sueños sean pesadillas y eso son las más de las veces. Están sembrados de obstáculos que conozco y reconozco. Esta locura por los sueños, que nunca he tratado de explicar, es una de las inclinaciones profundas que me han acercado al surrealismo (superrealismo). "Un chien andalou" nació de la convergencia de uno de mis sueños con un sueño de Dalí".

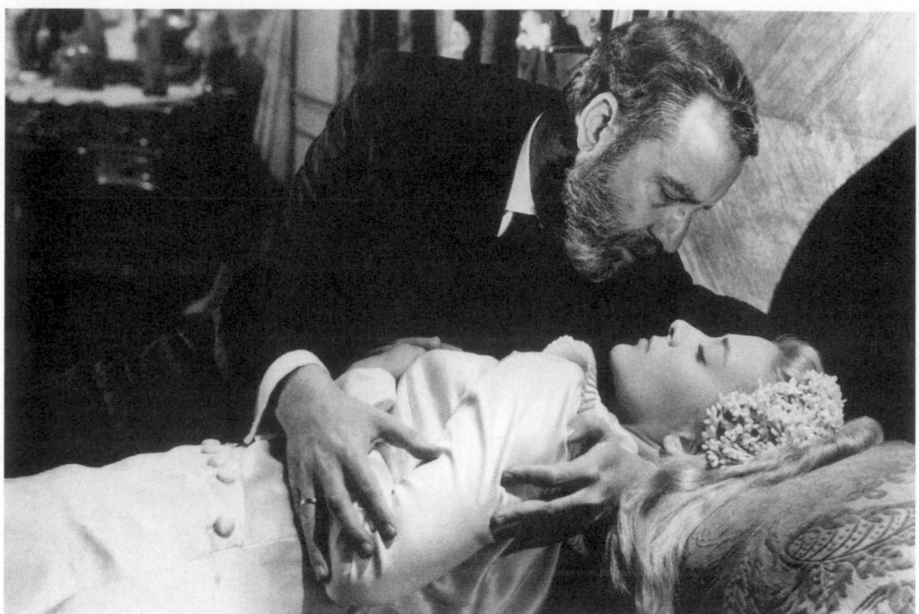

"Viridiana" de Luis Buñuel

En su segunda película, "La edad de oro" (1930), Buñuel mantiene su espíritu crítico y de denuncia de los valores y principios de la sociedad occidental, una sociedad —segun él— en crisis. Una de las mejores películas de Buñuel y la que lo lanza a la fama internacional es "Los olvidados" (México, 1950). Es una historia sobre los niños pobres en México, pero puede ser la historia de los niños pobres del mundo, la fatalidad de su destino, sus deseos ocultos, sus sueños y sus pasiones. Con "Los olvidados" Buñuel alcanza el premio al mayor director en el prestigioso Festival de Cannes.

En 1961 Buñuel vuelve a España para rodar "Viridiana", considerada su obra más importante y también controvertida. "Viridiana" fue censurada en el Vaticano y consecuentemente en España durante el gobierno del general Francisco Franco. Se basa en la novela del escritor realista español Benito Pérez Galdós sobre un terrateniente —don Jaime— obsesionado por su sobrina Viridiana —una novicia recién salida del convento— porque le recuerda a su esposa que falleció la misma noche de bodas. Viridiana, a punto de tomar los hábitos, debe abandonar el convento para visitar a su tío don Jaime, quien le ha pagado los estudios. Durante su visita don Jaime intenta retenerla. Al no lograrlo, el hombre se suicida, provocando que Viridiana renuncie a ser monja y se quede en la mansión a practicar la caridad cristiana. La llegada de Jorge, hijo natural de don Jaime, cambiará definitivamente el destino de la joven.

Aquí reproducimos una reseña de la película más famosa de Buñuel.

VIRIDIANA

España, 1960. Dirigida por Luis Buñuel, con Fernando Rey, Silvia Pinal, Francisco Rabal, Margarita Lozano.

"Viridiana" es la mirada más feroz y genial que se haya permitido el cine sobre la institución de la beneficencia, y a esa condición está atada buena parte de los rasgos que la convierten en una obra maestra cabal. Una entre muy, muy pocas. Pero la mejor película de Luis Buñuel va —ve— más allá de la caridad cristiana. Y otras instituciones, tanto o más hipócritas, comparten el privilegio, si se lo puede llamar así, de atraer la atención del hombre de Calanda. Rodada en España como respuesta a un tramposo convite de Francisco Franco (resignado a repatriar a Buñuel —que arrastraba 25 años de exilio en México— para beneficiarse con su fama), "Viridiana" fue cualquier cosa menos lo que esperaba el dictador. Al día siguiente de alzarse con la Palma de Oro en Cannes fue prohibida en todos los cines de España. Tiempo después, en Milán, la obra de Buñuel provocó un escándalo similar al que treinta años antes había desatado "La edad de oro", su segunda película, y el realizador fue amenazado con la cárcel si pisaba Italia.

Buñuel no era un hombre impiadoso. (Fue escasamente fetichista, más allá de sus escenas fetichistas, y bastante menos surrealista (superrealista) de lo que se dice por allí.) Lo que sucede es que conjugó un inigualable talento cinematográfico con la soltura del que anda por la vida sin culpas, y dispuesto a divertirse: cuando la muerte empezó a golpear a su puerta, lo que más añoraba el viejo eran los pulmones y el hígado de antaño, capaces de soportar el tabaco y los dry martinis que seguía deseando. El hombre ya había dejado atrás la barrera de los ochenta. Pues bien: quítense 20 años a ese hombre, póngase en sus manos a la más atractiva, pura y casta de las monjas y cualquiera (¡menos Franco!) podrá imaginarse lo que hará.

El motor del film es la firme decisión de la novicia Viridiana (la mexicana Silvia Pinal) de cambiar las rutinas del convento por una práctica más activa de la virtud cristiana. De camino a realizar su anhelo concreta un día una visita a la casa de su tío. Mañoso, amargo, temperamental, don Jaime es la mejor de las muchas versiones de viejo choto aristocrático que Fernando Rey compuso para Buñuel. La atracción que le despierta ese inconcebible cacho de mujer *envuelta en hábitos es un extraordinario desencadenante trágico. Don Jaime volverá a sentirse joven, impecable, arrasador, aunque se lo verá más solo y decrépito que nunca, como si el deseo le hubiera edificado un magnífico espejismo para su consumo personal. Él, que caminó su larga vida bajo el signo de convenciones acartonadas, quebrará en una sola noche las reglas más elementales de cualquier moral. No revelaré detalles del escandaloso hecho. Pero la "violación", en un sentido amplio, es doble, y lo hiere más a él que a Viridiana. Las babas del tío, la insuperable ingenuidad de la sobrina, sus irresistibles pechos (y esas piernas que no puede ver el anciano, pero sí el espectador) ponen a este tramo de la historia al servicio de una de las habilidades esenciales del Maestro: la de combinar el patetismo con los trazos de comedia de tal modo que se potencien ambos.*

Lo que más le duele a Viridiana son las culpas (parece cargar con todas las que esquivó Buñuel). No ve mancillado su cuerpo, sino su espíritu. El mal paso del anciano habrá de confirmar así, definitivamente, su decisión de ser para los otros. La alienación de este pasaje precipitado, casi ciego, al reino de la beneficencia da una pauta de lo loco, de lo absurdo... de lo otro, *de eso que no tiene que ver con las necesidades del prójimo y está detrás —a veces por delante— de la caridad. "Viridiana" es a la piedad cristiana lo que "Apocalipsis ahora" es a la guerra: un retrato minucioso de verdades hondas disfrazadas con razones falsas.*

Viridiana, de aquí en más, procurará transformar al "escenario del crimen" en el ámbito de su realización. Convertirá a esa casa en un asilo que es en parte franciscano, ya que acoge a todos los cirujas, indigentes y locos de la comarca... y al mismo tiempo un cotolengo sórdido, cuya suerte está sellada por las demandas múltiples, fatalmente desbordantes, que supone semejante fauna humana para las buenas intenciones de la protagonista. Los harapientos constituyen un coro variopinto: los hay petisos, feos, sucios, desgarbados, malhablados, increíblemente incultos. No así patéticos, una condición que en el mundo de Buñuel (como en el mundo) va de la mano de las falsas apariencias y la impostación. Y estos vagabundos no podrían ser más naturales. Buñuel era marxista (o casi) pero no idiota. Siempre supo que la defensa de los pobres puede pasar por cualquier lado menos por la compasión.

¿Y Viridiana? Lo suyo tomará la forma de un calvario a dos puntas. Los cirujas por un lado, alternativamente víctimas y victimarios —jamás beneficiarios— de su disposición. El desencuentro alcanza singulares picos (como la famosa "última cena" en que abrevó Eliseo Subiela para su "Hombre mirando al sudeste") en los que los intereses de los unos y los otros chocan, independientemente de las voluntades de las partes. Aquí hay mucho más tragedia griega que en todas las versiones de los textos clásicos que se han filmado últimamente. Por el otro lado están los burgueses. Como Jorge, el primo apuesto, frío, inteligente, que se burla de la ridícula empresa de Viridiana. Pero el personaje de Paco Rabal representa más de lo que es. Porta el cinismo de los nuevos tiempos, el glamour hollywoodense (llamado a deslumbrar a la muchacha, provinciana al fin) y la lógica cruda, pero contante y sonante, de las transacciones comerciales. Su sola

presencia magnificará la estrepitosa frustración de Viridiana y la hará trastabillar, asomándola a las fauces de un destino aun más trágico e irreversible.

Párrafo aparte merece Silvia Pinal. Si bien se mira, se la verá asombrosamente parecida a otra platinada histórica: *la que compuso Kim Novak en "Vértigo". En apariencia muy diversos, los papeles son idénticos en determinado punto. Una trampa armada y desarmada por los hombres, ajena a su naturaleza, las convierte en marionetas a ambas por un largo rato. El antológico final de "Viridiana" vuelve a dar cuenta del arte sublime del aragonés: para burlar a los censores españoles cambió cierta escena de sexo que tenía prevista por una partida de tute cabrero... que vale por cuatro* ménages a trois.

Guillermo Ravaschino
(cineismo.com)

En 1982 Buñuel publica sus memorias: "Mi último suspiro". El 29 de julio de 1983 Buñuel muere en la ciudad de México víctima de un ataque de cirrosis. Sigue siendo uno de los mejores directores y cineastas en el mundo.

Para conocer mejor

1. Al principio de la lectura la cita incluye las palabras "fantasma", "niebla" y "humedad". ¿Cómo se relacionan esas imágenes con el concepto de la libertad?
2. Compara "Un perro andaluz" con el cuadro de Dalí que encuentras en el capítulo 10 en términos de los sueños.
3. ¿Cómo piensa Buñuel que se puede subvertir la sociedad burguesa a través del cine?
4. ¿Por qué opinas que es tan importante para Buñuel demostrar en el cine que el mundo es brutal e hipócrita?
5. De alguna forma, Buñuel quiere escandalizar a su público. ¿Cómo comparas sus películas con las de Pedro Almodóvar (ver Capítulo 2), director de cine que surge en la época de la movida madrileña?
6. ¿Por qué piensas que "Viridiana" fue censurada en el Vaticano y en España durante la época de Franco?
7. La reseña dice que Buñuel era "bastante menos surrealista de lo que se dice por allí". En tu opinión, ¿a qué se debe este comentario?
8. ¿Cómo se explica "Viridiana" en términos de las pautas superrealistas?
9. ¿Cuáles son algunos aspectos escandalosos de la película?
10. ¿Cómo utiliza Buñuel el concepto de la religión en esta película?

Para saber más

1. En este mismo capítulo se menciona otra película que también lleva título de una mujer: "Agustina de Aragón". Busca más información sobre esta película y compárala con una de Buñuel.
2. "Los olvidados" es una película sobre niños pobres. Busca más información sobre esta película y compárala con otra que tu conozcas que trata el tema de los niños o jóvenes pobres y su vida urbana. ¿Cuales son los factores más importantes que tienen en común los niños pobres del mundo?

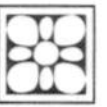 El idioma: La lengua aragonesa

A tu parecer

1. En grupos pequeños, contemplad la siguientes preguntas: ¿Qué importancia tienen los niños en el aprendizaje de un idioma que no es oficial? ¿Cuáles son algunas dificultades que surgen al querer enseñar este idioma en las escuelas?
2. En parejas, pensad en algún idioma que se haya perdido. ¿Cuáles son algunos factores que llevaron a su pérdida? Comparad vuestras ideas con las de otros compañeros.
3. Si se declarara "el día de la lengua" en vuestro país, ¿en qué forma se podría celebrar? ¿Qué eventos se incluirían? En grupos, formad comités que pudieran encargarse de la planificación de las festividades.

Al igual que muchos otros idiomas en España, la lengua aragonesa deriva del latín vulgar. En varios momentos en la historia este habla estuvo a punto de extinción, debido a la imposición de los otros dos idiomas que todavía se hablan en Aragón, el castellano y el catalán. En realidad estos otros idiomas tienen mayor dominio en la Comunidad de Aragón, y de hecho hay algunos habitantes que desconocen la lengua aragonesa o que la menosprecian. Hay pocos hablantes "puros" del idioma y se mantiene el uso mayormente en la parte septentrional de Aragón.

En los años setenta, después de la muerte de Franco, empiezan los esfuerzos por recuperar muchos de los idiomas regionales de España; y de igual forma surgen autores aragoneses que promueven su propio idioma, y escriben textos en esa lengua que por muchos años ha quedado en el olvido. Se establecen organizaciones que fomentan el idioma como Consello d'a Fabla

Aragonesa, Ligallo de Fablans, Colla de Fablans o Nogará; se copila una gramática de la lengua aragonesa; hay intentos de encontrar una ortografía común entre las diversas versiones del idioma. Recientemente se ha logrado la enseñanza en aragonés en algunas escuelas secundarias. El hecho de que el aragonés pueda llegar a los jóvenes, indica un futuro más cierto para la conservación de este idioma.

Un proyecto de "Ley de Lenguas" actualmente se encuentra atascado en el gobierno, por una falta de consenso entre aquellos que quieren la cooficialidad del aragonés junto al castellano y al catalán, y otros que sólo quieren la protección de las modalidades lingüísticas. Los esfuerzos de la mayoría, sin embargo, tienden más hacia el uso voluntario del idioma para salvaguardarlo y valorarlo. De hecho el Ligallo de Fablans de l'Aragonés ha desarrollado desde 1988 en Zaragoza, un festival anual para el fomento del idioma.

Las actividades incluyen la participación de niños, escolares y adultos, y son de índole didáctica, informativa y musical. Las festividades no tienen fines insurgentes; sólo quieren dar a conocer y redefinir la realidad trilingüe de Aragón. Los niños aragoneses ahora tienen la oportunidad de aprender el idioma autóctono de su comunidad, y esto les dará quizás la oportunidad de dictar el futuro de este idioma en España. Para subrayar la importancia del niño en la preservación del aragonés, reproducimos aquí parte de un documento titulado "Declaración de los derechos del Niño", traducido al aragonés por Antón Chusé Gil.

DECLARAZIÓN D'OS DREITOS D'O NINO

(…)

Prenzipio 2

O nino gozará de espezial proteuzión, oportunidaz y serbizios, guaranziatos por a lai y por atros meyos, ta que pueda desarrollar-se fesica, mental, moral, espritual y sozialmén de traza saludable y normal, asinas como en condizions de libertá y dinidá. En promulgar lais con ista fin, a considerazión alazetal a la que s'atenderá estará l'intrés superior d'o nino.

Prenzipio 3

O nino tiene dreito dende a suya naxedura á un nombre y una nazionalidá.

(…)

Prenzipio 7

O nino tiene dreito a rezibir educazión, que estará obligatoria y de gufaña cuanti menos en os rans alazetals. Le se dará una educazión que faborexca la suya cultura cheneral y le premita, en condizions d'igualdá d'oportunidaz, desarrollar as suyas capazidaz, o suyo esmo indibidual y o suyo sentiu de responsabilidá moral y sozial, y plegar a estar un miembro útil d'a soziedá.

> *L'intrés superior d'o nino debe estar o prenzipio reutor de qui tienen a responsabilidá d'a suya educazión y orientazión; dita responsabilidá pertoca, en primer puesto, a os suyos pais.*
>
> *(...)*
>
> ***Prenzipio 10***
>
> *O nino debe estar protexito contra las prauticas que puedan fomentar a discriminazión razial, relixiosa u de cualsiquier atra mena. Debe estar educato en un esprito de comprensión, toleranzia, amistanza entre os pueblos, paz y fraternidá unibersal, y con plena conzenzia de que debe consagrar as suyas enerxías y capazidaz ta o serbizio d'os otris.*
>
> *(L'aragones en Internet)*

Para conocer mejor

1. ¿Por qué piensas que el castellano y el catalán tienen mayor dominio en la Comunidad de Aragón?
2. En tu opinión, ¿por qué hay algunos aragoneses que desconocen su lengua?
3. ¿Qué quiere decir ser un hablante "puro" de un idioma?
4. Fuera del castellano, las otras lenguas que ahora se hablan en España se prohibieron durante la época de Franco. En tu opinión, ¿cuáles son algunas razones por esta censura?
5. Compara los esfuerzos para preservar el valenciano (Capítulo 5) con los esfuerzos para preservar el aragonés.
6. ¿Qué importancia tienen los niños y los jóvenes para la conservación de un idioma?
7. Compara la "Ley de Lengua" con la Constitución del 1978 (ver Capítulo 10) donde se declaran los idiomas oficiales de España.
8. ¿Qué importancia puede tener un festival en el fomento de un idioma?
9. Compara la importancia del "niño" para los aragoneses con la importancia del niño en las obras de Ana María Matute. (ver Capítulo 10)
10. Tomando como ejemplo el texto reproducido en este capítulo, ¿cuáles son algunas peculiaridades ortográficas del idioma aragonés comparado con el castellano?

Para saber más

1. Compara el idioma aragonés con cualquier otro idioma no oficial de España que aparezca en otro capítulo del libro.

2. Busca más información sobre la "Ley de Lengua" y presenta un pequeño informe para tus compañeros.
3. Busca otro texto en aragonés para ver cuánto puedes entender.

El arte y la arquitectura: Goya o la denuncia artística de la guerra

A tu parecer

1. En parejas, pensad en alguna obra de arte (diseño, escultura, pintura) que haya servido como forma de protesta social o política.
2. En grupos, pensad en algunos factores externos e internos que puedan afectar y cambiar el estilo de un artista. Compartid vuestras ideas con los otros compañeros.
3. Con todo el grupo, formad un debate sobre las razones en pro y en contra de la censura del arte.

Francisco de Goya y Lucientes es otro de los grandes artistas españoles. Nace el 30 de marzo de 1746 en Fuentedetodos, provincia de Zaragoza. Sus primeros conocimientos artísticos le llegan de su maestro José Luzán, de quien aprende a dibujar. Su carrera artística empieza verdaderamente en Italia en donde trabaja sus primeras obras con las que comienza a adquirir reconocimiento. Algunos lo consideran como el "Padre del Arte Moderno". Sus obras aparecen inmediatamente después del período barroco y sobresalen por su carácter y técnica renovadores que dominarán prácticamente durante todo el siglo XVIII. Cuando le preguntaban a Goya sobre qué pintores inspiran su producción artística, él responde que Velázquez, Rembrandt y la naturaleza eran sus maestros.

A su regreso de Italia a finales de 1771, y ya en Zaragoza, Goya prepara varios dibujos para un mural de la cúpula de la Basilica de la Virgen del Pilar. Un poco más adelante en julio de 1772, se le asigna que trabaje una pintura sobre el tema de "La veneración de Dios".

Durante su primera larga estancia en Madrid Goya conoce a Josefa Bayeu, hermana de los también artistas Francisco y Ramón Bayeu. Se casa con ella y se radica por varios años en esta capital. Allí comienza el diseño de sus "cartones" o modelos pintados para tapicería. Entre 1774 y 1792 trabaja para varias de las tapicerías de la Real Fábrica de Tapices de Santa Bárbara. Su habilidad y fama lo llevan hasta el Palacio Real y El Escorial en donde pinta alrededor de sesenta y

Si sabrá más el discípulo

tres de estos cartones entre 1775 y 1791. Hoy en día se puede apreciar numerosos ejemplares en el Museo del Prado. En 1789 el nuevo rey don Carlos IV lo nombra "Pintor de Cámara", nombramiento que le abre las puertas a su éxito universal como retratista y pintor de paisajes y temas folclóricos.

Hacia el año de 1792 Goya se enferma, y queda totalmente sordo a la edad de 46 años. Esta situación cambia radicalmente su espíritu alegre de los años anteriores. La sordera lo deprime y lo hace una persona introspectiva. Lógicamente su técnica y estilo artísticos se ven afectados por esta tragedia. Sus colores se vuelven cada vez más grises y obscuros, pero su pintura se hace más expresiva y en muchos casos, radicalmente expresiva y crítica. A este período pertenecen sus primeros Caprichos, obras rebeldes y aparentemente sin sentido. Algunas de estas obras son censuradas y/o amenazadas por la Inquisición. Las autoridades le obligan a retirarlas.

Estos hechos, que tanto afectan la vida de Goya, se hacen más críticos en los años siguientes con la agudización de la crisis social y política en España. Goya presencia el sufrimiento del pueblo español, como consecuencia de las llamadas Guerras Napoleónicas o guerra de independencia española contra la invasión francesa (1808–1814). Nuestro pintor denuncia la injusticia y el dolor causados por la guerra en una serie de pinturas elaboradas entre 1810 y 1814, y a las que denomina "Desastres de la Guerra". También trabaja dos de sus obras maestras: "El dos de mayo de 1808 en Madrid: la lucha contra los mamulecos" y "El tres de mayo en Madrid: los fusilamientos en la montaña del Príncipe Pío". Uno de los grandes aciertos que hacen de estas obras pinturas universales, es la artisticidad con la que Goya capta y plasma las expresiones de dolor y la degradación de los sentimientos humanos.

Además de estas obras, Goya trabaja en dos partes una serie de 83 aguafuertes. En el primer grupo denuncia la ocupación francesa entre 1808 y 1814, y en la segunda parte los efectos de la restauración efectuada por Fernando VII entre 1820 y 1823. En 1823 Goya se ve obligado a salir del país debido a la represión desatada por el regimen absolutista. Organiza su residencia en Burdeos, Francia, ciudad en la que muere el 16 de abril de 1828.

Tampoco

Para conocer mejor

1. Hay otros artistas españoles que han sido impactados por el arte italiano, como por ejemplo El Greco (ver Capítulo 12). Compara una obra temprana de Goya con otra temprana de El Greco.
2. Compara un cuadro de Goya con "Las Meninas" de Velázquez (Capítulo 9), precursor de Goya.
3. ¿Cómo se explica el cambio que da Goya, siendo tan diestro en pintar tapices, paisajes, retratos y temas folclóricos, a dedicarse a la producción de grabados?
4. ¿Cómo cambia su producción artística a causa de su sordera?
5. Analiza el "Capricho" reproducido en esta sección. En tu opinión, ¿por qué son censurados por la Inquisición?
6. Una de sus obras titulada "¡Qué valor!" representa a Agustina de Aragón (ver sección de aspectos sociopolíticos de este capítulo). En tu opinión, ¿qué quiere comunicar Goya en este grabado?
7. ¿Qué papel desempeña la guerra en la vida artística de Goya?
8. En sus grabados, Goya denuncia a los franceses, pero luego se traslada a Francia y muere allí. En tu opinión, ¿cómo se explica este hecho? ¿Es irónico?
9. Compara los "Desastres de la Guerra" con el "Guernica" de Pablo Picasso. (ver Capítulo 9)
10. En tu opinión, ¿son el sufrimiento y el dolor lo único que distingue a este artista?

Para saber más

1. Busca más información sobre otros artistas oficiales de la Corte de España. ¿En qué se distinguen sus cuadros?
2. Busca más información sobre los "Caprichos" de Goya y prepara un pequeño informe para tus compañeros.
3. "Los Desastres de la Guerra" llevan unos títulos interesantes. Analiza algunos y compártelos con el resto del grupo. ¿Qué importancia tiene la combinación de la imagen y la palabra?

Las fiestas y el folclore: Las Fiestas del Pilar

A tu parecer

1. En grupos, comentad sobre la credibilidad de los milagros y las apariciones. Identificad algunos ejemplos y compartid vuestras ideas con el resto de la clase.
2. En parejas, contestad las siguientes preguntas: ¿Qué importancia tienen las luces en una celebración? Pensad en algunos ejemplos de celebraciones religiosas y seculares donde las luces hagan un papel importante.
3. Con todo el grupo, formad un debate acerca de la religión y la industria turística. ¿Deben estar vinculadas las dos entidades? ¿Cuál es la problemática de esta relación?

La Virgen del Pilar es la imagen que se venera en el famoso templo del Pilar de Zaragoza. Según la tradición y documentos del siglo XVIII, la Virgen María se le apareció al Apóstol Santiago en un pilar cuando éste viajó a España en el año 40 d.C. para predicar el evangelio. La Virgen le pidió al apóstol Santiago que continuara predicando. Le obsequió una pequeña imagen como recuerdo de su visita y le dijo que construyera allí una capilla. Dicha capilla es la impresionante Basílica de Zaragoza, donde permanece la imagen como recuerdo de su visita. Hoy en día la Basílica del Pilar es uno de los grandes centros de peregrinación mariana más importantes del mundo, comparable al de la Virgen de Fátima en Portugal y al de Lourdes en Francia.

Todos los años hacia el 12 de octubre, los aragoneses celebran las festividades del Pilar en honor a su patrona la Virgen del Pilar. Esta es una fiesta muy importante para toda la Comunidad de Aragón, pero muy especialmente para Zaragoza. El evento atrae una gran cantidad de turistas. El festival dura nueve días y comprende una variedad de actos que van desde el Pregón de Fiestas (discurso en el que se proclama la apertura del festival) hasta el cierre de las festividades con un despliegue impresionante de fuegos pirotécnicos, al lado del río Ebro. Hay actuaciones musicales y verbenas en las plazas situadas alrededor de la zona antigua de la ciudad, presentaciones diarias en la gran carpa municipal levantada en la Plaza de los Sitios, conciertos de artistas famosos en La Romareda, además de conciertos de orquestas sinfónicas, exposiciones, actividades deportivas, actuaciones folclóricas aragonesas, paseos en barca, subidas en globo, bautizos al aire y programas culturales para niños.

Llama mucho la atención la ofrenda de flores a la Virgen del Pilar el día 12 de octubre, cuando se da inicio al festival. También merece la pena destacar la famosa misa de los infantes (con coros de niños) el mismo 12 de octubre, y el rosario de cristal la noche del 13 de octubre. Esta última es una hermosa procesión con 250 linternas y una flotilla de 15 cristales policromados.

La virgen del Pilar

Rdo P. Pedro Hernández Lomana

La verdad es que estando en Zaragoza se hace difícil no escribir sobre la Virgen del Pilar. Y ello es una insistencia increíble que me ha estado urgiendo como una quemazón desde el momento en que al comenzar la fiesta decidí vivirla, lo más entrañablemente posible.

Y me lancé a la calle a sacar de las mismas piedras el mejor sabor de esta fiesta, ya que me daban la impresión de que ellas, ante todo, estaban en fiestas. Y limpias, muy limpias como si tuvieran conciencia de que debían servir un gran momento del encanto de esta humanidad que se olvida de todo por celebrar el entusiasmo, perdido hace mucho tiempo, pero que ahora aflora, como si se tratara de una ilusión profunda que renace desde el inconsciente con el mejor resorte de poder experimentado y que empuja con fuerza provocando todo el interior de esta Madre. No es fácil, por otra parte, encontrar situaciones tan socorridas en las que los primeros referentes sean las piedras, que bien asentadas sobre sí mismas, me han dado un criterio fuerte de cómo cada uno debiera devolver, en conciencia, lo recibido para bien del Cosmos, de la Humanidad. Y no es para menos, ya que todo Zaragoza, y mucho Turismo, se ha movido para honrar a su Patrona la Virgen del Pilar. Y tienen que ser ellas las que se expresen es ese continuo moverse de las gentes, sin dejarles respirar, ni darles un resquicio para mejorar su situación, evidentemente quebrantada durante estos días, esa es su misión, ser base para todos y para todo. Menos mal que al estar tan pulidas se les viene el aluvión de gente con una armonía exquisita, y se sienten como si nadie las pisara, más allá de lo esperado en estas multitudes, que se mueven,... sin que a la verdad les den ni siquiera la oportunidad de quejarse, ya que sería inútil, y a lo mejor se les encararán las gentes, en una conciencia clara de pueblo que se siente orgulloso, y en su casa, en la calle Alfonso, recientemente adornada y etiquetada como solo de recreo y para transeúntes.

Ya la noche anterior a la fiesta, es decir el 11 de Octubre, me quedé anonadado al contemplar la torre, que en la plaza del Pilar erguida y satisfecha iba a servir de soporte a la Virgen del Pilar que desde el pico de esta imponente mole, bien asentado y establecido para los actos de las fiestas y para sostenerla en ellas, iba a contemplar gozosa las toneladas de flores que en su honor el pueblo quería dedicarle. Lo admirable es ver cómo la gente se mueve, las cosas aparecen aquí y allá y el orden se expresa en cada una de sus gestiones, integrando en valores la acción del hombre motivado por la fiesta y su sentido. Pero las flores, iluminadas por primera vez ahora, cantaban a la Virgen su fulgor de estrellas en la noche, que se enciende en el corazón de cada creyente, restallando en un momento importante y ensoñador hacia dentro, de verdad.

Venirse de América, desde luego en vacaciones, para ver una cosa como ésta es increíblemente bello, al menos para mí, que vengo expectante porque he oído muchas veces la grandeza de esta historia de la Virgen del Pilar, y me he convencido de que es más allá de lo que uno puede escuchar o imaginar. Nunca me he encontrado en unas calles tan abarrotadas de gente, que me costara andar de un lado al otro de la calle casi una hora, en una extensión de 500 metros. Y todo para observar el fervor de la gente que se mueve continuamente por la calle rezando el rosario de Cristal. Rosario de Cristal porque llevan en urnas de cristal los diversos y cada uno de los misterios del Santo Rosario, que al mismo tiempo reza el pueblo, al moverse por las calles, el día siguiente del Pilar.

Pero el día del Pilar hay que ver a todo un pueblo comprometido y feliz a la escucha del canto de sus jotas y música aragonesas que llena el espacio de ritmo y esencias mañas, y en fila, esperando el momento de entregar su ramo de flores, en movimiento lento, para que poco a poco y con calma, pero sin parar se vaya llenando la imponente torre de flores de que os he hablado. Las filas están a kilómetros de distancia de la plaza del Pilar. Las representaciones de todos los pueblos y villas importantes de Zaragoza, provincia y región, e incluso de América caminando por las calles de Zaragoza que confluyen en el Pilar, es simplemente imponente.

A las doce la santa misa, con un templo bello de por sí, y encendido ahora como si la gloria de Dios le llenara con fuerza y esplendor. El Obispo presidente, hoy Monseñor Alfonso, el Auxiliar de Monseñor Elías Yanes, que ahora está en el Sínodo episcopal, se esfuerza, con altavoces y todo por hacerse oír ante esta multitud, y creo que lo consigue. Después, la procesión por la plaza de gente del Pilar, donde se ha reservado un caminito para que la procesión pueda avanzar, y para tener, como el pueblo, la oportunidad de que la Iglesia y el Gobierno ofrezcan sus flores a la Virgen.

El día siguiente al Pilar, es decir el 13 de Octubre, se hace la procesión de las ofrendas y otra vez la filas como para la entrega de las flores a la Vir-

gen. El pueblo se mueve desde muy distante para entregar a la Virgen las primicias de los frutos de los campos, guardando en sus pasos la rica esperanza de poder celebrarlo en su ofrecimiento. Los frutos de este momento otoñal son gustosos y atractivos a los ojos de los que observamos la ceremonia. Resaltan y se observan melocotones, uvas, peras, frutas secas y un montón de ofrendas que espero muchos pobres gusten. Y el espectáculo de fervor y de emoción que se enciende es enorme. El color de los trajes regionales bellísimos destaca en estas fiestas, como en todas, pero aquí al ser toda la ciudad da una impresión de encanto que es muy difícil deshacerse de él. Ya mires adonde mires te encuentras con esos vestidos de incandescente atractivo, que alegran a no dudarlo el contorno de la ciudad pisada. Pero todo dentro de un orden de fe que aquí se masca. Dicen que cuando Juan Pablo II visitó el Pilar, al darse cuenta de la gente que movía dijo: "Oh, una Virgen tan pequeñita y qué tanta fuerza tiene". Y es verdad.

Mis queridos lectores, os prometo que cuando llegue a Costa Rica os pondré las fotos de estos bellos momentos que hay que vivirlos para poder hablar con sensatez de ellos. Pero qué bueno darse uno cuenta que la fe mueve montañas, aquí de hombres y mujeres, que motivados por el entusiasmo que la Virgen les provoca, les hace no sólo salir de casa para llenar estas calles, sino sobre todo, para en la fuerza de su fe escanciar lo mejor de sí mismos en el altar de la reverencia y devoción a la Virgen del Pilar. No podemos negar que la Virgen está en el corazón de esta gente, como bellamente lo expresan en sus cantos, la jota sobre todo, que no se avergüenzan de cantar, porque en ello encuentran el camino a una realización más humana, dentro de un mundo deshumanizado, y sobre todo para que al poner con delicadeza su voz y sus frutos a los pies de la Virgen, sienten que contactan otra vez con un mundo interior, su mundo humano, que pide a gritos la atención del presente de la humanidad.

Pero hay más... ¡Qué armónica me parecía esta cultura aragonesa, penetrada por el calor de la Virgen del Pilar! Y me preguntaba ¿pero es que hay calor más brillante en este sol cultural que el que este pueblo creyente y libre proyecta cuando canta y ama a su Madre del Pilar? O esto es cultura, o estamos equivocados en nuestra frialdad nosotros.

(*Humanismo Cristiano*
Tiquicia.com)

Puede apreciarse el impacto que tiene, no sólo el día de la Virgen en sí, sino también los aragoneses y su forma de festejar a la santa. Las procesiones, las ofrendas y los cantos de un pueblo comprometido a celebrar conmueven hasta a un forastero espectador. Como él describe, hasta las piedras estaban en fiesta.

Para conocer mejor

1. Compara la importancia de Zaragoza y Aragón con la de Santiago de Compostela y Galicia en cuanto al apóstol Santiago. (ver Capítulo 3)
2. Compara la fiesta de la Virgen del Pilar con la de San Isidro en Madrid. (ver Capítulo 2)
3. Según el reverendo P. Hernández Lomana, ¿qué importancia tienen las piedras durante esta fiesta?
4. ¿Qué importancia tiene que el reverendo Hernández sea de otro país? Al ser turista, ¿cambia su percepción de la fiesta? ¿En qué forma?
5. Compara el simbolismo de la torre en esta fiesta con los castells de Cataluña. (ver Capítulo 10)
6. En la lectura se hace referencia a aspectos de la fiesta que son el resultado de un esfuerzo en conjunto entre la Iglesia y el Gobierno. ¿Qué otros ejemplos hay en España donde se percibe una estrecha relación entre la Iglesia y el Gobierno?
7. Esta fiesta está dedicada a una figura femenina. Compárala a otra fiesta dedicada a las mujeres de España. (ver Capítulo 7)
8. En esta fiesta parece haber algún tipo de orden en medio del caos. ¿Cuáles son algunos ejemplos del orden?
9. ¿Qué importancia puede tener el hecho de que un turista de las Américas describa esta costumbre aragonesa que tiene lugar el 12 y el 13 de octubre?
10. El reverendo dice que la cultura aragonesa es armónica. Aparte de los cantos y la jota, ¿cuáles son algunos ejemplos de esta armonía?

Para saber más

1. Compara la Basílica del Pilar con los otros centros de peregrinación a la Virgen, como Fátima y Lourdes.
2. Busca más información sobre los nombres de la Virgen en España.
3. ¿Se celebra la Virgen del Pilar en otras partes del mundo? ¿Dónde y cómo?

Gastronomía: Olivares, aceitunas y aceite

A tu parecer

1. En parejas, identificad las distintas variedades de aceite que conocéis. ¿Cómo se producen y en qué comidas se usan?
2. En grupos, pensad en el uso que se le da al aceite aparte de la comida. Comparad vuestras ideas con el resto de la clase.
3. En parejas, pensad en alguna receta de vuestra propia cultura donde se usan las aceitunas como ingrediente. ¿Cómo se prepara, cuándo se come, etc.?

El origen de los olivos, de las aceitunas y del aceite de oliva remonta a épocas muy antiguas. De hecho hay pruebas de la existencia del fruto del olivo desde el siglo VI a.C. Además se hace mucha referencia al olivo y al aceite producido por las aceitunas en la Biblia, el Corán y en textos mitológicos como la Odisea. Los olivares posiblemente nacen en Mesopotamia, y durante la época de la antigua Grecia y luego durante el Imperio Romano, se exportan las plantas y sus productos a otros lugares.

A España llegan los olivares, tal vez primero con los romanos, y luego con más intensidad durante la época de la ocupación árabe. El nombre "aceite" deriva del árabe "az-zait" que significa jugo de la oliva. En épocas remotas se usan las aceitunas como producto alimenticio, y el aceite que se elabora con métodos primitivos de molturación y prensa, además de usarse con la comida, tiene en esas épocas su propósito en sagrados rituales, en masajes y en cosmética, como ungüento y brebaje para curar los males, y hasta para la iluminación de los hogares.

Actualmente España es el país que tiene más olivares y el mayor productor y exportador de aceite de oliva. Entre las denominaciones de origen de este producto se encuentra el aceite del Bajo Aragón, elaborado en esta zona de producción reconocida por la Comunidad Europea. España produce una tercera parte de todo el aceite de oliva. La recolecta de las aceitunas en Aragón se realiza en el mes de noviembre por medio de una técnica llamada "ordeño" o vibración de las ramas. Las aceitunas que caen al suelo, o las que se recolectan mediante otras técnicas, no pueden utilizarse para la producción del aceite de denominación de origen. Todavía se extrae el aceite de las aceitunas por medio del método tradicional de presión; sin embargo, recientemente se están desarrollando otras técnicas más modernas.

España cuenta con más de 260 variedades de aceitunas. Las que se cultivan en Aragón son mayormente la "arbequina" y la "empeltre". La aceituna arbequina es verde, corta y ovalada y se presta a una gran extracción de aceite. El

Aceitunas

aceite que produce es denso, verde y frutoso. La aceituna "empeltre" es larga y asimétrica y produce un aceite suave, dulce y de color amarillo claro. Las tantas variedades españolas de aceitunas se elaboran también para su consumo en forma de tapa o ingrediente en algún platillo; estas son verdes o negras, de manzanilla, machacadas, deshuesadas, rellenas, y aliñadas.

El aceite de oliva es un componente básico en la dieta mediterránea, y como en la antigüedad, todavía se utiliza también por sus dotes curativas contra las quemaduras, el estreñimiento, las hemorragias, el acné y otras condiciones o males. Ambos, las aceitunas y el aceite, forman una parte tan intrínseca de la cultura española, que el habla del pueblo ha incorporado estos productos en un sinnúmero de refranes. Aquí siguen algunos ejemplos:

> *"Aceite y vino, bálsamo divino"*
> *"La mejor cocinera, la aceitera"*
> *"Olivo, bruto, que a fuerza de palos da su fruto".*
> *"Si quieres llegar a viejo, guarda aceite en el pellejo".*
> *"Sin tierras y olivares, qué sería de las ciudades".*
> *"Aceite y aceituna, a veces mucha otra ninguna".*
> *"La verdad, como el aceite, queda siempre por encima".*
> *"El aceite de oliva, todo mal quita".*

Para conocer mejor

1. ¿Qué importancia tiene que un fruto o un producto se mencione en textos literarios clásicos y antiguos, o que algún país se jacte de ser el lugar donde originó?
2. Además del aceite de oliva, ¿qué más aportaron los romanos a España? (ver Capítulo 7)
3. En tu opinión, ¿qué uso del aceite en España se heredó de la cultura árabe? (ver Capítulo 9)
4. En tu opinión, ¿por qué España es el país que tiene más olivares?
5. Compara el ordeño de las ramas de los olivares con la recolecta de las uvas de la vid. (ver Capítulo 8)
6. ¿Cómo han cambiado la elaboración y el uso del aceite en nuestros días?

7. ¿Cuál es la diferencia entre el aceite producido por la aceituna arbequina y el aceite producido por la empeltre?
8. El ordeño de las aceitunas y la fiesta de la Virgen del Pilar ocurren en el otoño. ¿Qué simbolismo sugiere la época otoñal para Aragón?
9. ¿Cuáles son algunas dotes curativas del aceite de oliva?
10. Toma uno de los detalles incluidos en la lectura y explícalo más en detalle.

Para saber más

1. ¿Quiénes son los otros exportadores de aceite de oliva? Busca más información sobre este asunto.
2. ¿Qué otras denominaciones de origen hay en España? ¿Qué aceitunas producen?
3. Busca una receta española que se prepare con aceitunas y compártela con tus compañeros.

Aspectos sociopolíticos: Agustina de Aragón

A tu parecer

1. En parejas, pensad en las heroínas de la historia universal. ¿Quiénes son, qué hicieron, etc.? Compartid vuestras ideas con el resto de la clase.
2. En grupos, pensad en cuáles han sido los campos de batalla más famosos. ¿Qué importancia tiene el espacio en una guerra?
3. Con todo el grupo, formad una discusión sobre el papel que la mujer ha tenido en la guerra. ¿Ha cambiado su papel con el pasar del tiempo? ¿Cambia su papel en diferentes culturas?

Son pocas las mujeres que se han glorificado como heroínas en España; pero en Aragón se distinguen varias de ellas, por su participación en la defensa zaragozana en contra de los franceses durante la Guerra de Independencia entre 1808 y 1814. La más glorificada entre ellas es Agustina Zaragoza Doménech o "Agustina de Aragón" nacida en Reus, Cataluña en 1786. A los 22 años, Agustina llegó a Zaragoza en 1808 con su marido, cuando ya había comenzado la Guerra de Independencia en contra de las fuerzas napoleónicas. José Rebolledo de Palafox y Melci estuvo a cargo de la guerra que durante sus asedios, llamados "Sitios" en 1808 y 1809, fue tan violenta como desastrosa para la ciudad de Zaragoza.

El levantamiento en contra de los franceses fue súbito y espontáneo, y se ejecutó en las calles zaragozanas al juntarse militares y civiles aragoneses en un esfuerzo nacionalista, combatiendo al invasor. Hasta ese momento las guerras se habían combatido en campos abiertos, pero esta vez se peleó en las calles, en las casas, y en los edificios con la participación de hombres, mujeres, ancianos y niños. Desde el primer momento se supo que iba a ser un esfuerzo suicida; la ciudad de Zaragoza de hecho quedó destruida, y miles de sus habitantes fallecieron en el combate.

Por la segunda mitad del mes de junio de 1808, los franceses intentaban penetrar la ciudad de Zaragoza por medio de las puertas del Carmen y del Portillo. El 2 de julio el combate se concentró en la puerta del Portillo, y es allí donde Agustina tomó el mando y disparó un cañón contra los franceses. Las fuerzas invasoras se vieron forzadas a retirarse. Por este hecho y otros que comprueban la gran valentía de esta mujer, queda ella glorificada como heroína de la resistencia del pueblo aragonés. Fue presa dos veces, la segunda junto a su segundo esposo, y ambas veces escapó, sólo para continuar su intrépida vida de guerrera. Al terminar la guerra en 1814, el rey Fernando VII le proporcionó una pensión de por vida debido a su proeza.

En 1857 murió Agustina en Ceuta a los 71 años de edad. Para el centenario de los sitios en 1908, se trasladaron sus restos a la iglesia del Portillo donde reposan actualmente. Agustina queda inmortalizada en la historia como también en las artes. Francisco de Goya le dedicó un grabado titulado "¡Qué valor!" a ese momento en que Agustina disparó el cañón. En 1950 Juan

¡Qué valor!

de Orduña dirigió una película que lleva el nombre de ella y en la que actúan Aurora Bautista y Fernando Rey, donde se mitifica aún más este personaje histórico femenino. En 1908 se erigió un monumento a todas las mujeres que lucharon en la Guerra de Independencia. En el pedestal está la figura de Agustina de Aragón, pero se conmemora también la valentía de la Madre Rafols, Manuela Sancho, María Agustín, Casta Álvarez y la condesa de Bureta, que tomaron armas y ayudaron a los heridos durante ese momento triste de la historia zaragonesa.

Para conocer mejor

1. Compara la Guerra de Independencia con la derrota de la Armada Invencible. (ver Capítulo 12).
2. ¿Qué importancia tiene la participación de militares y civiles en esta guerra?
3. En tu opinión, ¿el campo de batalla tuvo algo que ver con la derrota aragonesa?
4. Se dice que esta guerra fue un esfuerzo suicida de parte de los aragoneses. Contrasta este esfuerzo con el bombardeo de Guernica durante la Guerra Civil española. (ver Capítulo 4)
5. ¿En qué se basa la glorificación de Agustina de Aragón? Compara su glorificación con la de la Virgen del Pilar. (ver otra sección en este capítulo)
6. Fernando VII le proporcionó a Agustina una pensión de por vida. Según tu punto de vista, ¿este hecho le puede quitar un poco de gloria a la figura heroica de Agustina?
7. En tu opinión, ¿por qué Goya le dedicó un grabado a Agustina? (ver otra sección en este capítulo)
8. En la película sobre Agustina participa Fernando Rey, el mismo actor que participa en "Viridiana" de Buñuel. Compara a las dos mujeres en términos de su determinación y destrezas caritativas.
9. ¿Qué importancia tiene un monumento dedicado a todas las mujeres que lucharon en la Guerra de Independencia en un país, donde los héroes y monarcas mayormente han sido hombres?
10. Aparte de tomar armas, ¿qué otro papel desempeñaron las mujeres durante la Guerra de Independencia?

Para saber más

1. Busca más información sobre las otras mujeres que lucharon en la Guerra de Independencia y prepara un pequeño informe para tus compañeros.

2. Busca más información sobre Napoleón y el papel que desempeña para España.
3. Busca más información sobre los detalles de la Guerra desde su comienzo hasta el fin.

Materiales suplementarios

Luis Buñuel

Aub, Max. *Conversaciones con Buñuel: seguidas de 45 entrevistas con familiares, amigos y colaboradores del cineasta aragonés.* 1a ed. Madrid: Aguilar, 1985.

Monegal, Antonio. *Luis Buñuel: de la literatura al cine: una poética del objeto* / Antonio Monegal. Barcelona: Anthropos, 1993

Valdivielso Miguel, E. *El Drama Oculto: Buñuel, Dalí, Falla, García Lorca y Sánchez Mejías* / E. Valdivielso Miguel. 1. ed. Madrid: Ediciones de la Torre, 1992.

La lengua aragonesa

Buesa Oliver, Tomás. *Estudios filológicos aragoneses.* Zaragoza: Universidad. Prensas Universitarias, 1989.

Martínez Ferrer, Juan. *Bilingüismo y enseñanza en Aragón: Un análisis del redimiento electroescritor en las comarcas bilingües.* Zaragoza: Edizions de l'Astral [etc.], D.L. 1995.

Goya

Alcalá Flecha, Roberto. *Literatura e ideología en el arte de Goya.* Zaragoza : Diputación General de Aragón, 1988.

Lafuente Ferrari, Enrique. *Francisco de Goya: Los Desastres de la Guerra.* Barcelona: Gustavo Gili, 1979.

Agustina de Aragón

Beltrán, M., A. Beltrán y G. Fatás (dir. y coord.). *Aragoneses ilustres.* Zaragoza: Caja de Ahorros de la Inmaculada, 1983.

Vídeo

"Goya", "Goya: His Life and Art" y "Luis Buñuel". Films for the Humanities & Sciences.

CD

Angel Petisme (Zaragoza, 1962). CD: Metaphora, El Europeo/Karonte, 2003.

Capítulo 7

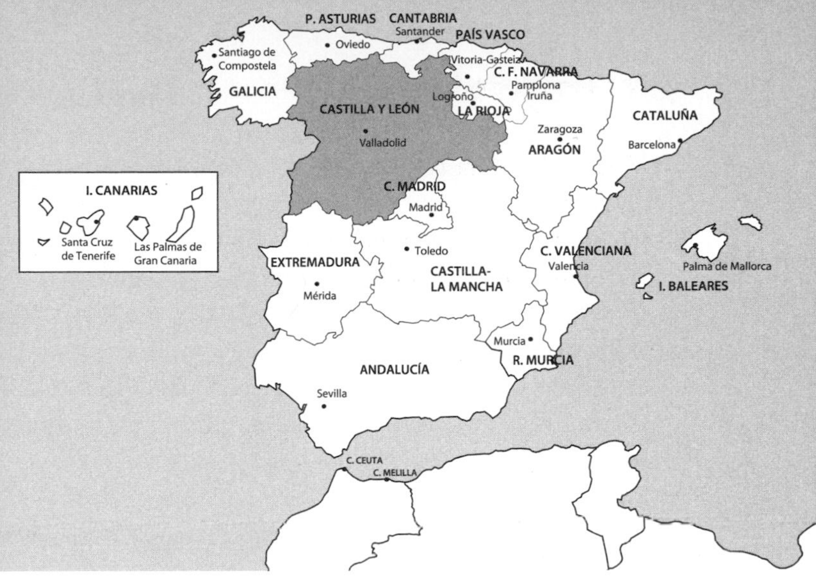

Comunidad Autónoma de Castilla y León

Capital	*Valladolid*
Provincias	*Ávila, Burgos, León, Palencia, Salamanca, Segovia, Soria, Valladolid, Zamora*
Idioma	*castellano*
Lagos	*Embalse de Almendra*
Montañas	*Sierra de Gredos*
Ríos	*Duero, Tormes, Pisuerga, Ebro, Agueda, Tera, Esla*
Límites	*Galicia, Portugal, Asturias, Cantabria, La Rioja, País Vasco, Castilla-La Mancha, Madrid, Extremadura*

Para explorar

1. ¿Qué comunidades autónomas de España has explorado ya en este libro? ¿Cuáles piensas que podrían ser algunas similitudes o diferencias entre estas comunidades y las de Castilla y León en cuanto al paisaje, los productos autóctonos, la gente y la arquitectura?

http://espana.heinle.com

2. Los ríos Duero y Ebro pasan por otras comunidades autónomas de España. ¿Cuáles?
3. La ciudad de Salamanca fue designada por la Comunidad Europea como Capital Cultural de Europa en el año 2002. En tu opinión, ¿qué características piensas que una ciudad debe tener para ser considerada capital cultural?
4. Segovia, Ávila y Salamanca han sido declaradas por la UNESCO como Patrimonios de la Humanidad. En tu opinión, ¿qué significa o implica la palabra "patrimonio"?

"Salamanca, que enhechiza la voluntad de volver
a ella a todos los que de la apacibilidad
de su vivienda han gustado".

(Miguel de Cervantes, Novelas Ejemplares.*)*

Introducción

Integrada por nueve provincias, la comunidad de Castilla y León es la región más extensa no sólo de España sino de toda la Comunidad Europea. Los territorios de Castilla y de León, dos reinos rivales del antiguo medioevo, se unieron en el siglo XIII, y ahora forman esta única región que se encuentra ubicada[1] en la submeseta norte de España.

La comunidad de Castilla y León posee un fuerte legado histórico-cultural que puede observarse primordialmente en su arquitectura. Comparten el paisaje unas cuevas[2] cuya formación se remonta a 25 millones de años, varios restos romanos como puentes, el acueducto y una variedad de castillos, monasterios, murallas, catedrales y conventos de las épocas medievales y del renacimiento.

El vasto territorio se centra en el cultivo del trigo[3], las uvas y las almendras y en la cría de ganado vacuno. Algunas provincias son ricas en carbón, en hierro, y en el pasado se extraía oro. En las sierras, hay pueblos escondidos, solitarios e inmunes al paso del tiempo. Por otro lado observamos ciudades de gran vivacidad como Salamanca, que ha sido designada por la Comunidad Europea como Capital Cultural de Europa en el año 2002.

[1] localizada
[2] cavernas
[3] ingrediente para hacer harina

Para saber más

1. Valladolid, la actual capital, fue también la antigua capital del Imperio Español durante los reinados de Felipe I, II y III. ¿Por qué razón? Busca en el Internet e investiga qué importancia tuvieron Felipe I, II y III. ¿Cuáles fueron las otras capitales del Imperio Español?
2. En un viaje de un fin de semana quieres recorrer lo más característico de Castilla y León. ¿Qué trayectoria escogerías y en qué medio de transporte? ¿Por qué? Busca un paseo en el Internet y preséntaselo a la clase.

Gente y personajes ilustres: El pícaro: el engaño y el desengaño

A tu parecer

1. ¿Habéis visto alguna vez a un individuo sin hogar y de bajos recursos económicos en las calles de su pueblo o ciudad? Compartid con vuestros compañeros qué sensaciones os provocan esas personas (miedo, desconfianza, lástima, enojo...) y explicad por qué. Utilizad ejemplos concretos.
2. ¿Qué recursos hay en vuestra comunidad, en vuestro estado y en vuestro país para ayudar a los niños pobres y huérfanos? Buscad información en el Internet sobre el tema y compartid los resultados de vuestra investigación con el resto del grupo.
3. ¿Le habéis hecho una broma a alguien alguna vez? ¿Habéis sido víctima de alguna broma? Con un(a) compañero(a), contad unos ejemplos y luego compartid las historias con el resto del grupo.

La vida de Lazarillo
de Tormes: y de sus
fortunas y aduer
sidades.

1554

Portada de la edicion de 1554

Durante el Renacimiento español en 1554 se imprime una obra ficticia en prosa, escrita por un autor anónimo, y narrada desde el punto de vista autobiográfico. Esta obra, llamada *El Lazarillo de Tormes*, cuenta las aventuras de un individuo desde su nacimiento y temprana edad en las afueras de Salamanca, hasta su vida conyugal[4]. La obra pertenece al género de la novela picaresca y el Lazarillo, personaje principal, por sus cualidades inherentes, a la tradición del pícaro.

El pícaro comúnmente se define como un niño o joven huérfano, sin hogar ni recursos económicos, que se desplaza[5] de pueblo en pueblo para poder satisfacer el hambre. Les presta servicio a diversos amos[6] y con frecuencia es víctima del abuso y del maltrato. Sin embargo por medio del engaño y del desengaño (trampas y travesuras), el pícaro logra seguir adelante, no sólo desplazándose en forma horizontal de pueblo en pueblo, sino también de manera vertical a través de la sociedad. Logra con su astucia vencer la pobreza y llegar a niveles sociales más altos y distinguidos. Este es el caso del Lazarillo de Tormes y el de otros famosos pícaros que aparecen en obras escritas en España como *La Celestina* de Fernando de Rojas, *El Buscón* de Francisco de Quevedo y *El Ingenioso Hidalgo Don Quijote de la Mancha* de Miguel de Cervantes Saavedra. La siguiente escena ocurre en el tratado primero de la obra, entre el amo ciego y el Lazarillo, e ilustra la destreza[7] del engaño y el desengaño:

Sentámonos en un valladar[8] y dijo (el ciego):

—Agora[9] quiero yo usar contigo de una liberalidad, y es que ambos comamos este racimo de uvas y que hayas de él tanta parte como yo. Partirlo hemos de esta manera: tú picarás una vez y yo otra, con tal que me prometas no tomar cada vez más de una uva. Yo haré lo mismo hasta que lo acabemos, y de esta suerte no habrá engaño.

Hecho así el concierto, comenzamos; mas luego el segundo lance[10], el traidor mudó propósito, y comenzó a tomar de dos en dos, considerando que yo debría hacer lo mismo. Como vi que el quebraba la postura[11], no me contenté de ir a la par con él; más aún pasaba adelante: dos a dos y tres a tres, y como podía las comía. Acabado el racimo, estuvo un poco con el escobajo[12] en la mano, y meneando[13] la cabeza dijo:

—Lázaro: engañado me has. Juraré yo a Dios que has tú comido las uvas de a tres.

—No comí —dije yo—; mas, ¿por qué sospecháis eso?

Respondió el sagacísimo[14] ciego:

[4] que pertenece a la vida de casado
[5] se mueve
[6] jefe, mentor
[7] arte
[8] banco
[9] ahora
[10] ocurrencia
[11] engañaba
[12] racimo
[13] moviendo
[14] muy listo

—¿Sabes en qué veo que las comistes tres a tres? En que comía yo dos a dos y callabas.

Reíme entre mí, y, aunque muchacho, noté mucho la discreta consideración del ciego.

(Anónimo. Lazarillo de Tormes, *26a Edición. Madrid: Espasa-Calpe, 1978, pp. 50–53.)*

Es polémico sugerir que la figura del pícaro represente la esencia del ser español. De hecho algunos críticos de este género señalan, que la asociación de la picaresca con la sociedad española ha llevado a estereotipos y generalidades sobre los españoles, en particular a lo que se refiere a las características de la bellaquería del pícaro, o sea del pequeño robo o del pequeño crimen, de la pereza y de la pobreza. Sin embargo la imagen del pícaro como ser astuto y sagaz hasta hoy en día, sí puede percibirse en el modo de ser de algunos españoles. En la tradición popular se escuchan refranes que aluden a la astucia y al engaño, como por ejemplo, "Tira la piedra y esconde la mano". En los rastros[15] el arte del regateo[16] en realidad no es más que una dialéctica de engaños y desengaños. Vale notar que el más ingenioso y el más vivo acaba triunfando, ¡aunque no se atenga por completo a las normas éticas de la honestidad! No quiere decir que los españoles sean deshonestos, todo lo contrario. El uso del engaño y el desengaño es un juego perspicaz[17] pero sin malicia que forma parte de la "picardía" de algunos españoles y que se presencia en la dinámica del diario vivir.

Para conocer mejor

1. Compara el engaño y el desengaño del pícaro con algunos elementos de las celebraciones y fiestas en España; por ejemplo, las fallas de San Juan (ver Capítulo 5) y el Carnaval de Tenerife. (ver Capítulo 13)
2. Compara al Lazarillo con don Quijote. (ver Capítulo 12)
3. ¿Qué significa desplazarse de forma horizontal y de forma vertical? ¿Puedes encontrar algún ejemplo en la historia de España? (ver cuadro sinóptico)
4. Compara al pícaro con el estereotipo de los gitanos. (ver Capítulo 9)
5. ¿Quién es más pícaro, el ciego o el Lazarillo en la escena de las uvas? ¿Por qué?
6. Compara el "desplazarse de pueblo en pueblo para satisfacer el hambre", con el fenómeno de los indianos en Asturias. (ver Capítulo 11)
7. En tu opinión, ¿puede haber algún simbolismo en la selección relacionada con las uvas? ¿Cuál? (ver Capítulo 8)

[15] mercados
[16] negociar un precio
[17] observador

8. Según tu punto de vista, ¿cuál es el engaño y el desengaño ilustrado en la escena de las uvas entre el ciego y el Lazarillo?
9. Compara las hazañas del Lazarillo con las hazañas del Cid. (ver Capítulo 5)
10. Compara la imagen del niño pícaro con la imagen del niño en Aragón (ver Capítulo 6) y por Ana María Matute en Cataluña. (ver Capítulo 10)

Para saber más

1. Busca refranes en español en el Internet y señala aquellos que sugieren la astucia y el engaño.
2. Busca más ejemplos de la picardía en la literatura española y contempla si este mismo tipo de personaje existe en la tradición literaria y social de tu país.

El idioma: La primera gramática española

A tu parecer

1. Actualmente existe un debate en las escuelas de muchas partes del mundo con referencia a la enseñanza de la gramática. Algunos docentes piensan que es necesario que cada individuo aprenda bien las reglas de un idioma; otros, que es mejor desarrollar primero las ideas y la expresión, y luego analizar las reglas. Con un compañero, hablad sobre las razonen en pro y contra de la enseñanza de la gramática y luego, conversad sobre este asunto con el resto del grupo en forma de debate.
2. Algunos idiomas se hablan no sólo en el país donde se originaron, sino también en otros lugares. Tal es el caso del inglés, el francés, el español, el italiano y muchos otros. ¿Cuáles son algunos factores que conllevan a la difusión de algunos idiomas? Tomad uno de estos idiomas y explicad las razones por las cuales se habla en varios lugares.

Antonio de Nebrija

Los gramatólogos españoles y foráneos que han estudiado la lengua castellana a lo largo de los siglos son innumerables, pero el reconocimiento por haber sido el primero en escribir una gramática española se le ha otorgado a Antonio de Nebrija, profesor de las universidades de Salamanca y de Alcalá. Su *Gramática* salió a la imprenta en agosto de 1492, unos meses después de la rendición de Granada y meses antes de que las naves de Colón llegaran a "tierra firme".

Anterior a esta fecha, el latín y el griego habían sido los idiomas del arte y del estudio, mientras la lengua vulgar se había limitado al uso oral. Pero al afianzarse[18] el imperio, se justificó la necesidad de desprenderla del[19] latín y darle a la lengua castellana su lugar merecido. Junto a la impresión de la gramática, se incluye también por obra de Nebrija un diccionario latino-castellano y castellano-latino al igual que una ortografía.

En su prólogo a la *Gramática española,* Nebrija se dirige a la reina Isabel la Católica, a quien dedica el libro, para explicarle los propósitos de su estudio. La primera razón es para preservar la uniformidad de la lengua, al indicar las normas del uso correcto. El segundo propósito es para evocar la exaltación nacional particularmente debido al triunfo del Imperio en Granada. El tercer propósito es para enseñarles la lengua a la gente de otros pueblos y naciones que se encontraban bajo el Imperio Español. Dice Nebrija:

> *...después que vuestra Alteça metiesse debaxo de su iugo[20] muchos pueblos bárbaros e naciones de peregrinas lenguas, e con el vencimiento aquéllos ternían necessidad de reççebir las leies quel vencedor pone al vencido, e con ellas nuestra lengua, entonces por esta mi Arte podrían venir en el conocimiento de ella...*
>
> *(Rafael Lapesa.* Historia de la Lengua Española, *9a Edición. Madrid: Editorial Gredos, 1981, pp. 289–90.)*

A esta primera gramática le han seguido muchísimas otras, dado que el castellano, como cualquier otro idioma vivo, sigue cambiando, debido a un sinnúmero de factores geográficos, políticosociales, históricos y tecnológicos, al igual que lingüísticos. Las Reales Academias de la Lengua se encargan hoy en día de mantener esa uniformidad del idioma a la que Nebrija tanto alude.

Para conocer mejor

1. En tu opinión, ¿por qué le fue dedicada la primera gramática española a la reina Isabel?

[18] establecerse
[19] dejar a un lado
[20] poder, control

2. ¿Qué ocurría en España en la época en que se imprimió la primera gramática española? (ver cuadro sinóptico)
3. En tu opinión, ¿por qué se seleccionó el castellano como lengua del imperio?
4. ¿Qué función tenía el latín en España antes de 1492?
5. Según tu opinión, ¿por qué cambian los idiomas vivos? ¿Estás de acuerdo? ¿Por qué o por qué no?
6. Compara el propósito de la gramática de Nebrija con la metáfora del círculo en la tortilla española. (ver Capítulo 2)
7. Compara los esfuerzos de Nebrija para preservar la uniformidad de la lengua con los esfuerzos actuales de algunas lenguas no oficiales en España, como el valenciano (ver Capítulo 5) y el aragonés (ver Capítulo 6).
8. La imposición de un idioma puede utilizarse para fines políticos. Compara este fenómeno de la España imperial con lo que ocurre actualmente con el catalán en Cataluña, Valencia y las islas Baleares. (ver Capítulo 5)
9. Nebrija se refiere a su texto como a su "arte". En tu opinión, ¿es un libro de grámatica el resultado de una producción artística?
10. En tu opinión, ¿se ha mantenido la uniformidad del español desde los tiempos de Nebrija?

Para saber más

1. Busca en el Internet información sobre los cambios más recientes de la Real Academia Española de la Lengua. Preséntales uno de dichos cambios a tus compañeros de clase.
2. En la cita del texto Nebrija usa algunas palabras y formas que hoy se consideran arcaicas. Haz una lista de estas palabras y formas y con tus compañeros, observa cómo ha cambiado el idioma castellano desde 1492 hasta el castellano moderno.
3. La Universidad de Salamanca es una de las más antiguas del mundo. Busca información en el Internet sobre sus facultades y programas y sobre algunos de los personajes históricos y literarios que han formado parte de su profesorado.

El arte y la arquitectura: La cultura romana del agua

A tu parecer

1. ¿Cuáles son algunas formas de transportación del agua en vuestro país? Describidlas con vuestros compañeros de clase y decidid cuáles son las más eficaces y por qué.
2. Con un compañero, haced una lista de cinco monumentos en vuestro país. Identificad las funciones de estos monumentos y compartid la información con el resto del grupo.
3. ¿Qué significan las palabras Patrimonio de la Humanidad? En vuestra opinión, ¿qué monumento de vuestro país representa ese concepto?

Segovia es una de las ciudades más grandes de España. En el año 1985 fue declarada como Patrimonio de la Humanidad por la UNESCO. Una de las estructuras más conocidas internacionalmente es su acueducto, que junto con el Alcázar del siglo XI, la monumental catedral gótica[21] del siglo XVI y casi dos decenas de templos romanos constituyen los conjuntos arquitectónicos segovianos más destacados.

Este extraordinario patrimonio arquitectónico romano es palpable en muchas otras regiones de la península. En Salamanca, por ejemplo, es muy conocido el puente romano construido en el siglo I d.C. Este puente todavía conserva quince de sus veintiséis arcos originales. En Cataluña y Mérida se destacan los anfiteatros; en Sevilla, una necrópolis. Además hay ciudades típicamente romanas como Julióbriga en Cantabria, Segobriga en Castilla-La Mancha, Empurias en Cataluña y la Itálica de Andalucía.

Acueducto de Segovia

El acueducto de Segovia es una de las contribuciones más importantes de la ingeniería romana. No conocemos exactamente la fecha de su construcción, pero

[21] de un estilo particular arquitectónico

las diferentes investigaciones coinciden en que se construyó entre los siglos I y II, durante los reinados de los emperadores Vespaciano y Trajano.

La palabra acueducto proviene del latín "aqua" que quiere decir agua dulce, y "ducere" que significa conducir. El de Segovia se construyó para conducir agua hasta la ciudad, desde el río Acebeda en la sierra de Fuenfría. En toda su construcción los romanos dan una muestra de su ingenio físico y matemático. La longitud total es de 18 kilómetros. Ya entrando en la ciudad, y más exactamente en la Plaza del Azoquejo, el acueducto se divide en arquerías[22] de dos niveles que se extienden hasta los 728 metros, y alcanzan una altura máxima de 28 metros. Esta parte del acueducto la conocen los segovianos como el Puente del Diablo, retomando una leyenda tradicional de la región.

Después de más de 2.000 años el acueducto se conserva en magníficas condiciones, y aún corre agua muy a pesar de la inclemencia de algunos fenómenos naturales y de ataques, como el que sufrió en el siglo IX en manos del musulmán Al-Mamún de Toledo. En aquella ocasión se dañaron 36 arcos, los cuales fueron restaurados posteriormente.

En su estilo el acueducto es el más grande y el mejor conservado en todo el mundo. Hoy en día sigue siendo emblema, testimonio y patrimonio histórico cultural de Segovia. El Ministerio Segoviano del Medio Ambiente dirige en la actualidad una campaña educativa destinada no sólo a preservar el acueducto, sino a concientizar[23] y educar a las nuevas generaciones sobre la importancia del agua y del medio ambiente.

Para conocer mejor

1. Compara la construcción del acueducto de Segovia con la de El Escorial. (ver Capítulo 2)
2. El Imperio Romano dejó muchas construcciones arquitectónicas en los territorios que ocupaba. ¿Qué construcciones arquitectónicas dejó España en su Imperio?
3. Compara la construcción del acueducto con la construcción del Museo Prado.
4. En tu opinión, ¿por qué era tan importante transportar el agua de esa forma?
5. Compara la imposición estructural del acueducto con la del Guggenheim de Bilbao. (ver Capítulo 4)
6. En tu opinión, ¿por qué hoy en día es el acueducto un emblema?
7. Compara los esfuerzos para la preservación del acueducto con los esfuerzos para la preservación de la angula (ver Capítulo 4) y de la faba de asturias (ver Capítulo 11).

[22] una serie de arcos
[23] hacer que alguien sea consciente de algo

8. Compara el ingenio físico y matemático del acueducto de Segovia con el de los castells de Cataluña. (ver Capítulo 10)
9. En tu opinión, ¿qué relación hay entre el acueducto y el medio ambiente?
10. Compara la cultura romana del agua con el culto al fuego que se observa en las fallas de San Juan y en otras celebraciones en España.

Para saber más

1. Busca en el Internet información sobre la leyenda del Puente del Diablo, y prepara una presentación para la clase.
2. Busca información sobre otros monumentos o restos romanos en España.
3. Busca información sobre los esfuerzos del Ministerio Segoviano del Medio Ambiente y su campaña educativa para preservar el acueducto.

Las fiestas y el folclore: Las alcaldesas de Zamarramala

A tu parecer

1. En vuestro país, ¿quiénes son las mujeres en puestos importantes del gobierno? Haced una lista entre compañeros, y luego compartidla con el resto del grupo.
2. Si existiera un día del año dedicado a la mujer, ¿cómo pensáis que debería celebrarse?
3. De igual forma, si existiera un día del año dedicado al hombre, ¿en qué consistirían las festividades? En grupos, estableced un comité planificador para las celebraciones.

La comunidad autónoma de Castilla y León se enorgullece[24] de la preservación de sus tradiciones y valores antiguos. La arquitectura, el paisaje y hasta la gastronomía de la región se distinguen por la solemnidad del pasado. No es ninguna sorpresa entonces, que en muchos pueblos de Castilla y León se festeje la magnificencia del toro, y que se celebren las ceremonias relacionadas con este animal por medio de capeas y corridas[25]. Lo sorprendente es que en esta misma región donde se realza una tradición estereotípicamente varonil, también se celebre una fiesta plenamente dedicada a la mujer y con carecterísticas evidentemente feministas.

[24] siente orgullo
[25] ceremonias relacionadas con los toros

Desde hace varios siglos en Zamarramala, provincia de Segovia, se celebra cada año el día de las Águedas. Aunque esta festividad se remonta a[26] la época de los romanos, cuando por un día a las mujeres las celebraban sus esposos, hoy en día la fiesta toma su nombre de Santa Águeda, virgen y mártir del siglo III. Durante la época de la persecución del emperador Decio contra los cristianos, el senador Quinciano se enamora de Águeda, una mujer que debido a su devoción religiosa, determina guardar su virginidad. Al no lograr Quinciano seducir a Águeda, manda que la azoten[27] y que le corten los senos. La leyenda cuenta que milagrosamente la joven mujer se sana debido a una aparición de San Pedro. Quinciano, sin embargo, manda que la quemen viva.

En Zamarramala el segundo domingo de febrero, las mujeres se apoderan[28] del gobierno del pueblo. En su papel de alcaldesas[29] por un día aprovechan para denunciar a los hombres, y en particular anuncian los errores cometidos por ellos en la administración de los asuntos del pueblo en el año anterior. Durante las festividades se le entrega un galardón[30], o alfiler de oro llamado "Mata hombre", a una que se distinga en su lucha por los derechos de la mujer.

Las mujeres casadas durante este día se visten con un traje de color rojo y negro típico de la región. En una procesión las mujeres llevan a Santa Águeda, mientras bailan por las calles. Después de la bendición del sacerdote del pueblo, la fiesta sigue en la Plaza de las Alcaldesas. Es aquí donde termina la fiesta, con la quema de un Pelele o muñeco que representa el poder de las mujeres, y la pérdida de la autoridad de los hombres. Al final de la fiesta todos comen platos típicos del lugar.

La fiesta de las Águedas es un pretexto para aplaudir los logros de las mujeres, y asimismo para testificar que los hombres como seres humanos son imperfectos, y que por lo tanto a veces pueden fallar[31]. En este día la acción de gobernar pasa simbólicamente de manos de los hombres a las mujeres. Desde un pequeño rincón[32] de Castilla la Vieja, todos los años se invoca la conciencia de todos en el mundo para reconocer el valor de la mujer en la sociedad.

Para conocer mejor

1. Compara a Santa Águeda con Santa María de la Cabeza. (ver Capítulo 2)
2. En tu opinión, ¿qué tiene en común esta celebración con el Carnaval de Tenerife (ver Capítulo 13) o las fallas de San Juan (ver Capítulo 5)?

[26] proviene de
[27] castiguen, flagelen
[28] toman poder
[29] jefas de la alcaldía
[30] premio
[31] errar, equivocarse
[32] esquina

3. Compara el Pelele con los muñecos o figuras de las fallas de San Juan. (ver Capítulo 5)
4. En tu opinión, ¿cuáles son los aspectos feministas de la fiesta?
5. Compara los esfuerzos de las alcaldesas con los esfuerzos de las gitanas en su comunidad. (ver Capítulo 9)
6. Según tu punto de vista, ¿cómo se asemeja la participación de las mujeres en este día con la de las mujeres en los sitios de Aragón? (ver Capítulo 6)
7. Compara a las alcaldesas con las intelectuales desterradas de España durante la época de Franco. (ver Capítulo 9)
8. Compara a Santa Águeda con la figura de Viridiana de Luis Buñuel. (ver Capítulo 6)
9. Compara esta celebración con el reino de Isabel La Católica. (ver la sección de idioma en este mismo capítulo)
10. En tu opinión, ¿cómo se contrasta esta fiesta con la de los San Fermines? (ver Capítulo 8)

Para saber más

1. Busca en el Internet más sobre las santas patronas en España.
2. Busca en el Internet más sobre los esfuerzos en España por los derechos de la mujer. ¿Puedes identificar a algunas feministas? ¿Por qué se destacan?
3. Busca en el Internet quiénes fueron las últimas ganadoras del "Mata Hombre". ¿Por qué se distinguen ellas entre otras mujeres españolas?

Gastronomía: Ese cochino, marrano fue...

Cochinillo asado

A tu parecer

1. ¿En qué ocasiones se come la carne de cerdo en vuestra cultura o país? ¿Cómo se prepara? ¿Hay alguna tradición o ceremonia relacionada con el cerdo? Comparad vuestras ideas con el resto del grupo.
2. Pensad en una canción infantil que haga referencia a alguna comida. ¿Qué comida es? ¿Por qué se incluye en la canción? ¿Qué papel desempeña esa comida en la sociedad? Comentad entre compañeros y luego compartid con el grupo entero.
3. ¿Hay religiones que no permiten ciertas comidas? Pensad en algunos ejemplos y presentádselos a la clase. ¿Por qué se prohiben ciertas comidas? ¿Simbolizan algo en particular?

El cochinillo[33] asado o tostón es uno de los platos más representativos de Castilla la Vieja, y principalmente de Segovia y Ávila. Su consumo se ha extendido por toda España, América y las Filipinas. La base de esta deliciosa joya gastronómica es el cochino. A este animal también se lo conoce con el nombre de cerdo, marrano o puerco. El cochinillo a la segoviana se consume en cualquier época del año, pero tradicionalmente lo degustan[34] en la época de las navidades.

[33] cerdo recién nacido
[34] saborean, comen con gusto

La tradición gastronómica basada en las diferentes recetas de cochinillo ha sido, desde hace muchos siglos, acompañada de toda una tradición musical popular que ya es parte de España, y de todas las demás regiones y países hasta donde ha llegado dicha tradición gastronómica. Un ejemplo de esto es el Tin Marín, canción del folclore infantil de los países de habla hispana:

> *Tin Marín de dos pingüé*
> *Cúcara, mácara, títere fue*
> *Ese cochino, marrano fue.*

Si alguna vez tienes la oportunidad de visitar la Plaza Mayor de Madrid, podrás ir a la posada[35] Los Sobrinos de Lanne, llamada así en honor al cocinero francés Jacques Lanne, quien inicia la historia del cochinillo en el siglo XIII, preparándolo en esta posada madrileña.

El proceso de la matanza del cerdo ha estado acompañado de toda una ceremonia carnavalesca. Una de las ceremonias más típicas es la de la villa de Illane, un pequeño pueblo de la provincia de Guadalajara, en donde hasta hoy día se continúa. Históricamente la carne de cerdo también se ha utilizado con fines políticoreligiosos. Dado que la religión judía no permite comer carne de cerdo, durante la época de la Inquisición, los cristianos viejos reafirman su catolicismo al mostrar públicamente su predilección por el cerdo. Así se explica en parte la tradición de exhibir jamones enteros en casas o restaurantes, colgándolos del techo o colocándolos a plena vista en la cocina.

Lo que sigue es una descripción de la matanza tradicional del cerdo en Castilla y León durante la época de Navidad.

> ***Jornada de matanza***
>
> *Ese día se madruga mucho, hay que preparar todos los utensilios que se necesitarán a la hora de matar y ya que luego no se podrá improvisar, sacar los cuchillos que están en el cajón de la picadora envueltos en un trapo blanco, para darles el último afilón, buscar los ganchos tanto de cogerlo, como de colgarlo. Y si no los tenemos los pediremos al vecino. Todo debe estar preparado, las sogas, los barreñones, la cazuela para la sangre de las morcillas y el tajo.*
>
> *Antes cuando el marrano estaba en la cochinera de la casa, el animal ya se barruntaba algo y se encontraba nervioso, bien porque se le había dejado sin cenar la noche anterior o bien por que había movimientos extraños en el corral. Ahora se va a por él al cebador donde se tenía ajustado y se elige el que se cree más oportuno.*

[35] restaurante

> *Sea de una forma o de otra la cuestión es que hay que cogerlo entre unos cuantos, subirlo al tajo y sujetarlo, unos del rabo, otros de las patas traseras o delanteras para que no se mueva y poder clavarle el cuchillo en el sitio exacto para que el animal sangre con normalidad y se pueda recoger la sangre adecuada para las morcillas, la cual al caer en la cazuela se dará vueltas inmediatamente para que no se coagule, se cogerá un poco y el resto se recogerá en otro recipiente que se cocerá y se comerá en la comida.*
>
> *Cuando el marrano da las últimas sacudidas y sus chillidos apenas si se oyen, los niños que han estado presenciando toda la tragedia, resoplan tranquilos y se recuperan del susto que les ha mantenido sobrecogidos, algunos se acercarán a tirarle del rabo, otros de la pata y otros, lo que quieren es verle pronto hecho chorizos.*
>
> *(Mario Fuentes, "La mantanza tradicional del cerdo".)*

Cuando España introduce el cerdo domesticado en territorios americanos, más adelante en las Filipinas de esta manera se inicia también la tradición folclórica en torno a un "buen lechón", término con que también se conoce al cerdo en muchos países latinoamericanos. Allí también se consume durante todo el año, pero muy especialmente en las festividades navideñas y de año nuevo, y en las fiestas principales de cada región. En Puerto Rico el lechón asado a la varita es el plato fuerte típico en las navidades, pero siempre se puede comprar en las ya tradicionales lechoneras durante cualquier época del año.

Los recetarios con base al cerdo son muy variados e incluyen casi todas las partes del animal. En casi todo el territorio español se puede encontrar restaurantes en donde sirven uno o varios de los platillos: cochinillo, jamón, costillas de cerdo con patatas, chorizo, hígado encebollado, setas de cerdo, churrascos, solomillo, morcillas, zurrones del pastor, y guisos entre otros.

Para conocer mejor

1. Compara el cochinillo con la oveja manchega. (ver Capítulo 12)
2. ¿Qué partes del cerdo son necesarias para cocinar la fabada asturiana? (ver Capítulo 11)
3. En tu opinión, ¿por qué hay una conexión entre el cochinillo y la música?
4. Compara el cochinillo con la angula. (ver Capítulo 4)
5. En tu opinión, ¿en qué se parece la contribución culinaria de Jacques Lanne a la contribución artística de El Greco? (ver Capítulo 12)
6. Compara el desarrollo del cochinillo con la del turrón en Latinoamérica. (ver Capítulo 14)
7. Compara la ceremonia de la matanza del cochinillo con el carnaval de Tenerife. (ver Capítulo 13)

8. En tu opinión, ¿en que se asemeja la matanza del cochinillo a la Inquisición? (ver Capítulo 2)
9. ¿Cómo se utilizó la carne de cerdo históricamente para imponer el catolicismo en España?
10. Según tu parecer, ¿cómo se compara la matanza del cochinillo con una corrida de toros?

Para saber más

1. Busca en el Internet información sobre la celebración del carnaval y su relación con el cerdo.
2. Busca en el Internet alguna receta basada en el cerdo que te parezca particularmente interesante y preséntasela a la clase. ¿Por qué te llama la atención?
3. Busca un cuento para niños donde aparezcan el marrano, el cochinillo o la carne de cerdo.

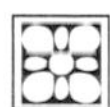 Aspectos sociopolíticos: Los comuneros de Castilla

A tu parecer

1. Por lo regular un candidato a la presidencia de un país tiene que ser oriundo del lugar. ¿Qué opináis de esta norma o ley? ¿Es justa? Para gobernar bien un lugar, ¿hay que haber nacido allí? Con un compañero, haced una lista de razones por las cuales un extranjero podría querer postularse para la presidencia de un país.
2. ¿Podéis pensar en algún ejemplo de corrupción en el gobierno, específicamente relacionado con el abuso del dinero? Compartid vuestros ejemplos con el resto del grupo.
3. En una democracia los líderes logran gobernar como resultado de unas elecciones populares. Sin el apoyo de los votantes, un líder no puede gobernar. En una monarquía, ¿es posible para unos individuos o grupos estar en desacuerdo con la Corona? ¿En qué medidas pueden estos individuos expresar su descontento? Con un(a) compañero(a), pensad en algunos ejemplos de la historia universal y compartidlos con el grupo.

Entre los años de 1517 y 1522 la Comunidad de Castilla se ve sacudida[36] por un movimiento revolucionario sin precedentes en la historia del Imperio Español, conocido con el nombre de Rebelión Comunera o Guerra de las Comunidades.

[36] agitada

En efecto es este el primer enfrentamiento entre el gobierno central y las regiones dependientes. En el año 1517, después de la muerte de Fernando el Católico, llega a España su nieto Carlos de Gante, con el ánimo de recibir el trono de Castilla. La reina Juana todavía no ha muerto, pero por motivos un poco confusos, ha sido acusada de locura y destronada[37] por su propio padre Fernando.

Una de las primeras e impopulares medidas[38] tomadas por el rey Carlos I es la de reunir a todas las Cortes en Valladolid con la intención de obtener dinero en impuestos para poder sacar adelante su candidatura a la Corona de emperador. Las Cortes —en especial las de Castilla, Aragón y Cataluña— no simpatizan con esta medida, ya que se oponen a que los gobierne un rey y una nobleza extranjera, que, según ellos, nada tienen que ver con los intereses y la hegemonía de Castilla.

El 20 de octubre de 1520 en Aquisgran, y después de una intensa batalla diplomática, el joven Carlos logra que lo nombren emperador del Sacro Imperio. Para ello tiene que contar con el apoyo de notables banqueros, y hacer varias promesas en diferentes cortes europeas. Los banqueros italianos, por ejemplo, le prestan 850.000 florines[39], de los cuales 543.000 provienen de Jacobo Fugger, quien recibe casi 50 millones de maravedíes[40] anuales durante tres años, como pago de su dinero e intereses.

El movimiento en contra de las pretenciones absolutistas de Carlos y de sus nobles flamencos[41] se origina en Castilla, pero rápidamente se va extendiendo a otras comunidades. Estas discrepancias se van complicando cada vez más y se van convirtiendo en revueltas. Por ejemplo en Toledo se expulsa al corregidor[42], y se crea la primera comunidad autónoma. A esta iniciativa de Toledo se suman las prinicipales ciudades de Castilla la Vieja. Toledo logra conformar una Junta Revolucionaria. Esta junta comunera está representada por los sectores de clase media de la sociedad, la baja nobleza con intereses políticos y los comerciantes y fabricantes. Los trabajadores del campo también apoyan a los comuneros, ya que se ven afectados por la impopularidad de las medidas de sus señores.

La reacción fuerte de Carlos I no se deja esperar. En 1521 antes de abandonar Castilla, organiza un grupo de apoyo dirigido por el regente[43] Adriano de Utrech. Tras una sangrienta[44] lucha que dura algunos meses, la revuelta se sofoca[45] en la batalla de Villalar, y las tropas reales asumen el control de Toledo y de las otras ciudades levantadas en armas.

[37] sacada del trono
[38] precauciones
[39] dinero
[40] dinero
[41] de Flandes
[42] funcionario
[43] funcionario
[44] brutal
[45] extinque

Este primer enfrentamiento en Castilla quizás sirve de ejemplo para otras insurrecciones en contra de la Corona española. De hecho una insurrección similar, breve pero intensa, se da también años después en otras partes del Imperio Español, como por ejemplo, con los criollos del Virreinato español en Colombia, llamados hoy en día "los comuneros olvidados":

> *En los llanos del Casanare, el 19 de mayo de 1781, vecinos criollos dirigidos por Javier de Mendoza se tomaron las principales ciudades, abolieron los aborrecidos impuestos y despusieron al gobernador. Al denominarse como apoderado o subalterno del inca Túpac Amaru (José Gabriel Condorcanqui), Mendoza reclutó un ejército indígena de 1.500 hombres y los incitó a atacar al clero de los pueblos cercanos. Después de firmar el documento que contenía las exigencias de los comuneros, conocidas como las Capitulaciones, el 6 de junio, desafió las órdenes de la corona y de los líderes comuneros en el Socorro y continuó haciéndose llamar Capitán General de los Llanos. Durante cuatro meses de violencia asoló la provincia. Finalmente, una milicia privada financiada por uno de los hombres más ricos de Santafé, el marqués de San Jorge, tuvo que cruzar la cordillera andina para restaurar el orden…*
>
> (*Jane M. Rausch,* Los comuneros olvidados: La insurrección de 1781 en los llanos de Casanare. *Traducido por Clara Isabel Botero.)*

La Rebelión Comunera representa una de las más tempranas expresiones políticas de descontento por la infraestructura del gobierno de España. Con la caída del imperio, y luego con la Guerra Civil, y más recientemente con ETA, habrá más oportunidades para expresar el poder centrífugo de solidaridad entre grupos o individuos en contra de una hegemonía centrípeta.

Para conocer mejor

1. Compara la Rebelión Comunera con los Sitios de Aragón. (ver Capítulo 8)
2. En tu opinión, ¿en qué se asemeja la Rebelión Comunera a la Reconquista? (ver Capítulo 11)
3. En tu opinión, ¿cómo son la locura de Juana la Loca y los otros problemas de demencia de otros monarcas españoles las causas la pérdida de poder en el Imperio y su eventual caída? (ver Capítulo 12)
4. Compara la Rebelión Comunera con la Guerra Civil española. (ver Capítulo 9)
5. Según tu parecer, ¿qué hay en común entre la Rebelión Comunera y el establecimiento de partidos políticos? (ver Capítulo 3)
6. ¿En qué forma sirvió de ejemplo la rebelión para el resto del imperio?

7. Compara la rebelión con la movida madrileña. (ver Capítulo 2)
8. ¿Qué estaba ocurriendo en España durante la época de la rebelión? (ver cuadro sinóptico)
9. En tu opinión, ¿en qué medida se refleja la rebelión en la actual estructura gubernamental de España?
10. De igual forma, ¿en qué medida se reflejan los esfuerzos de los comuneros en el concepto de la Unión Europea?

Para saber más

1. Busca en el Internet otras revueltas que han ocurrido en España, y compáralas a la Rebelión Comunera.
2. Busca en el Internet la genealogía de Carlos de Gante, y ubícala en el cuadro sinóptico.
3. Busca la historia de Juana la Loca y/u otros monarcas con problemas de demencia, e investiga cómo sus enfermedades influyeron la política del momento.

Materiales Suplementarios

Lazarillo de Tormes

García de la Concha, Víctor. *Nueva lectura del "Lazarillo"*. Madrid: Castalia, 1981.

Redondo, Augustín. "Censura, literatura y transgresión en época de Felipe II: El Lazarillo castigado de 1573". *En Edad de Oro*. 18: 135–49. 1999 primavera.

Tomita, Ikuko. "La Celestina, La Lozana y el Lazarillo: El gérmen del género picaresco español". *Dissertation Abstracts International*. 58(9): 3555–56. 1998 marzo.

Nebrija y la primera gramática española

Briceño Jáuregui, Manuel. "Tres siglos con Nebrija en la Nueva Granada". *Boletín de la Academia Colombiana*. 42(178): 49–58. 1992 octubre–diciembre.

Girón Alconchel, José Luis. "Nebrija y las gramáticas del español en el Siglo de Oro". *Benjamins*. Amsterdam, Netherlands; 57-78. 2001.

El acueducto

Barceló, M., y H. y Navarro Kirchner. *El agua que no duerme. Fundamentos de la arqueología hidráulica andalusí*. Granada, 1995.

Los comuneros

Sánchez, León, P. *Absolutismo y comunidad. Los orígenes sociales de la guerra de los comuneros de Castilla*. Madrid, 1998.

Valdeón Baruque, J. *Los conflictos sociales en el reino de Castilla en los siglos XIV y XV*. Madrid, 1975 (varias reeds.).

Vídeo

"Segovia: The Mirror of Spanish History", "Lazarillo de Tormes" y "The Siglo de Oro Begins: Pícaros and Mystics". Films for the Humanities & Sciences.

Capítulo

8

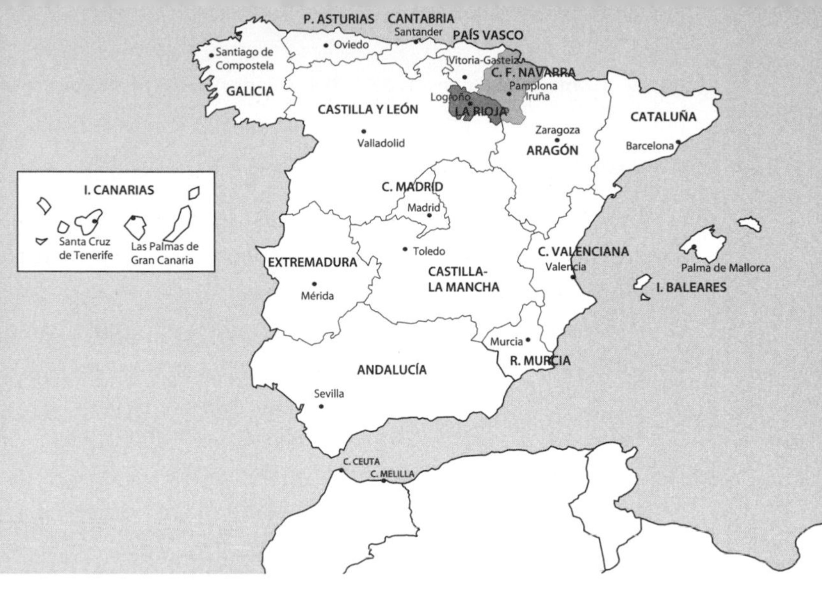

Comunidad Autónoma de La Rioja y Comunidad Foral de Navarra

Capital	*Pamplona*
Provincias	*Navarra*
Idioma	*castellano*
Ríos	*Ebro*
Límites	*Francia, Aragón, La Rioja, País Vasco*

Capital	*Logroño*
Provincias	*La Rioja*
Idioma	*castellano*
Ríos	*Ebro*
Límites	*Navarra, País Vasco, Castilla y León*

Para explorar

1. Busca en tu país dos regiones que estén geográficamente cerca, pero que en clima, territorio, y hasta en aspectos sociales, históricos y políticos sean muy diferentes.
2. ¿Cómo describes la parte más al norte de tu país? ¿En qué se distingue?

Yo pienso, con mi maza y con mi ¡bom! go
que soy quien marca el —¡pon!— ritmo festivo
y pienso que he llegado —¡pon!— del Congo
trayendo desde el sur humor cautivo.
Yo sueño que por tí, Pamplona, —¡pongo!—
latidos para —¡pon!— sentirme vivo.

(Francisco Javier Garisoain Otero.
Al espíritu de los sanfermines futuros)

Introducción

Navarra y la Rioja son dos pequeñas regiones ubicadas en la parte noroeste de la península. Su proximidad geográfica permite asignarles a ambas regiones características climatológicas, históricas y culturales comunes. Desde la Edad Media las dos regiones fueron el paso obligado de dos rutas importantísimas: el Camino de Santiago, que trajo a los pueblos celtas, godos, francos, sajones[1] y judíos, y la ruta que usaron los iberos, romanos y árabes, quienes viniendo desde el Mediterráneo, usaron el río Ebro que riega los territorios de Navarra y La Rioja. A pesar del gran número de elementos comunes que las une (lingüísticos, religiosos, culturales, entre otros), las comunidades de Navarra y La Rioja tienen rasgos de identidad particulares.

La Comunidad Foral de Navarra se encuentra ubicada al norte de España, en la parte occidental de los Pirineos. Limita con Francia por el norte, Aragón, Huesca y Zaragoza por el oriente, La Rioja por el sur y la Comunidad Autónoma Vasca por el occidente. Tiene una extensión de 10.421 kilómetros y una población de 523.000 habitantes. En Pamplona, la capital de la comunidad, vive casi el 30 porciento de esta población. La segunda ciudad en importancia es Tudena.

En el territorio navarro se pueden distinguir tres grandes regiones: la de la montaña septentrional, la zona media y la zona sur o ribera con un paisaje

[1] civilizaciones que poblaron la Península Ibérica y otros territorios europeos después del Imperio Romano

de valles regados por el río Ebro. Esta situación geográfica variada corresponde con el contraste entre una climatología oceánica de lluvias copiosas y un clima mediterráneo de veranos secos y calurosos.

El origen de la población navarra es de raíces vascas (vasconas). En el siglo II los vascones son invadidos por los romanos, pero resisten con furia y no pueden ser doblegados totalmente. En el año 75 a.C. el general romano Pompeio invade la ciudad vasca de Iruña, e instala allí la población romana de Pamplona. Los musulmanes invaden Pamplona, posteriormente, en el año 718 aunque no logran arraigarse[2] política o socialmente. Entre los siglos IX y X los Íñigo, uno de los grupos autóctonos, logran afianzarse políticamente en el territorio, estableciendo así la primera dinastía navarra. De esta manera surge Navarra como reino cristiano. Hacia el año 1512 Fernando el Católico la conquista, y añade el territorio de Navarra a la España unificada por la Corona de Castilla en 1555. La anexión a Castilla es ante todo territorial, porque Navarra durante los siglos XVI, XVII y XVIII, seguirá conservando su personalidad de reino integrado en la gran "monarquía católica". En otras palabras, los navarros conservarán sus propias raíces, su propia identidad. Es más, en 1576 se crea un órgano autónomo y permanente de gobierno: la Diputación del Reino de Navarra. Hoy en día se conoce con el nombre de Diputación Foral de Navarra.

Que Navarra sea una Comunidad Foral significa que Navarra es una comunidad que se considera una unidad política de personas, que aunque de razas, lengua y cultura distintas, mantienen una unidad y fidelidad a los fueros. El fuero es un derecho autonómico basado en el concepto de libertad civil, mientras que la autonomía es una concesión política del Estado. Las leyes generales de España, excepto las referentes a la unidad constitucional, tienen que pactarse entre el Estado y Navarra.

Al igual que Navarra, por su situación geográfica, La Rioja ha sido desde la Edad Media el cruce de dos rutas históricamente muy importantes: el Camino de Santiago y la que sigue desde el Mediterráneo por el río Ebro. La Comunidad Autónoma de La Rioja es una pequeña región ubicada en la parte noroeste de la Península, y es la zona viñera más importante de España. El Rioja es uno de los vinos más finos del mundo.

Logroño, la capital de la Comunidad, se encuentra en la orilla del río Ebro. Es el corazón de La Rioja. Goza de[3] una excelente ubicación geográfica y está muy bien comunicada. Es una ciudad en la que confluyen muchos caminos desde las rutas mediterránea y cantábrica. Es la frontera natural entre País Vasco y Castilla. Es un importante centro industrial, comercial y cultural.

---

[2] establecerse
[3] disfruta de

Para saber más

1. Compara los Caminos de Santiago que cruzan Navarra y La Rioja, con otros que cruzan otras comunidades autónomas.
2. Busca más información sobre las similitudes y diferencias geográficas entre Navarra y La Rioja.
3. Compara Navarra y La Rioja con otras comunidades del norte, en términos de sus experiencias históricas.

 Gente y personajes ilustres: Los agotes

A tu parecer

1. Con todo el grupo, dialogad sobre si históricamente se ha asociado algún grupo étnico con ciertas profesiones. ¿Qué grupos étnicos, qué profesiones y por qué?
2. En parejas, pensad en los símbolos que históricamente han llevado algunos grupos étnicos a la fuerza, para distinguirlos de otros grupos. Compartid vuestras ideas con el resto del grupo.
3. En grupos pequeños, pensad qué recursos tiene un grupo o comunidad para defenderse de la discriminación. Compartid vuestros ejemplos con el resto de la clase.

Cagot de Canaan, desecho de los carpinteros de armar
de Oriente al Occidente, ¿Por qué has venido?
No esquives la respuesta, no esperes que callando,
puedas ocultar tu historia a los pueblos de Occidente.
La conocemos, cagot, la Biblia relata
por qué fuiste desterrado de tu país.
Querías construir un templo a tu Señor.
Tú, que no sabes ni siquiera acabar una pocilga
No sabes hacer nada, y fue justicia
que el gran rey Salomón te expulsara de la obra.

(Santiago J. Vallé,
De escrituras, mitos, leyendas
y narraciones,
23 noviembre 2002)

Los *cagots* (palabra francesa para "perros godos") o agotes eran una raza misteriosa de gentes de origen no muy bien establecido. En Navarra se los llamó agotes o gafos; en Vasconia, agotaes; en Maine, Poitou, Anjou y Aunis, cacous o caquins; en Bretaña, cacuas y en Auvernia, marrons. Durante muchos siglos han sido objeto de discriminación y marginación total. Se cree que eran de ascendencia goda ("got"), y que después de la invasión de los francos, algunas familias visigodas se escurrieron entre los Pirineos. Hacia el siglo XIV los agotes se establecen en territorio navarro, en donde han permanecido hasta nuestros días.

El propio nombre "agote" ha sido objeto de burla y confusión. En el siglo pasado en España la corte castigaba con una multa, a quien llamara "agote" a otro en una discusión. A pesar de que a través de algunos decretos eclesiásticos y civiles se establece respeto y buen trato hacia los agotes, la verdad es que siempre han prevalecido el odio y la discriminación en su contra. A través del paso de generaciones son muchos los adjetivos despectivos que se han utilizado para difamarlos[4]: leprosos, lujuriosos[5], "portadores del pecado original", arrogantes, coléricos, homosexuales, hechiceros, mal olientes, etc. Sobre ellos recaían normas muy severas como la de no entrar a los templos, o la prohibición de contraer matrimonio con el resto de la población. Eran acusados falsamente de ser leprosos y cretinos, de contami nar todo lo que tocaban y de exhalar un horrible hedor[6]. Eran obligados a lucir permanentemente una pata de oca de color rojo, la cual llevaban atada a la espalda de su camisa para de esta manera, poder reconocerlos con facilidad. No tenían derecho a ejercer oficios o profesiones distintas a la de carpinteros, albañiles o canteros. Eran empleados en la construcción de templos, monasterios y castillos.

Los templos de Navarra tenían una puerta lateral llamada "Agoten Athea" hecha específicamente para que por ella entraran los agotes y se sentaran en las últimas filas. En su libro *Las horas solitarias* el escritor vasco Pío Baroja (1872–1956) describe a los agotes como personas de "Cara ancha y juanetuda[7], esqueleto fuerte, pómulos[8] salientes, distancia bicigomática fuerte, grandes ojos azules o verdes claros, algo oblicuos. Cráneo branquicéfalo[9], tez

[4] ofenderlos
[5] obsceno
[6] olor
[7] de mejillas gordas
[8] mejillas
[9] redondo

blanca, pálida y pelo castaño o rubio; no se parece en nada al vasco clásico. Es un tipo centroeuropeo o del norte. Hay viejos de Bozate que parecen retratos de Durero, de aire germánico. También hay otros de cara más alargada y morena que recuerdan al gitano".

A pesar de su persecución y exterminio durante muchos años los agotes lograron sobrevivir. Después de vivir errantes por tanto tiempo, gran parte de los agotes se fueron integrando en la sociedad vasca o navarra, y otros emigraron a América. Hoy en día se puede decir que están integrados en la sociedad.

Para conocer mejor

1. Compara los agotes con los gitanos. (ver Capítulo 9)
2. ¿Qué similitudes hay entre los actos discriminatorios en contra de los agotes con los actos y castigos de la Inquisición? (ver Capítulo 2)
3. En tu opinión, ¿porqué podían los agotes sólo tener trabajo de carpinteros, albañiles y canteros[10]?
4. ¿Por qué es irónico que los agotes construyeran los templos?
5. ¿Qué contradicciones o contrastes hay en la descripción de Pío Baroja?
6. En tu opinión, ¿a qué se debe la discriminación en contra de los agotes?
7. ¿Cuál es el simbolismo, según tu punto de vista, de la pata de oca?
8. ¿Cuál es el origen de los agotes según los versos al principio de este ensayo?
9. Pío Baroja es autor de la Generación del 98. (ver Capítulo 4) ¿Qué importancia tiene que haya escrito sobre los agotes?
10. ¿Qué otros grupos étnicos se encuentran en España?

Para saber más

1. Busca más información sobre los agotes en Maine y en Bretaña.
2. Busca más información sobre los visigodos en España.
3. Busca más información sobre la invasión de los francos en España.

[10] labrador de piedras

El idioma: La Rioja y el origen del castellano

A tu parecer

1. En pequeños grupos, tratad de trazar esquemas genealógicos de los idiomas del mundo. Compartid vuestros esquemas con los de otros grupos.
2. ¿Cuáles son algunas diferencias entre la versión culta y la versión popular de vuestro idioma? (Habla con todo el grupo)
3. En parejas, identificad cuáles son algunas de las primeras obras escritas en vuestro idioma. Compartid vuestras ideas con el resto del grupo.

Quiero fer una prosa en roman paladino,
en cual suele el pueblo fablar a su veçino,
ca non son tan letrado por fer otro latino;
bien valdrá como creo un vaso de bon vino.

(Gonzalo de Berceo,
Los Milagros de Nuestra Señora.*)*

Las primeras palabras escritas en castellano se hallaron en el siglo IX en el Monasterio de San Millán de la Cogolla, situado al oeste de La Rioja, a 39 km de Logroño, y datan del siglo X. El libro entero o Códice emilianense se escribió en el año 964, pero las anotaciones o glosas se escribieron entre las líneas y márgenes de dicho texto a finales del X. Hacia esa época la actividad intelectual la dirigían los monjes de las Abadías[11]. Se hablaba dos tipos de latín: el culto y el vulgar. El latín culto era privilegio de la clase alta (sacerdotes, gobernantes, comerciantes, etc); el pueblo se comunicaba en romance castellano, un dialecto riojano propio derivado del latín vulgar. Al conjunto de estas anotaciones escritas en primitivo castellano se les conoce con el nombre de "Glosas Emilianenses", y se consideran como las primeras muestras del romance castellano.

Hacia el siglo XII y con la aparición de los cantares de gesta, el castellano fue adquiriendo más forma y consistencia cultural y literaria. El primero y más importante de estos cantares es el *Cantar de Mío Cid* (ver Capítulo 5). También aparecieron las jarchas, un conjunto de canciones árabes de carácter amoroso (ver Capítulo 9). Pero el primer autor registrado en la historia de la literatura castellana fue el poeta y clérigo riojano Gonzalo de Berceo (1198–1264). La mayoría de las obras de Berceo están determinadas por su carácter religioso y doctrinal. Tal es el caso de la *Vida de San Millán de La Cogolla*, *Los signos del juicio final* y *Los milagros de Nuestra Señora*. Esta última es su obra más difundida y valorada. En ella hace alusión a veinticinco milagros de la Virgen para salvar a sus devotos,

[11] monasterios

perdonándolos de todos sus pecados. A pesar del contenido religioso del poemó, el escritor recreó estos asuntos con aspectos humorísticos, dramáticos y populares. Para ello se valió de un lenguaje culto y muy bien elaborado. Berceo utilizó mucho la famosa estrofa "cuaderna vía", que consta de cuatro estrofas de 14 versos alejandrinos o de 14 sílabas, con la misma rima al final de cada verso.

Aquí incluimos parte del milagro XVI, que trata de un niño judío que se salva de la crueldad de su padre con la ayuda de la Virgen María.

XVI. El niño judío

(...)

Tenie en essa villa, ca era menester,
Un clerigo escuela de cantar el leer:
Tenie muchos criados a letras aprender.
Fijos de bonos omnes que querien más valer.

Venie un iudezno natural del logar:
Por savor de los ninnos, por con ellos iogar:
Acogienlo los otros, no li fazien pesar,
Avien con él todos savor de deportar.

En el dia de Pascua domingo grand mannana,
Quando van Corpus Domini prender la yent cristiana,
Prísol el iudezno de comulgar grand gana,
Comulgó con los otros el cordero sin lana.

Mientre que comulgavan a mui grand presura,
El ninno iudezno alzó la catadura,
Vio sobrel altar una bella figura,
Una fermosa duenna con genta creatura.

Vio que esta duenna que posada estava,
A grandes e a chicos ella los comulgava:
Pagóse della mucho; cuanto más la catava
De la su fermosura más se enamorava.

Yssió de la eglesia alegre e pagado,
Fué luego a su casa como era vezado.
Menazólo el padre porque avie tardado,
Que mereciente era de seer fostigado.

"Padre, —dixo el ninno— non vos negaré nada,
Ca con los cristianiellos fui grand madrugada,
Con ellos odí missa ricamientre cantada,
E comulgué con ellos de la ostia sagrada."

Pessóli esto mucho al mal aventurado,
Como si lo toviesse muerto o degollado:

Non sabia con grand ira que fer el diablado,
Fazie figuras malas como demoniado.

Avie dentro en casa esti can traidor
Un forno grand e fiero que fazie grand pavor:
Fizolo encender el locco peccador,
De guisa que echava soveio grand calor.

Priso esti ninnuelo el falso descreido
Asin como estava calzado e vestido:
Dio con él en el fuego bravament encendido:
Mal venga a tal padre que tal faze a fijo.
(...)
Issió de la foguera sin toda lission,
Non sintió calentura más que otra sazon,
Non priso nulla tacha, nulla tribulacion,
Ca pusiera en elli Dios la su bendicion.

Preguntaronli todos, iudios e cristianos
Como podio venzer fuegos tan sobranzanos,
Quando él non mandava los piedes ni las manos;
Qui lo cabtiene entro fiziesselos certanos.

Recudiólis el ninno palavra sennalada:
"La duenna que estava en la siella orada,
Con su fijo en brazos sobrel altar posada,
Essa me defendie, que non sintie nada.
(...)
Prisieron al iudio, al falso desleal,
Al que a su fijuelo fiziera tan grand mal,
Legaronli las manos con un fuerte dogal,
Dieron con elli entro en el fuego cabdal.

Quanto contarie omne pocos de pipiones,
En tanto fue tornado cenisa e carbones:
Non dizien por su alma salmos ni oraciones,
Mas dizien denosteos e grandes maldiziones.
(...)

Tal es Sancta Maria que es de gracia plena:
Por servico da gloria, por deservicio pena,
A los bonos da trigo, a los malos avena,
Los unos van en gloria, los otros en cadena.
(...)

(Gonzalo de Berceo. Milagros de Nuestra Señora. *México: Editorial Porrúa, 1981, pp. 70–75.)*

La destreza de este autor yace en la habilidad de tratar asuntos de profundidad religiosa con un sentido del humor. Su propósito es pregonar los milagros de la Virgen por medio de la gente común y corriente; y al utilizar el habla riojana, se hace entender, y al mismo tiempo establece las pautas para el nacimiento de una nueva forma de comunicación de índole menos culta pero a la larga, como se verá, más duradera.

Para conocer mejor

1. En tu opinión, ¿por qué piensas que la actividad intelectual la dirigían los monjes?
2. Según tu punto de vista, ¿por qué es La Rioja cuna[12] del castellano?
3. ¿Cuál es la relación entre Berceo y el vino, según sus versos al principio de esta sección?
4. ¿Qué diferencias y similitudes hay entre los versos de Berceo y los del Poema de Mío Cid?
5. Comenta la importancia del niño en el milagro reproducido en esta sección.
6. Compara la descripción del hombre judío con la de los agotes. (ver este mismo capítulo)
7. La Virgen puede ser cruel y buena. Explica esta dualidad.
8. ¿Por qué, en tu opinión, combina Berceo lo religioso con lo popular?
9. Compara a Berceo con Alfonso X, el Sabio, en cuanto al próposito de sus obras. (ver Capítulo 5)
10. Analiza la cuaderna vía en las estrofas del milagro del niño judío.

Para saber más

1. Busca más información sobre las glosas emilianenses.
2. Busca otro milagro escrito por Berceo, y compáralo con el del niño judío.
3. Busca más información sobre el mester de clerecía.

[12] lugar de nacimiento

El arte y la arquitectura: Castillos: hogares fuertes

Castillo Javier, Navarra

A tu parecer

1. En parejas, describid los diferentes tipos de edificaciones que existen en el mundo. ¿Qué funciones tienen?
2. En grupos, pensad en las edificaciones que se han utilizado históricamente como protección de las guerras. ¿Han cambiado las edificaciones con el pasar de los años?
3. Con todo el grupo, haced una descripción de castillos o mansiones que hayáis visitado.

Los castillos tienen un lugar singular en las leyendas y la fantasía. Sin embargo no hay que olvidar que, históricamente, estas edificaciones eran de carácter primordialmente militar, y que aunque constituyen ahora un elemento pintoresco y cultural, también fueron cuna de lidias[13] y combates feroces y sangrientos. Construidos entre los siglos VIII y XVI, los castillos de España se clasifican por su ubicación (roqueros, montaños, de llanura, de monte o cerro) y su utilidad (para defender un río, un puerto o una ciudad). Los hay cristianos, que se distinguen por su forma rectangular, y musulmanes, famosos por la complejidad de sus torres, puertas y niveles. Muchos servían de palacio-residencia de los nobles de esa época, además de ser fuertes de batalla.

[13] batallas

El patrimonio artístico de Navarra y La Rioja está compuesto por sus castillos; había más de 200 durante la época del reino de Navarra, aunque ahora en su mayoría han desaparecidos. De mayor importancia hoy en día son el Castillo de Marcilla, hecho de piedra y ladrillo y el Castillo de Olite, construido en el siglo XIV por Carlos III, edificado sobre una antigua construcción romana del siglo III, con un laberinto de escaleras y salas elaborado con azulejos y madera tallada. El Castillo de Javier es actualmente un museo famoso por ser donde nació el santo Francisco Javier.

En La Rioja aunque hay más torres defensivas que castillos, se distingue el Castillo de Clavijo que ha sido declarado monumento nacional.

Queda la siguiente interrogante ¿cómo pueden haber desaparecido la mayoría de estas edificaciones tan macizas? El poder y la fuerza que emanaban[14], lujo y solemnidad, ¿dónde se desvanecieron?

¿Cómo se han podido perder los portones ferrados, las almenas[15], los muros gruesos, las torres, torrecillas[16] y torreones[17], las aspilleras[18], matacanes[19] y cimentos[20], los moles y plantas, los fosos[21], puentes, miradores, baluartes[22], piedras e intricadas escaleras de caracol? Además de la destrucción debida a las mismas batallas y combates, el proceso natural de descomposición ha dado lugar a la desaparición de muchos castillos. En 1949 se expidió un documento para la protección de los castillos, y desde entonces ha sido enmendado hasta el año 2000. Aquí reproducimos el decreto para que se aprecie el esfuerzo para preservar este patrimonio histórico, artístico y cultural, no sólo de Navarra y La Rioja, sino de todo España. En la primera parte es interesante observar el discurso franquista de la preservación de los castillos, como metáfora de la preservación de la "pureza de la raza".

Decreto de protección de los castillos

Decreto del 22 de abril de 1949, expedido por el Ministerio de Educación Nacional (B.O.E. 5-5-1949) sobre la protección de los castillos españoles.

Una de las notas que dan mayor belleza y poesía a los paisajes de España es la existencia de ruinas de castillos en muchos de sus puntos culminantes, todas las cuales, aparte de su extraordinario valor pintoresco, son evocación de la historia de nuestra Patria en sus épocas más gloriosas; y su prestigio se enriquece con

[14] irradiaban
[15] diente o cortadura en los muros de las fortalezas
[16] torres pequeñas
[17] torres grandes
[18] abertura en el muro para disparar contra el enemigo
[19] balcón de piedra
[20] bases, fundamentos
[21] excavaciones que rodea la fortaleza
[22] fortificación de forma pentagonal en la parte exterior de la muralla

las leyendas que en su torno ha tejido la fantasía popular. Cualquiera pues, que sea su estado de ruina, deben ser objeto de la solicitud de nuestro Estado, tan celoso en la defensa de los valores espirituales de nuestra raza.

Desgraciadamente estos venerables vestigios del pasado están sujetos a un proceso de descomposición. Desmantelados y sin uso casi todos ellos han venido a convertirse en canteras, cuya utilización constante apresura los derrumbamientos, habiendo desaparecido totalmente algunos de los más bellos. Imposible es, salvo en casos excepcionales, no solamente su reconstrucción, sino aún las obras de mero sostenimiento; pero es preciso cuando menos, evitar los abusos que aceleren su ruina. En vista de lo cual, a propuesta del Ministerio de Educación Nacional y previa deliberación del Consejo de Ministros,

DISPONGO:

***Artículo primero:** Todos los castillos de España, cualquiera que sea su estado de ruina, quedan bajo la protección del Estado, que impedirá toda intervención que altere su carácter o pueda provocar su derrumbamiento.*

***Artículo segundo:** Los Ayuntamientos en cuyo término municipal se conserven estos edificios son responsables de todo daño que pudiera sobrevenirles.*

***Artículo tercero:** Para atender a la vigiláncia y conservación de los castillos españoles se designará un Arquitecto Conservador con las mismas atribuciones y categoría de los actuales arquitectos de zona del Patrimonio Artístico Nacional.*

***Artículo cuarto:** La Dirección General de Bellas Artes, por medio de sus organismos técnicos, procederá a redactar un inventario documental y gráfico, lo más detallado posible de los castillos existentes en España.*

Así lo dispongo por el presente Decreto, dado en Madrid a veintidós de abril de mil novecientos cuarenta y nueve.

Disposiciones adicionales de la ley del Patrimonio Histórico Español del 25 de junio de 1985.

***Primera:** Los bienes[23] que con anterioridad hayan sido declarados históricos-artísticos o incluidos en el Inventario del Patrimonio Artístico y Arqueológico de España, pasan a tener la consideración y a denominarse Bienes de Interés Cultural: los muebles que hayan sido declarados integrantes del Tesoro, o incluidos en el Inventario del Patrimonio Histórico-Artístico, tienen la condición de bienes inventariados conforme con el artículo 26 de esta Ley, sin perjuicio de su posible declaración expresa como Bienes de Interés Cultural. Todos ellos quedan sometidos al régimen jurídico, que para esos bienes la presente Ley establece.*

***Segunda:** Se consideran asimismo de interés cultural y quedan sometidos al régimen previsto en la presente Ley los bienes a que se contraen los Decretos del 22 de abril de 1949, 571/1963 y 499/1973.*

[23] las riquezas

> ***Artículo 20 de la Ley de Impuesto sobre sucesiones y donaciones del 1 de enero del 2000.***
>
> *Hacienda reduce en un 95 por ciento la tributación[24] de las herencias de bienes de interés cultural. Heredar bienes reconocidos como de interés cultural, o que formen parte del patrimonio histórico del Estado, o de las comunidades autónomas, es un 95 por ciento más barato desde el día 1 de enero del 2000. La ley de acompañamiento de los presupuestos generales del Estado para este año ha reformado la ley del impuesto de sucesiones y donaciones para amparar este tipo de bienes con la bonificación[25] del 95 por ciento que ya venían disfrutando los bienes afectos a actividades empresariales.*

Los esfuerzos hacia la restauración y preservación de estos monumentos nacionales ayudarán no sólo a que no sigan desapareciendo los castillos, sino que al contrario, puedan integrarse de nuevo funcionalmente a la sociedad española.

Para conocer mejor

1. Históricamente, ¿cuáles han sido las funciones de los castillos?
2. Compara los castillos de Navarra y La Rioja con el acueducto de Segovia. (ver Capítulo 7)
3. En tu opinión, ¿cuáles son algunas causas de la descomposición de los castillos?
4. Compara los castillos de Navarra y La Rioja con las mansiones de los indianos en Asturias. (ver Capítulo 11)
5. ¿Cuál es la utilidad de los castillos hoy en día?
6. En tu opinión, ¿qué otras edificaciones hay en España que merecen ser restauradas?
7. ¿Qué diferencias hay entre los varios castillos en España?
8. ¿Por qué es importante desarrollar un decreto sobre la restauración de los castillos?
9. Según el decreto, ¿cuál es la responsabilidad del Ayuntamiento?
10. ¿A qué se refieren las enmiendas al Decreto de 1985 y de 2000?

Para saber más

1. Busca más información sobre los castillos españoles que existen en otras comunidades autónomas.

[24] la ofrenda
[25] la deducción

2. Busca más información sobre algún castillo, en particular en Navarra o La Rioja.
3. Busca más información sobre algún castillo, en particular en otra comunidad autónoma de España.

Las fiestas y el folclore: Pamplona y Hemingway

A tu parecer

1. En parejas, pensad en alguna fiesta en particular que sea famosa por la participación de algún animal. Compartid vuestras ideas con el resto del grupo.
2. En pequeños grupos, pensad en algún autor o artista extranjero que haya sentido fascinación por la cultura de vuestro país. ¿Qué obras ha producido?
3. Con todo el grupo, haced una lista de las tradiciones de vuestro país que se conocen en todo el mundo. ¿En qué consisten las tradiciones y por qué se conocen fuera de vuestro país?

La Fiesta de San Fermín en Pamplona es una celebración anual que dura una semana, desde el mediodía del 6 de julio hasta la medianoche del 14 del mismo y que consiste en varias manifestaciones de culto religioso, taurino y "báquico"[26]. La fiesta comienza a las doce en punto con el "chupinazo"[27] en que estalla el primer cohete de la celebración. Esperan este preciso momento miles de personas que han invadido la Plaza del Ayuntamiento desde diversas partes del mundo, todos agitando pañuelos rojos al viento. En el momento en que estalla el cohete, todos gritan: "¡Pamploneses! ¡Viva San Fermín! ¡Gora San Fermín!"

Las manifestaciones en estos días llenos de jolgorio incluyen actuaciones, procesiones, conciertos, desfiles, danzas, fuegos artificiales y corridas de toros. Durante los siete días las calles de la ciudad se llenan de muchísima gente, que sin cobrar aliento participa de la alegría y el regocijo. El "grito de batalla" para los jóvenes durante la fiesta es "¡A casa, nunca!". Indudablemente el evento más conocido a nivel internacional es el "encierro", que ha sido reproducido en obras literarias y cinematográficas. El origen del encierro es muy claro: para llevar los toros de lidia a la ciudad, en las horas del amanecer, los pastores, con la ayuda de otra gente a caballo y a pie, los corrían a palos y a gritos hasta poder encerrarlos. Antiguamente esta actividad se llevaba a cabo detrás de los

[26] relacionado con el vino
[27] comienzo de la fiesta

El encierro, Pamplona

toros y no contaba con muchos corredores; pero hoy en día que el encierro se ha convertido en un elemento de diversión para los sanfermines, los corredores que corren en frente de los animales llegan a números exorbitantes, e incluyen no sólo pamploneses sino un sinnúmero de turistas y forasteros.

El personaje más famoso con relación a los sanfermines es el autor norteamericano Ernest Hemingway (1899–1961), que inmortalizó las manifestaciones de esta celebración en su primera novela *Fiesta* (*The Sun Also Rises*, 1927). Es la historia de unos jóvenes norteamericanos de los años veinte que quieren divertirse tomando, festejando y gastando dinero. En la novela aparecen escenas de alegría y de tragedia del encierro de Pamplona, al igual que de las corridas.

> *La fiesta efectivamente había empezado. Se prolongó día y noche durante siete días. Continuó el bailar, continuó el beber y continuó el bullicio. Lo que sucedió sólo podía ocurrir en una fiesta. Al final todo se volvió verdaderamente irreal, y pareció que nada pudiera llegar a tener importancia. No tenía sentido pensar en consecuencias. Durante la fiesta tenías la impresión, incluso en los momentos de sosiego, de que tenías que gritar para hacerte entender. Sucedía lo mismo con cualquier otra actividad. Fue una fiesta y duró siete días. (Capítulo XV)*
>
> *(Ernest Hemingway,* Fiesta.*)*

En sus nueve viajes a Pamplona desde 1927 hasta 1959, Hemingway vivió la fiesta en su plenitud como espectador y participante. Después de su muerte, en 1968, el Ayuntamiento de Pamplona le dedicó un monumento que lleva su nombre y la siguiente dedicatoria: "A Ernest Hemingway, Premio Nobel de Literatura, amigo de este pueblo y admirador de sus fiestas, que supo descubrir y propagar. La Ciudad de Pamplona, San Fermín, 1968".

El hecho de que la novela de Hemingway haya popularizado tanto los sanfermines es, en gran medida, un asunto polémico. Por un lado, algunos le agradecen a Hemingway el elogio[28] a Pamplona y a los toros, lo que aparentemente ha causado un mejor entendimiento y respeto por la tradición de esta ciudad:

> *Ya es un milagro civil de don Ernesto que en esta Europa antitaurina[29], donde llevan al Parlamento continental propuestas para prohibir los toros en España, se hable de los encierros, de las corridas, del espectáculo de la plaza de Pamplona como lo más normal del mundo, sin coger papel ecologista de fumar y sin sacar los argumentos verdes y animalistas que se suelen[30]. Y ya es un milagro por lo civil de don Ernesto que sus paisanos los norteamericanos, que vuelven la cara cuando ven la cornada de Paquirri en la CBS o en la NBC, estén todos encantados con Pamplona, y vengan como si tuvieran montado un puente aéreo, a vivir la vida, el sol, el vino, las canciones, las peñas, las charangas[31].*
>
> *(Antonio Burgos,* El capotillo de Hemingway, *Antología de Redcuadros, Diario 16 (11/07/1993))*

Por otro lado hay otros que culpan a Hemingway por haber causado la llegada de tantos turistas, y la corrupción de lo que había sido una celebración de índole puramente local.

> *Dada nuestra tradicional hospitalidad no nos importa que se acerquen por aquí siempre que se comporten debidamente. Entendemos perfectamente que nos visiten ya que viven en países más bien sosos[32] y alucinan con los majos[33] que somos. Pero la avalancha de guiris[34] tiene algunas pegas[35]. El problema no es que*

[28] la alabanza
[29] en contra de las corridas de toros
[30] referencia a movimientos ecologistas y pro animales
[31] orquestas
[32] aburridos
[33] lindos
[34] turistas, forasteros
[35] problemas

nos quiten espacio a los indígenas; nos da igual que abarroten[36] *los hoteles porque nosotros estamos en casa y para los que duermen en el césped de la plaza del Castillo se inventó el riego*[37] *matutino. Pero es que nos desnaturalizan la fiesta —no todos, claro, hay algunos que incluso tienen abono*[38] *para los toros y colegas en Pamplona, pero son los menos. Empezaron por correr de cualquier manera el encierro, y acabaron por lanzarse de cabeza desde la fuente de la Navarrería contra los adoquines —que están declarados de interés cultural y forman parte del patrimonio histórico-artístico— creando un numerito típico de los Sanfermines sin intervención de la población autóctona. No tienen ni idea, se creen que la fiesta consiste sólo en beber y hacer el indio,*[39] *sin darse cuenta que cuando los pamploneses se dedican a beber y a desmadrarse*[40] *—que, reconozcámoslo, constituye una parte importante de la fiesta— lo hacen por elevados motivos, asentados en hondas raíces culturales e imbuidos*[41] *en un profundo significado inalcanzable para los guiris.*

Debido a esto —y a las atroces películas de Holywood donde Pamplona más que ciudad europea parece un villorrio mejicano— no estamos muy seguros de si Hemingway nos hizo un favor o una faena. Pasado aquel entusiasmo de los años sesenta —los del 600, los Beatles, el auge del turismo y la estatua de Hemingway— los pamploneses de hoy dudamos sobre si no nos hubiera ido mejor sin tanta resonancia internacional; al fin y al cabo, la esencia de la fiesta, que somos nosotros, estaba asegurada.

(Miguel Izu, Hemingway y los guiris, Mitos de los sanfermines, *10 de julio 2002)*

Asegurada está también la llegada de otro año y con él, otra fiesta de San Fermín. Tras los gritos de "¡pobre de mí, pobre de mí, que se han 'acabau' las fiestas de San Fermín!"; también se oye gritar "¡ya falta menos!", indicando que dentro de tan sólo doce meses la celebración comenzará de nuevo:

"Uno de enero, dos de febrero, 3 de marzo, 4 de abril, 5 de mayo, 6 de junio, 7 de julio…¡San Fermín!"

Para conocer mejor

1. Compara esta fiesta con alguna otra en España, dedicada a un santo patrono.
2. ¿Qué importancia tienen los pastores en los sanfermines?

[36] llenen
[37] echar agua a las plantas
[38] *season pass*
[39] hacer el tonto
[40] emborracharse
[41] penetrados

3. ¿Qué relación hay entre Hemingway y el debate sobre los toros?
4. ¿Qué importancia tienen los gritos en esta celebración?
5. ¿Cuál es la importancia del vino en esta fiesta?
6. ¿Por qué piensas que se cambió la estructura del encierro con el pasar de los años?
7. Contrasta el tratamiento de los toros con el de las ovejas manchegas. (ver Capítulo 12)
8. ¿En qué consiste la polémica en torno a Hemingway y su fascinación por los sanfermines?
9. ¿Cuáles son las ventajas y las desventajas de la llegada de los turistas a Pamplona?
10. ¿Qué importancia tiene que la fiesta haya sido inmortalizada por un forastero?

Para saber más

1. Busca más información sobre la vida de Hemingway en España.
2. Busca más información sobre otras figuras famosas que hayan visitado Pamplona.
3. Busca información sobre las películas de los sanfermines y su representación de la fiesta y los españoles.

Gastronomía: La cultura del vino

A tu parecer

1. En parejas, haced una lista de cuáles son las bebidas más típicas de vuestro país. ¿Cómo se elaboran?
2. En grupos, pensad en representaciones artísticas de esta bebida popular en vuestro país. Comparad vuestras conclusiones con el resto del grupo.
3. Con todo el grupo, pensad en representaciones literarias o musicales de esta bebida.

Aunque se desconoce el origen de la elaboración del vino, se relata su presencia en la historia universal, tanto en ámbitos religiosos como seglares. Aparentemente el vino es una creación muy antigua; se encuentran obras escritas sobre esta bebida desde el 2000 a.C. y en tratados bíblicos y de la mitología. Actualmente España es conocida entre otros países del mundo por sus viñedos y producción de vino. En un territorio de 57.000 hectáreas distribuidas entre La Rioja, Navarra y País Vasco, se cosecha y elabora el vino de Denominación de Origen Calificada "Rioja", famosa por ser la única con el término de "calificada" en España. Para que se mantenga la denominación de origen calificada como "Rioja", el vino ya elaborado se somete a pruebas analíticas por medio del Consejo Regulador, órgano del Ministerio de Agricultura. Otras denominaciones de origen históricas son el Oporto de Portugal, el Burdeos de Bordeaux, el Cognac de Borgoña, Champagne y el Jerez.

La producción del vino en este territorio es de aproximadamente 250 millones de litros al año, de los cuales 85 porciento es tinto, y el resto, rosado y blanco. La característica singular de la uva de este lugar se debe a la variedad de clima atlántico y mediterráneo, y al terreno que contiene tanto llanuras como rocas. Hay siete variedades de uvas: tempranillo, garnacha, mazuelo, graciano (para el vino tinto), viura, malvasía y garnacha blanca (para el rosado y el blanco). Hay diferentes categorías de vinos: joven (primero o segundo año), vinos de crianza (de tres años con un mínimo de un año en barrica), vinos de reserva (vinos de las mejores añadas: envejecidos tres años con un mínimo de un año en barrica), vinos de gran reserva (de añadas excepcionales: dos años en barrica y tres años en botella). Hay en La Rioja más de 498 bodegas de crianza y un total de más de 900.000 mil barricas.

El vino ha acompañado la cultura española desde épocas muy remotas en la mesa, en los viajes, en las guerras, en ritos religiosos y místicos, como fuente de inspiración artística y en una variedad de otras circunstancias. Por un lado existe una literatura del vino muy desarrollada, donde se tratan temas sobre las uvas, su cosecha, recolección, la elaboración del vino, su producción y distribución, y donde se analiza el vino en cuanto a su color, sabor y aroma. Por otro lado a lo largo de los siglos han aparecido creaciones literarias que hacen referencia a este producto, o que se dedican completamente a elogiarlo. "La Bodega" de Narciso Alonso Cortés (1875–1972) es sólo una de las muestras de la rica tradición literaria dedicada a los usos y abusos del vino.

La Bodega

Esta es la bodega, la noble bodega
que guarda en su fondo los vinos añejos
calmante que todos los males sosiega,
locuaz dictadora de sanos consejos.
A guisa de apuestos valientes soldados
que airosos cabalgan en blancos corceles,
muy firmes y serios están alineados,
en poyos de yeso los anchos toneles.
No están revestidos de petos ni escudos,
que el genio guerrero no late en sus fondos
mas bien, ostentando sus cuerpos panzudos
parecen burgueses repletos y orondos.
Discretos señores de grueso volumen,
de porte arrogante, de franca alegría,
que en pro de los hombres su sangre consumen
llevando a otras venas calor y energía.
Hidalgos eximios, preclaros varones
de sólida hechura y austera elegancia,
que sin pergaminos ni ornados blasones
¡venís a lo menos de cepa bien rancia!
¡Sinceros amigos que, libres de panas,
las claras verdades decís sin rodeo!
¡Maestros insignes de ciencias amenas!
¡Heraldos de dicha! ¡Salud os deseo!
¡A ver el más gordo! Tonel veterano
de recia epidermis y abdomen que abulta.
Me siento contigo, y aquí, mano a mano,
Buscando tus luces, te haré una consulta.
Así. Ya recibo tu mágico influjo,
Ya en mi ánimo escriben las mágicas letras,
Ya, osado y travieso, con artes de brujo,
de mi ser al fondo vibrando penetras.
¡Qué cosas me dices en tu bello idioma!
¡Qué charla en mi oído tan grata se siente!
Parece el arrullo de amante paloma,

Rumor de floresta, goteo de fuente.
De tu voz candente cediendo al conjuro
La vida un oasis me ofrece sereno,
El cielo aparece más limpio y más puro
Y todo a mis ojos es grande y es bueno.
A tu dulce aliento, que el alma me quema,
las bellas estrofas trazara mi mano
del más admirable grandioso poema.
¡Recibe las gracias, tonel veterano!
Aquí el infortunio sus armas entrega,
Dolores y penas se marchan muy lejos.
Está es la bodega, la noble bodega
que guarda en su fondo los vinos añejos.

(Narcisco Alonso Cortés,
Briznas*)*

Como vemos en la sección sobre el idioma en este capítulo, Gonzalo de Berceo menciona el vino en su Introducción a *Los milagros de Nuestra Señora*. En el *Lazarillo de Tormes* y en el *Don Quijote de la Mancha* el vino es una bebida que acompaña la comida y un bálsamo para curar heridas y males. Hay una infinidad de obras literarias que mencionan el vino de forma tan propia que parece ser una bebida tan esencial e íntegra en la cultura de España.

Para conocer mejor

1. Compara la elaboración del vino con la elaboración del cava. (ver Capítulo 10)
2. ¿Qué similitudes y diferencias hay entre la producción del vino y la del aceite en España?
3. En tu opinión, ¿qué significa tener la Denominación de Origen Calificada?
4. Se dice que el vino es una bebida fundamental de España por su versatilidad. En tu opinión, ¿cuál es una comida fundamental de España que acompaña el vino y por qué?
5. ¿Cuál es la diferencia entre la literatura del vino y el vino en la literatura?
6. ¿Qué importancia tiene la barrica[42] para el vino?
7. ¿A qué se refiere esta lectura cuando hace referencia al uso y el abuso del vino?
8. ¿Qué funciones tiene el vino?

---

[42] barril, recipiente de madera para guardar el vino

9. En tu opinión, ¿qué necesidad hay de elogiar el vino en el arte y la literatura?
10. Según Narciso Alonso Cortés, ¿qué representa la bodega?

Para saber más

1. Busca más información sobre los otros vinos elaborados en España.
2. Busca más información sobre los otros vinos elaborados en otros países, y compáralos con los de La Rioja.
3. El vino también se usa para cocinar. Busca recetas que incorporan el vino, y compártelas con tus compañeros de clase.

Aspectos sociopolíticos: La política lingüística en Navarra

A tu parecer

1. En parejas, pensad en algunos ejemplos de la historia donde los idiomas han hecho un papel importante en la unidad nacional.
2. En pequeños grupos, pensad en ejemplos en que el uso de unos idiomas no oficiales pueden llevar a la discriminación. Compartid vuestras ideas con el resto de la clase.
3. Con todo el grupo, formad un debate a favor y en contra del plurilingüismo en una nación.

La lengua vascuense o euskera se habla en las tres provincias que forman la Comunidad Autónoma Vasca (Euskadi): Álava, Biskaia y Gipuzkoa. También se habla en el suroeste de Francia y en el norte de la Comunidad Foral de Navarra. Uno de los aspectos más polémicos en Navarra tiene que ver con el estatus legal de la lengua euskera, y en general de toda la cultura vasca de la cual descienden. El hecho de que constitucionalmente el castellano, y no el euskera, sea la lengua oficial de la comunidad mantiene divididos a los navarros. Hay toda una corriente de opinión que fomenta que la clase dirigente navarra respete el derecho de los navarros a vivir con su propia lengua, y que exige que se oficialice en todo el territorio la lengua euskera, la cual forma parte de su identidad cultural.

Los defensores del plurilingüismo creen en la necesidad de que se protejan, tanto las lenguas reconocidas por la Constitución Española, como también las no reconocidas. Todas ellas forman parte del valioso panorama lingüístico peninsular, y en ningún caso representan —tal como creen los opositores—

una amenaza a la identidad y a la unidad nacionales. Es por el contrario un proyecto del cual todas las comunidades españolas deben sentirse orgullosas.

La historia del castellano en la península muestra que la variedad lingüística en España es una realidad. La misma Constitución Española de 1978 reconoce el carácter plurilingüe y pluricultural del Estado, planteando que el castellano es la lengua oficial del Estado Español, y que las otras lenguas españolas son lenguas co-oficiales en las correspondientes comunidades autónomas. Sólo en cinco de las diecisiete comunidades existe una co-oficialidad de las lenguas propias junto al castellano: Cataluña, País Vasco, Galicia, la Comunidad Valenciana y las islas Baleares. Este no es el caso de Navarra en donde a pesar de existir una lengua propia, ésta no es oficial en todo su territorio. La constitución acepta la oficialidad del euskera sólo en la zona vascohablante situada en el norte.

El debate sobre el plurilingüismo, lejos de resolverse, ha adquirido una nueva dimensión debido al proceso de construcción de la Unión Europea, y como resultado de los profundos cambios institucionales a nivel mundial. Está a la orden del día en Navarra, la elaboración de un gran acuerdo democrático sobre política lingüística, que respete la identidad cultural y la pluralidad de Navarra, y a su vez ayude a la comprensión y el respeto de las otras lenguas y culturas de la península.

CONVIVENCIA LINGÜÍSTICA

Editorial de "EL CORREO" del 9-7-98

No debería ser la cultura, y mucho menos la lengua, un instrumento de uso electoral o un arma arrojadiza[43] que pusiera en entredicho[44] la necesaria cohesión de un Estado plurilingüe. Y es que, al fin y al cabo, esa ilusionante esperanza de una nación de naciones, o de un rico conglomerado de múltiples culturas e identidades, debe lograrse a través del respeto a la diferencia y, sobre todo, con la convivencia pacífica de todas las lenguas. Por ello, el nuevo episodio de la polémica de la lengua en Cataluña, protagonizado por la ministra de Cultura y el presidente de la Generalitat, no hace sino avivar los viejos demonios de una recíproca incomprensión regional y, lo que es peor, de un enfrentamiento lingüístico que amenaza con ensombrecer el mutuo descubrimiento de valores diferenciales de pluralidad y riqueza cultural. Antes de reanudar[45] con intenciones electorales una futil polémica, de incluir a la lengua y a la cultura en el ya tradicional capítulo de las tensiones que caracterizan la vida española, los responsables políticos tendrían que discernir

[43] precipitada
[44] cuestión
[45] proseguir

sosegadamente sobre una serie de cuestiones. La primera se refiere, desde luego, a una conclusión seria sobre la noción de España como conglomerado de pueblos con particularidades propias, pero también con vínculos comunes que no ponen en peligro las especificidades de cada uno. Esto, que es la base para lograr tanto una dinámica diversidad como un proyecto compartido, tiene su principal fundamento en el respeto y en la actitud no recelosa[46] ante las distintas lenguas que, en muchas regiones, constituyen un elemento de vertebración social. De tal forma, aceptada la necesidad de potenciar y normalizar el uso de las lenguas autóctonas en sus regiones de origen, parece necesario defender un efectivo bilingüismo alejado de discriminaciones y fundamentalismos.

Se trata, como en el caso de Cataluña, de que los ciudadanos de esa comunidad puedan conocer y utilizar las dos lenguas —el castellano y el catalán— en pie de igualdad y sin que una de ellas tenga privilegios sociales o políticos. Estaríamos, así, ante un bilingüismo real y efectivo, sin diglosia y sin predominio de una lengua sobre otra, que además serviría como fórmula de entendimiento y vehículo para lograr un proyecto común y pacífico en un país diverso. Claro que, para alcanzar esa ideal convivencia lingüística o, lo que es lo mismo, una perfecta armonía entre los distintos modos de ser y vivir, será preciso recuperar un consenso social y político que no sólo elimine tensiones y antagonismos, sino que descarte la incompatibilidad en el uso de dos lenguas y apueste[47] por un bilingüismo enriquecedor y pacífico.

(El Correo Digital, 9 julio 1998)

Para conocer mejor

1. Compara la preocupación lingüística de Navarra con la de otra comunidad autónoma de España donde no haya co-oficialidad de idiomas.
2. ¿Cómo se compara la problemática del euskera en Navarra con la presencia de los agotes? (ver sección de gente en este mismo capítulo)
3. En tu opinión, ¿por qué no hay co-oficialidad de idiomas en Navarra?
4. Según tu punto de vista, ¿cómo puede el idioma oficial de una comunidad autónoma de España ser oficial en otra comunidad? (ver Capítulos 5 y 10)
5. En tu opinión, ¿por qué es importante la convivencia pacífica entre varios idiomas?
6. Según tu punto de vista, si un idioma no es oficial, ¿está destinado a desaparecer? ¿Cómo y por qué?

[46] cuidadosa
[47] apoye

7. En tu opinión, ¿cómo puede el plurilingüismo en Navarra ser una amenaza para la unidad nacional? (ver Capítulo 7)
8. La selección de El Correo menciona la vertebración social, ¿qué significa esta expresión y cómo se relaciona con la situación de Navarra?
9. ¿Cómo puede ser una lengua un instrumento de uso electoral?
10. ¿Qué importancia tiene el catalán para entender la problemática del euskera en Navarra?

Para saber más

1. Busca más información sobre el área de Navarra en donde se habla euskera.
2. Busca más información sobre las relaciones sociopolíticas entre los navarros y los vascuences.
3. Busca más información sobre la polémica del plurilingüismo en España.

Materiales suplementarios

Los agotes

Aguirre Delclaux, Mª Carmen. *Los agotes*. Pamplona: Príncipe de Viana-CSIC. 1977.

Antolini, Paola. (Prólogo de Julio Caro Baroja). *Los agotes. Historia de una exclusión*. Madrid. 1989.

Idoate Iragui, Florencio. *Los agotes en Baztán y Roncal*. Pamplona: Príncipe de Viana, Nº 33 año 9. Gobierno de Navarra.

La Rioja y el origen del castellano

García Turza, Claudio, y Javier García Turza. *Una nueva visión de la lengua de Berceo a la luz de la documentación emilianense del siglo XIII*. Universidad de La Rioja. Logroño, España. 1996.

Grande Quejigo, Francisco Javier. *Orígenes del castellano literario: Testimonios formulares de la composición y difusión en Gonzalo de Berceo*. Universidad de la Rioja. Logroño, España; II: 485–95. 1998.

Hemingway

Pérez Gallego, Cándido. "Hemingway y la Guerra Civil española". *Anthropos*. Barcelona; 409–423. 1988.

La politica lingüística en Navarra

Erize Etxegarai, X. "Sociolingüística histórica: Vida histórica de la lengua vasca en Navarra (1863–1939)". *Revista Española de Lingüística*. 29(2):379–401. 1999 julio–diciembre.

Urmeneta Purroy, Blanca. "Navarra ante el vascuence: Actitudes y actuaciones (1876–1919) (Navarra and the Basque Language: Acts and Attitudes (1876–1919))". *Dissertation Abstracts International*. C: Worldwide. 58(2): Item 1244. 1997.

_CD_

Buscando una copla. Grupo vocal del Norte. Compact Disc Ed. 1999.

Capítulo

9

Comunidad Autónoma de Andalucía

Capital	*Sevilla*
Provincias	*Almería, Cádiz, Córdoba, Granada, Huelva, Jaén, Málaga y Sevilla*
Idiomas	*castellano, caló y andaluz*
Montañas	*El Torcal*
Ríos	*Guadalquivir, Genil, Guadiana, Tinto, Odiel, Guadalete, Guadalfeo, Almería*
Límites	*Murcia, Castilla-La Mancha, Extremadura, Portugal, mar Mediterráneo, oceáno Atlántico*

Para explorar

1. ¿En qué estados o regiones se encuentran las playas más bonitas de tu país? ¿Se conocen estos lugares sólo por sus playas o también por otros elementos históricos y culturales? ¿Cuáles? ¿Por qué son importantes?

2. Con un(a) compañero(a), piensa en las contribuciones socio-culturales de los diferentes grupos étnicos que han vivido en tu país. Haz una lista de los elementos que se han mantenido auténticos y otros que se han asimilado a la nueva cultura.

Qué alegres cantan
las golondrinas;
tierra sin amos,
tierra de espigas.
Verde y blanca
y verde

Cómo relucen
las amapolas
de Andalucía
trabajadora.
Verde y blanca
y verde

(Carlos Cano, "La verde y blanca",
A duras penas (1975))

Introducción

Andalucía cuenta con una población de aproximadamente 7.000.000 de habitantes, la más numerosa de España. Su capital, Sevilla, es la tercera ciudad en población del país. La región andaluza es una de las regiones españolas con una herencia histórica y cultural más sobresaliente, debido a la diversidad de gentes que la han poblado. Es además una de las potencias turísticas más importantes de Europa. Miles de visitantes van todos los años para conocer, entre muchas otras cosas, sus tesoros arquitectónicos, turísticos y su tradición flamenca.

Andalucía es una de las regiones más extensas de la Unión Europea, y cuenta con un enorme potencial agrario y ambiental. Con una superficie de 87.597 kilómetros cuadrados, equivale al 17.3 porciento del territorio español y al 3.7 porciento de la superficie de la Comunidad Europea. Supera en extensión a países como Holanda, Bélgica o Austria. El territorio varía entre partes montañosas como Sierra Nevada, áreas de pantano en Doñana, desiertos en Almería y regiones costeras al extremo sur.

Después de Galicia, Andalucía es la segunda comunidad autónoma en mayor extensión costera (836 Km). Está bañada por el océano Atlántico al occidente y por el mar Mediterráneo en la parte de la costa oriental. Treinta porciento de la población andaluza vive en estas dos regiones costeras. Las costas más importantes con playas son: la Costa del Sol, las Costas de la Luz de Huelva y de Cádiz, la Costa Tropical, y la de Almería.

Para saber más

1. En 1992 se celebró la Expo Mundial en Sevilla. Busca información en el Internet sobre este evento. ¿Qué es, por qué y cómo se celebró en Sevilla?
2. Consulta el Internet sobre los pueblos blancos de Andalucía. ¿Qué son y qué importancia tienen?
3. El estrecho de Gibraltar es el punto de encuentro entre España y África. Busca información en el Internet sobre las relaciones actuales entre estos dos lugares.

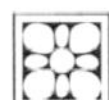 Gente y personajes ilustres: Los gitanos

A tu parecer

1. ¿Qué variedad de gentes hay en vuestra región o estado? Haced una en cuesta entre vuestros compañeros para ver si estáis de acuerdo.
2. Haced una lista de los grupos étnicos que hay en vuestro país, y de los productos y prácticas que les pertenecen y que se distinguen de la cultura general.
3. ¿Hay algún grupo étnico en vuestro país que no se ha asimilado a la cultura general y por lo tanto ha mantenido su idioma y sus tradiciones? En clase, hablad sobre cuáles son las dificultades a las que se enfrenta un grupo étnico que quiere mantenerse puro, y si es posible lograrlo de verdad.

Sin duda alguna, Andalucía se distingue por la diversidad de gentes que la han poblado a través del tiempo. Musulmanes[1], mozárabes[2], judíos y gitanos son sólo algunos grupos que han convivido en este territorio. El entrecruce se manifiesta innegablemente en el arte, la música, la arquitectura, el idioma, la gastronomía y las tradiciones del lugar. La mayoría de los pueblos antiguos que se establecieron en Andalucía, fueron derrotados y expulsados por la Corona o la Iglesia. Claro está, las mezclas de linaje[3] que quedaron desprevenidas[4] por las

[1] personas que profesan la religión musulmana
[2] mezcla de musulmanes y españoles
[3] descendencia
[4] ocultas, escondidas

autoridades, produjeron enlaces inquebrantables[5]. Es irónico sin embargo que los gitanos, pueblo por definición nómada y víctima de severas persecuciones, sean los únicos que hayan logrado establecerse y permanecer por muchísimos siglos casi del todo íntegros en esta localidad.

Del origen de los gitanos se sabe poco, pero los gitanólogos están de acuerdo en que provienen del noroeste de la India. Llegaron a España aproximadamente en 1425 de Palestina y Egipto (región del Peloponeso), de donde se piensa que proviene el nombre "egipcianos". En su mayoría eran errantes; viajaban en pequeños grupos de un lugar a otro. Tenían ocupación de herreros[6], feriantes[7], adivinadores, trasquiladores[8], comerciantes de ganado, trabajos humillantes y deshonrosos en esa época. Se establecieron en varios lugares de España, pero predominatemente en Andalucía. Aunque han permanecido más de quinientos años en España, los gitanos han sido víctimas de la persecución y de xenofobia, en el pasado por ser errantes en una cultura sedentaria, y en tiempos más recientes por querer mantener sus tradiciones y sistema de vida separados de la sociedad paya[9].

En 1499, los Reyes Católicos escribieron el siguiente decreto con relación a los gitanos:

> *Mandamos a los egipcianos que andan vagando por nuestros reinos y señoríos con sus mujeres e hijos, que el día que esta ley fuera notificada y pregonada[10] en nuestra corte, y en las villas, lugares y ciudades que son cabeza de partido hasta sesenta días siguientes, cada uno de ellos viva por oficios conocidos, que de mejor supieran aprovecharse, estando atada en lugares donde acordasen asentar o tomar vivienda de señores a quienes sirvan, y los den lo hubiese menester y no anden más juntos vagando por nuestros reinos como lo facen[11], o dentro de otros sesenta días primeros siguientes, salgan de nuestros reinos y no vuelvan a ellos en manera alguna so[12] pena de que si en ellos fueran hallados o tomados sin oficios o sin señores juntos, pasados los dichos días, que den a cada uno cien azotes por la primera vez, y los destierren perpetuamente destos reinos; y por la segunda vez, que les corten las orejas y estén sesenta días en las cadenas, y los tomen a desterrar, como dicho es, y por la tercera vez, que sean cautivos con los que los tomasen por toda la vida.*
>
> *(Decreto (Medina del Campo, 1499))*

De los estereotipos que han perseguido a los gitanos españoles a través de los siglos, se encuentra también su asociación con la tauromaquia y el flamenco.

[5] que no pueden romperse
[6] que trabajan con el hierro
[7] que trabajan en las ferias
[8] que trabajan pelando animales
[9] no gitana
[10] comunicada
[11] hacen
[12] bajo

Aunque históricamente ha habido personajes gitanos que se han destacado en ambos campos, la tauromaquia y el flamenco no deben verse como sinónimos del modo de vivir gitano. De hecho la comunidad gitana tiene un sistema de valores muy complejos, que rige la verdadera esencia de su cultura. En la época del Romanticismo (época del arte y la literatura en España en el siglo XIX) Próspero Merrimée (1803–1870), autor francés, escribió una obra titulada "Carmen", que luego Georges Bizet, compositor francés (1838–1875), la convirtió en ópera. El personaje principal, Carmen, es una mujer gitana, flamenca, promiscua y sagaz. Muy poco tiene en común con la auténtica mujer gitana según los valores de esa comunidad. La cultura gitana está dominada primordialmente por los hombres; las mujeres tienen un papel secundario, pero importante en transmitir los valores a la comunidad. Sus virtudes están ligadas a su laboriosidad, a la virginidad y a la fidelidad hacia su marido. Si cumple con la ley gitana y mantiene estas virtudes, de anciana se le llama "tía", y aunque no tiene autoridad, sí tiene la oportunidad de dar consejos de gran influencia.

Recientemente las mujeres gitanas en España han venido tomando conciencia de su situación dentro de su propia comunidad, y en 1999 se estableció "Kamira", una federación de mujeres gitanas que pretende mejorar su nivel de participación social y preparación profesional. A esta organización la apoyan los hombres de sus familias y de ninguna forma se crea para representar una amenaza para ellos. Las mujeres de "Kamira" quieren lograr ciertos avances sociales, como obtener el carnet de conducir[13] o un título universitario, sin sacrificar el honor ni las virtudes de la comunidad gitana. Estas mujeres son un gran ejemplo de los valores de su etnia[14].

Otras mujeres gitanas, en asumir una nueva conciencia, han optado por quedarse solteras o casarse con payos. Sin embargo en casi seiscientos años de convivencia, los gitanos y los payos han mantenido cierto nivel de separación, y al parecer seguirán manteniéndola. A Andalucía siguen llegando grupos nuevos de gente, más recientemente de África, de América y de Europa Oriental. Para estos grupos la sobrevivencia es, mejor dicho, un esfuerzo individual que los lleva a asimilarse a la sociedad española. Los gitanos luchan por la supervivencia en grupo, y por lo tanto, la asimilación podría llevarlos a su extinción.

Para conocer mejor

1. Compara a los gitanos con los agotes. (ver Capítulo 8)
2. En tu opinión, ¿qué hay de común entre los gitanos y los sefardíes?
3. Compara las características del pícaro (ver Capítulo 7) con los estereotipos en contra de los gitanos.

[13] tarjeta, licencia
[14] grupo étnico

4. En tu opinión, ¿por qué no cayeron víctimas de la Inquisición muchos gitanos?
5. Compara a los gitanos con los guanches. (ver Capítulo 13)
6. En tu opinión, ¿cómo puede influir el arte, la literatura y otros medios con el prejuicio contra algún grupo étnico? Ten en consideración la obra "Carmen".
7. Según tu punto de vista, ¿qué hay en común entre las gitanas que quieren lograr algunos avances y las alcaldesas de Zamarramala? (ver Capítulo 7)
8. Compara la estructura del clan gitano con la de los celtas. (ver Capítulo 3)
9. Comenta sobre la "sobrevivencia en grupo", y compara este concepto gitano con los castellers de Cataluña. (ver Capítulo 10)
10. ¿Qué opinas de los avances que quieren lograr algunas gitanas?

Para saber más

1. Busca más información sobre los intérpretes gitanos del flamenco. ¿Quiénes se han destacado más en el cante, el baile y el toque?
2. Consulta el Internet sobre la xenofobia en España hacia los gitanos. En tu opinión, ¿es de alguna manera justificable tal xenofobia? ¿Por qué o por qué no?
3. Busca información en el Internet sobre otros grupos minoritarios en España. ¿Cómo se comparan con los gitanos o cómo se distinguen de ellos?

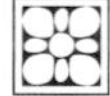

El idioma: El caló y el árabe

A tu parecer

1. ¿Qué culturas antiguas han hecho en vuestro idioma nativo? Pensad y compartid algunos ejemplos entre los compañeros.
2. Haced una lista de palabras extranjeras que existen en vuestro idioma nativo. Con un(a) compañero(a), tratad de clasificarlas en categorías.
3. En vuestro país, ¿hay muchos grupos étnicos que mantienen todavía su propia lengua? ¿Cuáles son? Con el resto del grupo, tratad de pensar en estrategias que puedan implementarse en estas comunidades para que no se pierda su idioma.

Históricamente Andalucía ha hecho un papel importante en el desarrollo de la lengua castellana. Primeramente, durante la época de la civilización árabe, este territorio se llamaba Al-Andaluz y tenía por capital la ciudad de Córdoba. Fue allí, en los años de mayor esplendor, donde se desarrollan la ciencia, la literatura y las artes. El idioma andalusí en esa época era una mezcla de la lengua romance y el árabe, y Al-Andaluz es el centro cultural donde comienza la huella árabe en el idioma castellano. Algunas palabras de herencia árabe que todavía forman parte del castellano comienzan con el prefijo al-: alcoba, alfombra, albóndiga, alcaparra, albaricoque, alfiler, almíbar, alcohol, albahaca, alguacil, albañil, alcalde. Otras palabras son: azul, mezquino, zaguán, jarra, jazmín, azucena. La expresión "ojalá" es una invocación al dios Allah[15]. Las palabras árabes incorporadas al idioma castellano se asocian con la guerra, la agricultura y otras profesiones, las matemáticas y también con la casa y la cocina. Además la primera muestra de la creación literaria española se puede observar en las jarchas (estribillos poéticos escritos en árabe y castellano), o poemas escritos en un idioma híbrido mozárabe.

mozárabe Ben-Al Muallim	castellano
¡Ven, ya sahhara!	¡Ven hechicero!
Alba k'est con bel vigore	Alba que tiene bello vigor
kando vene pidi amore.	Cuando viene pide amor

(Angel Del Río. *Literatura Española*. Tomo I. New York: Holt Rinehart & Winston, 1969, p. 3.)

Los andaluces que viajaron a América durante la época de exploración y colonización, aportaron la lengua como parte de la difusión del imperio. Aunque la *Primera gramática española* (ver Capítulo 7) escrita por Antonio de Nebrija, se escribió precisamente con el fin de difundir la lengua castellana, muchos de los que llegaron inicialmente a América, hablaban no al estilo de Castilla La Vieja, sino al estilo andaluz. Todavía en la actualidad muchos de los fenómenos fonológicos que se presencian en el habla de Andalucía también son evidentes en grupos hispanoparlantes primordialmente del Caribe (Puerto Rico, Cuba y la República Dominicana), y los mismos fenómenos lingüísticos se encuentran también en las costas caribeñas de Colombia y Venezuela. Algunos de estos fenómenos son el "seseo", la apocopación[16] de la "s" final, y de la letra final de algunas palabras agudas[17] (casa por casas, flore por flores, hacé por hacer, usté por usted, verdá por verdad) y la eliminación de la "d" intervocálica[18] (hablao por hablado, sentao por

[15] dios musulmán
[16] caída, eliminación
[17] palabras acentuadas en la última sílaba
[18] entre dos vocales

sentado). Andalucía hizo un papel importante también en el desarrollo del caló, o lengua de los gitanos. El caló es un dialecto del romanó, lengua común de todos los gitanos, que proviene del sánscrito. El siguiente fragmento del himno romanó revela dos valores importantes gitanos: el desplazamiento y la solidaridad en grupo.

Himno romanó	Traducción
Gelém gelém	Andaítos tengo
Lungoné dromensa	Caminos muy largos
Maladilém	Gitanos pobres
Chorimé Rromensa	¡Cómo me he encontrao…!
Gelém gelém	Andaítos llevo
Lungoné dromensa	Caminos muy largos
Maladilém	Gitanos felices
Baxtalé Rromensa.	¡Cómo me he encontrao…!
O chavale!	¡Ay compadres…!
O Rromale!	¡Ay, gitanitos…!
Opré Rromale!	¡Arriba, gitanos…!
Opré chavale!	¡Arriba, compadres!

(Marcela Romero Yantoro, "Himno Romanó", *Del romano al caló: seis siglos de la lengua gitana en Espãna*)

El caló tiene su vocabulario particular, pero al hablar este dialecto se mantienen las normas gramaticales del castellano. Durante la época de Franco (ver sección aspectos sociopolíticos en este mismo capítulo), se prohibió el caló porque se consideraba jerga de delincuentes. No obstante algunas palabras del caló han llegado a ser parte del léxico general español, como por ejemplo gachó (hombre), calé (gitano), camelar (querer), etc. Hoy en día, desafortunadamente, el uso del caló es siempre más escaso especialmente entre los jóvenes.

caló	castellano
He mangado la pañí	He pedido agua
No me la quisieron diñar	No me la quisieron dar
He chalado a la ulicha	He ido a la calle
Y me he chibado a ustilar	Y me he puesto a robar

(Citado de José Manuel de Molina, *Persecución al pueblo gitano*)

Para conocer mejor

1. Compara la influencia árabe con la influencia del inglés en el castellano. (ver Capítulo 2)
2. De las palabras de origen árabe, busca en el diccionario las que no conozcas y agrúpalas en categorías.
3. Compara el idioma de las jarchas con el sefardí.
4. En la jarcha que aparece en la lectura, ¿cuáles son las palabras que más se parecen al castellano?
5. En tu opinión, ¿por qué hay semejanzas entre el habla andaluza y el habla caribeña?
6. Compara el caló con el bable. (ver Capítulo 11)
7. En tu opinión ¿en qué forma puede compararse el caló con la interlingua?
8. ¿Por qué piensas que el caló se está perdiendo entre los jóvenes?
9. ¿Por qué piensas que se ha relacionado el caló con la jerga de delincuentes?
10. En tu opinión, ¿cómo se relaciona el poema al final de la lectura con el fenómeno de la picaresca? (ver Capítulo 7)

Para saber más

1. Busca en el diccionario otras palabras de origen árabe. ¿Con qué se asocian estas palabras?
2. Busca un diccionario caló-castellano en el Internet. ¿En qué categorías pueden clasificarse la mayoría de las palabras?
3. Busca otras jarchas y analiza las palabras que se parezcan al castellano.
4. En el cante flamenco a menudo se escuchan fenómenos del caló y también del habla andaluza. Busca las letras de unas canciones en el Internet, y analiza los patrones y los fenómenos que encuentres.

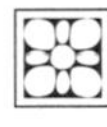

El arte y la arquitectura: Diego Rodríguez de Silva y Velázquez y el nacimiento de la pintura moderna

A tu parecer

1. Mirad una naturaleza muerta del siglo XVII. Hablad en grupos de tres cuál es vuestro papel como espectadores. Luego mirad un cuadro abstracto más contemporáneo. Volved a hablar del papel que tenéis como espectadores.¿Por qué es igual o diferente el papel del espectador?

2. Debate: ¿Es importante la perspectiva en los cuadros? ¿Por qué o por qué no? ¿Qué otras técnicas que conozcáis son importantes o indispensables?

Diego de Velázquez nace en Sevilla el 6 de junio de 1599, y es reconocido mundialmente como la figura más sobresaliente de la pintura barroca española[19]. Velázquez, con Francisco de Goya[20] y El Greco[21], forma parte de uno de los grupos de artistas españoles de mayor resonancia a nivel mundial. Velázquez pertenece a una familia de estracto burgués y es el mayor de seis hermanos. Su madre es sevillana y su padre, un judío de origen portugués convertido al catolicismo. Durante varios años tiene como maestro al pintor manierista sevillano Francisco Pacheco[22], también autor de un importante estudio (*El Arte de la pintura*, 1649) y padre de Juana de Miranda (1602–1660), la futura esposa de Velázquez.

A Velázquez le corresponde vivir en una época de gran esplendor cultural, pero contradictoriamente, el reinado de Felipe III (rey entre 1598 y 1621) y el de Felipe IV (rey entre 1621 y 1665) están marcados por grandes conflictos de carácter religioso y sociopolítico. En 1609, por ejemplo, se expulsa a los moriscos[23] de España, lo cual origina una crisis de tipo económico ya que los árabes eran grandes trabajadores y artesanos. Durante esta época España entra en guerra contra Flandes, Italia y Alemania. También participa en la denominada guerra de los Treinta Años contra los protestantes. Como si esto fuera poco pierde a Holanda, y Cataluña y Portugal se le sublevan. En 1668 Portugal se separa y se independiza como nación autónoma.

Velázquez viaja a Madrid en el año de 1623, para trabajar en un retrato del rey Felipe IV (1623, Museo del Prado). Un poco más adelante, y con el patrocinio[24] del conde Duque de Olivares, se le nombra pintor real de la corte. Velázquez es un artista que incursiona[25] en una amplia gama de temas y estilos. Su obra "Los Borrachos" (1628–1629, Museo del Prado) es un ejemplo de su gran talento como paisajista[26]. Toca temas religiosos en obras como "La Adoración de los Magos" (1619, Museo del Prado) y el retrato del "Papa Inocencio X" (Galería Doria-Pamphil, Roma); temas de batallas como el del cuadro "Las Lanzas" o la "Rendición de Breda" (1634, Museo del Prado). Sin embargo la cima de su carrera se encuentra en "Las Hilanderas" o "La Fábula

[19] período artístico que sucede entre los siglos XVII y XVIII
[20] pintor español 1746–1828
[21] pintor manierista español 1541–1614
[22] pintor español de estilo barroco 1564–1644
[23] colozinadores árabes de España
[24] auspicio, apoyo, dirección
[25] participa
[26] que hace retratos de paisajes

de Aracné" (1644–1648, Museo del Prado) —obra en la que incorpora la mitología clásica— y "Las Meninas" o "La Familia de Felipe IV" (1656, Museo del Prado), espectacular retrato de la familia real.

"Las Meninas" de Velázquez

Una de las características más llamativas de "Las Meninas" es el hecho de que, en la pintura aparece Velázquez justamente en el mismo acto en que está retratando a la familia real. También llama la atención el espejo en el que se reflejan los rostros de la reina Mariana de Austria y del rey Felipe IV. Velásquez, en una muestra de originalidad y maestría en el manejo de la técnica y la perspectiva, involucra al espectador en el proceso de ejecución de la obra. Lo invita a entrar en el interior del cuadro para que vea y juzgue desde adentro el complejo proceso de producción de la pintura. Este hecho, considerado por muchos como innovador, genera una nueva forma de ver y de percibir la pintura. El espectador de la obra pictórica ya no se enfrentará a la obra artística de una manera ingenua e inocente. Por el contrario se verá tentado a confrontar el cuadro de una manera refléxiva y crítica. Este uso de perspectiva se verá en obras de los sucesores de Velázquez. En particular los cuadros basados en "Las Meninas", que pinta Pablo Picasso, demuestran el poder involucrador de la perspectiva.

En 1629 el Sevillano (como se le conocía en la corte) hace su primer viaje a Italia. Esta experiencia le permite tener acceso al arte renacentista y familiarizarse con la naciente pintura barroca. En 1631 vuelve a Madrid y el rey le encomienda dirigir la decoración del palacio del Buen Retiro, residencia del conde Duque de Olivares.

En 1649, cuando ya cuenta con 50 años, Velázquez realiza su segundo viaje a Italia para adquirir obras de arte para la colección real. Estando allí pinta los excelentes retratos del pintor español, Juan de Pareja (1619–1670)

"Las Meninas" de Picasso

(Museo Metropolitano de Arte, Nueva York) y del Papa Inocencio X. En 1651 vuelve a Madrid y la corte le encarga la decoración de las salas del Alcázar[27].

Muere el 6 de agosto de 1660 en Madrid, cuando escasamente dos años antes había recibido de parte del rey Felipe IV, el título de Caballero de Santiago[28].

Para conocer mejor

1. Compara a Velázquez con El Greco. (ver Capítulo 12)
2. En tu opinión, ¿por qué muchas de las obras de Velázquez se encuentran en el Museo del Prado?
3. ¿Qué ocurría en España durante la época de Velázquez? (ver cuadro sinóptico)
4. Compara los temas que sobresalen en los cuadros de Velázquez con los de Goya. (ver Capítulo 6)
5. Compara "Las Meninas" con las obras de Dalí en cuanto a la percepción visual. (ver Capítulo 10)
6. En tu opinión, ¿por qué tanto Velázquez como El Greco aparecen autoretratados en algunas obras? (ver Capítulo 12)

[27] palacio fortaleza de los Reyes Católicos
[28] título de nobleza

7. En tu opinión, ¿qué importancia tuvieron los viajes de Velázquez a Italia?
8. En tu opinión, ¿qué importancia tiene que Velázquez fuera hijo de un converso? (ver Capítulo 2)
9. Compara la foto presentada en este capítulo de "Las Meninas" de Velázquez con la de "Las Meninas" de Picasso.
10. En tu opinión, ¿por qué Picasso pintó una versión de "Las Meninas"?

Para saber más

1. Consulta el Internet sobre el Barroco en comparación con la belleza y perfección del Renacimiento y la exageración del Manierismo.
2. En grupos de tres, escoged uno de los cuadros de Velázquez, y preparad un diálogo entre dos o tres de los personajes que aparecen en él. Haced una lectura dramatizada de vuestro texto delante de la clase.
3. ¿Cuál de los cuadros del Sevillano te impactó más? Describe el cuadro teniendo en cuenta los siguientes datos: título, año en que se pintó, museo en que se encuentra, tema, personajes, colores y otras técnicas.
4. Otros dos artistas españoles también se inspiraron en "Las Meninas". Consulta en el Internet quiénes fueron y cómo se distingue su representación.

Las fiestas y el folclore: Sevilla, la novia del mundo

A tu parecer

1. Con un(a) compañero(a), pensad en una de las fiestas más importantes de vuestro país y haced una lista de las características de esta fiesta. ¿Cómo se celebra y cuáles son los elementos más tradicionales?
2. ¿Hay alguna fiesta en vuestro país en la que la gente lleve ropa tradicional? Haced una encuesta en la clase para ver cuáles son estas fiestas.
3. ¿Por qué se celebran algunas fiestas y ferias nacionales y regionales? Entre todos en la clase, escoged una de las fiestas y ferias que se celebran en vuestra región. En grupos de tres, tratad de adivinar el origen de dicha fiesta o feria. Luego compartid vuestra información con el resto de la clase para comparar vuestros datos e ideas.

Todos los años, desde 1847, la ciudad de Sevilla se viste de gala para celebrar su internacionalmente conocida Feria de Abril. Inicialmente era sólo una feria de compra y venta de ganado, pero a partir de la década de los cincuenta la celebración se convirte en todo un evento de diversión y colorido.

Sevillanos vestidos en ropa tradicional, Sevilla, España

Toda la ciudad y muy especialmente el barrio de Los Remedios —epicentro ferial— se viste de luces, bombillas y farolillos. Apenas unos días después de terminadas las pomposas celebraciones de la Semana Santa, todo el pueblo se vuelca[29] a las calles para ver los paseos de coches tirados por hermosos caballos de pura raza española, el espectáculo de los fuegos artificiales, las hermosas mujeres sevillanas sacando a relucir[30] sus trajes flamencos y los apuestos jóvenes con sus trajes tradicionales. Todos se dejan llevar por el alegre canto y el baile al son de las famosas sevillanas[31]. No podrá faltar en el acompañamiento de esta desbordante[32] alegría el famoso vino fino de Jeréz, la manzanilla sanlugueña y por supuesto, un buen chocolate con churros para reanimarse.

Pero esto no es todo, ya que también hay programaciones especiales en la Calle del Infierno (pero de alegría), la preferida de los niños (¡y también de los adultos!). En esta calle se programan una gran variedad de espectáculos como teatro, danza y atracciones mecánicas para la diversión de los niños. Entre estos últimos los más populares son: la Montaña Rusa, La Noria, el Ratón Vacilón, el "Twister", el "Top Gun", Los Barcos Vikingos, y el Tren de la Bruja. La Feria también cuenta con la presencia del Circo Mundial, en donde payasos, acróbatas y animales son el deleite del público.

---

[29] sale
[30] mostrar
[31] baile de estilo folclórico flamenco
[32] alumbrante, brillante

No puede faltar en esta gran feria sevillana la fiesta taurina. El origen de estas corridas de toros está estrechamente ligado al origen ganadero de la feria. Durante los nueve días que dura la feria se llevan a cabo entre diez y quince corridas. Éstas se consideran como unas de las más importantes del país, y los sevillanos tienen la fama de ser "expertos" en el arte taurino. La gran mayoría de las corridas se llevan a cabo en la arquitectónicamente destacable Plaza de la Maestranza, por lo cual se la ha declarado como monumento nacional de España. El triunfador de la feria taurina recibe el codiciado[33] premio de la "Maestranza", el cual le abre las puertas a la fama.

Para conocer mejor

1. Compara la Feria de Sevilla con las Fallas de San Juan. (ver Capítulo 5)
2. ¿Qué hay en común entre la Feria de Abril y la celebración de San Isidro en Madrid? (ver Capítulo 2)
3. Compara los orígenes de la Feria de Abril con los orígenes de los sanfermines. (ver Capítulo 8)
4. En tu opinión, ¿cuáles son algunos contrastes en la Feria de Abril entre lo tradicional y lo moderno?
5. ¿Qué importancia tiene el flamenco en la Feria de Abril, y cómo se relaciona esta fiesta con la guitarra flamenca?
6. En tu opinión, ¿por qué es la fiesta taurina parte intrínseca de las celebraciones españolas? (ver Capítulos 2, 5 y 8)
7. Compara la importancia que tienen los niños en esta celebración con la la que tienen en la de Aragón. (ver Capítulo 6)
8. En tu opinión, ¿qué contrastes hay entre el papel de las mujeres en la Feria de Abril y el de las alcaldesas de Zamarramala? (ver Capítulo 7)
9. ¿Por qué se considera Sevilla la novia del mundo?
10. Compara la Feria de Abril con la celebración del Corpus Christi en Castilla-La Mancha. (ver Capítulo 12)

Para saber más

1. Busca información en el Internet sobre el estilo musical llamado "sevillanas". Prepara una presentación sobre la música, el canto y el baile. También busca información sobre el tradicional traje de sevillana, y prepara una descripción para tus compañeros.
2. Busca información en el Internet sobre los grandes toreros que han lidiado en la Plaza de la Maestranza.

[33] rebuscado

3. Busca un artículo de algún periódico de España en el que se describa la Feria de Abril más reciente. Preséntale un resumen del artículo en clase.

 Gastronomía: El gazpacho: ¿Guiso castizo o sopa híbrida?

A tu parecer

1. Pensad en los platos típicos de vuestra cultura. ¿Hay algún ingrediente o condimento básico que siempre debe usarse? Por ejemplo, en Francia, muchos platos se cocinan con mantequilla. Haced una encuesta en la clase para ver cuál es el ingrediente básico más universal.
2. Pensad en un ejemplo de alguna comida que aparezca en alguna pieza de literatura que hayáis leído (poesía, prosa, teatro). ¿Qué importancia tiene la comida en esa obra? Comparad vuestros ejemplos con los de otros compañeros, y luego con el resto de la clase.
3. La palabra "sopa" se usa muchas veces para simbolizar una mezcla de elementos, culturas, gente, etcétera. Preguntadle a un(a) compañero(a) qué piensa sobre esto. Entre todos, pensad en otras metáforas para expresar la misma cosa.

Uno de los platillos más populares de España, y en particular de Andalucía, es el gazpacho o sopa fría, cuyos ingredientes básicos son el pan, el ajo, el aceite de oliva, el vinagre y la sal. La palabra "gazpacho" proviene de la época prerromana y significa "cortar en caspas" o trozos, lo cual se refiere en particular a la forma en que se preparan los ingredientes. Se piensa que antiguamente el gazpacho se refería más bien a un guiso[34] de caza que contenía carnes y quizás verduras. Al incorporarse los nuevos productos del continente americano a las recetas españolas, el tomate llegó a ser ingrediente de gran celebridad para el gazpacho.

Gazpacho andaluz

[34] sopa

Hoy en día hay una infinidad de gazpachos de varios colores y sabores que reflejan la diversidad de Andalucía, y por ende, de todo España.

Antiguamente la preparación se comenzaba con un "majao" o mezcolanza de ajo, sal, pimiento y tomate; luego se añadía el pan escurrido[35], el agua, el aceite, y el vinagre. Se servía frío en un cuenco[36] y el comensal podía guarnecerlo[37] a su gusto. Hoy en día el gazpacho se prepara con la ayuda de batidoras, coladoras y licuadoras, y los ingredientes y guarniciones son muy variados. Algunos ejemplos son manzanas, uvas, huevos fritos, pepinos, pimientos, hígado de conejo, trocitos de jamón, salmón, atún. Hay gazpacho rojo, a base de tomate; blanco, con ajo y almendras; verde, con hierbabuena; y de harina de habas. En la segunda parte de *El ingenioso hidalgo Don Quijote de la Mancha*, luego de su infortunio como gobernador de la isla Barataria, Sancho Panza expresa su deseo por satisfacer el hambre: "Antes prefiero hartarme[38] de gazpachos, que estar sujeto a la miseria de un médico impertinente que me mate de hambre". (Miguel de Cervantes. *El ingenioso caballero don Quijote de la Mancha*. Parte II. Madrid: Alianza Editorial, 1996, pp 1287–1288.) El hecho de que estas palabaras las diga Sancho, sugiere que este apetitoso plato sea uno de los más castizos[39] de España, al igual que los otros antojos de Sancho aludidos en la obra, tales como el bacalao con papas, por ejemplo. A diferencia de don Quijote que casi no come nada, Sancho, cristiano viejo, cada vez que puede, se harta de los platos más auténticos y "naturales" de España en esa época.

Por contraste, sin embargo, el gazpacho tal como se conoce en Andalucía no es nada menos que otro testimonio de la diversidad de las gentes que influyeron en el lugar a través de los siglos. Los romanos aportaron el aceite y los olores, ingredientes básicos del "majao"; los cartagineses, el pescado; los árabes, las almendras y lo agridulce; los judíos, la harina de habas; los cristianos, las carnes; y de América llegaron el tomate y los pimientos. Tan popular es el gazpacho que se vende también envasado. Aquí incluimos un artículo sobre este asunto.

> *Según datos de MasterPANEL de* Taylor Nelson Sofres (TNS), *las ventas de gazpacho envasado han aumentado un 60 porciento en volumen de litros vendidos en tan sólo dos años. El mercado español del gazpacho envasado ascendió a 15*

[35] mojado y esprimido
[36] plato para sopa
[37] decorarlo, adornarlo
[38] comer mucho
[39] puros, tradicionales

millones de euros hasta el tercer trimestre del año 2002, mientras que las ventas de todo el año 2001 fueron de 14 millones de euros. Estas cifras suponen un incremento de un 7 porciento de estos dos trimestres respecto a las ventas de todo el 2001, y de un 50 porciento respecto a las de todo el año 2000. Durante el tercer trimestre del 2002, meses en los que se produce el mayor consumo de este producto, el gazpacho envasado fue adquirido por el 13 porciento de los hogares españoles. Los consumidores han acudido a los puntos de venta una vez al mes de media y han destinado un promedio de 3 euros por compra.

La marca líder del mercado nacional es Don Simón, con una cuota de ventas del 27.6 porciento del mercado. La sigue a corta distancia el gazpacho Alvalle, con un 25.6 porciento de las ventas. Si tenemos en cuenta el formato de presentación, cabe destacar que las tres primeras marcas del mercado ofrecen el gazpacho envasado en formatos familiares, más en consonancia con la imagen de consumo que existe en España de este producto. El Supermercado es el canal en el que se comercializa la mayor cantidad de gazpacho, concretamente el 58 porciento, mientras que el Hipermercado recibe una cuarta parte del volumen total destinado a la categoría. El canal Discount concentra el 15 porciento del consumo de la categoría. Cabe destacar la gran relevancia que tiene el Canal Dinámico para la categoría de gazpacho.

(...)

En el consumo de este producto se observan importantes diferencias en base a varios criterios, entre los que destacan los regionales y los socioeconómicos. Así, en las regiones metropolitanas de Barcelona y Madrid junto con la zona de Cataluña y Levante se realiza un porcentaje del consumo de la categoría muy superior al peso poblacional que estas zonas representan. También por clase social cabe destacar que es sobretodo la clase Alta y Media Alta la que realiza un mayor consumo de la categoría, mientras que la clase Baja no destina importantes sumas de dinero a este producto, en relación a la cantidad de población que representan. Ello puede deberse a que, por ser un producto fácil de preparar y consumir, el gazpacho envasado ha triunfado más entre los consumidores urbanos y con unos hábitos de consumo claramente modernos, que entre otras zonas de España donde existe una mayor tradición de elaborar el gazpacho en casa. Este producto se encuentra muy bien posicionado en Cataluña, Levante y Madrid, de ahí la importancia que adquieren las cadenas del Grupo Carrefour, Mercadona o enseñas más regionales como Caprabo.

(Taylor Nelson Sofres Market Research Agency, "El mercado español del gazpacho envasado aumenta un 60% en dos años", Notas de Prensa *(27 noviembre 2002))*

Actualmente la palabra "gazpacho" se usa para significar mezcla, confusión, embrollo, y el platillo en sí ha venido siendo producto de una variedad de combinaciones debidas a factores geográficos, históricos, culturales, económicos y hasta individuales. Desde su origen remoto y castizo hasta hoy en día, el gazpacho es un platillo reconocido y catado[40] universalmente.

Para conocer mejor

1. Compara el gazpacho con la paella valenciana. (ver Capítulo 5)
2. En tu opinión, ¿de qué forma es el gazpacho un platillo comunitario como la fabada asturiana? (ver Capítulo 11)
3. Compara el gazpacho con otro platillo que se mencione en la literatura o el arte. (ver Capítulos 3, 6 y 8)
4. ¿Qué culturas han influido en la preparación del gazpacho y en qué capacidad?
5. Compara la rapidez de la elaboración del gazpacho con la de las angulas al ajillo. (ver Capítulo 4)
6. Compara los ingredientes del gazpacho con los de la fabada asturiana. (ver Capítulo 11)
7. En tu opinión, ¿en qué se parece el gazpacho a las tapas en términos de su variedad en España?
8. En tu opinión, ¿por qué está aumentando tanto la venta del gazpacho envasado?
9. ¿Es el gazpacho un guiso castizo o una sopa híbrida? Explica, consultando el pensamiento de Miguel de Unamuno. (ver Capítulo 4)
10. En tu opinión, ¿por qué son las clases media y alta las que no participan en la tradición de elaborar el gazpacho en casa?

Para saber más

1. Inventa un gazpacho con ingredientes típicos de tu propia cultura.
2. Busca en el Internet diferentes recetas para el gazpacho y compáralas. En tu opinión, ¿cuál es la más nutritiva? ¿la más sabrosa?
3. ¿Cuáles son otros platillos típicos de Andalucía? Busca en el Internet y prepara una breve descripción de uno de ellos.

Aspectos sociopolíticos: Los intelectuales y la Guerra Civil española

A tu parecer

1. Con un(a) compañero(a), pensad en los diferentes conflictos de política interna que han ocurrido en vuestro país. ¿A qué se debieron estos conflictos y cómo se resolvieron?

[40] buscado, pedido

2. Ernest Hemingway (ver Capítulo 8) vivió un tiempo en España y escribió sobre la Guerra Civil española. Buscad información sobre él y su conexión con España, y presentadle lo que encontréis al resto del grupo.

La Guerra Civil española se inicia el 18 de julio de 1936, con una rebelión militar orquestada desde Marruecos[41] por el general Francisco Franco (1892–1975), conocido con el sobrenombre de El Generalísimo.

> Españoles: A cuantos sentís el santo amor a España, a los que en las filas del Ejército y Armada habéis hecho profesión de fe en el servicio de la Patria, a los que jurásteis defenderla de sus enemigos hasta perder la vida, la Nación os llama a su defensa.
>
> La situación de España es cada día que pasa más crítica; la anarquía reina en la mayoría de sus campos y pueblos; autoridades de nombramiento gubernativo presiden, cuando no fomentan[42], las revueltas. A tiros de pistola y ametralladoras se diriment[43] las diferencias entre los bandos de ciudadanos, que avelosa y traidoramente se asesinan sin que los poderes públicos impognan la paz y la justicia. (...) ¿Es que se puede consentir un día más el vergonzoso espectáculo que estamos dando al mundo?
>
> ¿Es que podemos abandonar a España a los enemigos de la Patria, con un proceder cobarde y traidor, entregándola sin lucha y sin resistencia?
>
> *¡¡Eso no!! Que lo hagan los traidores, pero no lo haremos quienes juramos defenderla...*
>
> *(Francisco Franco,* Manifesto de las Palmas *(18 julio 1936).*
> *Citado por Francisco J. Uriz en* Ventana abierta sobre España.
> *Madrid: Edelsa, pp 16–18.)*

Este conflicto se extiende hasta el día 28 de marzo de 1939, con el triunfo de los nacionales o rebeldes dirigidos por el mismo Franco. Al grupo nacional lo apoyan los gobiernos fascistas de Alemania, Italia y Portugal, y los republicanos, quienes se mantienen leales al gobierno constitucional; cuentan con el apoyo de la Unión Soviética y de las Brigadas Internacionales. Estas brigadas reunen a un grupo de 40.000 voluntarios de más de cincuenta países. Una de las más conocidas es la Brigada Abraham Lincoln, que llega a reunir a 3.000 voluntarios americanos.

La Guerra Civil española estalla en un marco de crisis política mundial. En Europa está a punto de empezar la Segunda Guerra mundial (1939–1945), en la que se enfrentan las mismas fuerzas ideológicas que luchan en España, es decir,

---

[41] país de África
[42] alientan, causan
[43] se resuelven

el fascismo contra la democracia y el comunismo. Por otro lado está todavía vivo el nefasto recuerdo de la Primera Guerra mundial (1914–1918), y los cambios radicales generados por la Revolución Bolchevique-Socialista rusa de 1917.

España, que había mantenido una posición neutral frente a todos estos conflictos, atraviesa por graves problemas internos. Desde la época de la llamada Restauración (1875–1917) se crea en el país una profunda división de clases sociales. Una pequeña porción de la población manipula casi el 60 porciento de los recursos, mientras que la gran mayoría subsiste con lo que genera el 6 porciento de la tierra. Estos hechos generan poco a poco una situación de inconformismo y de inestabilidad política que desembocará en la Guerra Civil española de 1936.

Entre 1923 y 1930 una dictadura militar y civil gobierna a España. A partir de 1931 y hasta 1936 se consolida en el poder un sistema republicano conocido como la Segunda República, una alianza política entre socialistas y republicanos de izquierda. Las nuevas Cortes nombran como Presidente de la República a Manuel Azaña. En un intento por dar solución inmediata a algunos de los problemas del momento, Azaña toma varias medidas: se incrementa el salario mínimo de los trabajadores, se reduce la jornada laboral[44] a ocho horas, y se limita la participación de la Iglesia en asuntos económicos y también su excesivo poder. También se declara una amnistía política y se reanudan la Reforma Agraria y los Estatutos para la autonomía de Cataluña, las provincias vascas y Galicia. No obstante estas medidas la crisis se sigue agudizando[45]. Se asesina a un teniente[46] republicano y como represalia[47], el 12 de julio de 1936 es acribillado[48] a balazos[49] Calvo Sotelo, jefe del bando de los nacionales. La Guerra Civil española empezará cinco días después y se extenderá hasta el 1 de abril de 1939, fecha en la que el general Francisco Franco declara triunfal y oficialmente que la guerra ha terminado. Se calcula que el conflicto dejó aproximadamente un millón de víctimas, la mitad en el campo de batalla y la otra mitad asesinados.

El momento histórico en el que se da la Guerra Civil española cuenta con la presencia de un gran grupo de artistas e intelectuales españoles. Muchos de ellos participan directa o indirectamente en dicho conflicto. Tal es el caso del grupo poético conocido como la "Generación de 1927" y que cuenta entre sus representantes a escritores de fama internacional como Federico García Lorca (Granada, 1898–1936), Rafael Alberti (Cádiz, 1902–1999), Pedro Salinas (Madrid, 1892–Boston, EE.UU.,1951), Gerardo Diego (Santander,

[44] horas de trabajo
[45] empeorando
[46] rango militar
[47] venganza
[48] asesinado
[49] disparos con un arma de fuego

1896–Madrid, 1987), Miguel Hernández (Orihuela, Alicante, 1910–1942), Vicente Aleixandre (Sevilla, 1898–Madrid, 1984), Jorge Gullén (Valladolid, 1893–Málaga, 1984), Luis Cernuda (Sevilla, 1902–México, 1963) y Dámaso Alonso (Madrid, 1898–1990). Algunos de estos intelectuales tienen que abandonar el país y pedir asilo político en otros países; otros, como Lorca, son asesinados por los bandos fascistas; y otros, como Miguel Hernández, mueren en prisión.

Además de los intelectuales españoles, hay otros de diferentes países, como Pablo Neruda, poeta chileno y cónsul de España, que escribe los siguientes versos acerca de la Guerra Civil española:

Generales
traidores
mirad mi casa muerta
mirad España rota:
pero de cada casa muerta sale metal ardiendo
en vez, de flores,
pero de cada hueco de España
sale España
pero de cada niño muerto sale un fusil con ojos,
pero de cada crimen nacen balas
que os hallarán un día el siti
del corazón.

(Pablo Neruda,
España en el Corazón (1937).)

Durante la Guerra Civil española, en 1937, la ciudad de Guernica fue bombardeada debido a una intervención de la aviación nazi alemana. Pablo Picasso respondió a este acto de genocidio con su gran pintura, el "Guernica", cuadro en el que capta magistralmente los horrores de la guerra.

"Guernica" de Pablo Picasso

Picasso pinta este inmenso lienzo en colores blanco, negro y gris, justamente para dar realce a la violencia y a las atrocidades cometidas contra la población civil de Guernica, un pequeño pueblo del País Vasco. A petición de Picasso el "Guernica" permaneció en exhibición en el Museo de Arte Moderno de Nueva York, desde el comienzo de la Segunda Guerra mundial hasta 1981, para que la comunidad internacional tomara conciencia crítica de los abusos del fascismo. Por otro lado, aunque Picasso consideraba su obra como un patrimonio del pueblo español, no permitió que se expusiera en España hasta que no se establecieran allí unas condiciones democráticas claras. Cumpliendo con este deseo de Picasso, el 25 de octubre de 1981, año del centenario de su nacimiento, el "Guernica" llegó a territorio español en un momento histórico importante para la democracia española.

Para conocer mejor

1. Compara la Guerra Civil española con los Sitios de Aragón. (ver Capítulo 6)
2. En tu opinión, ¿qué semejanzas hay entre los grupos contrarios de la Guerra Civil española y los actuales partidos políticos en Galicia? (ver Capítulo 3)
3. Compara a Francisco Franco con Carlos I de España. (ver Capítulo 7)
4. Compara las atrocidades de la guerra con las de la Inquisición. (ver Capítulo 2)
5. Según tu punto de vista, ¿qué hay en común entre la Guerra Civil española y la Rebelión Comunera? (ver Capítulo 7)
6. En tu opinión ¿por qué los intelectuales tuvieron que salir de España debido a la Guerra Civil española?
7. ¿A qué se deben los graves problemas internos en España que causaron la Guerra Civil española?
8. ¿Qué ocurría en el resto del mundo durante la Guerra Civil española?
9. En tu opinión, ¿qué importancia tiene que un autor latinoamericano como Pablo Neruda esté en contra de la Guerra Civil española?
10. Compara el "Guernica" con los "Desastres de la Guerra" de Goya. (ver Capítulo 6)

Para saber más

1. Busca información y presenta una breve biografía sobre uno de los artistas e intelectuales de la Generación de 1927, mencionados en la lectura.
2. España estuvo bajo el poder de Franco durante más de cuarenta años. ¿Qué repercusiones piensas que tuvo este hecho para el desarrollo

económico y cultural del país? Busca información en el Internet sobre este tema.
3. Busca información sobre lo que ocurrió en el pueblo de Guernica en abril de 1937.
4. Consulta en el Internet cómo es la obra "Guernica" del pintor español Pablo Picasso. Escribe una descripción de cinco oraciones sobre dicha obra.

Materiales Suplementarios

Los gitanos

Crudes Roldán, Cristina y otros autores. *El flamenco, identidades sociales, ritual y patrimonio cultural.* Sevilla: Centro Andaluz de Flamenco, 1996.
Liégeois, J. P. *Minoría y escolaridad: el paradigma gitano.* Madrid: Editorial Presencia Gitana, 1998.
San Román, T. *Entre la marginación y el racismo. Reflexiones sobre la vida de los gitanos.* Madrid: Editorial Alianza Universidad, 1986.

El caló

Ropero Nuñez, Miguel. *El léxico caló en el lenguaje del cante flamenco.* Sevilla: Universidad de Sevilla, 1991.

Velázquez

Buero Vallejo, Antonio. *Tres maestros ante el público: Valle-Inclán, Velázquez, Lorca.* Madrid: Alianza, 1973.
Maravall, José Antonio. *Velázquez y el espíritu de la modernidad.* Madrid: Alianza, 1987.
Mestre Fiol, Bartolomé. *El Cuadro en el cuadro: Pacheco, Velázquez, Mazo, Manet.* Palma de Mallorca: Dip. Prov, Baleares, 1977.

Feria de Abril de Sevilla

Ortiz Nuevo, José Luis. *La Feria de Sevilla: Guía de lo oculto y lo resplandeciente.* Sevilla: Rodríguez Castillejo, 1990.

La Guerra Civil española

Marichal, Juan. *El secreto de España. Ensayos de historia intelectual y política.* Madrid: Taurus, 1995.
Paredes, Javier (coord.). *Historia contemporánea de España*, 2 vol. Barcelona: Ariel, 1998.
Romeu Alfaro, Fernanda. *El silencio roto. Mujeres contra el franquismo.* Barcelona, 1994.

Gastronomía

Benavides, L. *Al-Andalus. La Cocina y su historia.* Motril, España: Ediciones Dulcinea, 1992.
Bolens, Lucie. *La cocina andaluza, un arte de vivir.* Siglos XI–XIII. Madrid: Editorial Edaf, 1992.

Guernica

Granja, José Luis de la y José Ángel Echaniz. *Gernika y la Guerra Civil.* Gernika-Lumo: Gernikazarra Historia Taldea, 1998.

Vídeo

"Generación del 27", "Granada", "The Heritage of Flamenco", "The Legacy of Franco", "The Spanish Civil War", "The Spanish Civil War: Blood and Ink", "Spanish Literature under Dictatorship", "The Spirit of Lorca", "Velázquez" y "The Andalusian Epic: Islamic Spain". Films for the Humanities & Sciences.

Capítulo

10

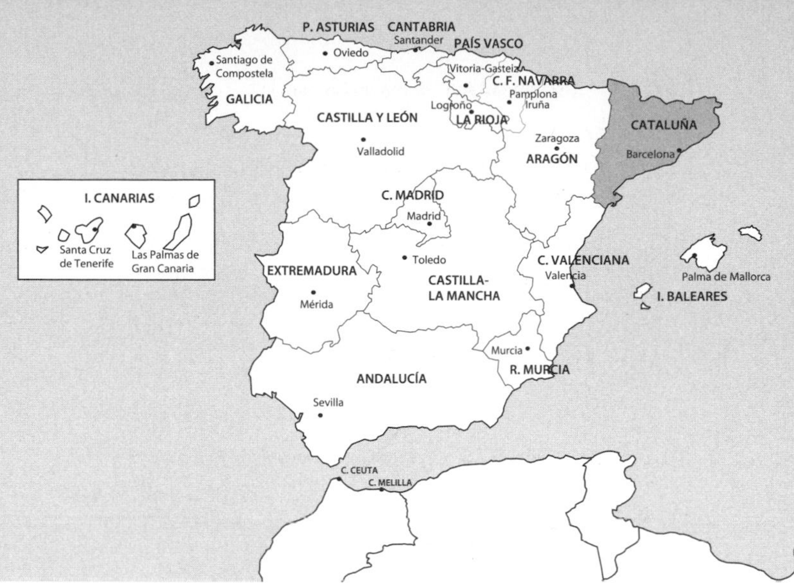

Comunidad Autónoma de Cataluña

Capital	*Barcelona*
Provincias	*Barcelona, Girona, Lleida, Tarragona*
Idiomas	*castellano y catalán*
Montañas	*Pirineos*
Ríos	*Ebro, Cardener, Anyet, la Muga*
Límites	*Aragón, Valencia, mar Mediterráneo, Andorra*

Para explorar

1. Cataluña limita con Aragón y Valencia. ¿Qué similitudes y diferencias hay entre las tres comunidades en términos de su geografía?
2. Busca más información sobre los Pirineos. ¿Qué importancia tienen geográfica, histórica y turísticamente?

http://espana.heinle.com 

...Quizás porque mi niñez
sigue jugando en tu playa
y escondido tras las cañas
duerme mi primer amor,
llevo tu luz y tu olor
por dondequiera que vaya,
y amontonado en tu arena
guardo amor, juegos y penas...

(Juan Manuel Serrat, "Mediterráneo",
Mediterráneo 1971)

Introducción

La Comunidad Autónoma de Cataluña se encuentra situada en el noreste de la Península Ibérica y está dividida en tres regiones: dos sectores montañosos, Pirineos y Cordilleras Costeras, y la llamada Depresión Central Catalana. La región catalana abarca las provincias de Barcelona, Girona, Lleida y Tarragona. Su capital, Barcelona, la ciudad más cosmopolita y económicamente más activa de España, está situada sobre la parte norte de la costa mediterránea. Cuenta con una población de casi dos millones de habitantes.

Las lenguas oficiales de Cataluña son el castellano y el catalán. Históricamente el catalán ha sido víctima de censuras y persecusiones. En 1717 es abolido completamente por el régimen de Felipe V hasta el siglo XIX, cuando se lo reconoce oficialmente con el resurgimiento de los Jocs Florals, unos concursos de poesía medieval. También durante la dictadura fascista del general Francisco Franco, el catalán es víctima de la censura y la represión. A pesar de todo la lengua se mantiene viva y hoy en día ya se ha recuperado completamente; el catalán ocupa el primer lugar en todas las actividades de la vida catalana, suplantando en gran parte al castellano.

El territorio catalán es muy rico y variado. Cuenta con hermosas y muy famosas playas como la Costa Brava, el Maresme y la Costa Dorada. En muchos de sus ciudades y pueblos se pueden apreciar monumentos románicos, góticos y renacentistas. Tal es el caso de Girona y su Barrio Judío, la misma Barcelona con su Barrio Gótico y su arquitectura modernista, el pueblo de Empúries o Ampúrias con sus ruinas grecoromanas, la ciudad de Figueres cuna de Salvador Dalí con el Museu de Joguets (Museo de los Juguetes) y el Teatro-Museo Dalí, la ciudad de Tarragona con sus muy bien conservados acueducto romano, anfiteatro y la Tumba de Scipio, o la magnífica ciudad medieval de Besalú con su templos Sant Vicenc y Sant Pere, el cual también es un monasterio.

Para saber más

1. Si tuvieras que hacer un recorrido histórico de Cataluña por medio de sus monumentos, ¿qué rutas tomarías? Busca información sobre los monumentos más representativos de las diferentes épocas en Cataluña y, planea un viaje.
2. La ciudad de Barcelona es muy cosmopolita. Busca una descripción más detallada de esta ciudad, y compárala con la ciudad más cosmopolita de tu país.
3. En Cataluña se usa casi exclusivamente la lengua catalana también en cuanto a los nombres de las calles y avenidas. Busca en el Internet un mapa detallado de una ciudad en Cataluña, y haz una lista de los nombres de las calles y de las avenidas que aparecen en catalán.

Gente y personajes ilustres: Ana María Matute y los niños

A tu parecer

1. Con tus compañeros de clase, hablad de la importancia que tienen los niños en una sociedad. ¿Qué papel desempeñan los niños en vuestro país?
2. En parejas, contados brevemente las fábulas que recordéis de vuestra niñez; luego, compartidlas con vuestros compañeros para ver cuántas tenéis en común.
3. ¿Qué esfuerzos se han hecho en tu país para prevenir, reducir o controlar el abuso y maltrato de los niños? En pequeños grupos, proponed alguna idea innovadora para luchar en contra de esta crueldad.

Ana María Matute es una de las escritoras españolas de la posguerra más leídas. Junto a Camilo José Cela, Carmen Laforet, Miguel Delibes, Elena Quiroga y Rafael Sánchez Ferlosio, ocupa un lugar primordial en la literatura española contemporánea. Desde 1948 ha publicado más de treinta libros de viñetas, cuentos y novelas que han sido traducidos a más de veinte idiomas y cuyos temas son los niños, la guerra y las fábulas. Se le ha premiado y homenajeado por su labor numerosas veces, y es la única mujer que ocupa un asiento en la Real Academia de la Lengua.

Ana María Matute

Nacida en Barcelona en 1926, ha situado la acción de algunos de sus relatos en su ciudad natal. Una de sus novelas más tempranas, *En esta tierra* (1955), tiene lugar en Barcelona durante la Guerra Civil española. Es la historia de dos hermanos, uno nacionalista y otro anarquista. Sus trabajos incluyen temas como la envidia, el sufrimiento, la pobreza, el odio, la incomprensión, la violencia y la tragedia. Es evidente en sus relatos el abuso y el maltrato de los niños junto a un sentido de fantasía como forma de escape. En una entrevista para *El Mundo* hecha por Elena Pita en 1997, la autora comparte algunos pensamientos sobre los niños:

> ***Pregunta:*** *¿El niño es un ser solitario porque es incapaz de comunicar su explicación del mundo?*
> **Respuesta:** No, es solitario sencillamente porque no pertenece al mundo de los mayores. Siempre digo y repito que el niño no es un proyecto de hombre, sino que el hombre es lo que queda de un niño, que es un mundo total y cerrado y redondo, y ahí no entra nadie más que su fantasía y otros niños. Los adultos no entran, y por eso es un ser solitario; no porque no pueda expresarse, que lo hace perfectamente con los suyos, y conmigo también. Yo me entiendo muy bien con los niños, no con todos, eh, a algunos se les ve en los ojos lo que van a vender en cuanto puedan: esos no son niños. Hay gente que, aunque no lo parezca, no es niño nunca, y eso se nota después.
>
> (La Revista *(14 diciembre 1997)*, El Mundo)

Con relación a su propia infancia Matute comenta lo siguiente en la misma entrevista:

> ***Pregunta:*** *¿Ana María, a usted que pudo tener una infancia feliz, ¿qué le abrió los ojos a la injusticia?*
> **Respuesta:** Nadie es feliz del todo, los niños tampoco lo son, hay unos dramas tremendos a los seis, siete años, diez. Hay infancias de una pobreza tremenda y mucha alegría, y niños muy cuidados y tristes. Pero lo que es una injusticia terrible es que los niños tengan que trabajar, peor aún el abuso; y eso ha ocurrido siempre, aunque antes no se sabía. Ese abuso del débil por el fuerte, sexual, social, laboral, es lo que más me impulsa a escribir. Y luego la falta de comunicación, la falta de interés por comprender al otro, que cada vez se agudiza más. Y el odio entre hermanos, el cainismo, que está en todos mis libros, que no sé si vendrá de la guerra civil. Creo que la revelación mayor fueron esos veranos en la finca de mi madre en Mansilla y el contacto con estos niños, y luego el choque brutal de la guerra.
>
> (La Revista *(14 diciembre 1997)*, El Mundo)

Para finalizar, incluimos las palabras que la autora expresó con relación a su identidad como catalana en una entrevista exclusiva para REFORMA, hecha por Antonio Ruiz Camacho en 1997.

> ***Pregunta:*** *¿Qué se siente más: Catalana, española o europea?*
> **Respuesta:** De todas partes y de ninguna. Me siento catalana, castellana y profundamente europea. Tampoco me parece muy importante, a mí todo el mundo me parece bien, venga de donde venga, sea de donde sea, hable la lengua que hable, tenga la piel que tenga. A mí me importa la gente, su manera de ser y de comportarse; su aspecto, su idioma, su color no me importan, ¿comprende?
>
> *("Siempre he sido una rarita",* REFORMA *(1997))*

Para conocer mejor

1. En tu opinión, ¿qué significado tiene el hecho de que Ana María Matute sea mujer?
2. Según tu parecer, ¿qué opinaría Matute sobre el niño Lazarillo y los abusos de su amo ciego? (ver Capítulo 7)
3. ¿Cuál es la importancia de Ana María Matute para la Real Academia Española? (ver Capítulo 2)
4. Matute usa la fantasía como forma de escape. Compara esta noción con la de las fiestas o del carnaval. (ver Capítulos 8 y 13)
5. Compara la importancia de los niños para Matute y para la Comunidad de Aragón. (ver Capítulo 6)
6. En tu opinión, ¿por qué Matute escribe sobre la Guerra Civil española? (ver Capítulo 9)
7. Compara la soledad de los niños según Matute y la soledad en la canción de la niña "Andurinha" en el Capítulo 3.
8. ¿A qué se refiere cuando dice que algunas personas no son niños nunca?
9. Compara la descripción que ella hace de sus obras, refiriéndose a la Guerra Civil española con el "Guernica" de Picasso. (ver Capítulo 9)
10. ¿Cómo define la autora su identidad?

Para saber más

1. Busca información sobre programas en España que provean asistencia a los niños abusados. Prepara un pequeño informe para la clase.

2. Lee un cuento breve o una viñeta de Ana María Matute, y prepara un pequeño informe para la clase.
3. Muchas veces los niños son los que más sufren en las guerras. Busca información sobre los niños y las guerras no sólo en España, sino también en otros países. Comparte la información que encuentres con el resto de la clase.

El idioma: El idioma catalán

A tu parecer

1. Formad un debate en pro y en contra del bilingüismo en las escuelas. ¿Qué factores apoyan o atacan este fenómeno? ¿Qué posición toma vuestro país con relación al bilingüismo?
2. ¿A qué "familia" pertenecen los idiomas que se hablan en vuestro país? ¿Se derivan todos de la misma fuente?
3. En parejas, pensad en las medidas que se toman para establecer un idioma como la lengua oficial de un país. ¿Cómo y quiénes seleccionan la lengua oficial? ¿Por qué?

La lengua catalana proviene del latín al igual que el castellano, el valenciano, el gallego y otros idiomas de la Europa occidental, como el francés, el portugués, el italiano y el rumano. Ya para los siglos X y XI aparecen textos en catalán de índole filosófico, jurídico, religioso e histórico, y a principios del siglo XII aparece el primer texto escrito en catalán titulado *Homilies d'Organyà*. Ramon Llull, uno de los grandes autores del siglo XIII, favorece el uso del catalán en vez del latín y el provenzal en sus obras literarias y de esta manera ubica el catalán firmemente en la situación lingüística del momento. En el siglo XIV por medio de las conquistas de las dinastías catalanas, se extiende el uso de la lengua por los territorios de Valencia y Murcia y también por Mallorca, Cerdeña, Sicilia, Nápoles, Atenas y Neopatria. Siguen los períodos dorados del idioma hasta la Guerra de Sucesión (1705–1715) cuando se imponen leyes y normas castellanas, y el catalán sufre represión y rechazo. A principios del siglo XX se establece el Institut d'Estudis Catalans para controlar la ortografía, la gramática y la semántica del idioma y reestablecer cierto nivel de uniformidad. Durante la época franquista queda prohibido el uso del catalán, hasta que se reestablecen las instituciones democráticas y se declara el catalán oficialmente como lengua en La Constitución de 1978.

La larga trayectoria histórica del catalán ha dependido en gran medida de la política, como también es el caso hoy en día. Por un lado los catalanes que tienden hacia un movimiento independentista, quieren establecer el uso exclusivo del catalán y reconocen este idioma como lengua oficial, no sólo de Cataluña, sino también de Valencia, islas Baleares, Aragón, partes de Murcia y Andorra. Por otro lado los grupos más oficialistas afirman que el catalán es lengua propia y oficial de Cataluña, pero el castellano es lengua propia y oficial de todo el país, como dicta la Constitución. Los grupos que toman una posición más del centro sostienen que Cataluña está compuesta por dos comunidades sociolingüísticas, y se le debería delegar igual función y representación al catalán y al castellano en las escuelas, en los medios de comunicación y en los documentos administrativos y gubernamentales.

En las siguientes selecciones se pueden identificar las diferentes opiniones sobre el uso del catalán. La primera promueve el uso del castellano junto al catalán en los medios de comunicación.

> *Consideramos discriminatorio que en los medios de comunicación de titularidad pública se elimine el castellano, despreciando su condición de lengua oficial y el hecho de que sea la lengua propia alrededor de la mitad de la población de Cataluña. Por otra parte estimamos dictatorial la exigencia de cuotas obligatorias de catalán en los medios de comunicación privados...*
>
> *(Asociación Cultural Miguel de Cervantes, "Crítica de la ley de catalán",* Razón española *Nº 99 (enero–febrero 2002))*

La segunda es de la Universidad de Barcelona y promueve el uso exclusivo del catalán en funciones académicas y, de catalán o castellano en la docencia.

> *La Universidad de Barcelona tiene como lengua propia el catalán, que es la lengua de usos institucionales y administrativos. En lo que respecta a la docencia, se utilizan las dos lenguas oficiales. Es norma de la UB que el profesorado y el alumnado tengan el derecho de elegir la lengua en la cual quieren expresarse. El grado de utilización de una y otra lengua varía según los centros.*
>
> *("El catalán es la lengua propia de la UB", UBWeb (http://www.ub.es/slc/es/escat2.htm))*

La última selección es de un poema de Joan Maragall quien con mucha emoción expone que aunque es hijo de España, el catalán es la verdadera lengua de su tierra.

Oda a Espanya

Escolta, Espanya,—la veu d'un fill
que et parla en llengua—no castellana;
parlo en la llengua—que m'ha donat
la terra aspra:
en'questa llengua—pocs t'han parlat;
en l'altra, massa.
(...)
On ets, Espanya?—no et veig enlloc,
No sents la meva veu atronadora?
No entens aquesta llengua—que et parla entre perills?
Has desaprès d'entendre an els teus fills?
Adéu, Espanya!

(Joan Maragall I Gorina, Oda a Espanya (1898),
Antología poética. *Barcelona: Ediciones 62/*
la Caixa, 1981, pp 41–43.)

El debate entre los diferentes grupos en Cataluña sigue con mucho fervor por ahora. La lengua y la identidad de un pueblo están muy estrechamente vinculadas, y tocan lo más profundo del ser. Para resolverse las polémicas tiene que seguirse dialogando para lograr hablar idiomas quizás diferentes pero con una sola voz.

Para conocer mejor

1. ¿Cómo se compara el catalán con el castellano?
2. Compara a Ramón Llull con Gonzalo de Berceo. (ver Capítulo 8)
3. Compara el catalán con las otras lenguas cooficiales de España. (ver Capítulos 3 y 4)
4. En tu opinión, ¿cuáles fueron los momentos históricos más tristes para el catalán y por qué?
5. Según tu parecer, ¿cuáles son las tres posiciones frente al uso del catalán?
6. Compara el bilingüismo en Cataluña con el bilingüismo en el País Vasco. (ver Capítulo 4)
7. Según tu punto de vista, ¿qué diría Ana María Matute sobre el papel de los niños en el debate lingüístico de Cataluña? (ver sección de gente en este mismo capítulo)
8. ¿Qué normas lingüísticas sigue la Universidad de Barcelona?
9. Compara la posición de la Asociación Cultural Miguel de Cervantes sobre el catalán y el castellano con la de la Asociación Valenciana de Castellanohablantes. (ver Capítulo 5)

10. ¿Qué dice Joan Maragall en su poema? En tu opinión, ¿por qué puede ser importante la fecha en que lo escribió?

Para saber más

1. Busca más información sobre la controversia entre el catalán y el valenciano.
2. ¿Se enseña el catalán en alguna escuela o universidad de tu país? ¿Cuál? ¿Por qué? Busca información sobre este asunto.
3. Busca alguna obra literaria escrita en catalán, y trata de subrayar las diferencias y similitudes entre el catalán y el castellano.

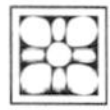

El arte y la arquitectura: Arte catalán: Miró, Dalí y Gaudí

A tu parecer

1. ¿Cuáles son algunos movimientos artísticos del siglo XX en el mundo? En grupos pequeños, seleccionad un movimiento e ilustradlo presentando algún autor o artista representativo de ese movimiento.
2. En parejas, contemplad cuál es la relación del arte con los sueños o el inconsciente. Compartid vuestras ideas con el resto de la clase.
3. ¿Cuáles son algunos arquitectos contemporáneos que vosotros y vuestros compañeros conocéis? Describid sus obras con la ayuda de todos en la clase.

Con los pintores surrealistas Joan Miró y Salvador Dalí, y el arquitecto Antonio Gaudí nos encontramos frente a tres monstruos del arte catalán. Joan Miró nace el 20 de abril de 1893 en Barcelona. Desde muy pequeño expresa su inclinación por el dibujo y la pintura, y a los 17 años decide dedicarse de lleno a ella. Estudia en la prestigiosa Escola de Belles Arts y en la Academia Galí. Además de pintor es un exitoso ceramista, dibujante, grabador y escultor.

Hacia el año de 1920 ya lo vemos relacionado con grandes artistas y escritores como Picasso, Ernest Hemingway, quien adquiere su obra "La Masía", Paul Eluard, Max Ernst y Ezra Pound. En 1925 conoce al escritor francés André Breton, quien inaugura oficialmente el movimiento surrealista con su famoso *Manifiesto del surrealismo*, publicado en 1924. El surrealismo es un estilo que refleja las manifestaciones del inconsciente, sin las trabas de la razón. Rompe con cualquier forma de arte tradicional y convencional. La experimentación científica, la reflexión filosófica y sicológica son prácticas claves en la experimentación de los surrealistas. Para ellos el creador es un ser alienado por la sociedad. Es necesario que el artista rompa con esta alienación mediante lo irracional, el sueño, la locura y la subversión de las normas alienantes de la sociedad. Joan Miró se adhiere al movimiento surrealista y participa en sus exposiciones. Su pintura va evolucionando hacia un estilo más personal, visualmente más lleno de colorido, y en donde se presentan temas relacionados con la memoria, la fantasía y lo irracional. Su idea es producir obras de arte que sean visualmente análogas a la poesía surrealista.

En 1929 se casa con Pilar Juncosa con quien tiene su única hija, María Dolores, nacida en Barcelona. En 1937, ya iniciada la Guerra Civil española, Miró se ve obligado a expatriarse con su familia en París. Allí realizó la gran pintura mural "El segador", mediante el cual expresa su rechazo a los horrores de la guerra.

Las obras de Miró se encuentran repartidas en varios museos alrededor del mundo. Una gran parte de sus pinturas, esculturas y material gráfico se encuentran expuestos en la sede de la Fundación Joan Miró, en Barcelona. Muere el 26 de diciembre de 1982 en Palma de Mallorca.

Salvador Dalí Domenech, el otro genio catalán de la pintura surrealista, nace el 11 de mayo de 1904 en Figueres. Sus primeros pasos artísticos son al lado de su profesor y gran amigo, Juan Nuñez. Entre 1921 y 1922 asiste a la Escuela de Bellas Artes de San Fernando, en Madrid. En la residencia estudiantil entabla amistad con escritores y artistas de la talla de Federico García Lorca y Luis Buñuel. Desde muy joven fue un ferviente lector de Nietzsche,

"Mujeres y pájaros en la noche", de Miró

"La persistencia de la memoria", de Dalí

Kant, Spinoza y Descartes, a quienes consideraba como base de su futura metodología filosófica. En 1926 se le expulsa de la Academia de Bellas Artes de San Francisco por su comportamiento y vestuario extravagantes: "Mi atuendo lo formaba una blusa de marinero y unos pantalones anchos con bandas hasta las rodillas. Una pipa de espuma, cuya cazoleta representaba una cabeza de árabe de amplia sonrisa. Mi atuendo causaba sensación y mi talento intrigaba".

Su primer contacto con el grupo surrealista es en París en el año de 1928. Joan Miró y Picasso son los encargados de presentarlo a los surrealistas. Allí se encuentra con André Breton, Paul Eluard y Gala (Elena Diakonova), su gran amor. A este período surrealista pertenecen obras como "El hombre invisible" (1932), "El gran masturbador" (1930), "Retrato de Paul Elruad" (1929) y "Persistencia de la memoria" (1931). Las características de este estilo son el uso de grandes espacios, felinos y elementos flotantes.

En los primeros años de la década de los cuarenta Dalí y su esposa Gala viven en los Estados Unidos, en donde permanecen hasta 1948. Durante estos años la obra de Dalí adquiere reconocimiento mundial. Dalí es un artista polifacético. Además de pintor colabora en películas como por ejemplo "Un chien andalou", de Luis Buñuel. De la misma manera tiene contacto con los del cine animado de Walt Disney. Además trabaja en joyería, diseño de modas y perfumes.

En 1983 crea la Fundación Dalí, institución encargada de proteger y difundir su herencia artística. En San Pettesburgo, Florida, se encuentra también

La Sagrada Familia de Gaudí

otro museo Dalí. Una buena parte de su obra se puede apreciar en el Teatro-Museo, en Figueres, creado e inaugurado por el mismo Dalí. La muerte de su esposa Gala en 1982 le impacta mucho a nivel personal y en su producción artística. Dalí muere en 1989, y sus restos se encuentran enterrados en su Teatro-Museo.

Antoni Gaudí nace en Riudoms el 25 de junio de 1852 y muere el 10 de junio de 1926 en Barcelona. Vive con sus padres en Reus desde muy pequeño. Se considera como uno de los arquitectos modernistas más importantes y pioneros de los movimientos artísticos del siglo XX. La gran mayoría de sus trabajos se encuentran en Barcelona. Gaudí inventa una nueva y revolucionaria manera de diseñar y construir edificios. Es la figura más sobresaliente del Art Nouveau, un movimiento artístico europeo desarrollado entre finales del siglo XIX y los primeros quince años del XX. En Cataluña se lo conoce con el nombre de "Modernisme".

Entre las obras más importantes de Gaudí sobresalen: Casa en Gracia (1878–1880), La Sagrada Familia (1883–1926), El Capricho de Comillas o Casa Vicens (1883–1885), Finca Guell (1885–1889) y las Escuelas Teresianas (1889–1894). De todas las que sin duda acapara la atención es la Sagrada Familia, catedral neogótica ubicada en la Plaza de la Sagrada Familia en Barcelona. Gaudí trabajó toda su vida en este proyecto. Es más, allí muere. La construcción del edificio la inicia el arquitecto Francisco de Paula Villar en 1882. Dos años después Gaudí se ocupa de las obras. La Sagrada Familia no se ha terminado de construir. En la actualidad se siguen realizando trabajos, y no hay una fecha prevista para su culminación. El edificio es una muestra de lo simbólico, lo constructivo y lo universal. En el proyecto inicial se encuentran dieciocho torres con campanas; doce de esas torres representan a los doce apóstoles, cuatro representan a los evangelistas, una a la Virgen María y la más grande, con una altura de 170 metros y coronada con la cruz, representa a Jesucristo. Actualmente sólo se han construido ocho de las dieciocho torres.

El año 2002 es declarado por el ayuntamiento de Barcelona y Reus como el Año Internacional de Gaudí, para de esta manera celebrar los 150 años del nacimiento del arquitecto.

Para conocer mejor

1. Analiza la foto del cuadro de Miró que se incluye con esta lectura y compárala con el "Guernica" de Picasso. (ver Capítulo 9)
2. Explica con tus propias palabras qué es el surrealismo.
3. ¿Qué relación tiene Miró con la Guerra Civil española? (ver Capítulo 9)
4. En tu opinión, ¿qué importancia tiene el hecho de que Miró y Dalí hubieran conocido a otros intelectuales como Pound, Breton, Buñuel, García Lorca y Hemingway? (ver Capítulos 8 y 9)
5. ¿En qué se parecen Dalí y Buñuel, según tu parecer? (ver Capítulo 6)
6. Analiza la foto de la obra de Dalí que se incluye en esta lectura, y compárala con la de Miró.
7. Compara las formas de Dalí con las de El Greco. (ver Capítulo 12)
8. Compara la obra de Gaudí con las catedrales barrocas de América.
9. ¿Qué ocurría en España durante la época de Gaudí? (ver cuadro sinóptico)
10. En tu opinión, aparte de ser catalanes los tres, ¿qué cosas tienen en común Miró, Dalí y Gaudí?

Para saber más

1. Compara otra obra de Miró con otra de Dalí, teniendo en cuenta la definición del surrealismo.
2. Busca y mira la película "Un chien andalou". Escribe una breve reseña y análisis para compartir con tus compañeros.
3. Gaudí ha inspirado a muchos arquitectos. Investiga el legado de Gaudí y sus obras en el mundo. Comparte la información que encuentres con tus compañeros.

Las fiestas y el folclore: Torres humanas

A tu parecer

1. Con un(a) compañero(a), pensad en los rascacielos más altos del mundo. ¿Que importancia tiene la gravedad en la construcción de estos edificios? ¿Qué modelos estructurales funcionan, y cuáles no funcionan, debido a las leyes de gravedad? Pensad en algunos ejemplos de edificios logrados, y de otros modelos fracasados.
2. En las comunidades agrícolas existen algunos ritos que se utilizan para que crezcan mejor las plantas y las hortalizas. Con vuestros compañeros de clase, compartid algunos ritos que conozcáis. ¿Cómo se ejecutan estos ritos?
3. ¿Conocéis algún juego no deportivo donde el espíritu de comunidad sea tan imprescindible como en algunos deportes? Pensad en uno o dos juegos y compartidlos con la clase.

Por lo regular las fiestas y festivales alrededor del mundo se caracterizan por la improvisación. Las festividades, de hecho, sirven con frecuencia para que los seres humanos olviden sus penas de forma desenfrenada. Este no es el caso de los *castellers* de Cataluña. Los castellers son un grupo de personas que cada año en Tarragona, por el 23 de septiembre (el día de Santa Tecla), edifican torres y castells[1] humanos que pueden alcanzar alturas asombrantes. Las distintas colles[2] se preparan todo el año para estas actuaciones que requieren fuerza, valor y cálculo preciso.

Para levantar un castell se necesita una base sólida o *pinya*, y al interior se forma *la soca*, para fortalecer la base. El *folre* y las *manilles* son otras bases que se estructuran encima de la pinya. El *tronc* es lo que determina el castell, y consiste en diversos pisos: los *baixos*, los *segons*, los *terços*, primero, segundo y tercero respectivamente. Los últimos tres pisos del castell se llaman el *pom de dalt* y siempre están formados de niños: los *dosos*, dos niños que entrelazan los brazos, el *aixecador*, otro niño que se coloca encima de los hombros de los dosos en posición de rana y la *anxaneta*, el niño más joven y más pequeño de la colle que define el vértice del castell. Mientras se levanta el castell, se oye el sonido de grallas y tambores.

Al llegar a la cima, el anxaneta mueve los brazos en forma de veleta y rápidamente comienza su descenso y el desmantelamiento calculado del

[1] castillos
[2] grupos

castell. El objetivo de la colle es edificar y desmantelar los castells lo más rápido posible. Cada colle se identifica por el color de su camiseta. Los castells se describen al contar los pisos y los participantes: un *tres de set* es un castell de siete pisos incluyendo la pinya y el pom de dalt y que tiene tres castellers en cada uno de los pisos del tronc. También hay diferentes tipos de estructuras: *un pilar* es una torre cuyo tronc consiste de un sólo participante en cada piso; un *pilar a mig* es cuando se edifican un pilar y simultáneamente un castell a su alrededor. El origen de estas actuaciones no es cierto pero la teoría más aceptada es la que enlaza los castells con un baile popular del siglo XVIII llamado "baile de los valencianos", que terminaba con una torre humana. Aparentemente también se vincula con antiguas ceremonias o ritos agrarios, donde se edificaban torres humanas para inducir el crecimiento de las legumbres. Además de ese aspecto mágico de los castells, los participantes se ven obligados a demostrar unas destrezas y valores muy importantes. El sentido de riesgo y la superación de miedo se unen a la fuerza y resistencia física y al equilibrio de cada individuo. Cada paso a cada altura se planea y calcula minuciosamente, y hasta el maestro arquitectónico Antonio Gaudí (ver este mismo capítulo) emuló el modelo estructural de los castells para algunos de sus diseños. El elemento primordial, sin embargo, es el compañerismo entre los miembros de la colle. Hombres, mujeres y niños desempeñan un papel de igual importancia, y hasta cientos de espectadores se juntan a la pinya para fortalecerla.

Este espíritu de compañerismo, combinado con la precisión de cómputo, se ve de igual forma en el tradicional baile catalán de la *sardana*, donde los participantes empiezan su actuación llevados de la mano y en forma circular. El baile consiste en una coreografía compleja de pasos y brincos muy bien calculados. Como en los castells, en la sardana la precisión de los pasos en tandem con otras personas, es clave en la ejecución de esta danza.

Un castell

Para conocer mejor

1. Compara los castells con el acueducto de Segovia en términos del equilibrio. (ver Capítulo 7)
2. ¿Cómo puede compararse el espíritu de compañerismo en la construcción de los castells con los esfuerzos de la Unión Europea?
3. Compara la importancia del pilar para los castellers con el pilar para los devotos de la Virgen en Aragón. (ver Capítulo 6)
4. Compara la construcción de los castells con un partido de fútbol.
5. ¿Qué relación hay entre la actuación de los castellers y la agricultura?
6. En tu opinión, ¿por qué Antonio Gaudí intentó emular los castells? (ver este mismo capítulo)
7. Compara la participación de los espectadores en la construcción de los castells con la participación de los turistas en los sanfermines. (ver Capítulo 8)
8. ¿Qué relación hay entre los castells y la sardana?
9. Compara las destrezas y los valores necesarios para los castellers con los de un jugador de jai-alai. (ver Capítulo 4)
10. En tu opinión, ¿hay improvisación en la actuación de los castellers como la hay en el flamenco?

Para saber más

1. Busca más información sobre las diferentes colles. ¿Cuántas hay, de dónde son y en que se distiguen?
2. Busca más información sobre la sardana. ¿Cómo son los pasos? ¿Qué instrumentos se usan?
3. Hay otras torres humanas que se formen en otras partes de España y en otros países. ¿Cuáles son las diferencias y semejanzas entre ellas?

Gastronomía: Abajo y arriba

A tu parecer

1. ¿Cuáles son las bebidas espumosas o carbonizadas y autóctonas de vuestro país? ¿Cuál es el procedimiento para la carbonización? ¿Cuál es el origen de esas bebidas? En parejas, pensad en algunos ejemplos.
2. En grupos pequeños, pensad en platos que se caracterizan por el contraste de temperaturas. Compartid vuestros ejemplos con el resto de la clase.
3. En parejas, haced una lista de platos que conocéis que tienen una estructura vertical. ¿En qué forma se distinguen o no las partes de abajo y de arriba?

En la sección de este capítulo sobre las fiestas y el folclore, se ha podido constatar la determinación para edificar estructuras humanas de grandes alturas. En esta estructura vertical es tan importante la base como el toque final del último participante. Es interesante observar que, también en la gastronomía catalana, se percibe una fascinación por ese movimiento vertical, y asimismo por la relación entre la cima y la base. La Comunidad de Cataluña es famosa por el *cava*, vino producido mayormente en la comarca de Penedès desde el siglo XIX. La elaboración del cava es parecida a la de la champagna francesa al aplicarse las teorías de Louis Pasteur, microbiólogo, y la técnica de fermentación natural de dom Pérignon, fraile benedictino. La duración de la elaboración toma unos nueve meses y aunque el cava se conoce por muchos como "la champaña española", su sabor no se compara con ninguna otra bebida de otro lugar, debido al uso de las variedades autóctonas de uvas blancas cultivadas sólo en el territorio catalán. El centro de producción del cava es sin duda alguna Sant Sadurní d'Anoia y una de las bodegas de más renombre, Freixenet.

Es interesante que este vino oriundo de Cataluña se distinga por su espuma, fenómeno creado por la formación natural de burbujas, que expuestas al aire, se desplazan rápidamente desde el fondo hasta arriba. La invención del corcho facilitó la elaboración del cava al evitar la pérdida de las burbujas, cuya inclinación natural es arrimarse a la superficie y brotar. Al quitarse el corcho, viajan las burbujas de prisa hacia arriba, y al vertirse el vino en una copa, todavía puede observarse aún más claramente la elevación de las burbujas. El cava, como la champaña, es un vino que se consume en el momento, si se guarda aún con el corcho, se pierde el aspecto impactante y dramático de la rapidez inicial de las burbujas.

De los postres catalanes el más famoso es la crema catalana, o especie de budín hecho de huevos, azúcar, leche, canela, maizena y limón. Con tan pocos ingredientes, parecería muy sencilla la preparación, pero en realidad, hay que seguir unos pasos precisos para que no se corte la leche y la crema quede de una consistencia suave, ni muy espesa ni muy fina. Después de preparar la crema, se coloca en unos recipientes pequeños y deja que se enfríe en el refrigerador. La parte exclusiva de este postre aparece en el momento de servir la crema cuando se espolvorea con azúcar, y se quema con una pala para que se forme una capa de caramelo. Al comer este postre lo más evidente es el contraste de temperaturas, muy caliente arriba y muy frío abajo.

La imagen vertical de los castells se nota también parodiada, tanto en la bebida como en la comida más típicas de Cataluña. El movimiento rápido hacia arriba de las burbujas del cava y el toque final en la crema catalana, sugieren el mismo impulso tras la elevación de las torres humanas. En términos visuales los castells en su forma se parecen a las botellas del cava. Pero, en cuanto a la fuerza masiva de la base o pinya de la torre, los castells se comparan a la masa fría de la crema catalana, y la fragilidad del niño que corona la torre segundos antes de descender se compara a la capa delicada de caramelo, que cubre la crema, segundos antes de bajar al estómago del comensal.

Para conocer mejor

1. ¿En qué se asemejan el cava y el vino Rioja? (ver Capítulo 8)
2. Compara la elaboración del cava con la de la horchata de chufa. (ver Capítulo 5)
3. ¿Por qué son diferentes el cava y otros vinos espumosos de otros países?
4. ¿Cómo se compara la fermentación del cava con la elevación de un castell? (ver este mismo capítulo)
5. En tu opinión, ¿en qué otros aspectos es comparable el cava con el castell?
6. Compara el procedimiento de la crema catalana con el de la tortilla española. (ver Capítulo 2)
7. Compara la importancia de la temperatura para la crema catalana con la temperatura en las angulas al ajillo. (ver Capítulo 4)
8. ¿En qué aspectos se comparan la crema catalana con el castell? (ver este mismo capítulo)
9. En tu opinión, ¿qué hay en común entre la crema catalana y el turrón?
10. Compara la elaboración de la crema catalana con la de la mahonesa. (ver Capítulo 13)

Para saber más

1. Hay otros platos famosos en España y en otros países que se parecen a la crema catalana, como el flan y crème caramel. Busca las diferencias y similitudes entre la crema y los otros postres.

2. Busca más información sobre los platos cuya superficie se quema con pala. ¿Cómo se desarrolló esta técnica, y cómo llegó a España?
3. Busca qué otros países producen champaña o vinos espumosos parecidos. ¿Es diferente o similar el procedimiento? Prepara un pequeño informe para la clase.

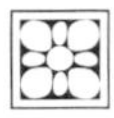

Aspectos sociopolíticos: Actualidad política catalana

A tu parecer

1. En grupos pequeños, pensad en qué elementos se necesitan para que un país sea autónomo e independiente. Compartid vuestras ideas con el resto de la clase.
2. Con los compañeros de clase, contestad las siguientes preguntas: ¿Qué países conocéis que se independizaron recientemente? ¿Cómo se logró la independencia: pacíficamente o como resultado de una guerra?
3. En parejas, suponed que alguna región o estado de vuestro país quisiera independizarse. ¿Qué región o estado tendría más elementos necesarios para pedir la independencia? ¿Por qué? ¿Cómo reaccionaría el resto del país? Compartid vuestras ideas con el resto de la clase.

El estatuto político autónomo de la Generalitat de Cataluña quedó plenamente reestablecido con la Constitución española de 1979 y con el Estatuto de Autonomía de 1979. Cataluña no gozaba de este privilegio desde el año 1516, cuando fue anexionado y sometido a la nación española a través de Castilla. La Generalitat es la institución en la que se organiza políticamente el gobierno autónomo de Cataluña.

El problema de las autonomías ha generado opiniones encontradas entre los diversos sectores de la población española y aun dentro de las mismas Comunidades Autónomas. En el caso de Cataluña existen por lo menos tres posiciones bien diferenciadas. En primer lugar está la del gobierno oficial de Cataluña, que aboga por mantener el estado actual de las relaciones, según se contempla en la Constitución. Esto es, conservar la Generalitat de Cataluña, pero sin desentenderse de sus deberes constitucionales con el gobierno central de Madrid.

Una segunda fuerza en esta pugna ideológica la constituyen los nacionalistas independentistas, aquellos que luchan por instaurar un estado nacional propio como los demás países de la Unión Europea. Basan su posición en el hecho de que Cataluña cuenta con un idioma, un territorio, una cultura y una larga historia política propios. El hecho de tener un gobierno y un parlamento autónomo no significa que haya autodeterminación.

Frente al oficialismo y al independentismo emerge una posición de centro, que plantea una especie de fórmula de estado federal: un estado que sea a la vez plural y solidario, sin cambiar la Constitución. Este sector sustenta que, la actual España es producto de un mestizaje étnico y cultural que hace difícil definir las identidades como base de un proceso de autodeterminación. Quitar parte del territorio sería un golpe fuerte para el conjunto de la nación.

Dentro de este marco la opinión catalana, y de conjunto, la opinión pública de todo el territorio español, se encuentran divididas frente a todos estos debates sobre el bilingüismo, la identidad, la globalización, el fanatismo y muchos otros más. Tal vez una buena manera de empezar a suavizar estas divergencias, se esconda en las palabras del periodista catalán Emilio Cuatrecasas:

> *La evolución política y social que nos trae el siglo XXI hará que los ciudadanos nos sintamos cada vez más universales y menos exclusivos de algún lugar. En el futuro, seremos catalanes, españoles, europeos, occidentales y hombres de nuestro mundo, pero ninguno de estos sentimientos de pertenencia deberá ser excluyente ni incompatible (...) Durante los últimos veinticinco años, España y Cataluña han hecho un gran esfuerzo de entendimiento político, pero no ha sido gratuito: la insatisfacción política permanente ha sembrado recelo entre los respectivos gobiernos. Es urgente aliviar a las comunidades de esta tensión. Conviene que Cataluña encuentre un encaje político que no deba discutirse cada día, y la acción de gobierno se concentre, cuanto antes, en modernizar el país, en promover la prosperidad de sus ciudadanos y en mejorar la gestión y la eficiencia de su administración y recursos públicos.*
>
> *(...) La sociedad debe exigir a sus gobiernos que la organización misma del poder, así como todas sus acciones o manifestaciones, estén efectivamente encaminadas a vertebrar la comunidad, a equilibrarla, a proporcionar bienestar a todos sus ciudadanos y a favorecer la igualdad efectiva de oportunidades. No es aceptable que los gobernantes desequilibren la oferta de empleo en beneficio de las ciudades en las que residen.*
>
> (*"Una Cataluña abierta",*
> La Vanguardia (2 mayo 2002))

Para conocer mejor

1. ¿Qué importancia tienen la Constitución del 1978 y el Estatuto de Autonomía de 1979 para Cataluña?
2. ¿Cuál es la opinión oficialista que toman algunos con relación a Cataluña?

3. ¿Qué buscan los catalanes independentistas, comparado con los vascuences? (ver Capítulo 4)
4. ¿Qué opinas de la posición del centro con relación a Cataluña?
5. ¿Tiene Cataluña elementos parecidos a País Vasco que se prestan para su autonomía? ¿Cuáles son? (ver Capítulo 4)
6. En tu opinión, ¿en qué manera afecta esta controversia la identidad de los catalanes?
7. ¿Qué importancia tiene el bilingüismo en Cataluña, comparado con otra Comunidad como Galicia? (ver Capítulo 3)
8. En tu opinión, ¿puede representar ETA un modelo para los catalanes? (ver Capítulo 4)
9. Según tu punto de vista, ¿qué importancia tiene la globalización para este caso?
10. ¿Qué solución ofrece Emilio Cuatrecasas para aliviar el problema del recelo que se ha creado entre Cataluña y España?

Para saber más

1. El caso de Cataluña y España tiene un parecido con el caso de Puerto Rico y los Estados Unidos. Busca información sobre la relación entre los Estados Unidos y Puerto Rico e indica qué diferencias y similitudes hay entre este caso y el de Cataluña.
2. Forma un debate con tus compañeros imitando a los oficialistas e independentistas catalanes. Deberás buscar más información sobre Cataluña antes de comenzar el debate.
3. Busca información sobre lo que opina el resto de España sobre Cataluña. Busca un artículo de periódico reciente que trate sobre este tema y preséntaselo a la clase.

Materiales suplementarios

Ana Maria Matute

Rodríguez-Fischer, Ana. "Las hijas vivas de Ana María Matute". *Cuadernos Cervantes de la Lengua Española.* 12: 76–77. 1997 Jan–Feb.

Odartey-Wellington, Dorothy. "La reelaboración de los cuentos de hadas en la novela española contemporánea: las novelas de Carmen Laforet, Carmen Martín Gaite, Ana María Matute y Esther Tusquets". *Dissertation Abstracts International.* 60(6): 2053. 1999 Dec.

El catalán

Blas Arroyo, José Luis. "De nuevo el español y el catalán, juntos y en contraste: estudio de actitudes linguísticas". RLA, Revista de Linguística Teórica y Aplicada. 34: 49–62. 1996.

Sola, Joan. "El catalán actual y el del siglo XXI". Peter Lang. New York; 81–121. 1996.

Arte catalán

Fermín, Eduard. "De Joan Miró a Rafael Alberti: Variaciones entre el jardín y la estrella". Ojancano: Revista de Literatura Española. 13: 71–81. 1997 Oct.

Güell, Xavier. *Antonio Gaudí.* Barcelona, Editorial Gustavo Gili, S. A., 1990.

Martín Esgueva, J. Ramón. "Buñuel, Lorca, Dalí y el siglo XX español en el aula de E/LE". *Cuadernos Cervantes de la Lengua Española.* 7(31): 30–38. 2001.

Monegal, Antonio. "Las palabras y las cosas, según Salvador Dalí". Rodopi. Amsterdam, Netherlands: 151–76. 1997.

Ramírez, Juan Antonio. "Buñuel y Dalí en la estación surrealista". Cuadernos Hispanoamericanos. 603: 7–11. 2000 Sept.

Gastronomía catalana

March, L. *La cocina mediterránea.* Madrid: Alianza Editorial, 1997.

Lladonosa, Joseph. *El gran libro de la cocina catalana.* Barcelona: Editorial Península, 1997.

García Santos, Rafael. *Lo mejor de la gastronomía española.* Barcelona: Destino, 2001.

Actualidad política

Balcells, Albert. *El nacionalismo catalán.* Madrid: Biblioteca Historia 16, 1991.

Boyd, Carolyn P. *Historia patria. Política, historia e identidad nacional en España (1875–1975).* Barcelona: Pomares-Corredor, 2000.

Fusi, Juan Pablo. *España. La evolución de la identidad nacional.* Madrid: Temas de hoy, 2000.

Núñez Seixas, Xosé Manuel. *Los nacionalismos en la España contemporánea (siglos XIX y XX).* Barcelona: Hipotesi, 1999.

Vídeos

"Castellers" de José López Clemente. No-Do (España), 1968.

Capítulo

11

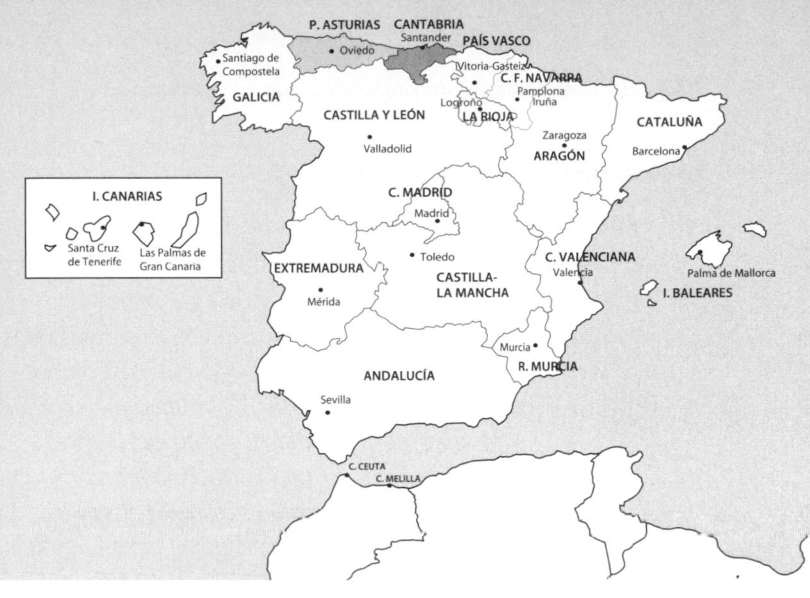

Comunidad Autónoma del Principado de Asturias y Comunidad Autónoma de Cantabria

Capital	*Oviedo*
Provincia	*Asturias*
Idiomas	*castellano, bable*
Montañas	*Picos de Europa*
Ríos	*Eo, Deva*
Límites	*Mar Cantábrico, Cantabria, Castilla y León, Galicia*

Capital	*Santander*
Provincia	*Cantabria*
Idioma	*castellano*
Montañas	*Peña Labra, Pico de Tres Mares*
Límites	*Mar Cantábrico, Asturias, Castilla y León, País Vasco*

Para explorar

1. ¿Qué lugares en tu país tienen tanto playas como montañas? ¿Son lugares muy visitados por turistas del país o del extranjero? ¿Por qué?
2. ¿Qué lugar en tu país es famoso por alguna batalla histórica? ¿Qué monumentos quedan en ese lugar que recuerdan la batalla?

Quién derribará ese árbol, de Asturias, ya sin ramaje,
desnudo, seco, clavado, con su raíz entrañable?
Que corre por toda España crispándonos de coraje
mirad obreros del mundo, su silueta recortarse.
Contra ese cielo impasible, vertical, inquebrantable,
firme sobre roca firme, herida viva su carne.

(Victor Manuel, "Asturias",
Mucho más que dos *(1994))*

Introducción

El Cantábrico es una extensa región localizada al norte de España, formada por las Comunidades Autónomas de Galicia, Asturias, Cantabria y País Vasco. Asturias y Cantabria han sido escenario de invasiones romanas y musulmanas. El rey Pelayo de Asturias es quien inicia la lucha contra los árabes, dando así inicio a la llamada Reconquista. Asturias es el primer reino cristiano de la península.

El principado de Asturias tiene una extensión de 10.604 kilómetros cuadrados y una población de 1.117.000 habitantes. Tiene salida al mar Cantábrico, delimitada al oeste con Galicia, al este con Cantabria, y al sur con Castilla y León. Los ríos Eo y Deva lo separan de Galicia y Cantabria. Su clima templado y húmedo es ideal para disfrutar del mar y de su paisaje montañoso.

Asturias posee importantes templos y monumentos prerrománicos. Cuenta también con espacios naturales como los Picos de Europa, el parque Nacional de Covadonga y el de Somiedo. Su riqueza cultural, folclórica y gastronómica son reconocidas amplia e internacionalmente.

Cantabria, "la estrella del Norte", es el centro de la denominada Cornisa (faja horizontal estrecha que corre al borde de un precipicio o acantilado). Cantabria es una de las comunidades autónomas más pequeñas de España con una superficie de apenas 5.300 kilómetros cuadrados. La mayoría de sus 537.500 habitantes viven en las ciudades de Santander y Torrelavega. Santander es un importante puerto y centro turístico. Limita al oeste con el principado de Asturias, al norte con el Mar Cantábrico, al este con Viscaya y Burgos y al sur con Palencia y León, provincias de Castilla y León.

Al igual que Asturias, Cantabria tiene un gran patrimonio cultural que se remonta a tiempos prehistóricos. Lo demuestran las pinturas halladas en las cuevas de Altamira. También es una de las regiones españolas con mayor riqueza arquitectónica de estilo románico. Cantabria es parte del Camino de Santiago (ver Capítulo 3), ruta medieval de peregrinación que conducía desde toda Europa hasta Santiago de Compostela, lugar donde según la tradición se encuentran los restos del apóstol Santiago. Hoy en día miles de devotos cristianos siguen recorriendo fervorosamente el Camino de Santiago.

Para saber más

1. Busca más información sobre el arte románico en Asturias y Cantabria. Preséntale un breve informe al resto de la clase.
2. Busca fotos en el Internet de los espacios naturales de Asturias y Cantabria. Presenta y decribe uno de ellos en clase.

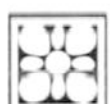 Gente y personajes ilustres: Los indianos

A tu parecer

1. Con un(a) compañero(a), pensad en las razones por las que tradicionalmente la gente ha emigrado de un país a otro. ¿En qué categorías caen estas razones? (política, económica, etc.)
2. Con frecuencia, el inmigrante sueña con volver a su país de origen. ¿Cuáles son algunas razones por este deseo? En clase, dividios en grupos para contestar esta pregunta, cada uno representando una comunidad de inmigrantes que existe en vuestro país.
3. Si de repente os convirtiérais en millonarios y pudiérais cambiar algo en vuestras comunidades, usando parte de vuestro dinero, ¿qué sería? En parejas, trabajad en un plan concreto de construcción, remodelación o de otros proyectos.

Desde fines del siglo XIX hasta principios del siglo XX, más de 300.000 asturianos deciden emigrar al continente americano. Este éxodo lo emprenden[1] mayormente familias campesinas que buscan una nueva vida, por jóvenes que desean evitar el servicio militar. Se aventuran y se instalan en lugares como

[1] hacen

Cuba, Puerto Rico, México, Argentina, Uruguay y los Estados Unidos. Allá trabajan duramente, y muchos invierten dinero en comercios fructíferos, exitosos. A aquellos que vuelven a Asturias ya convertidos en gente de bien, se les denomina "indianos".

Lo extraordinario de los "indianos asturianos", llamados así por su migración a las "Indias Occidentales", es que regresan a Asturias del extranjero y se convierten en filántropos, invirtiendo su dinero en el desarrollo de su pueblo natío[2], y más específicamente en la construcción de templos, escuelas, cementerios, hospitales, casinos y teatros. Tienen aspecto singular: visten al estilo "americano" con traje blanco, sombrero y un anillo de piedras preciosas. Antes de salir para el continente americano, estos individuos y familias apenas sobreviven debido a la miseria que los hostiga[3]; pero al volver y al poner en evidencia sus riquezas, asumen un nuevo estatus: son reconocidos y respetados en su pueblo, y a algunos se les otorga también títulos nobiliarios.

El viaje hacia las Américas es largo y duro. Algunas embarcaciones naufragan[4], se hunden y varios asturianos fallecen[5] durante el trayecto. Los que logran llegar a su destino deben trabajar largas jornadas y en condiciones difíciles y penosas. Pero con sacrificio empiezan a invertir sus pequeños ahorros en la explotación de las minas y en las plantaciones de café y azúcar, algodón y tabaco. Algunos se quedan en sus nuevos hogares y hasta logran ser terratenientes[6] y hacenderos[7], pero la mayoría regresa a Asturias con intención de ayudar a mejorar la vida de otros asturianos.

Los indianos también son famosos por las viviendas y mansiones que construyen en aquella época, y que todavía pueden apreciarse en Asturias. Contratan a los mejores arquitectos, y rodean sus casas de árboles, plantas y animales exóticos que provienen de las Américas. Algunos hasta fabrican escudos para sus familias, y los exhiben en los portones de estas casas para aparentar algún linaje[8] noble.

Mansión indiana en Asturias

[2] lugar de nacimiento
[3] persigue
[4] se pierden
[5] mueren
[6] dueños de terrenos
[7] dueños de haciendas
[8] genealogía

Recientemente la crisis económica en algunos países de las Américas ha causado la reaparición del fenómeno migratorio de los indianos, pero ahora a la inversa. El éxodo actual es hacia España como explica Mempo Giardinelli en *El Mundo*.

Los periódicos argentinos acaban de publicar una noticia muy dura de asimilar para una población hundida en la crisis económica y a la que queda muy poca autoestima: España proyecta reclutar jóvenes argentinos como soldados para sus Fuerzas Armadas. El otrora[9] país de inmigración se convierte oficialmente en país emigrante. El plan estaría dirigido a unos 13.500 hijos o nietos de españoles de entre 18 y 27 años, los inscritos hasta ahora en los registros de los consulados españoles en Argentina. Con la oferta de una paga de una 70.000 pesetas, la tentación para los muchachos de este país no es tanto el salario como la posibilidad de resolver de una vez por todos los problemas legales y recibir un billete con destino a Madrid.

(...) Con una tasa de paro cercana al 16%, una crisis social manifestada en cuatro huelgas generales en los últimos 15 meses, y un total de 14 millones de personas viviendo en condiciones de pobreza sobre una población total de 36 millones, no es de extrañar que muchos hijos y nietos de españoles quieran volver. Los otrora florecientes[10] negocios de sus padres languidecen[11] y el aterrizaje en Europa es tentador. (...) El síndrome de los hijos o nietos de españoles que se van (...) es una realidad. Apenas hay familia argentina que no tenga un miembro, por lo menos, haciendo gestiones[12] consulares o maletas.

("Los indianos vuelvan a casa", Crónica (4 enero 2001), El Mundo)

Aparte de la oleada de estos nuevos indianos, hoy día, en Asturias todavía hay algún descendiente de esos indianos originales que volvieron llenos de riquezas. Todavía algunos descendientes viven en una u otra mansión; pero en su mayoría las casas se han convertido en hoteles, ayuntamientos[13], y otras están descuidadas a la intemperie[14]. Junto a los restos de estos edificios quedan los vestigios[15], recuerdos de aquella época de promesa, exotismo y filantropía de los indianos asturianos.

[9] antiguo
[10] exitosos
[11] perecen
[12] arreglos
[13] oficinas del gobierno
[14] al aire libre
[15] huellas

Para conocer mejor

1. Compara a los indianos con los desterrados por razones políticas.
2. En tu opinión, ¿qué tienen en común los indianos y los primeros viajeros al continente americano en el siglo XVI?
3. Compara a los indianos con los sefardíes.
4. ¿Cómo ayudaron los indianos a la economía de Asturias?
5. ¿Qué tal fueron los viajes de los asturianos a América?
6. En términos de trabajo, ¿qué tienen en común los indianos en América y los agotes en España? (ver Capítulo 8)
7. ¿Qué hicieron los asturianos que se quedaron en América?
8. Compara las mansiones de los indianos con los castillos de Navarra y La Rioja. (ver Capítulo 8)
9. En tu opinión, ¿por qué no hay tanta migración hoy en día de Asturias hacia las Américas?
10. Compara la vuelta de los indianos a Asturias con la canción gallega "Andurinha". (ver Capítulo 3)

Para saber más

1. Busca en el Internet más información sobre los indianos asturianos. ¿Qué otros detalles encuentras que no aparecen en esta lectura? Escribe un artículo para un periódico asturiano con fecha del 1900 titulado "Han llegado los indianos". Usa la información de la lectura y algo más que hayas encontrado en el Internet.
2. Busca más información sobre las mansiones indianas en Asturias. Escoge una de las casas, y presenta una publicidad turística para el resto de la clase.
3. Busca en el Internet más información sobre indianos asturianos específicos. Preséntale una pequeña biografía a tus compañeros en clase.

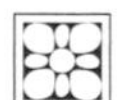 El idioma: La lengua asturiana

A tu parecer

1. Pensad en la historia y el desarrollo de vuestro idioma. En parejas, tratad de reconstruir de dónde proviene y cómo ha venido desarrollándose.
2. En todo el mundo hay idiomas que se consideran oficiales y otros que no. ¿Podéis pensar en algunos ejemplos de idiomas "no oficiales"? ¿Pensáis que es importante para una cultura el reconocimiento y recuperación de las distintas identidades y linguísticas? ¿En qué forma? Con un(a) compañero(a), contestad estas preguntas, y luego compartid vuestras ideas con el resto del grupo.
3. ¿En vuestro país existe alguna organización que regule el uso y el desarrollo del idioma oficial? ¿Por qué pensáis que es o no es necesaria tal organización? Formad un debate en clase entre dos grupos: uno en pro y uno en contra, de este tipo de organización.

España es un país con una gran diversidad y contrastes lingüísticos. Aunque la mayoría de la población habla castellano, hay cientos de miles de españoles que se enorgullecen de ser bilingües y hasta trilingües. En estas regiones también conocidas con el nombre de Autonomías, el castellano ha pasado a ser lengua cooficial. Las cuatro lenguas más habladas en España son el castellano, el catalán (lengua oficial de la comunidad autónoma de Cataluña), el gallego (lengua oficial de la comunidad autónoma de Galicia), y la lengua vasca o euskera (lengua oficial de País Vasco o Euskadi).

La lengua asturiana (o bable) es la lengua autóctona del Principado de Asturias. Es una de las lenguas romances en que se transforma el latín vulgar. El latín es una lengua indoeuropea del grupo itálico que se habla en la región del centro de Italia (el Lacio). Cuando se establece el imperio romano, el latín logra imponerse en casi toda la península con excepción del área de País Vasco, que ofrece mucha resistencia, y el euskera logra sobrevivir como lengua autóctona. Las otras lenguas se confunden con el latín, y evolucionan hasta convertirse en lo que hoy conocemos como lenguas romances. En la actualidad el bable se habla en el norte y el oeste de León, en todo Asturias, en el oriente de Cantabria y en parte de Portugal. Hay aproximadamente 100.000 nativos, aunque más de medio millón de personas pueden hablarlo o entenderlo como su segunda lengua. El 50 porciento de los nativos que hablan asturiano habitan en la parte central de Asturias.

El asturiano se parece en un 80 porciento al castellano. Se enseña en los colegios a niños entre 6 y 16 años. El Principado de Asturias cuenta con su propia Academia de la Llingua, que forma parte de un esfuerzo por reconocer y recuperar las distintas identidades. Uno de los grandes aciertos de la Academia es la publicación en 1998 de la *Gramática de la llingua asturiana*.

Aquí hay unos refranes en bable para que se puedan apreciar las diferencias y similitudes entre este idioma y el castellano:

> *"De dineros y bondá, quita siempre la metá".*
> *"Tantu ñadar pa na oriella afogar".*
> *"El que col su gusto cuerre, inxamás de la vida cansa".*
>
> *(Citados por*
> *Xuan Xose Sánchez Vicente y*
> *Jesús Cañedo Valle*
> *en* Mitoloxía-Refraneru Asturianu)

Para conocer mejor

1. Compara el bable con el murciano. (ver Capítulo 5)
2. En tu opinión, ¿qué importancia hay en que el bable se hable también fuera de Asturias?
3. Compara los refranes en bable con los refranes en euskera incluidos en este libro. (ver Capítulo 4)
4. ¿Qué importancia tiene que los niños aprendan el bable en las escuelas? (ver Capítulo 6)
5. En tu opinión, ¿por qué no se desarrolló el bable, al igual que el gallego y el catalán, para lograr la cooficialidad con el castellano? (ver Capítulos 3 y 10)
6. En tu opinión, ¿qué impacto tiene una lengua como el bable que ni es cooficial ni el habla una gran cantidad de gente?
7. Transcribe los refranes que aparecen en la lectura al castellano.
8. ¿Qué similitudes o diferencias hay entre el bable y el castellano según los refranes incluidos en la lectura?
9. Compara la Academia de la Llingua a la Real Academia de la Lengua. (ver Capítulo 2)
10. Según tu punto de vista, ¿cuál puede ser la importancia de la *Gramática de la llingua asturiana*, publicada en 1998, comparada con la gramática de Nebrija? (ver Capítulo 7)

Para saber más

1. Consulta en el Internet sobre la diferencia entre lengua y dialecto. Cita algunos ejemplos en España.

2. Consulta en la biblioteca sobre las lenguas romances y las lenguas indoeuropeas. ¿A qué grupo pertenece el inglés? ¿A cuál el español? Diseña un diagrama para ilustrar las influencias y el desarrollo del idioma español.
3. Busca en el Internet algo escrito en bable. ¿Puedes entender lo que dice? Cita algunas diferencias entre el bable y el castellano en el ejemplo que encontraste. Comparte tu trabajo con el resto del grupo.

El arte y la arquitectura: Primeras formas de arte: las Cuevas de Altamira

A tu parecer

1. ¿Cuáles son los artefactos más antiguos en vuestro país? Separados en grupos y presentadle al resto del grupo vuestra respuesta a esta pregunta. ¿Hay diferencia de opinión?
2. Pensad en la forma más rudimentaria del arte universal. En grupos, explorad cuáles serían los elementos, los temas y el propósito de esta expresión artística.
3. Con compañeros(as), pensad en cuáles serían algunas formas de proteger el arte prehistórico del deterioro. ¿Cuáles son algunas razones del deterioro, y cómo pueden prevenirse o evitarse?

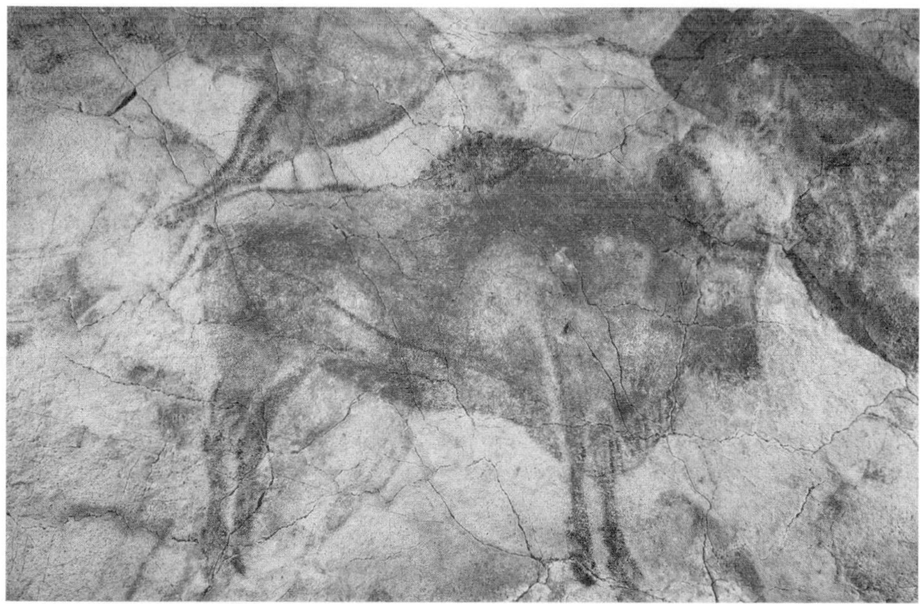

Ejemplo de arte rupestre: un bisonte

Cantabria goza del privilegio de albergar en su territorio una de las joyas artísticas prehistóricas más valiosas del mundo: las Cuevas de Altamira. Las cuevas fueron descubiertas en 1868, aunque sus yacimientos y primeras excavaciones no comienzan hasta 1879 bajo la dirección del prestigioso profesor santandereano, Marcelino Sáinz de Sautuola. Se trata de unos 70 grabados sobre piedra (arte rupestre) y 100 figuras pintadas. Todo este hermoso conjunto pictórico se conserva intacto desde hace aproximadamente 14.000 años (17.000–14.000 BP) dentro del período cultural conocido como paleolítico superior. Según los estudiosos del arte, éstas y todas las pinturas de este período hacen parte de creencias y prácticas mágicas de los primtivos habitantes de las cavernas, para traer suerte y abundancia en la caza de animales.

En las figuras allí grabadas hay bisontes, ciervos, caballos, uros[16], cabras, jabalíes, rebecos[17], máscaras y figuras antropomorfas[18]. Las pinturas se encuentran repartidas en tres espacios o "salas" de la cueva. La sala I se conoce mundialmente como la "Capilla Sixtina del Arte Prehistórico", nombre dado por el historiador francés Salomón Reinach. Entre los colores de los grabados y las pinturas que se conservan en las paredes y techos de la cueva sobresalen el negro y el rojo. La longitud de la cueva es de 330 metros.

En el año de 1985 la Unesco declara las cuevas Patrimonio Histórico de la Humanidad. Para evitar el deterioro y daño de las cuevas y sus pinturas debido a la visita de miles de personas de todo el mundo, en julio de 2001 en la hermosa ciudad cantábrica de Santillana del Mar se inauguran una réplica exacta de las cuevas, además de un Nuevo Museo y Centro de Investigaciones. Con ésto los asturianos aspiran atraer a miles de turistas ansiosos de saber más sobre estas reliquias prehistóricas.

La reproducción de las pinturas y grabados de las cuevas estuvieron a cargo de los artistas españoles Matilde Meurquiz y Pedro Saura. Para ello usaron los mismos materiales que utilizaron los primitivos de Altamira es decir, carbón vegetal y óxidos de hierro y agua. Para la reproducción del relieve de los techos polícromos[19] se recurrió al uso de alta tecnología informática. La neocueva recibirá entre 200.000 y 500.000 personas todos los años.

Para conocer mejor

1. Compara las cuevas de Altamira con las cuevas encontradas en las islas Baleares. (ver Capítulo 13)

[16] mamífero artiodáctilo desaparecido en el siglo XVII del que derivaron los bueyes domésticos
[17] gamuza (rumiante)
[18] con forma humana
[19] de varios colores

2. En tu opinión, ¿qué importancia tiene para España que la evidencia más antigua del ser humano se haya encontrado en Cantabria?
3. En tu opinión, ¿cuál es la importancia del arte rupestre?
4. Compara el carácter mágico de las pinturas con los cultos celtas a la naturaleza, específicamente al árbol. (ver Capítulo 3)
5. ¿Qué es el paleolítico superior?
6. Compara las pinturas prehistóricas con un cuadro de Miró. ¿Qué diferencias hay? (ver Capítulo 10)
7. Compara la construcción de la neocueva con la preservación del acueducto de Segovia. (ver Capítulo 7)
8. Compara la importancia de los animales reproducidos en las pinturas prehistóricas con la importancia de la oveja manchega en Castilla-La Mancha. (ver Capítulo 12)
9. En tu opinión, ¿cuál es la importancia de la ciudad Santillana del Mar?
10. ¿Qué opinas sobre la existencia de la neocueva?

Para saber más

1. Consulta en la bilbioteca o el Internet sobre las características del paleolítico superior. Prepara una pequeña presentación para tus compañeros de clase.
2. Investiga en el Internet sobre el carácter mágico del arte rupestre. Presenta unos ejemplos concretos al resto de la clase.
3. Obtén más información sobre Santillana del Mar. Cada alumno puede especializarse en un aspecto en particular de esta ciudad y presentarlo en clase.

Las fiestas y el folclore: El Carnaval marinero de Santoña

A tu parecer

1. Con un(a) compañero(a), pensad en algunos de los carnavales más famosos en vuestro país. ¿Habéis tenido la oportunidad de estar en un carnaval? Comentad brevemente sobre la experiencia y compartidla con el resto de la clase.
2. En grupos, imaginaos un carnaval marinero. ¿Cómo sería y qué elementos incluiría?
3. Explorad juntos en clase de qué manera en un carnaval la gente descubre su historia, sus raíces y su identidad. Usad ejemplos concretos de vuestro país u otros países que vosotros conozcáis.

Una de las fiestas más importantes y tradicionales de Cantabria, y quizás la de mayor colorido, es el Carnaval marinero en Santoña. En estas celebraciones que incluyen música, verbenas, romerías, muestras gastronómicas, juegos populares —entre otras actividades— se puede descubrir la historia, las raíces y la identidad del pueblo cántabro. El carnaval se lleva a cabo a mediados de febrero, cuarenta días antes del Jueves Santo. Es una celebración de interés regional y nacional. Para esta ocasión miles de españoles van a Santoña para disfrutar de la alegría y belleza de esta ciudad. Santoña es una de las regiones pesqueras más autóctonas de toda España. Se encuentra en la costa este de Cantabria a 48 kilómetros de Santander. Su ubicación geográfica es realmente privilegiada, ya que está casi completamente rodeada por mar, lo que le da un tono pintoresco y un gran potencial turístico. En su territorio se asentaron[20] tribus prehistóricas y más adelante, los romanos hicieron de Santoña uno de los puertos más importantes de su imperio.

El acto central de los carnavales es la dramatización del "Juicio al besugo[21] en el fondo del mar" y su posterior entierro, acompañado de una procesión de peces.

La alegría del carnaval se realza mucho más cuando las murgas o compañías de músicos recorren las calles de Santoña con su música. Es ya tradicional la celebración anual de un concurso para escoger la mejor murga del carnaval. Una de las composiciones tradicionales más populares es "Juicio en el fondo del mar". En ella se narra la historia de una sirena raptada por su novio, un besugo enamorado. El siguiente es el texto de la copla original:

[20] establecerse en un lugar
[21] pez marino de cuerpo ovalado, de color gris rojizo

El juicio tendrá lugar
en el hueco de una roca
adornado con marlotas
esponjas y algas marinas.
Y por orden riguroso
desde el delfín hasta el baboso
declaración prestarán:
sapopeces, calamares,
jibiones, truchas,
palometas, relanzones,
luciatos, jibias y sulas,
meros, rodaballos, julias,
salmonetes, cabrachos,
congrios, ballenas, escachos,
merluzas, bocartes, sardinas,
bonitos, taurones,
tembladeras, tiburones,
porretanos, chaparrudos,
panchos, lampreas, picudos,
brecas, babosos, tencas,
pintacolas y durdos[22].

(Anómino, "Juicio en el fondo del mar")

La fiesta del carnaval se celebra en varios países del mundo, cada uno dándole su toque particular. Según la tradición católica, durante la cuaresma, o cuarenta días antes de la Pascua de Resurrección, había que dejar de consumir carne, y había que llevar una vida de penitencia y sacrificio; de allí la celebración del carnaval el día martes antes de la cuaresma, y de allí el término "carne" "vale" o adiós a la carne. Es interesante que en Santoña se festeje un carnaval en torno a un pez enamorado y secuestrador, personaje en sí que luego quizás se consuma durante la cuaresma. Luego de celebrarse la Pascua de Resurrección, y cada año repetidamente, vuelve a vivir el mismo besugo para enamorarse de nuevo.

Para conocer mejor

1. ¿Cuáles son algunas de las actividades más sobresalientes del carnaval marinero de Sontoña? Compáralas con el Carnaval de Tenerife. (ver Capítulo 13)

[22] tipos de peces

2. ¿Qué diferencias o similitudes hay entre la celebración del carnaval y cualquier otra fiesta celebrada en España? (ver Capítulos 2, 5, 6, 7, 8, 9, 10 y 12)
3. ¿Qué relación tiene este carnaval con la pesca?
4. Compara la situación geográfica de Santoña con otra ciudad de España que se encuentre frente al mar. (ver Capítulos 3, 5, 9 y 13)
5. En tu opinión, ¿qué importancia pudo haber tenido Santoña para los romanos? (ver Capítulo 7)
6. Compara las murgas con las presentaciones musicales en las Fallas de San José. (ver Capítulo 5)
7. Compara el besugo con el bacalao y las angulas. (ver Capítulo 4)
8. Compara las coplas del "Juicio en el fondo del mar" con el Romance de la Cava (en este mismo capítulo).
9. En tu opinión, ¿qué importancia tienen los peces para la época de un carnaval?
10. Compara el concurso de las murgas con la competencia de los castellers de Cataluña. (ver Capítulo 10)

Para saber más

1. Busca información sobre otros carnavales en el mundo que se parezcan al de Santoña. Prepara un pequeño informe para la clase.
2. Aparte del besugo, busca qué otros peces son populares en España. Preséntale la información al resto del grupo.
3. Busca más información en el Internet sobre la ciudad de Santoña y la importancia de la pesca en la economía del lugar. Preséntale la información que encuentres a la clase.

Gastronomía: La fabada asturiana

A tu parecer

1. En clase, haced una lista de productos envasados. ¿Por qué razones se envasan algunos de estos productos?
2. Con un(a) compañero(a), pensad en el producto comestible más caro que conozcáis. ¿Por qué tiene tanto valor? Comparad vuestras ideas con el resto de la clase.
3. ¿Qué producto comestible es autóctono del área donde vosotros vivís? ¿En qué forma se prepara este producto? ¿Se usan otros ingredientes autóctonos en el plato? Compartid vuestras ideas con el resto del grupo y tratad de llegar a un consenso.

Típicamente los potajes, los guisos, los cocidos y las sopas se preparan mezclando cierta cantidad de agua con una variedad de ingredientes. En el caso del gazpacho andaluz (ver Capítulo 9) los ingredientes provienen de muchas culturas, y la singularidad de este plato yace precisamente en la combinación de sabores que reflejan la diversidad de gentes que históricamente han poblado esa región. Por otra parte, en otras regiones que se distinguen por una tradición más homogénea, los guisos y las sopas se preparan utilizando únicamente los productos que abundan en ese lugar en particular. De hecho estos manjares simbolizan un punto de encuentro para los productos que se cosechan exclusivamente en esa zona, y conservan una tradición antigua y constante. Tal es el caso en Asturias con su plato tradicional: la fabada asturiana.

La fabada, que según la opinión de muchos es un plato de España tan típico como la paella valenciana (ver Capítulo 5), se prepara con "les fabes de la granja" o "fabas granja", una variedad de alubia[23] blanca que se cosecha sólo en Asturias desde hace cuatro siglos. Les fabes[24] pertenecen a la familia de las judías, miden de 21 a 26 milímetros de longitud, son de color blanco brillante y de forma oblonga y recta.

Se prepara el guisado dejando cocer les fabes en agua a fuego lento con otros ingredientes típicos del lugar: la morcilla[25], el chorizo[26] y el tocino[27]. Al

[23] habichuelas, frijoles, porotos
[24] alubias blancas
[25] tripas de cerdo cocinadas en sangre
[26] embutido de carne de cerdo
[27] carne gorda de cerdo

terminarse de cocinar la fabada, se saca y se pica la carne o "el compangu", se sirve les fabes y el caldo en unos cuencos de barro, y cada comensal se sirve al gusto unas piezas del compangu. Es un plato un tanto pesado pero muy nutritivo, dado que contiene un alto porcentage de proteínas, fibra e hidratos de carbono.

Asturias se enorgullece por ser el único lugar donde se cultiva les fabes y donde se prepara la fabada más auténtica. Fuera de esta comunidad autónoma conseguir les fabes de la granja es posible sólo en tiendas exclusivas de comida gourmet y a precios elevados, o en envases especialmente controlados por el Consejo Regulador de la Faba Asturiana, una organización establecida en 1990 para proteger la autenticidad de este producto, y para evitar imitaciones.

En Cantabria el plato típico es el "cocido montañés". Sus ingredientes son: alubias blancas, carne de vaca, tocino, morcilla y chorizo. En algunos países de Latinoamérica se preparan las "habichuelas guisadas" con chorizo, tocino y carne de cerdo. ¿Parece similar a la fabada? A los forasteros les parece que sí, pero para los parroquianos[28] de las mesas asturianas no hay cosa más errónea e impropia que comparar les fabes con otra alubia, o la fabada asturiana con el guisado de cualquier otro lugar vecino o lejano.

Para conocer mejor

1. ¿Cuál es una de las diferencias entre el gazpacho andaluz y la fabada asturiana?
2. Compara "les fabes de la granja" con las aceitunas de España. (ver Capítulo 6)
3. En tu opinión, ¿por qué se saca el "compangu" de la sopa?
4. Compara la forma de servir la fabada con la forma de servir las angulas al ajillo. (ver Capítulo 4)
5. ¿Cuál es el valor nutritivo de la fabada asturiana?
6. Compara al Consejo Regulador de la Faba Asturiana con el Consejo Regulador del Rioja. (ver Capítulo 8)
7. Compara la exclusividad de les fabes de Asturias con la del queso manchego en Castilla-La Mancha. (ver Capítulo 12)
8. ¿Cuáles son las diferencias y similitudes entre la fabada, el cocido montañés y las habichuelas guisadas?

[28] personas que frecuentan un lugar regularmente

9. En tu opinión, ¿en qué se parece la problemática de envasar les fabes y la fabada a la de envasar el gazpacho?
10. Según tu punto de vista, ¿por qué son tan caras les fabes?

Para saber más

1. Busca información en el Internet sobre el cocido montañés y el cocido madrileño. ¿Qué importancia tienen estos platos en Cantabria y en España?
2. Busca en el Internet acerca de los ingredientes de la morcilla y el chorizo. ¿Cuál es su valor nutritivo? Preséntale la información a la clase.
3. Busca en el Internet más información sobre las alubias. ¿Cuáles son las similitudes y diferencias entre ellas? La clase puede dividirse en grupos y presentar diferentes alubias.

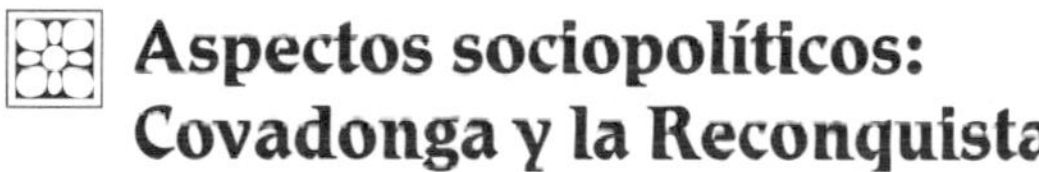

Aspectos sociopolíticos: Covadonga y la Reconquista

A tu parecer

1. ¿Cuál es la diferencia entre una conquista y una reconquista? En clase, explorad las semejanzas y diferencias.
2. En parejas, pensad en el héroe más famoso de vuestro país o de España, y preparad una pequeña biografía sobre este personaje. Compartid la información sobre el héroe con el resto de la clase. ¿Hay discrepancias? ¿Está de acuerdo todo el mundo? ¿Hay más de un solo héroe?
3. Pensad en alguna leyenda relacionada con un hecho histórico de vuestro país. ¿Hay más de una versión de esta leyenda? En vuestra opinión, ¿por qué son tan variables las leyendas? Compartid vuestras ideas con el resto del grupo.

Muchos eventos históricos se prestan a la leyenda como es el caso con la invasión musulmana de la Península Ibérica en el año 711 y la Reconquista, que dura desde el año 718 hasta el 1492. Según la leyenda, Rodrigo, el último rey visigodo, ultraja[29] a la Cava Florinda, hija de un vasallo suyo llamado Don Julián, gobernador de Ceuta (ver Capítulo 13). Y éste, por vengarse del rey, facilita la ocupación árabe de la Península Ibérica en el año 711. El siguiente romance resume el encuentro entre Rodrigo y la Cava:

[29] viola

De una torre de palacio
se salió por un postigo
la Cava con sus doncellas
con gran fiesta y regocijo.
Metiéronse en un jardín
cerca de un espeso ombrío
de jazmines y arrayanes,
de pámpanos y racimos.
Junto a una fuente que vierte
por seis caños de oro fino
cristal y perlas sonoras
entre españadas y lirios,
reposaron las doncellas
buscando solaz y alivio
al fuego de mocedad
y a los ardores de estío.
Daban al agua sus brazos,
y tentada de su frío
fue la Cava la primera
que desnudó sus vestidos.
En la sombreada alberca
su cuerpo brilla tan lindo
que al de todas las demás
como sol a escurecido.
Pensó la Cava estar sola,
pero la ventura quiso
que entre unas espesas yedras
la miraba el rey Rodrigo.
Puso la ocasión el fuego
en el corazón altivo,
y amor, batiendo sus alas,
abrasóle de improviso.
De la pérdida de España
fue aquí funesto principio
una mujer sin ventura
y un hombre de amor rendido.
Florinda perdió su flor,
el rey padeció el castigo;
ella dice que hubo fuerza,
él que gusto consentido.
Si dicen quién de los dos
la mayor culpa ha tenido,
digan los hombres: la Cava
y las mujeres: Rodrigo.

(Ramón Menéndez-Pidal. "Romance nuevamente rehecho de la fatal desenvoltura de la Cava Florinda", Flor nueva de romances viejos, *4a Edición. Madrid: Espasa-Calpe, S.A., 1980, pp. 43–44)*

Muy poco se tardan los cristianos en organizar la resistencia o reconquista en contra de los musulmanes encabezada desde el norte por don Pelayo. Al contarse la leyenda de don Pelayo y la batalla de Covadonga, afloran[30] diferentes versiones. Hay quienes afirman que Pelayo es el primer rey de Asturias; otros alegan que este personaje histórico es declarado rey en el campo de batalla; y aun otros afirman que él nunca es rey y que tampoco su hijo Fáfila tiene la oportunidad de serlo porque muere en el año 739, dos años después que su padre, hecho que según la leyenda ocurre en un accidente de caza. Lo cierto en todas las versiones, sin embargo, es que don Pelayo (c. 718 o c. 722) se enfrenta a los musulmanes que han venido ocupando pacíficamente gran parte del territorio desde el sur, y

[30] surgen, emergen

detiene el esfuerzo sarraceno[31] de conquistar toda la península y llegar hasta Galia[32].

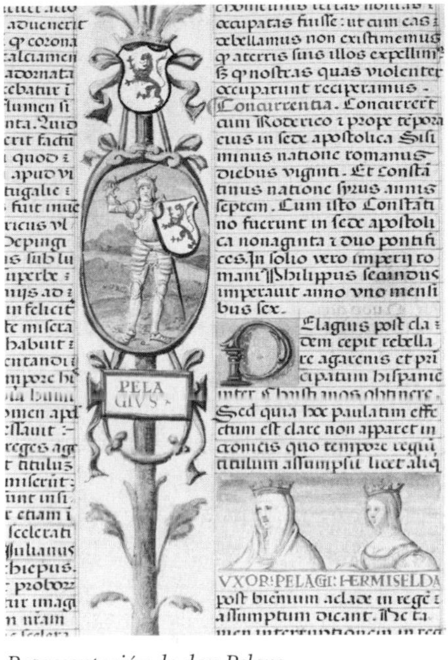

De hecho con el noble visigodo[33] Pelayo y la batalla de Covadonga es que comienza la Reconquista de España, esfuerzo bélico que dura más de setecientos años hasta 1492. La leyenda y las crónicas cuentan que con un grupo selecto de astures[34], don Pelayo se refugia en una cueva localizada en Covadonga ("cueva larga"). Allá esperan la llegada de los invasores y, en una pelea sangrienta e intensa en la que se junta desde las montañas una muchedumbre de astures en emboscada[35], los musulmanes se ven forzados a retroceder. Asturias no es invadida, y pronto los cántabros se unen a esta primera resistencia. Alfonso, hijo del Conde de Cantabria, contrae nupcias con la nieta de Pelayo y es nombrado Alfonso I, rey de astures y cántabros. Con él empieza la dinastía monárquica de España. A Asturias y Cantabria se juntan los pueblos gallegos, vascones y leoneses y, la Reconquista empieza a avanzar lentamente hacia el sur. Más adelante aparece el Cid Campeador Rodrigo Díaz de Vivar. El Cid (ver Capítulo 5) es una figura importante en la derrota de los musulmanes. El poema épico compuesto en su honor es prueba de sus hazañas como vasallo[36] del rey Alfonso VI de Castilla (1065–1109). Durante más de setecientos años la Reconquista avanza triunfalmente, gracias en parte a los esfuerzos militares y también a las alianzas, nupcias y herencias entre reinos cristianos. Por otro lado la desorganización y el desmantelamiento del poder central musulmán es también un factor que favorece la Reconquista. En 1492 los Reyes Católicos Fernando e Isabel logran conquistar Granada, y allí se declara el triunfo final de la Reconquista.

Representación de don Pelayo

[31] musulmán
[32] Francia
[33] de un pueblo invasor de España
[34] gente de Asturias
[35] trampa
[36] servidor

Cueva de Covadonga

Antes de la invasión árabe se rinde culto[37] a la virgen en la cueva de Covadonga, y hoy en día todavía este lugar es un santuario y punto de encuentro para muchos peregrinos. Dentro de la cueva están también las tumbas de Pelayo y Alfonso I.

Covadonga queda a la orilla de los Picos de Europa, cordillera montañosa entre Asturias y Cantabria que históricamente ha sido un lugar de muchas invasiones célticas, romanas, svevas y visigodas. Sus habitantes tradicionalmente han tenido que luchar muy fuerte en contra de las invasiones foráneas[38]. Es irónico no obstante, que por un lado sea Rodrigo, el último rey godo, el que haya dado lugar a la contienda inicial; y que luego Pelayo, otro de estos mismos invasores visigodos, acabe siendo el caudillo[39] y el héroe de la resistencia hispano-cristiana.

Para conocer mejor

1. Compara el espíritu guerrero de los visigodos con el de los celtas. (ver Capítulo 3)
2. ¿Qué similitudes y diferencias hay entre don Pelayo y el Cid? (ver Capítulo 5)
3. Compara la cueva de Covadonga con la cueva de Altamira (en este mismo capítulo).
4. ¿Cómo empieza la dinastía monárquica de España?
5. Compara a Alfonso VI de Castilla con Alfonso X, el Sabio. (ver Capítulo 5)
6. En tu opinión, ¿cuáles son las diferencias y semejanzas entre el avance de la Reconquista y la extensión del Imperio Español? (ver Capítulo 7)
7. ¿Qué monarcas reinaron en España durante la Reconquista? (ver cuadro sinóptico)

[37] se venera
[38] extranjeras
[39] jefe, líder

8. Compara la importancia que tiene la cueva en Covadonga con la importancia del sepulcro de San Isidro. (ver Capítulo 2)
9. En tu opinión, ¿qué importancia tiene la localización geográfica de Covadonga para la Reconquista?
10. En tu opinión, ¿por qué es irónico el comienzo de la Reconquista?

Para saber más

1. Busca en el Internet más información sobre la Reconquista. Selecciona un momento histórico entre los años 711 y 1492, relacionado con la Reconquista, y haz una presentación en clase sobre los hechos que encuentres.
2. Busca información en el Internet sobre el personaje de don Pelayo, su vida, su familia y otros detalles. ¿Encuentras inconsistencias en la información? Preséntale estas dudas al resto de la clase.
3. Busca más información en el Internet sobre Covadonga, el lugar, la cueva. Preséntale a la clase algún detalle que no esté incluido en la lectura.

Materiales suplementarios

Los indianos

Campuzano Ruíz, E. "El arte colonial en Cantabria. Arquitectura". Los Indianos. El Arte Colonial en Cantabria 2, Santander, 1993, pp. 28–30, pp. 114 y pp. 121.

Lázaro Avila, Carlos. *Las fronteras de América y los Flandes Indianos.* Madrid: Consejo Superior de Investigaciones Científicas. Centro de Estudios Históricos. Colección Tierra Nueva y Cielo Nuevo, 1997.

Lengua asturiana

Diccionariu de la llingua Asturiana. Oviedo: Academia de la Llingua Asturiana, 2000.

García Arias, X Luis. *Contribución a la gramática histórica de la lengua asturiana.* Uviéu, Universidá, 1988.

El Carnaval marinero de Santoña

Gomarín Guirado, Fernando y Juan Martínez Maya. *Juicio en el fondo del mar o la singularidad de un carnaval marinero en Santoña (Cantabria).* Santander: Ed. Autor, 1986.

La fabada

Alonso Buelta, Antón. *La cocina asturiana.* Prólogo de Luis Irizar. Gijón: Libros del Pexe, 1994.

Fernández de Alperi, Sofía. *El libro de la cocina española.* Prólogo de Francisco Grande Covián. Redacción y notas de Víctor Alperi. Oviedo: Ediciones Nobel, S.A., 1990.

Covadonga y la Reconquista

Hiilgarth J. N. *Los reyes católicos: 1474–1516.* Ediciones Grijalbo S.A., 1984.

Historia general de España y América, Tomo VII. Madrid: Ed. Rialp, 1991.

Vigil, M. *Sobre los orígenes sociales de la reconquista: Cántabros y vascones desde fines del imperio romano hasta la invasión musulmana.* Madrid: Terjedelem. 1965.

Vídeo

"Caudillo" de Basilio Martín Patino. RETASA (España), 1977.

"Covadonga" de Sabino Micón. CIFESA (España), 1941.

CD

Víctor Manuel, *El hijo del ferroviario,* Una producción BMG MUSIC SPAIN S.A., dirigida y realizada por Víctor Manuel y Roberto Costa, 2001.

Capítulo

12

Comunidad Autónoma de Castilla-La Mancha y Comunidad Autónoma de Extremadura

Capital	*Toledo*
Provincias	*Guadalajara, Cuenca, Toledo, Albacete, Ciudad Real*
Idioma	*castellano*
Montañas	*Montes de Toledo, Cordillera Central, Sistema Ibérico, Sierra Morena*
Ríos	*Tajo, Guadiana, Júcar, Azúer, Záncara, Cabriel, Turia*
Límites	*Madrid, Extremadura, Castilla y León, Aragón, Valencia, Andalucía*

Capital	*Mérida*
Provincias	*Cáceres, Badajoz*
Idiomas	*castellano y extremeño*
Montañas	*Sierra de Gata, Cordillera Central, Montes de Toledo, Sierra Morena*
Ríos	*Tajo, Zújar, Alagón, Tietar, Guadiana*
Límites	*Castilla y León, Castilla/La Mancha, Andalucía, Portugal*

Para explorar

1. Con un(a) compañero(a), comentad lo que sepáis sobre la función de los castillos en la época medieval de Europa comparada con su función ahora. ¿Para qué sirven los castillos ahora? Haz una lista de otros usos posibles para los castillos en la época contemporánea.
2. ¿Qué bailes son típicos de tu cultura? Compara con el resto del grupo la forma y el significado de estos bailes.

En un lugar de la Mancha, de cuyo nombre no quiero acordarme, no ha mucho tiempo que vivía un hidalgo de los de lanza en astillero, adarga antigua, rocín flaco y galgo corredor. Una olla de algo más vaca que carnero, salpicón las más noches, duelos y quebrantos los sábados, lentejas los viernes, algún palomino de añadidura los domingos, consumían las tres partes de su hacienda.

(Miguel de Cervantes, Don Quijote de La Mancha
Barcelona: Grijalbo Mondadori, S. A., 1998)

Introducción

La Comunidad Autónoma de Castilla-La Mancha con una población de 1.800.000 habitantes, se encuentra situada en pleno centro de la península. Esta dividida en cinco provincias: Toledo, Guadalajara, Cuenca, Albacete y Ciudad Real. La mayor parte de sus 80.000 km^2 son tierras de cultivo, y en el resto del territorio hay florestas y algunos paisajes montañosos como el Sistema Ibérico, la Sierra Morena, la Cordillera Central y los Montes de Toledo. Estos últimos constituyen la línea divisoria de los ríos Tajo y Guadiana. El enorme patrimonio histórico y cultural hace de Castilla una región con un gran atractivo turístico. Como su nombre lo sugiere, Castilla es tierra de castillos medievales construidos en su mayoría, entre los siglos IX y X durante las batallas entre moros y cristianos.

Toledo es la capital de la comunidad. Con un enorme pasado cultural, la ciudad es muy reconocida por sus armoniosos estilos arquitectónicos y su riqueza artística. Durante los reinados de Carlos I y Felipe II, Toledo fue la capital del Imperio Español hasta el año 1560, cuando cedió capitalidad a Madrid.

Extremadura es otra de las diecisiete comunidades autónomas de España. Está dividida en dos provincias: Cáceres (al norte) y Badajoz (al sur). Se encuentra localizada en la parte sureste de España. Tiene una población de 1.073.000 habitantes distribuidos en un área de 41.634,5 km^2. Limita al norte con Castilla y León , al este con Castilla-La Mancha, al sur con Andalucía y al oeste con Portugal. Al igual que Castilla-La Mancha, a Extremadura la bañan los ríos Tajo y Guadiana.

El patrimonio cultural de los extremeños es muy rico y variado como producto de las distintas culturas (romana, celta, mora, cristiana) que se instalaron en su territorio. Mérida, actual capital de la Comunidad y antiguamente capital de la provincia romana de Lusitania, es muy conocida por su acueducto y su teatro romanos. Esta histórica ciudad de Cáceres, declarada por la UNESCO Patrimonio de la Humanidad en 1986, cuenta con uno de los conjuntos medievales más importantes de Europa. Sus murallas, calles, casas y palacios antiguos de los siglos XIV, XV y XVI permanecen aún intactos. Además de su variedad y riqueza histórica Extremadura ofrece una importante muestra musical y folclórica. Las jotas y los fandangos son dos de las danzas más peculiares de la región. Algunos ejemplos de jotas son la de "El Palancar", El Redoble cacereño, y las jotas de romería. Los fandangos con mayor arraigo popular son el fandango extremeño de Villanueva del Fresno y el "del Limón" de Villanueva de la Serena.

Para saber más

1. Castilla-La Mancha se conoce también por sus molinos. Busca más in formación sobre ellos, dónde se encuentran, cuál es su función, etc. Prepara un pequeño informe para tus compañeros.
2. Busca las ciudades que han sido declaradas en España Patrimonios de la Humanidad y compáralas. ¿Por qué han recibido este honor estas ciudades en particular? Prepara un pequeño informe para la clase.

Gente y personajes ilustres: Cervantes y don Quijote de la Mancha

A tu parecer

1. Con un(a) compañero(a), pensad en algo en vuestra cultura que quisiérais ridiculizar. ¿Cómo lo haríais? Si tuviérais que expresaros por medio de las artes, ¿qué medio solicitaríais y por qué?
2. Con el resto del grupo, pensad en algún personaje principal literario, de televisión o de cine que siempre aparece con el mismo compañero (amigo, asociado, ayudante). ¿Cómo es la relación entre los dos?
3. Con un(a) compañero(a), comentad sobre cuál es el personaje literario que más admiráis. ¿Qué características tiene y por qué os llama tanto la atención?

Después de casi cuatrocientos años de haber hecho su aparición, la novela *El ingenioso hidalgo don Quijote de La Mancha* sigue y seguirá siendo una obra inmortal escrita, como lo dijera su autor don Miguel de Cervantes Saavedra, para ser leída en la posteridad. En efecto el *Quijote* es la obra que más se traduce y edita en el mundo, después de la Biblia. En ella se novela la esencia del ser humano: sus alegrías, sus esperanzas, sus fracasos, sus llantos, sus risas, todo lo que tiene que ver con nuestro transcurrir por los caminos de la vida.

Miguel de Cervantes (1547–1616) nació en Alcalá de Henares, un pequeño pueblo de Castilla-La Mancha. Los datos que se conservan de los primeros veinte años de la vida de Cervantes presentan unos años de sufrimiento. Su padre era un modesto cirujano y fue encarcelado por deudas que no pudo pagar. Esto ocasionó mucha vergüenza a la familia, obligándolos a cambiar de residencia en varias oportunidades. De esta manera vivieron en Alcalá de Henares, Valladolid, Córdoba, Sevilla y Madrid, entre otras ciudades. No se sabe mucho de la vida de Cervantes. Se sabe que llegó a Roma hacia el año de 1569, y peleó como soldado en Lepanto (1571), en donde fue herido y perdió su mano izquierda. En esa guerra la armada cristiana española triunfó sobre el poderoso ejército de los turcos. A su regreso a España desde Nápoles, la galera en la que viajaba fue capturada por los corsarios turcos en 1575. Cervantes y todos los tripulantes fueron llevados a Argel y vendidos como esclavos. Allí permaneció en cautiverio durante cinco años hasta que fue liberado por unos frailes trinitarios, que pagaron su rescate con dinero recogido de limosnas. Una vez libre trabajó como comisionado (no como soldado) de abastos de la armada. Su trabajo consistía en requisar trigo y aceite para surtir las galeras reales que Felipe II iba a preparar contra Inglaterra. La idea de organizar la Armada

Invencible contra los ingleses terminó en un fiasco total. En 1588 fue derrotada y humillada, y de esta manera se dio inicio a la decadencia de España. Como comisionado del gobierno tuvo algunos problemas con la contaduría, y varias veces fue privado de su libertad. Se casó en 1584 con Catalina Salazar, pero este fue un matrimonio lleno de contradicciones.

Cervantes inició su carrera como escritor durante su cautiverio en Argelia, en donde escribió textos teatrales y poemas para entretener a sus compañeros de prisión. De regreso a España escribió varios dramas de los cuales sólo se conservan *La Numancia* y *Los Tratos de Argel*, ambos publicados en el siglo XVIII. Cervantes continuó escribiendo prosa, drama y poesía por el resto de su vida. Sus obras más conocidas en orden de publicación son: Primera parte de la *Galatea* (Alcalá, 1585); *El ingenioso hidalgo don Quijote de La Mancha* (Madrid, 1605); *Novelas ejemplares* (Madrid, 1613), una colección de doce novelas, nueve de ellas sobre el tema de las relaciones amorosas, su naturaleza y sus consecuencias; las otras novelas ejemplares tienen que ver con lo bueno y lo malo. La idea de ejemplares se refiere al hecho de que en ellas hay ejemplos que se pueden evitar o imitar, pero de ninguna manera hay una enseñanza moral explícita. También se publican sus *Ocho comedias y ocho entremeses nuevos* (Madrid, 1615), la *Segunda parte del ingenioso caballero Don Quijote de la Mancha* (Madrid, 1615) y *Los trabajos de Persiles y Segismunda*, (Madrid, 1617).

Es evidente que Cervantes, además de hombre de acción fue un hombre culto, amante de la lectura. Durante su estancia en Italia tuvo la oportunidad de leer sobre la novela italiana. Siempre estuvo fascinado con la novela corta. No obstante la existencia de colecciones de historias como las del *Abecerraje* y las de *Guzmán de Alfarache*, la crítica atribuye a Cervantes el ser el primero en interesarse y en escribir novelas en castellano de una manera sistemática y estructural. Esa misma crítica atribuye a Cervantes el ser el iniciador del género novelístico, tal y cual se lo conoce en la modernidad. El mismo Cervantes manifiesta con orgullo en el prólogo de sus *Novelas ejemplares*: "yo he sido el primero que he novelado en lengua castellana".

El *Quijote*, obra maestra de Cervantes y su gran laboratorio novelísitico, es una ridiculización de las novelas de caballería, muy populares durante los años que preceden a la aparición del *Quijote*. Cervantes, interesado en la maestría del texto novelístico, arremete literariamente contra esa "literatura de mentiras y de cosas absurdas" planteadas en los libros de caballerías. El *Quijote* es la historia de un hidalgo que enloquece debido a su pasión por las novelas de caballerías. Una vez loco transforma toda la realidad en función de lo caballeresco, creando un nuevo mundo de significaciones y elevados valores universales. Esta lucha por transformar la realidad no la emprende individualmente. En su novela

Cervantes relaciona a Don Quijote con una serie de figuras principales y de menor participación. La figura más importante después de Don Quijote es Sancho Panza, su escudero y fiel compañero de aventuras. Cada una de estas figuras tiene su propio mundo, su propia individualidad. Interactúan, se complementan (especialmente Don Quijote y Sancho), pero evolucionan individualmente a través de la acción.

Al final de la novela se puede apreciar, cómo el héroe Don Quijote y su locura han dado un giro completo, y el caballero vuelve a ser el hidalgo de antes, don Alonso Quijano. Sancho, por su parte, evoluciona de un simple labrador y escudero a un personaje más maduro, más culto, deseoso de continuar con las aventuras. Cuando su amo don Quijote está a punto de morir, trata de animarlo y convencerlo a que no se deje morir y que siga con sus aventuras:

> *—!Ay! —respondió Sancho, llorando—: No se muera vuestra merced, señor mío, sino tome mi consejo y viva muchos años más, porque la mayor locura que puede hacer un hombre en esta vida es dejarse morir, sin más ni más, sin que nadie lo mate, ni otras manos le acaben que las de la melancolía. Mire: no sea perezoso, sino levántese de esa cama, y vámonos al campo vestidos de pastores, como tenemos concertado: quizá tras de alguna mata hallaremos a la señora Dulcinea desencuerada, que no haya más que ver...*
>
> *—Señores— dijo don Quijote—, vámonos poco a poco, pues ya en los nidos de antaño no hay pájaros hogaño*[1]*: yo fui loco, y ya soy cuerdo; fui don Quijote de la Mancha, y soy agora, como he dicho, Alonso Quijano el Bueno. Pueda con vuestras Mercedes mi arrepentimiento y mi verdad volverme a la estimación que de mí se tenía...*
>
> (*Miguel de Cervantes.* Segunda parte del ingenioso caballero don Quijote de la Mancha. *Madrid: Alianza Editorial, 1996, pp. 1287–1288.*)

Cervantes murió el 22 de abril de 1616, un poco antes que Shakespeare. Un año antes, en 1615, se había publicado la *Segunda parte del ingenioso caballero don Quijote de la Mancha*. En ese mismo año se publicaron también su colección dramática: *Ocho comedias y ocho entremeses*. En los textos novelísticos y dramáticos de Cervantes está planteada una muy original, moderna y revolucionaria manera de ver el hecho artístico.

Para conocer mejor

1. En tu opinión, ¿cómo puede una obra que se escribió hace cuatro cientos años todavía tener valor para un lector moderno?

[1] en los nidos

2. ¿De qué forma piensas que la temprana vida de sufrimiento de Cervantes pudo afectar la producción de sus obras de ficción?
3. En tu opinión, ¿qué importancia tiene la participación de Cervantes en la batalla de Lepanto?
4. Compara la influencia italiana en Cervantes y la influencia italiana en El Greco. (ver este mismo capítulo)
5. ¿Qué diferencias y similitudes hay entre Cervantes como hombre polifacético y Alfonso X, el Sabio? (ver Capítulo 5)
6. ¿Qué estaba ocurriendo en España durante la época de Cervantes? (ver cuadro sinóptico)
7. ¿Qué implica Cervantes cuando dice: "yo he sido el primero que he novelado en lengua castellana"? Compara esta declaración con lo que se ha declarado de Gonzalo de Berceo. (ver Capítulo 8)
8. Compara la ridiculización de los libros de caballería por Cervantes con el concepto de la burla en el carnaval. (ver Capítulos 11 y 13)
9. Compara la locura del don Quijote con la condición de demencia de algunos reyes de España durante la caída del imperio. (ver Capítulo 6)
10. En tu opinión, ¿cómo representan los personajes don Quijote y Sancho Panza la sociedad española del momento?

Para saber más

1. El *Quijote* ha influido a autores españoles y latinoamericanos como Miguel de Unamuno y Jorge Luis Borges, entre muchos otros. Busca más información sobre los textos que estos autores han escrito con referencia a la obra de Cervantes.
2. El *Quijote* se ha interpretado en el baile, en el teatro y en el cine. Busca más información sobre tales interpretaciones, y prepara un pequeño informe para tus compañeros.

El idioma: El habla de Extremadura

A tu parecer

1. En grupos pequeños, discutid el valor y la función de la escritura para guardar o preservar un idioma. ¿Puede sobrevivir un idioma sin tener producción escrita? ¿Existen idiomas que no tienen abecedario escrito? ¿Están en peligro de extinción?
2. Con toda la clase, discutid en forma de debate si debe haber límites en cuántas lenguas pueden hablarse en un lugar. Comentad sobre los aspectos en pro y contra de este asunto.

Con relación a los idiomas que se hablan en España, Miguel García-Posada expresa la siguiente opinión:

> *Las autonomías tienen ante sí* un gran reto: *pluralizar España, diversificarla, hacerla poliédrica, cambiante, rica, protéica, múltiple, diversa. (...) Quien no es diverso, no es nada al final del siglo XX. Hay que buscar siempre lo otro, salir de la uniformidad. Lo uniforme es gris, lo diverso es multicolor. Tenemos que enseñarle esta gran lección a la Europa occidental; la oriental ya se la sabe de memoria. (. . .) Si un país no tiene seis o siete lenguas, no es nada, porque no es diverso, porque no es plural. Las autonomías tienen que hacerse posmodernas.*
>
> *(Miguel García-Posada, "Hablar 'fabla'",* El Pais Digital, *N° 573 (12 Noviembre 1997).)*

En el caso de Extremadura es muy obvia esta pluralización lingüística. Se percatan una variedad de cruces de lenguas, dialectos y subdialectos dentro de la Comunidad y en sus territorios fronterizos. Algunas fuentes mencionan que en Extremadura se habla el castellano como lengua oficial, y el extremeño que es un dialecto de aquél. Otras fuentes dividen el extremeño en tres variantes: el altoextremeño, el bajoextremeño y el extremeño-andaluz. Hay quienes propagan el *fala* o habla fronteriza entre Portugal y Cáceres y sus variantes, el lagarteiru, mañegu y valverdeiru. Luego están el castúo (con influencia leonesa), el chinato, el acehucheño, el carrascalejano, el ahigaleño, el azuagueño, el cañamero y el cillerano. El barranqueño también es un idioma fronterizo entre Portugal y Extremadura, y no lo comprenden ni españoles ni portugueses. Al parecer cada ciudad y cada pueblo tiene una variante, y todas son lenguas vivas que mayormente se utilizan en ambientes de nivel informal.

El miedo y el recelo de estos hablantes se debe a sus inquietudes frente a una supervivencia y a un futuro lingüísticos inciertos. Históricamente el uso constante y oficial de las lenguas impuestas por los gobiernos ha causado la eventual desaparición de variantes regionales. Es por eso que los varios grupos que representan cada uno de los dialectos y subdialectos en Extremadura, abogan y promueven la creación literaria en su propio idioma. Opinan que un idioma perdura más a través de la escritura ya que las nuevas generaciones, hasta las de un habla diferente, podrán ver el idioma en su forma escrita y así conocerlo, estudiarlo y analizarlo.

Aquí hay un ejemplo del chinato:

> *—Buenoj diaj tia Antoña.*
>
> *—Buenoj moloj de Dio Ludia. ¿Aonde ba V. tan temprano?*
>
> *—Por mira boy a pol un comino de agua pol que quiero mazal unoj panedillo u aluego ilme a pladencia a molel una maquilla.*
>
> *—y tu, ¿ande baj Ludia?*
>
> *—Poj yo boy apol doj pera daguardiente pa Zajinto, polque le tengo malo y tiene unoj comitoj que le dejchangan tuyto.*
>
> *—Poj di ¿como no ce lo didij al meico? No cea que baya acel enfermea! No modobligara el didilcelo…*
>
> *(Gregoria Canelo, "Diálogo entre dos Comandres," citado por Antonio Viudas Camarasa en* El habla en Extremadura. *Editorial Regional de Extremadura, Capítulo IX, p. 13.)*

Y otro ejemplo del Barranqueño:

> *Erão seti irmõih e uma irmã. Oh irmõih sê forom a corrê o mundo, e a ficarom a ela sozinha. Ela um dia foi a labá a um barranco ali perto; sê tirô a tôca que lebaba, e beio uma águia e se lha lebô. Ela saiu correndo detráh da águia dizendo:*
>
> *—Águia, dá-mi a minha toquinha!*
> *E a águia lhê dizia:*
> *—Anda maih para dianti, que ondi ehtão oh teuh irmõih ta dô.*
>
> *(Anómino, "A Menina e a moura",* Cantos Tradicionais Barranquenhos, *citado por Antonio Viudas Camarasa en* Hablas de Extremadura en la Red*)*

Volviendo a las palabras de García-Posada que inician este ensayo, Extremadura como otras comunidades autónomas de España, tiene la tarea de fomentar y desarrollar la riqueza del país, sacando a relucir la diversidad de sus tradiciones y lenguas. El objetivo de Extremadura es doble: por un lado, lograr una armónica convivencia con el castellano y los otros idiomas de España, no compitiendo con ellos; y por otro, lograr que el extremeño como ciudadano de su pueblo tenga una buena conciencia de su idioma local.

> *El extremeño no tiene conciencia, o mejor dicho, buena conciencia de su habla regional. Quiere ello decir que, cuando muchos hablantes respondan que hablan extremeño, la idea más generalizada es que lo que ellos hablan es un mal castellano... muy frecuentemente los estudiantes universitarios afirman que ellos hablan mal el castellano, cuando la realidad es muy otra: hablan bien el extremeño... (Ariza Viguera).*
>
> *(Antonio Viudas Camarasa, Manuel Ariza Viguera, Antonio Salvador Plans,* El habla en Extremadura. *Editorial Regional de Extremadura, Capítulo II, p. 10.)*

Para conocer mejor

1. Comenta sobre la relación entre la pluralización de España y el hablar de una lengua, según Miguel García-Posada.
2. Compara el posmodernismo según García-Posada y la época de Franco en España. (ver Capítulo 9)
3. En tu opinión, ¿por qué se hablan tantas lenguas en Extremadura?
4. Compara el concepto de pluralización del idioma en Extremadura con el de Cataluña. (ver Capítulo 10)
5. En tu opinión, ¿qué hay en común del miedo entre los extremeños de perder su idioma y la preocupación de otros españoles de perder sus patrimonios como: los castillos (ver Capítulo 8), el acueducto de Segovia (ver Capítulo 7), las cuevas de Altamira (ver Capítulo 11)?
6. Compara el papel que desempeña la escritura en la preservación de los idiomas en Extremadura y en Valencia. (ver Capítulo 5)
7. ¿Qué temas tratan los textos en chinato y en barranqueño incluidos en la lectura?
8. Explica la siguiente oración: "el extremeño no tiene conciencia, o mejor dicho, buena conciencia de su habla regional".
9. Compara la opinión del extremeño como mal castellano a las opiniones sobre el "spanglish". (ver Capítulo 2)
10. Comenta sobre la siguiente postura: si hablar bien el extremeño es hablar mal el castellano, entonces ¿hablar mal el extremeño es hablar bien el castellano?

Para saber más

1. Busca un texto en otro dialecto extremeño, y compáralo con el texto en chinato que aparece en la lectura.
2. Compara un texto en gallego con un texto en barranqueño.
3. Compara los textos incluidos en la lectura con el castellano. ¿Cuáles son las diferencias o similitudes?

El arte y la arquitectura: Doménikos Theotokópoulos, El Greco

A tu parecer

1. Con un(a) compañero(a), comentad sobre vuestras preferencias en cuanto al arte figurativo o el arte abstracto. ¿Cuáles son los propósitos para cada forma? Dad ejemplos si podéis.
2. Con todo el grupo, mencionad los nombres de personajes famosos que inmigraron de otro país, y que lograron o siguieron su éxito aquí. ¿Quiénes son? ¿En qué campos trabajan? ¿Por qué inmigraron de su país? ¿Qué les llevó a tener éxito aquí?
3. En grupos pequeños, contemplad las posibles fuentes de inspiración para un artista. Haced una lista de posibles fuentes, y comparadla con las de otros grupos.

El Greco, cuyo nombre real era Doménikos Theotokópoulos, nace en Candía, capital de la isla de Creta, en 1541. No se conoce mucho sobre su producción artística en los primeros veinte años de su vida, pero se cree que está vinculada al estilo y modos bizantinos con influencias italianas, muy populares en la pintura cretense del siglo XVI. Es un hombre muy culto y apasionado a la literatura clásica y contemporánea. Se sabe que pertenece a un círculo selecto de eruditos, literatos y artistas. Como pintor se le considera junto a Velázquez y Francisco de Goya como los más grandes pintores de la historia del arte español.

"El entierro del conde Orgaz" de El Greco

En diciembre de 1567 El Greco llega a Venecia, centro en una época de esplendor para la pintura italiana. Allí permanence hasta agosto de 1570 y tiene la oportunidad de conocer personalmente, y estudiar de cerca la obra de grandes maestros del Renacimiento como Tiziano, Tintoretto, Veronés y Bassano de quienes capta su técnica, sentido dramático y su actitud ante la naturaleza.

En el otoño de 1570, y por motivos no muy claros, El Greco deja Venecia para trasladarse a Roma. En esta ciudad su conocimiento y asimilación de la pintura renacentista se desarrollan mucho más, sobre todo por su contacto con la obra de Miguel Angel Buonarroti, maestro de maestros (fallecido en 1564) y de sus seguidores. Producto de esta etapa son "La Piedad" (1570–1572, Museo de Arte de Filadelfia) y la "Purificación del Templo" (1570–1572, Instituto de Artes de Miniápoles).

En 1577, y ya como pintor maduro, El Greco inicia su aventura española en Toledo, la ciudad que le dará su fama artística. Muy pronto comienza a recibir importantes encargos. Ese mismo año trabaja para la Iglesia de Santo Domingo, y pinta la "Asunción de la Virgen" (1577, Instituto de Arte de Chicago), obra con la que empieza a dar un giro estilístico menos italianizante y más personal. Da primacía al uso de colores menos normativos y con un mayor énfasis en la forma. Se inicia así su vinculación con el manierismo, escuela en donde se siguen al pie de la letra las reglas establecidas en la época del Renacimiento. El Greco recibe comisión para trabajar como pintor en el recién terminado Palacio Monasterio El Escorial, situado muy cerca de Madrid. También colabora con la Catedral de Toledo con su obra "El Expolio" (1577–1579). Luego, en 1586, pintó para la Iglesia de Santo Tomé de Toledo una de sus obras más famosas: "El entierro del conde de Orgaz".

El Greco fue un hombre que gozó de una buena posición económica y social. En su casa de Toledo recibía a menudo la visita de amigos pertenecientes a la nobleza, y a poetas de la talla de Luis de Góngora y Fray Hortensio Feliz de Paravicino, de quien hizo un retrato que hoy en día se encuentra en el Museo de Bellas Artes de Boston. También hizo varios trabajos sobre la ciudad de Toledo. El más famoso de éstos es su "Vista de Toledo" (1597–1607, Museo Metropolitano de Arte de la ciudad de Nueva York).

En sus últimos años de vida El Greco pintó obras como el "Bautismo de Cristo" (1608) y la "Adoración de los pastores" (1612–1614), las cuales se hallan en el Museo del Prado en Madrid. El Greco murió el 7 de abril de 1614. Sus restos reposan en la templo de Santo Domingo el Antiguo, en Toledo. En la historia de la pintura siempre quedaría grabada la forma peculiar con que El Greco manejaba los colores, el alargamiento de sus figuras, su profunda espiri-tualidad, y el ritmo y movimiento de sus misteriosas figuras.

Para conocer mejor

1. ¿Qué influencias había en la pintura cretense del siglo XVI?
2. ¿Cuáles son algunos artistas anteriores a El Greco que pudieron haber influido en su obra? (ver cuadro sinóptico)
3. En tu opinión, ¿por qué fue El Greco comisionado para trabajar en El Escorial? (ver Capítulo 2)

4. Busca en el cuadro sinóptico en el Apéndice cuáles son algunos pintores contemporáneos de El Greco.
5. En tu opinión, ¿cuál es la importancia de las experiencias que tiene El Greco en Italia?
6. Contrasta la llegada de El Greco a España con la partida de otros a varios lugares debido a razones políticas, religiosas y económicas. (ver Capítulos 9, 11 y 14)
7. Compara la obra de El Greco con la de Goya. (ver Capítulo 6)
8. Contrasta y compara los temas más comúnmente representados por El Greco con los temas de Dalí. (ver Capítulo 10)
9. Analiza brevemente el cuadro "El entierro del Conde Orgaz" en comparación a "Las Meninas" de Velázquez. (ver Capítulo 9)
10. En tu opinión, ¿cómo logra El Greco ritmo y movimiento en sus figuras?

Para saber más

1. Dice la lectura que en 1577, El Greco comienza a pintar con un estilo más propio y menos italianizante. Busca ejemplos de sus obras tempranas y tardías y compáralas.
2. Busca más información sobre el manierismo en España y compara las obras de otro artista manierista con las de El Greco. Prepara un pequeño informe para la clase.

Las fiestas y el folclore: Los autos sacramentales y las fiestas de Corpus Christi

Escena de la fiesta de Corpus Christi, Toledo, España

A tu parecer

1. En grupos pequeños, pensad en las diferentes procesiones o desfiles que hay en vuestro país, y hablad de su forma y propósito.
2. Con todo el grupo, formad un debate sobre diferentes aspectos de la relación entre el arte y la religión.
3. Con un(a) compañero(a), haced una lista de las obras de teatro que hayáis leído o visto, y comentad sobre vuestras experiencias.

La fiesta de Corpus Christi es una de las celebraciones religiosas más importantes de España e Hispanoamérica. La de Toledo, que tiene lugar durante el mes de junio, es quizás la más famosa de España y se viene celebrando desde el siglo XIII. Hay muchos estudios generales, literarios y folclóricos que describen las famosas procesiones del Corpus Christi en diferentes regiones de España. Cada uno de los detalles de una celebración del Corpus tiene su significado.

La parte central de la fiesta del Corpus es la procesión, cuya preparación y celebración son un hermoso espectáculo lleno de arte, belleza, fe y colorido. Los toledanos adornan las calles con faroles, toldos y guirnaldas; colocan tablados y escenarios; construyen figuras vestidas con ropas auténticas; y echan flores y plantas perfumadas en las calles de la ruta por donde va a pasar la procesión. Los actos litúrgicos también son objeto de minuciosa dedicación.

En los siglos XVI, XVII y XVIII la fiesta del Corpus estaba estrechamente vinculada a representaciones teatrales. Cabe precisar que en Europa el teatro ha estado bastante ligado a los oficios litúrgicos. De estas representaciones con simbología religiosa la más importante es el auto sacramental. En estas obras se representaban asuntos de tipo religioso. El historiador de la literatura española Angel Valbuena Prat define el auto sacramental como una "obra dramática en un acto, alegórica y referente al misterio de la Eucaristía". El mensaje del auto adquiere entonces un carácter religioso, moral, estético y literario.

En efecto, España experimenta un gran auge teatral a partir de la aparición de los autos sacramentales de autores como Lope de Vega, Tirso de Molina y, muy particularmente con las piezas del dramaturgo, poeta, soldado y sacerdote Pedro Calderón de la Barca (Madrid, 1600–1681). En *Autos sacramentales*, Calderón describe el auto como:

> *Sermones*
> *puestos en verso, en idea*
> *representable, cuestiones*
> *de la Sacra Teología*
> *que no alcanzan mis razones*
> *a explicar ni comprender*
> *y al regocijo dispone*
> *en aplauso de este día*

En el siglo XVII los autos sacramentales entran a formar parte de lo que se conoce como Teatro Barroco. Los aportes de Calderón a la fiesta barroca fueron decisivos. Se conservan de él veinte piezas menores (entremeses, loas, jácaras y zarzuelas), 120 comedias y 80 autos sacramentales. Algunos de sus autos más conocidos son *El gran teatro del mundo*, *El gran mercado del mundo*, *El pleito matrimonial del cuerpo y del alma*, *El auto de la vida es sueño* (distinto de su gran comedia también titulada *La vida es sueño*) y *La cena del rey Baltazar*.

LEY (Canta.) Obrar bien, que Dios es Dios.
DISCRECIÓN ¿Cómo el apunto no oíste?
LABRADOR Como sordo a tiempos soy.
MUNDO Él al fin se está en sus trece.
LABRADOR Y aun en mis catorce estoy.
(Sale el POBRE.)
POBRE De cuantos el mundo viven,
¿quién mayor miseria vio
que la mía? Aqueste suelo
es el más dulce y mejor
lecho mío que, aunque es
todo el cielo pabellón
suyo, descubierto está
a la escarcha y al calor;
la hambre y la sed me afligen.
¡Dadme paciencia, mi Dios!
RICO ¿Qué haré yo para ostentar
mi riqueza?
POBRE ¿Qué haré yo
para sufrir mis desdichas?
LEY (Canta.) Obrar bien, que Dios es Dios.
POBRE ¡Oh, cómo esta voz consuela!
RICO ¡Oh, cómo cansa esta voz!
DISCRECIÓN El Rey sale a estos jardines.
POBRE ¡Cuánto siente mi ambición
postrarse a nadie!
HERMOSURA Delante
dél he de ponerme yo
para ver si mi hermosura
pudo rendirle a mi amor.
LABRADOR Yo detrás; no se le antoje,
viendo que soy labrador,
darme con un nuevo arbitrio,
pues no espero otro favor(...)

(Pedro Calderón de la Barca, El gran teatro del Mundo. *México: Casa Editorial Mexicana, Fondo de cultura económica.)*

En obras como estas Calderón transforma elementos simbólicos de la religión católica en personajes teatrales. De esta manera el público que asiste a la representación ve a estos personajes como si fueran reales. Calderón es el dramaturgo más representativo del teatro barroco.

Para conocer mejor

1. Compara la fiesta de Corpus Christi con otras celebraciones religiosas en España. (ver Capítulos 2, 3, 5 y 6)
2. ¿Qué relación hay entre el teatro, el Corpus y las celebraciones del carnaval? (ver Capítulos 11 y 13)
3. ¿Qué similitudes y diferencias hay entre el espectáculo de Corpus Christi y los sanfermines? (ver Capítulo 8)
4. Compara la definición del auto sacramental de Pedro Calderón con la de Valbuena Prat.
5. Compara el propósito de los autos sacramentales de Calderón con el de Gonzalo de Berceo en sus "Milagros de Nuestra Señora". (ver Capítulo 8)

6. ¿Qué diferencias y similitudes hay entre Calderón y Cervantes? (ver este mismo capítulo)
7. Si tuvieras que escribir un "Nuevo teatro del mundo" reflejando este siglo, ¿qué personajes usarías y por qué?
8. Compara al "pobre" en la selección de Calderón con la definición del "pícaro". (ver Capítulo 7)
9. ¿Cuál es el mensaje de la selección incluida en la lectura? Elabora.
10. En tu opinión, ¿por qué ocupa la religión un lugar tan grande en el teatro de esta época? (ver cuadro sinóptico)

Para saber más

1. Busca más información sobre la época literaria del Barroco en España. ¿Quiénes son otros autores de la época, y en qué consisten sus obras?
2. Busca más información sobre otras obras de Pedro Calderón. Compara dos o tres de ellas y prepara un pequeño informe para la clase.
3. Busca más información sobre los autos sacramentales de Lope de Vega y Tirso de Molina. Compara las obras de ellos con las de Calderón.

Gastronomía: El queso manchego

A tu parecer

1. Con todo el grupo, contestad las siguientes preguntas: ¿Qué variedades de quesos existen en vuestro país? ¿Qué platos se preparan con ellos?
2. En parejas, pensad en los quesos de otros países. ¿Qué diferencias tienen (sabor, textura, olor, ingredientes)? ¿Por qué?
3. En grupos pequeños, pensad en qué animales se usan para alimento en vuestro país. ¿Se usan sólo para la carne u otros productos? ¿Qué productos?

Sin duda alguna el producto lácteo más conocido en España es el queso manchego, que se elabora en la meseta central del país en un área que se extiende hasta Albacete, Guadalajara, Ciudad Real, Cuenca y Toledo. En árabe se llamaba este lugar Al Ansha, tierra sin agua por sus escasas lluvias y por su clima extremadamente caliente, que fácilmente llega a temperaturas superiores a los 50 grados centígrados. El queso manchego toma su apellido, no sólo del lugar donde se elabora, sino también de las ovejas que producen la leche, materia prima y fundamental para su elaboración. De hecho según el Consejo Regulador de la Denominación de Origen Queso Manchego, únicamente puede llamarse manchego al queso que se produce de la oveja manchega.

Esta oveja proviene de los primitivos bovinos mediterráneos que en España se desarrollaron en varios grupos como la segureña, alcarreña, talaverana, aragonesa y castellana que se utilizan por su carne, su leche y su lana. La oveja manchega produce carne y leche, y es de los pocos grupos que han mantenido su pureza sin cruzarse con ninguna otra especie. El sabor único del queso manchego se debe a la combinación de alimentos consumidos por las ovejas durante su cría en la llanura árida de Castilla-La Mancha. Por lo regular las ovejas comen de los restos de las cosechas de cereales y de leguminosas, mayormente garbanzos y lentejas. También las ovejas hacen festín del desecho de muchas plan-

Queso manchego

tas aromáticas y de la vid, que ayudan a establecer la calidad de la leche y el carácter del queso.

El infante toledano don Juan Manuel (1282–1348) incluye en su obra maestra *El Conde Lucanor*, un exemplum que trata de dos hombres ricos que se vuelven pobres. Un día uno de los hombres tenía mucha hambre, y lo único que encontró para comer fueron unos altramuces.

> *Et acordándose de quando rico era et solía ser, que agora con fambre et con mengua avía de comer los atramizes, que son tan amargos et de tan mal sabor, començó de llorar muy fieramente, pero con la grant fambre començó de comer de los atramizes, et en comiéndolos, estava llorando et echava las cortezas de los atramizes en pos sí. Et él estando en este pesar et en esta coyta, sintió que estava otro omne en pos dél et bolbió la cabeça et vio un omne cabo dél, que estava comientdo las cortezas de los atramizes que eel echava en pos de sí...Et quando aquello vio el que comía los atramizes, preguntó a aqueel que comía las cortezas por qué fazía aquello. Et él dixo que sopiesse que fuera muy más rico que eel, el que agora avía llegado a tan grand pobreza et en tan grand fanbre quel plazía mucho quando fallava aquellas cortezas que él dexava.*
>
> *(Don Juan Manuel.* El Conde Lucanor. *Madrid: Editorial Castalia, 1982, pp. 93–94)*

Una de las lecciones que enseña este exemplum es que siempre hay alguien que puede aprovechar las sobras de otro. De igual forma la oveja manchega utiliza las sobras para producir una leche singular y preciada.

El queso manchego se produce de forma artesanal con leche cruda, o industrialmente con leche pasteurizada, y se madura entre sesenta días (semicurado) hasta más de un año (curado). Tiene forma cilíndrica; pesa entre 2 y 3 kilos; por fuera es de color pardo y por dentro de color marfil de pasta firme y con pocos ojos repartidos de manera irregular. Su firma inigualable es la impresión de los moldes en forma de flor en las partes planas superior e inferior, y las pleitas o cinchos laterales en forma de zigzag. El producto final se puede comer durante todo el año; puede conservarse por mucho tiempo, y se usa para recetas y postres. Pero la forma más tradicional de comerlo es, con un buen pedazo de pan casero y una copa de vino blanco para los semicurados, y tinto para los curados.

Comer el queso manchego de esta forma es saborear los aromas, matices y sabores variados y diferentes y tan representativos de España. Lo interesante es que todo este bouquet aromático en forma de queso comienza con los restos y las sobras de las cosechas, por un lado descartados y rechazados por los campesinos, y por otro, aprovechados y degustados exclusivamente por el bovino manchego.

Para conocer mejor

1. ¿Cómo se caracteriza el área donde se produce el queso manchego?
2. Compara la exclusividad del queso manchego con la de les fabes en Asturias. (ver Capítulo 11)
3. ¿Qué similitudes y diferencias hay entre la pureza del queso manchego y el concepto del casticismo según Miguel de Unamuno? (ver Capítulo 4)
4. Compara la exclusividad de la oveja manchega con la de las angulas. (ver Capítulo 4)
5. ¿Qué similitudes y diferencias hay entre la firma del queso manchego y la etiqueta del vino rioja? (ver Capítulo 8)
6. ¿Por qué come el hombre que había sido rico las cáscaras de los altramuces?
7. ¿Cómo se relaciona el cuento de don Juan Manuel con el queso manchego?
8. En tu opinión, ¿cómo se compara la elaboración de un queso con un trabajo artesanal como la elaboración de las figuras Lladró? (ver Capítulo 5)
9. ¿Qué relación hay entre el queso manchego y las tapas?
10. Compara el final de esta lectura con el concepto y la definición de la picaresca. (ver Capítulo 7)

Para saber más

1. Busca qué otros quesos se producen en España, y compáralos con el queso manchego.
2. Busca una receta para el queso manchego, y compártela con el resto del grupo.
3. ¿Cuáles son otros productos lácteos producidos y elaborados en España? Búscalos y prepara un pequeño informe para el resto de la clase.

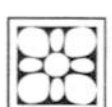 Aspectos sociopolíticos: El Imperio y su caída

A tu parecer

1. Con todo el grupo, formad un debate sobre lo que consideren en pro y en contra del imperialismo.
2. En parejas, pensad en algunas tácticas o estrategias que usan algunos gobiernos para controlar sus colonias. Haced una lista de las estrategias, y compartidlas con el resto del grupo.
3. En grupos pequeños, haced una lista de los factores que pueden llevar a la caída de un imperio. Usad ejemplos de imperios que vosotros conozcáis.

En 1492 con la última derrota de los musulmanes en Granada que pone fin a la Reconquista, se logra la unificación de España bajo una sola monarquía, la de los Reyes Católicos, Isabel de Castilla y Fernando de Aragón, con cuyas nupcias en 1469 ya se han unido las dos dinastías más poderosas del norte. Además, el viaje de Cristobal Colón emprendido en el mismo año hacia el este, permite la extensión del imperio español, no sólo por los territorios vecinos, sino también por otros continentes. Es cierto que durante su auge el imperio se distingue por su dominio y prosperidad, y se extiende más que otro en la historia del mundo; pero la gloria de este apogeo está también marcada desde su comienzo por momentos oscuros y tristes, que posiblemente lleguen a ocasionar su inevitable fin en 1898.

Para mantener la unificación bajo una sola corona y una sola religión, España instituye la Inquisición, y de este modo realiza la tortura y la expulsión de los no católicos que han habitado el lugar por varios siglos. Esto marca una época abrumadora en España donde conviven el miedo, la paranoia y la calumnia para lograr la "limpieza" de la sangre, y que se extiende también por fuera de España, en particular en las Américas con el inagotable esfuerzo evangelista hacia los indígenas, y asimismo con el Consejo de las Indias, institución reguladora del estado y de la fe. La imposición del imperio español en las Américas da lugar a la desaparición de muchos grupos indígenas; pérdida que queda enraizada todavía en un sentido de resentimiento entre algunos americanos frente al antiguo poder español.

Desde que se impone el imperio, España lucha en interminables guerras con sus países vecinos, particularmente con Francia, Holanda e Inglaterra. Carlos I combate a los protestantes y se enfrenta al imperio otomano, y el papa lo declara emperador del Sacro Imperio Romano. Su hijo Felipe II establece la Armada Invencible, victoriosa en muchas de sus batallas como en 1571 en contra de los turcos, pero desastrosamente derrotada por los ingleses en 1588. La razón más importante de la derrota de la armada puede estar relacionada con una mala estrategia de combate.

> *...se trató de dos conceptos diferentes de guerra naval. España optó por enviar poderosos galeones equipados con artillería pesada de corto alcance, con la intención de dañar la capacidad marinera de los barcos ingleses y abrir la posibilidad de abordaje. Inglaterra apostó por artillería de largo alcance, con lo que sus buques pudieron mantenerse a distancia de los españoles; su mayor movilidad les permitió huir del enfrentamiento. España no tuvo pérdidas materiales importantes. En pocos años reconstruyó su potencia naval. Las consecuencias políticas y psicológicas fueron más amplias: la Europa protestante consideró, desde entonces, que el poder español había sido doblegado.*
>
> *(Citado de "Batallas de España", Edad Antigua: Portal de la historia)*

Los historiadores analizan varias de las posibles causas de la caída del Imperio Español. Arturo Rosby piensa que el declive se debe a los motivos misioneros del momento y a la falta de ambición para el futuro. Luego de la conquista y la exploración del territorio americano España ya no tiene razón por su misión, y así se debilita su poder. Henry Kamen mantiene que la caída se debe a "la soberbia y arrogancia de los españoles (que) hizo que no demostrasen una curiosidad recíproca por otros pueblos". La incapacidad de comunicarse con los conquistados debido al desconocimiento de sus idiomas, según Kamen, es otra razón por la caída del imperio. Las tendencias liberales surgidas por la revolución francesa y difundidas por Europa y las Américas, dan lugar a unos esfuerzos de independencia, los cuales también son causa del debilitamiento del imperio. Hay quienes piensan también que la caída del imperio se debe en gran parte a la incapacidad de algunos monarcas. Juana I, "la Loca", hija de los Reyes Católicos y única heredera del trono, enloquece debido a la muerte prematura de su esposo. Carlos I, su hijo, durante el apogeo de su trono decide recluirse en el Monasterio de Yuste en Cáceres; su nieto Felipe II y su bisnieto Felipe III ponen los asuntos del Estado en manos de validos. Se establecen numerosos virreinatos y el imperio comienza a ser dirigido por las fuerzas centrífugas de la nobleza española. Carlos II, hijo de Felipe IV, cuya oligofrenia y enfermedades posiblemente son debidas a mucha consaguinidad, no deja heredero, y así empieza la dinastía borbónica que luego permitirá la invasión napoleónica a principios del siglo XVIII.

La derrota definitiva del imperio español ocurre en 1898, con la pérdida de las últimas colonias de Cuba, Puerto Rico y las Filipinas. Reproducimos aquí una sección del Tratado de Paz entre España y los Estados Unidos de América del 10 de diciembre de 1898.

Artículo VIII

En cumplimiento de lo convenido en los artículos I, II y III de este Tratado, España renuncia en Cuba y cede en Puerto Rico y en las otras islas de las Indias Occidentales, en la isla de Guam y en el archipiélago de las Filipinas, todos los edificios, muelles, cuarteles, fortalezas, establecimientos, vías públicas y demás bienes inmuebles que con arreglo a derecho son del dominio público, y como tal corresponden a la Corona de España. (...)

Artículo IX

Los súbditos españoles, naturales de la Península, residentes en el territorio cuya soberanía España renuncia o cede por el presente Tratado, podrán permanecer en dicho territorio o marcharse de él, conservando, en uno u otro caso, todos sus derechos de propiedad, con inclusión del derecho de vender o disponer de tal propiedad o de sus productos; y, además tendrán el derecho de ejercer su industria, comercio o profesión, sujetándose, a este respecto, a las leyes que sean aplicables a los demás extranjeros. (...)

Este tratado establece el punto final del imperio y el punto de partida para que los españoles, y en particular los intelectuales de la Generación del 98 comiencen a contemplar su esencia y a redefinirse como pueblo.

Para conocer mejor

1. ¿Qué ocurría en España durante el comienzo del Imperio Español? (ver cuadro sinóptico)
2. Comenta sobre la Inquisición como medida que utiliza España para controlar a los habitantes del imperio. (ver Capítulo 2)
3. Compara la derrota de la Armada Invencible con los sitios de Aragón. (ver Capítulo 6)
4. Según tu punto de vista, ¿por qué se debilita el poder del imperio?
5. Compara la caída del imperio con la época pos-franquista. (ver Capítulos 2 y 9)
6. Compara la "incapacidad" de algunos monarcas durante el imperio con la "locura" de don Quijote. (ver este mismo capítulo)
7. ¿Qué dinastías fueron parte del imperio español? (ver el cuadro sinóptico)
8. Comenta sobre el aspecto lingüístico del imperio.
9. ¿Qué demandan los Estados Unidos de España con relación a Cuba en 1898?
10. ¿Quiénes son algunos autores de la Generación del 98?

Para saber más

1. Se menciona la consanguinidad y la locura entre los monarcas. Busca más información sobre este asunto entre los monarcas, no sólo de España, sino de otros lugares, y prepara un pequeño informe para el resto del grupo.
2. Selecciona uno de los monarcas del imperio, y busca más datos sobre él o ella. Con un(a) compañero(a), preséntale la información a la clase, comparando a dos de los monarcas.
3. Busca más información sobre las obras de Miguel de Unamuno y José Ortega y Gassett y sus comentarios sobre la identidad española en la época de la caída del imperio.

Materiales suplementarios

Cervantes

Canavaggio, Jean. *Cervantes*. Madrid: Espasa-Calpe, 1997.
Mayans y Siscar, Gregorio. *Vida de Miguel de Cervantes Saavedra*. Madrid: Espasa-Calpe, 1972.

El Greco

Marías, Fernando. *El Greco*. Madrid: Nerea, 1997.

Calderón de la Barca

Calderón de la Barca, Pedro. *Comedias religiosas*. Madrid: Espasa-Calpe, 1970.
Calderón de la Barca, Pedro. *Obras maestras*. Madrid: Castalia, 2000.

El queso manchego

García del Cerro, Carlos. *La Mancha y el queso manchego*. [S.l.]: Junta de Comunidades de Castilla-La Mancha, 1986.

La caída del imperio

Balfour, Sebastián. *El fin del imperio español*. Barcelona: Crítica, 1997.
Madariaga, Salvador de. *El auge y el ocaso del imperio español en América*. Madrid: Espasa-Calpe, 1986

Vídeo

"The Battle of Lepanto", "The Defeat of the Spanish Armada", "The Spanish Armada", "El Greco" y "Toledo". Films for the Humanities & Sciences.

Capítulo

13

Comunidad Autónoma de les Illes Balears, Comunidad Autónoma de Canarias, Ciudades Autónomas de Ceuta y de Melilla

Les illes Balears

Capital	*Palma de Mallorca*
Islas	*Mallorca, Menorca, Ibiza, Formentera, Cabrera*
Idiomas	*castellano, catalán*
Límites	*Mar Mediterráneo, este de España*

Las islas Canarias

Capitales	*Tenerife, Las Palmas*
Islas	*La Palma, El Hierro, La Gomera, Tenerife, Gran Canaria, Fuerteventura, Lanzarote*
Idioma	*castellano*
Montañas	*Pico del Teide, Pico Viejo*
Límites	*Océano Atlántico, suroeste de España, noroeste de Africa*

Ceuta

Idiomas	*castellano, inglés, árabe, ladino, bereber*
Límites	*Marruecos, mar Mediterráneo, sur de España*

Melilla

Idiomas	*castellano, inglés, árabe, ladino, bereber*
Límites	*Marruecos, mar Mediterráneo*

Para explorar

1. Piensa en cuáles son los sitios más turísticos de tu país. ¿Qué características tienen?
2. Haz una lista de las islas que forman parte de tu país. Debes tomar una de las islas y describirla en términos de su geografía, historia, etc.
3. Describe los territorios que tu país tiene o ha tenido, y que están ubicados fuera del marco céntrico territorial. Describe las diferencias y semejanzas entre tu país y estos territorios.

Todas las canarias son
como ese Teide gigante,
mucha nieve en el semblante
y fuego en el corazón.
Y fuego en el corazón.
Todas las canarias son.

(Canción popular canaria)

 Introducción

Como hemos visto en capítulos anteriores, España se encuentra dividida en 17 Comunidades Autónomas. De estas, las islas Baleares y las Canarias constituyen lo que algunos denominian la España insular, y en ellas se concentra gran parte de la industria turística del país.

Desde la antigüedad las Islas Baleares han sido una de las regiones más importantes en el Mediterráneo. Con la llegada de los cartagineses las islas adquieren unidad política y cultural, ya que anteriormente estaban completamente separadas, Mallorca y Menorca por un lado y Cabrera, Ibiza y Formentera por el otro. Las islas Baleares adquieren el estatuto de comunidad autónoma en 1983.

Las Baleares no llegaron a unirse política o sociológicamente hasta la llegada de los romanos. Al igual que Ceuta y Melilla, las Baleares fueron tomadas por hombres de varias culturas a lo largo de su historia: romanos, vándalos (del grupo bárbaro), bizantinos, fenicios, griegos, moros y españoles.

La Comunidad Autónoma Balear cuenta con una población de cerca de 840.000 habitantes y su capital actual, Palma de Mallorca, es uno de los puertos más importantes sobre el mar Mediterráneo. El archipiélago está conformado por cinco islas: Mallorca, "la dama del Mediterráneo" (3.640 Km^2), Menorca (690 Km^2), Ibiza (542 Km^2), Formentera (100 Km^2) y Cabrera (declarada como reserva natural). Dada la suavidez de su clima, las Baleares constituyen unos de los sitios de interés más visitados por turistas de todos los rincones del mundo.

Otro de los grandes atractivos turísticos de España son las islas Canarias, situadas a unos 1.500 kilómetros de España y a 100 de la costa noroeste africana. Es un archipiélago conformado por siete islas (Gran Canaria, Fuerteventura, Lanzarote, Tenerife, La Palma, Gomera e Hierro) y siete islotes (Alegranza, Graciosa, Montaña Clara, Roque del Este, Roque del Oeste y Lobos). Políticamente las Canarias están divididas en dos provincias: Gran Canaria y Tenerife. El total de la población es de aproximadamente un 1,7 millones habitantes según el censo de 2001.

La ciudad de Ceuta se encuentra en el norte de Africa, en la orilla africana del estrecho de Gibraltar conocido como las "Columnas de Hércules". Al ser una ciudad fronteriza se caracteriza por varios flujos de población y por la diversidad religiosa. En Ceuta se encuentran musulmanes, hebreos, hindúes y cristianos. Melilla tiene el mismo carácter religioso, lingüístico, social y climático de Ceuta. Desde 1995 es Ciudad Autónoma de España. Es un puerto importante que se encuentra en la costa mediterránea de Marruecos. Actualmente hay muchos inmigrantes ilegales que llegan a las dos ciudades con el objetivo de ingresar a la península.

Para saber más

1. Busca más información sobre la relación entre las islas Baleares y Cataluña.
2. Busca información sobre la importancia de las Canarias en los viajes de Cristóbal Colón.
3. Busca más información sobre la conquista española de Ceuta y Melilla.

Gente y personajes ilustres: Los guanches

A tu parecer

1. En parejas, pensad en las distintas formas en que diversas culturas tratan a sus difuntos, cómo los entierran, qué ritos siguen, etc.
2. En grupos, pensad en algunas leyendas que cuentan sobre "el principio" de la civilización. Comparad vuestras conclusiones con el resto de la clase.
3. Con todo el grupo, pensad y describid las comidas, objetos y costumbres que todavía quedan en vuestra cultura de civilizaciones más antiguas.

Los primitivos habitantes de las islas Canarias pertenecen a un pueblo llamado "guanche", de origen desconocido. No se sabe si eran navegantes o simples pasajeros que llegaron desde el norte de África a la isla de Tenerife ("Chenech"), y que trajeron consigo el trigo y la cebada además de perros, cerdos, cabras y ovejas. Se quedaron dedicándose primordialmente a la agricultura, y elaborando materiales de junquillo y de alfarería[1]. Según los describen los con-

[1] arte de fabricar vasijas de barro cocido

quistadores europeos, eran "de raza blanca", "de gran belleza", "rubios", "de ojos claros", "musculosos", "de gran altura" y "de cuerpo fuerte y ágil". La palabra "guanche" significa "hombres de Chenech" y aunque este término se utiliza hoy en día para referirse a los pueblos antiguos que vivían en todo el archipiélago canario, en realidad los "guanches" antiguamente sólo ocupaban la isla de Tenerife. Fuerteventura era habitada por los maxos, Gran Canaria por los canarios, La Palma por los auaritas, La Gomera por los gomeros, y El Hierro por los bimbaches.

Todavía quedan vestigios del pueblo guanche aunque su forma de vivir se asimiló muy rápido a la de los conquistadores españoles. Las cuevas naturales donde vivían todavía se encuentran en las montañas. Además de esto, el "gofio"—hecho de harina de cebada, maíz o trigo tostada y mezclada con leche de cabra, agua, miel o café —que constituía su alimentación básica, todavía se come. "La lucha Canaria" un popular deporte en Tenerife es una forma de lucha libre practicada actualmente por los guanches. Finalmente a pesar de que hoy en día nadie habla ni escribe el idioma guanche, es de percatar que esta antigua lengua ha contribuido a la riqueza léxica del castellano hablado por los canarios, y en particular por los pastores que tratan sus rebaños utilizando un sinnúmero de "guanchismos".

La costumbre guanche de momificar a sus difuntos ha sido un tema de mucho interés y estudio. Se desconocen las recetas de los ungüentos que

Xaxo, momia guanche

usaban para rellenar los cuerpos, pero el proceso de momificación suele compararse con aquellos utilizados por los egipcios y los peruanos. El cuerpo o "xaxo" se lavaba y se secaba, y luego se envolvía en pieles pintadas. Se colocaban los cuerpos en tablones de madera en el interior de una cueva, y se les juntaban diversas ofrendas. Esta costumbre les ha permitido a los expertos descubrir más, tanto sobre los valores, como la composición física de estos habitantes primitivos.

Las leyendas en torno a los guanches y a las islas Canarias son muchas. Algunos piensan que estos indígenas provenien de una raza del continente de la Atlántida. Aquí reproducimos una de estas leyendas todavía muy populares entre los canarios.

La Atlántida

Durante siglos, incluso después de la conquista española, se creyó que las islas eran las cumbres de las montañas de la Atlántida, el gran continente sumergido del cual habló Platón en su diálogo "Timeo y Critias".

La Atlántida era una gran isla, "más grande que Libia y Asia juntas", situada al otro lado de las Columnas de Hércules (el Estrecho de Gibraltar). Era dominio de Poseidón, dios del mar, y estaba habitada por los atlantes, descendientes de Atlas, su primer rey, hijo del mismo dios y de una mujer mortal.

La Atlántida tenía toda clase de riquezas, su pueblo era el más avanzado del mundo, y en su centro estaba la gran capital con el Palacio y el Templo de Poseidón. Sus hombres de ciencia transmitían conocimientos y civilización a los demás pueblos, con los que mantenían la paz.

Los atlantes fueron durante muchas generaciones fieles a sus leyes de justicia, generosidad y paz. Pero con el tiempo se degeneraron y se hicieron avariciosos y belicosos. Otros añaden que descubrieron los secretos de los dioses, secretos de energías cósmicas y de fuerzas capaces de destruir al género humano.

Hace unos 11.500 años, Zeus, rey de los dioses, castigó a los atlantes y, en el transcurso de una sola noche, erupciones volcánicas y maremotos destruyeron la gran isla en un cataclismo de proporciones cósmicas.

Según la leyenda, de la Atlántida quedan a la vista sólo las islas Azores, Madeira, Canarias y Cabo Verde: lo que fueron las cumbres de las altas montañas del continente perdido. Pero sus palacios y templos se encuentran en el fondo del océano que tomó de él su nombre: el Atlántico.

Hoy sus recios palacios los habitan delfines y las algas tapizan el prado y el vergel...

(Julio N. Rancel, "La Atlántida", Canarias en la leyenda)

Para conocer mejor

1. Compara los guanches con los celtas. (ver Capítulo 3)
2. ¿Qué implica que se comparen los guanches con los egipcios y los peruanos?
3. En tu opinión, ¿qué factores pudieron contribuir a la rápida asimilación de los guanches a la cultura española?
4. En tu opinión, ¿qué importancia tiene que los guanches hayan descendido de una raza del continente perdido de Atlántida?
5. Compara los atlantes con los guanches.
6. ¿Qué similitudes y diferencias hay entre los guanches y los gitanos? (ver Capítulo 9)
7. En tu opinión, ¿qué elementos de la cultura pueden deducirse del estudio y análisis de las momias guanches?
8. En tu opinión, ¿por qué los pastores usan guanchismos en su forma de hablar?
9. ¿Piensas que puede haber alguna similitud entre los guanches, indígenas de Canarias, y los indígenas de las Américas?
10. En tu opinión, ¿por qué las islas Canarias han sido de enfoque para leyendas y mitos?

Para saber más

1. Busca más información sobre las momias guanches comparadas con las egipcias y las peruanas.
2. Busca más información sobre los pueblos indígenas de las otras islas Canarias.
3. Busca más leyendas sobre los guanches.

El idioma: El plurilingüismo ceutí

A tu parecer

1. En parejas, pensad en las razones por las que algunos alumnos salen de la escuela y no siguen sus estudios. Comparad vuestras ideas con el resto de la clase.
2. En grupos, pensad en los esfuerzos implementados en vuestro país para retener a los estudiantes minoritarios en las escuelas y reclutarlos para las universidades.
3. Con todo el grupo, formad un debate sobre si es necesario en una escuela donde hay muchos grupos minoritarios, tener docentes que también sean parte de esas minorías. ¿Por qué sí, o por qué no?

La Ciudad Autónoma de Ceuta se encuentra en la orilla africana del estrecho de Gibraltar, y por estar allí ubicada, históricamente ha sido eje del entrecruce y de la congregación de varios pueblos, y por ende, de varias culturas e idiomas. Hay quienes se refieren a Ceuta como la "Puerta de Europa". Las cuatro sectas religiosas que predominan hoy en día en la ciudad son: la cristiana, la musulmana, la judía y la hindú. Por lo tanto los idiomas que se hablan pertenecen a ramas indoeuropeas (el castellano como lengua oficial y el inglés por la proximidad de Ceuta al estrecho de Gibraltar), semíticas (el árabe, el ladino o idioma judeo-castellano que hablan los sefardíes) y camíticas (el beréber, idioma también hablado en Melilla). En los esfuerzos hacia una mayor congruencia y convivencia intercultural, han surgido actualmente unas polémicas e inquietudes de algunos de los residentes de Ceuta, y en particular los habitantes de habla árabe.

La problemática del idioma árabe en Ceuta gira en torno a las nuevas pedagogías y la política educativa del nuevo milenio que promueven la diversidad, la inclusión y la retención de jóvenes en las escuelas. Según Mahdi Flores en su artículo titulado "Hacia un nuevo modelo de la escuela pública ceutí" publicado en *Verde Islam* en 1998, afirma que mientras el alumnado de educación infantil en Ceuta cuenta con el 65 porciento de niños de ascendencia musulmana (aproximadamente 3.000 niños), en la universidad sólo queda el 7 porciento (10 alumnos). Desde la escuela primaria hasta la secundaria se reduce el número de alumnos en un 80 porciento. La pérdida de estos alumnos indica que las escuelas no están respondiendo a las realidades de su alumnado y a las realidades de la sociedad ceutí. "De 730 docentes que trabajan en Ceuta en la Escuela Pública," según Flores, "actualmente sólo hay dos musulmanes ceutíes (...y...) de todos los profesionales liberales que ejercen en Ceuta (abogados, médicos, ingenieros, periodistas...) menos de una docena son musulmanes ceutíes".

El modelo actual del sistema escolar ceutí no refleja el pluriculturalismo de su gente y por lo tanto, además de los esfuerzos que abogan la cooficialidad del castellano y el árabe, también se propone un nuevo modelo educativo bilingüe e intercultural. Jesús Flores Contín habla sobre esta realidad de Ceuta en su artículo "Por qué perderemos Ceuta".

El futuro de Ceuta pasa necesariamente por la integración del colectivo musulmán dentro del marco que ofrece la Constitución española, es decir, respeto y protección de las minorías, de su identidad cultural y de su lengua, como patrimonio público que enriquece la realidad plural de nuestra nación y que nadie debe permitirse despreciar. Un estatuto de autonomía que hiciese al árabe lengua co-oficial en Ceuta así como prestase la adecuada atención a las señas religiosas y culturales de esta comunidad, sería de lo más beneficioso para el futuro de la ciudad. Se integraría, por una parte, a todo el colectivo musulmán titulado, ya fuese en la docencia, ya en la administración y se generaría un movimiento cultural endógeno que serviría estupendamente como cemento de cohesión de toda la ciudadanía.

Una universidad euro-árabe podría ser un foco importantísimo de influencia hacia Marruecos y el mundo árabe, con la creación de cuadros marroquíes formados por España, así como todo un movimiento intelectual que una universidad bien dotada genera a su alrededor.

Ceuta podría convertirse así en un puente entre el mundo árabe-africano y Europa, en una ciudad bilingüe volcada en la colaboración económica con Marruecos y el mundo árabe, el turismo, la educación intercultural, la organización de congresos, ferias de muestra y exposiciones, en la atracción de empresas y actividades derivadas del intercambio cultural español–árabe (cine, televisión, prensa, casas editoriales) etc. La lista de posibilidades es muy larga.

(Jesús Flores Contin, "Por qué perderemos Ceuta", Web Islam No 33)

Como en otras Comunidades Autónomas en España, el avance del pueblo ceutí yace en el desarrollo de su bilingüismo y su biculturalismo. La cooficialidad del árabe les daría a los jóvenes ceutíes el acceso a seguir sus estudios, y entonces a contribuir de forma más significativa y elevada a la sociedad ceutí, y por ende a la de España. Mas por ahora, el debate sigue...

Para conocer mejor

1. Compara la influencia árabe en Ceuta y en Andalucía. (ver Capítulo 9)
2. ¿Qué diferencias y similitudes hay entre el bilingüismo en Ceuta y en Cataluña? (ver Capítulo 10)
3. En tu opinión, ¿por qué es tan importante la educación primaria en términos de lengua y cultura?
4. ¿Qué implicaciones políticas tiene la cooficialidad del árabe en Ceuta, y cómo se distingue de las Comunidades Autónomas como Cataluña, el País Vasco y Galicia?
5. ¿Por qué se considera Ceuta como "la Puerta de Europa"?
6. En tu opinión, ¿por qué hay tantos problemas para retener a los alumnos musulmanes?
7. Compara y contrasta los esfuerzos de los grupos musulmanes en Ceuta, con la invasión árabe de España entre los años 711 y 1492.
8. ¿Qué implica el establecer una universidad euro-árabe en Ceuta?
9. ¿Cuáles son las diferencias y similitudes entre Ceuta y otros pueblos fronterizos en España en términos de su idioma? (ver capítulos sobre Cataluña, Galicia, Extremadura y Aragón)
10. ¿En qué difiere el pluriculturalismo ceutí con el pluriculturalismo europeo?

Para saber más

1. Busca más información sobre los esfuerzos relacionados con la cooficialidad del árabe y el castellano en Ceuta.
2. Busca información sobre la composición cultural de Melilla. Compara la situación de Ceuta con la de Melilla.
3. Busca más información sobre los grupos islámicos en Ceuta.

El arte y la arquitectura: El arte rupestre en las islas Baleares

A tu parecer

1. En parejas, pensad en cuáles son los vestigios más antiguos en vuestro país.
2. En grupos, haced una lista de los artefactos más antiguos que se han descubierto alrededor del mundo.
3. Con todo el grupo, pensad en los modos antiguos de vivir. ¿Cómo se desarrollaron las viviendas de los seres prehistóricos con el pasar de los siglos?

Uno de los patrimonios más valiosos de las islas Baleares lo constituyen los vestigios[2] dejados por sus antiguos pobladores. Estos restos prehistóricos son vitales para el conocimiento del pasado histórico de la región. Existen varios textos con relatos de historiadores y viajeros, en los que se ha dejado testimonio de los monumentos y restos muy antiguos como: sepulcros, monedas, medallas con letras desconocidas, o enormes piedras superpuestas unas sobre otras.

El primer libro de prehistoria que se conoce en España, *Antigüedades célticas de la isla de Menorca desde los más remotos tiempos hasta el siglo IV de la era cristiana* se atribuye al profesor Juan Ramis y Ramis. Sin embargo el primer trabajo científico sobre el período prehistórico en las Baleares se atribuye al profesor francés Emile Cartailhac, quien escribió el libro *Monuments primitifs des Baléares,* documento muy valioso y considerado como la biblia de la arqueología de las Baleares. A todo lo largo del siglo XX se han hecho muchos otros estudios de investigación que han aportado y aportan datos sobre las excavaciones en importantes yacimientos de Mallorca y Menorca como la cueva de Muleta, el abrigo rocoso de Son Matge, Gallard, Son Ferrandell-Oleza, el santuario Son Mas (Mallorca) y la Taula de Torralba d'en Salord (Menorca).

En la actualidad las investigaciones en Mallorca se centran en la necrópolis de Son Real; en el Myotragus en la Cova del Moro y en el poblado de Puig des Molins (Calviá). En Menorca se investiga en el yacimiento romano del Puerto de Sanisera la basílica paleocristiana de Fornells. Recientemente en esta isla se hicieron importantes descubrimientos de dos cuevas (la Cova des

---
[2] ruina, señal o resto que queda de algo material o inmaterial

Las cuevas de las islas Baleares

Carritx y la Cova des Mussol) en las que se hallaron enterramientos muy bien preservados.

El período prehistórico de las islas abarca tres etapas: la denominada cultura de las cuevas (Bronce inicial), la cultura talayótica (Bronce final) y la cultura indígena durante la colonización romana. Las investigaciones han podido determinar que los primeros pobladores de las islas llegan hacia el año 3000 a.C., y que eran gentes dedicadas a la agricultura, la ganadería y la cerámica. Entre los animales que traen están ovejas, bueyes y cerdos. Inicialmente viven en cabañas, pero con el transcurrir de los años construyen sus viviendas en piedra. Ya hacia el segundo milenio, y con la aparición de la cultura talayótica, las construcciones se tornan monumentales. Aparecen construcciones en forma de torre que indican una tendencia a establecerse fijamente en la región, así como también su intención de expandirse a otras islas. Ya hacia el año 123 a.C. los pobladores de las islas Baleares han entrado en contacto con los pueblos griegos y romanos. Estos últimos anexionan las islas como parte de sus dominios imperiales. Entre los numerosos hallazgos prehistóricos e históricos de las islas Baleares llaman mucho la atención los grabados rupestres.

Tabla cronológica de la prehistoria balear		
Milenio VIII a.C.	Epipaleolítico	Primeras evidencias de presencia humana en Mallorca. Nivel de carbones y huesos del Myotragus con signos antrópicos en la Cueva de Canet. Industria microlítica y talleres de sílex al aire libre.
Milenios VI – III a.C.	Protoneolítico	Poblamiento inicial en Mallorca. Huesos manipulados del Myotragus en Son Matge y la Cova del Moro. Restos humanos de Muleta. Primeros indicios de presencia humana en Ibiza (Avenc des Pouàs). Posible llegada del hombre a Menorca.
3000 a.C.	Neolítico	Signos de poblamiento en Mallorca, Menorca e Ibiza. Introducción de animales domésticos y 1ª aparición de cerámicas. ¿Construcción de los primeros sepulcros megalíticos?
2200 a.C.	Calcolítico	Asentamientos tipo granja (Son Oleza y Cap de Barberia). Utilización de sepulcros megalíticos. Extinción del Myotragus Balearicus.

(continuar)

Tabla cronológica de la prehistoria balear		
1700 a.C.	Bronce	Inicial hábitat en navetiformes. Enterramientos en hipogeos o cuevas artificiales. Navetas funerarias en Menorca. Fortificaciones costeras en Ibiza y Formentera.
1300 a.C.	Bronce Medio	Concentraciones de navetiformes. Transición a la cultura talayótica: construcción de los talayots y poblados amurallados. Aparente despoblamiento de Ibiza y Formentera.
900 a.C.		1ª fecha para algunos recintos de Taula menorquines.
800 a.C.		Construcción de santuarios como el de Son Mas.
700 a.C.	Edad del Hierro	
654 a.C.		Fundación de Ibiza.
525 a.C.		Influencia púnico-ebusitana sobre la cultura talayótica.
450 a.C.		A partir de esta fecha aparecen las representaciones humanas y animales en la cultura talayótica (toros, guerreros, etc.).

Tabla cronológica de la prehistoria balear		
300 a.C.		Participación de los Honderos Baleares en los conflictos bélicos de su tiempo. Influencias culturales del exterior.
217 a.C		Legados de las comunidades baleares acceden a un encuentro con representantes romanos.
205 a.C.		La flota cartaginesa de Magón es rechazada por los habitantes de Mallorca y se refugia en Menorca, momento en el que se funda el núcleo de Mago (Mahón).
123 a.C.	Conquista romana	Tropas romanas al mando de Quinto Cecilio Metelo ocupan las Baleares. Fundación de Palma, Pollentia y otras ciudades.

(Cuadro basado en los estudios del Dr. William H. Waldren.)

Muchas de las piezas encontradas en las excavaciones fueron hechas por arqueólogos catalanes y hoy día se conservan en el Museo Arqueológico de Barcelona. Junto a las cuevas de Altamira (ver Capítulo 11), este museo contiene los restos de la vida del ser humano en su forma más antigua.

Para conocer mejor

1. Compara la información proveída sobre los primeros pobladores de las islas Baleares con los guanches.
2. ¿Qué importancia tiene que la biblia de la arqueología del lugar se haya escrito en francés?
3. Compara la importancia del arte rupestre de las islas Baleares con la importancia de los xaxos guanches de Canarias.
4. Compara las construcciones de la cultura talayótica con los castillos. (ver Capítulo 8)
5. Describe las viviendas de los primeros pobladores.
6. Compara el arte rupestre con el arte romano. (ver Capítulo 7)
7. Mira la foto en la página 288. Según la tabla cronológica y la descripción del texto, ¿a cuál etapa pertenecen las construcciones?
8. Compara el arte rupestre de las islas Baleares con el arte rupestre de Cantabria. (ver Capítulo 11)
9. ¿Cuál es la conexión entre las Baleares y Cataluña?
10. ¿Cuáles son algunos materiales utilizados en el arte rupestre?

Para saber más

1. Busca más información sobre los trabajos de excavación y restauración en España.
2. Busca más información sobre las cuevas que se usaban como viviendas en la España antigua.
3. Toma una de las épocas en la tabla y busca más información sobre ella.

 Las fiestas y el folclore: El Carnaval de Tenerife

Los comparsas en el Carnaval de Tenerife

A tu parecer

1. En parejas, pensad en las fiestas en vuestra cultura donde se utilizan máscaras.
2. En grupos, pensad en el papel que hace la noche en algunas festividades por todo el mundo. Comparad vuestras ideas con las del resto de la clase.
3. En parejas, pensad en algunos modos en que algunas festividades populares llegan a su culminación o fin. ¿Hay algún ritual, alguna fórmula?

La historia de los carnavales de Tenerife coincide con los primeros años de la colonización española de las islas a partir de mediados del siglo XV. Durante el periodo del antiguo régimen (siglos XVI al XVIII) había celebraciones que tenían que ver con los ritos y festejos religiosos. Dada las características climáticas de las islas estas celebraciones tendían a llevarse a cabo por la noche. Durante el día se celebraba la fiesta del santo, pero por la noche las celebraciones tenían un carácter laico.

Las celebraciones carnavalescas han sido objeto de censura por parte de la Iglesia y el gobierno en muchas ocasiones. Durante el régimen dictatorial del general Francisco Franco todos los carnavales españoles fueron suspendidos. Desde el mismo 18 de julio de 1936, año en que se inicia la Guerra Civil española, el gobernador civil de la provincia de Tenerife decreta que: "En atención a los presentes momentos en que toda nuestra actividad y nuestros pensamientos deben estar al lado de los que luchan y sufren por España, he dispuesto quedan suspendidas totalmente en el presente año las fiestas de carnavales, y en consecuencia procederá V.E. a adoptar las medidas conducentes a que se cumpla dicha orden".

La tradición se reanuda en el año de 1977, pero es sólo en el año 1980 cuando el carnaval de Tenerife adquiere oficialmente el carácter de fiesta de interés turístico internacional.

Una de las características de las celebraciones laicas era el uso de las máscaras y disfraces. Una fiesta sin máscara no era fiesta. La palabra máscara en latín significa persona. Un actor desdobla su personalidad, y se transforma en personaje dramático por medio de la máscara. La máscara es el "personaje relevante" de las fiestas y carnavales. En la historia del teatro siempre han habido dos máscaras: una sonriente y alegre (comedia) y una triste (tragedia). El cambio de máscaras se asocia con el cambio de relaciones sociales. Personas de determinada clase social parodian y les hacen bromas a otras de otro rango. Los pobres pueden ridiculizar a sus dirigentes, hacer parodias de ellos, dictar, por ejemplo, leyes y órdenes absurdas. El mundo de las máscaras es eso, el mundo del absurdo, el mundo al revés.

Los carnavales de Santa Cruz de Tenerife se celebran anualmente entre la última semana de enero y la primera de febrero. Tenerife es considerada como la ciudad más alegre de Europa, y su carnaval, el segundo en popularidad del mundo después del de Río de Janeiro, en Brasil. Se trata de toda una fiesta y un espectáculo de parodias, de transgresiones. Miles de tinerfeños[3] se lanzan a las calles disfrazados con trajes espectaculares llenos de fantasía, y bailan y se divierten al son de música latina, especialmente samba y salsa. Las calles se llenan de colorido: carrozas, bailes folclóricos, murgas, rondallas, comparsas, escenificaciones, cabalgatas y concursos.

Las fases más importantes de la celebración son la elección de la reina del carnaval, la cabalgata anunciadora de los carnavales y los bailes de disfraces. El martes de carnaval es cuando se lleva a cabo el desfile magistral —el Coso— que recorre la ciudad durante casi cinco horas, con un impresionante despliegue y derroche de color, ritmo y alegría. El carnaval llega a su etapa culminante con el denominado "Entierro de la Sardina", que consiste en la quema de un muñeco simbólico, en este caso el de una sardina. Millares de "viudas" y "viudos" vestidos de negro lloran desconsolados por la muerte del carnaval, de la alegría, de la libertad, por la finalización de dos semanas de locura y transgresión de la norma y la cordura oficial.

[3] natural de Tenerife

CARNAVAL

Por la lona del falso circo
que hace de calor la calle
pasan arcas de cartón y gelatina.
La multitud, acantilados, abismos;
dioses inmóviles y borrachos.
No habrá motivo para cubrirse en la noche.
La magia negra dura es para el asombro.
Y gritan o callan los duendes.
Aparición de máscaras burlonas
y lirios viejos pintados
Todo entre gestos de una isla
que duerme al amparo de un volcán
convencido por heladas al sueño
Pero muchos hijos se rebelan
yendo lejos sin su marca.
Oh amado, sé generoso
y vierte pronto en la llanura lujosa
tu corriente de fuego arado.
Y tendrás por cierto que nadie acabará
con las ciudades derribadas.

(Dulce Díaz Marrero)

Para conocer mejor

1. Compara este carnaval con el carnaval marinero de Santoña de Cantabria. (ver Capítulo 11)
2. ¿Qué importancia tiene el disfraz en las fiestas populares de España y del mundo?
3. Compara el carnaval como teatro con la celebración del Corpus Christi. (ver Capítulo 12)
4. En tu opinión, ¿qué impacto pudo haber tenido la falta del carnaval desde el 1936 hasta el 1977 en Tenerife?
5. En tu opinión, ¿por qué se prohibió el carnaval por tantos años después de la Guerra Civil española?
6. Compara la noción del mundo al revés con la fiesta en Segovia de Santa Águeda. (ver Capítulo 7)
7. Compara el final de las celebraciones de este carnaval con el final de la fiesta de San Fermín. (ver Capítulo 8)
8. Busca ejemplos de la tristeza y la alegría en este carnaval.
9. En el poema Marrero se refiere al carnaval como un "falso circo". ¿Por qué utiliza esta imagen, en tu opinión?
10. En tu opinión, ¿por qué se utiliza la sardina como símbolo en el carnaval?

Para saber más

1. Compara este carnaval con el de Brasil y con los de otros lugares del mundo.
2. Busca información sobre el carnaval de Tenerife más reciente.
3. Busca más información sobre el uso de las máscaras en las celebraciones de España.

Gastronomía: ¿Salsa mahonesa, maonesa o mayonesa?

A tu parecer

1. En parejas, pensad en las salsas que se utilizan en la gastronomía de vuestra cultura. Comparadlas con las del resto del grupo.
2. En grupos, pensad en algún platillo de vuestro país cuyo origen se dispute. Comparad vuestras ideas con las del resto del grupo.
3. Con todo el grupo, pensad en comidas o platillos que han cambiado de nombre debido al contacto con diferentes culturas. ¿Ha cambiado el platillo o sólo el nombre? ¿Cómo y por qué?

Aceite, sal, vinagre o zumo de limón y yemas de huevo. Es increíble que una salsa con unos ingredientes tan simples y básicos haya provocado tanta polémica entre historiadores y gastrónomos. El debate multicentenario parece centrarse en que si el origen de la salsa es francés o español. Hoy en día esta salsa se distribuye mundialmente y se conoce por el nombre francés de mayonnaise (mayonesa en español); y por lo tanto, muchos la consideran un invento de algún cocinero francés. Sin embargo los españoles reclaman el origen de la salsa, atribuyéndola al pueblo menorquino de Mahón. En 1756 el mariscal duque de Richelieu se apoderó de Mahón, donde se enamoró de una dama que a menudo le preparaba esta salsa. El duque se llevó la receta a Francia y le puso nombre de "mahonesa" a la salsa en honor a su amante.

Ésta es sólo una de las innumerables versiones que plantean el origen de esta salsa. Algunos dicen que no fue una dama, sino un mesonero de Mahón el que le improvisó la salsa al duque, con los pocos ingredientes que tenía a su alcance. Otros proponen que "mayonnaise" es en realidad una deformación de "bayonnaise", una salsa típica del pueblo de Bayona en Francia; o que es una deformación de la palabra "moyeu" que en francés antiguo significa "yema de huevo"; o que se acostumbraba prepararse durante el mes de mayo. Nadie está de acuerdo sobre el origen, pero todos concuerdan en cuanto a su rico sabor y su versatilidad. Es una salsa que acompaña perfectamente cualquier presa de carne, pescado, ave, marisco, verduras, huevos y ensaladas.

La forma en que se prepara es muy sencilla: hay que utilizar un batidor de alambre o una cuchara de palo y un tazón de fondo ahuevado. Primero se baten las yemas con una poquita de sal hasta que se forme una masa espesa; luego se añade muy lentamente el aceite (aproximadamente medio litro por dos yemas de huevo), y al final se agrega un poco de vinagre o zumo de limón para aclarar la salsa y darle más sabor. El batir tiene que ser constante durante toda la elaboración, hasta que la salsa se espese a tal punto que la cuchara se quede parada. En algunas recetas se pueden incorporar unas claras batidas a punto de nieve, si la salsa queda demasiado espesa. El peligro es que la salsa se corte o que no se logre la cohesión de todos los ingredientes; esto puede ocurrir si no se bate constantemente, si los ingredientes no están a temperatura de ambiente, o si no se incorporan en el orden indicado.

Los gastrónomos están de acuerdo con la elaboración y el empleo de la salsa, pero la duda sobre su origen constituye un dilema enorme que ha inquietado hasta a escritores y ganadores del Premio Nobel como Camilo José Cela:

> *Llevo ya varios años, bastantes años, tanto como medio siglo, haciéndome algunas preguntas sobre la salsa mahonesa y su contorno. ¿Fue llevada a Francia, desde Mahón, por el duque de Richelieu? (...) ¿es válido llamar salsa mayonesa a la mahonesa?, ¿cuál de ambas formas debe prevalecer?*
>
> *A falta de mayores virtudes y mejores merecimientos, declaro que soy hombre paciente y cabezota, de mí también pudiera decirse que soy lento pero seguro, y creo que algo he averiguado a ese vario respecto de lo que me pregunto. (...)*
>
> *(La presencia de la salsa) en el diccionario de la Academia Española es tardía: el popular mayonesa, en 1884, y el culto mahonesa en 1925. Para mí tengo que la salsa que el duque se llevó como trofeo de guerra, en Mahón, aun siendo, en aquel siglo XVIII, de cuna española, no tenía nombre ni en castellano ni en catalán; fue exportada a Francia por las huestes de Richelieu, que deformaron en mayonnaise la denominación de origen que le dieron, y de ellos tomamos nosotros la traducción de la corrupción.*
>
> *Entiendo que la cadena pudiera establecerse así: (catalán) maonesa y (castellano) mahonesa, (francés) mahonnaise, que corrompe en mayonnaise y se traduce al catalán, maionesa, y al castellano, mayonesa; las dos últimas son formas artificiales y ajenas al espíritu de la lengua, tanto en catalán, con la "i" que se interpola, como en castellano, con la "y" que suena en suplencia de la "h" muda.*
>
> *Si esto es tal cual supongo, ¿no sería oportuno propugnar que los españoles dijésemos y escribiésemos mahonesa, en castellano, y maonesa, en catalán?*
>
> *(Camilo José Cela,* Salsa Mahonesa*)*

Para conocer mejor

1. Compara la polémica sobre el nombre de esta salsa con las polémicas sobre la cooficialidad de diferentes idiomas en España. (ver Capítulos 5 y 6)

2. Compara la invención de esta salsa con la invención de la paella. (ver Capítulo 5)
3. Compara la popularidad de esta salsa con la popularidad del gazpacho andaluz. (ver Capítulo 9)
4. En tu opinión, ¿cuál es la versión más probable con relación al origen de la salsa y por qué?
5. ¿Qué posible importancia puede tener que la salsa naciera de un amorío entre una mahonesa y un francés?
6. El ingrediente básico de esta receta es el huevo. Compara esta receta con la de la tortilla española. (ver Capítulo 2)
7. El posible fracaso de esta receta se debe ¿a qué factores?
8. Contrasta la simpleza de esta salsa con la más elaborada fabada asturiana. (ver Capítulo 11)
9. ¿Qué importancia tiene el nombre de una salsa?
10. En tu opinión, ¿por qué piensas que es tan polémico el origen de esta salsa?

Para saber más

1. Busca otras salsas que existen en España.
2. Busca más información sobre el duque de Richelieu.
3. Busca más información sobre el desarrollo de la salsa mahonesa en el mundo.

Aspectos sociopolíticos: La crisis diplomática entre España y Marruecos

A tu parecer

1. Con todo el grupo, hablad de las anexiones e invasiones en que ha participado vuestro país. Tratad de incluir detalles sobre cada ejemplo.
2. En grupos, pensad en un ejemplo en el que vuestro país haya tenido que mediar en un conflicto mundial. ¿Cuál fue el conflicto, y cuál el resultado de la mediación?
3. En parejas, pensad en las diferentes estrategias para negociar una frontera. Comparad vuestras ideas con las del resto del grupo.

El enfrentamiento diplomático entre estos dos países data del año 1975, cuando el rey Hassán II, líder de la monarquía feudal marroquí se anexionó el Sahara occidental que estaba en posesión de España. La anexión llamada la "Marcha Verde" consistió en una invasión masiva al Sahara de 300.000 marroquíes, quienes portando la bandera verde del islam, consiguieron instalarse en territorio saharahui. Ninguno de los dos países optó por las vías diplomáticas, tal como lo proponía la ONU que se ofreció para mediar a través de un referéndum de autodeterminación. Marruecos invadió el país apoyado por Mauritania. España no opuso resistencia, y prefirió abandonar el Sahara en vez de descolonizarlo, según las normas internacionales. El Frente Polisario, grupo armado proindependentista de Sahara, obligó a Mauritania a salir del territorio, pero quedó Marruecos en posesión total. La mayoría de la población huyó a Argelia para escapar de los bombardeos y la represión marroquí, estableciéndose en unos campamentos de refugiados en Tinduf, cedidos por el gobierno argelino. Otros saharahuis se vieron obligados a huir a Mauritania e inclusive a España.

Desde el punto jurídico internacional Marruecos no tenía ninguna soberanía sobre dicho territorio. Tampoco se consideró aceptable la decisión de su monarca el rey Hassán II (hijo de Mohamed V) de firmar acuerdos con Francia y los Estados Unidos para la explotación de yacimientos de petróleo en territorio saharahui.

La situación de las relaciones entre España y Marruecos empeoró aún más, desde que el 27 de octubre de 2001 el Gobierno de Rabat decidió retirar su embajador en Madrid. Pero el hecho que agravó la crisis bilateral entre ambos países se dio el 11 de julio de 2002, cuando un grupo de doce militares marroquíes bajo el mando de Mohammed VI, ocuparon Perejil, un pequeño islote que es parte de Ceuta. Tanto Marruecos como España alegaban que se estaba violando su respectiva soberanía. Finalmente el día 18 de julio del 2002 España recuperó la isla tras una breve intervención militar. Los Estados Unidos mediaron en el conflicto y España logró que se reconociera su soberanía sobre Perejil, según el Tratado hispanoportugués de 1668.

El pueblo de Sahara occidental, liderado por el Frente Polisario continúa luchando para que Marruecos y toda la comunidad internacional otorguen a Sahara su independencia. En la actualidad se está preparando un referéndum de autodeterminación con la mediación de las Naciones Unidas. La mayoría de habitantes del Sahara occidental son colonos instalados por el gobierno marroquí. Algunos creen que han sido instalados allí por mero interés, ya que en caso de un referéndum estos marroquíes, que suman casi medio millón, votarían en contra de la independencia. En este sentido la lógica parece ser que en ese referéndum deben votar las personas que verdaderamente tienen derecho a votar.

Los incidentes del Sahara occidental y los más recientes de Perejil han avivado las antiguas reclamaciones marroquíes sobre Ceuta y Melilla. Estas dos ciudades, situadas al norte de Africa, fueron conquistadas por España entre los siglos XV y XVII y, según acuerdos territoriales firmados en este último, forman parte del territorio soberano español. Marruecos reclama que las ciudades de Ceuta y Melilla le pertenecen, ya que geográficamente están a un lado de su territorio.

La postura actual de España en la cuestión del Sahara es adecuada a sus intereses en la zona, coincide con la legalidad internacional y está respaldada por la inmensa mayoría de estados y organizaciones no gubernamentales. Por tanto es una posición envidiable. La posición de Marruecos en el territorio se enfrenta a problemas de viabilidad serios, legales y estructurales, que conviene no perder de vista. Adaptar la posición española a la marroquí sin una negociación previa que ampare los intereses estratégicos de España no es razonable. Máxime si se tienen en cuenta las dificultades que jalonan las relaciones bilaterales y los antecedentes históricos: ninguna cesión de intereses por parte de España ha sido adecuadamente retribuida por Marruecos. La relación coste-beneficio y la necesidad de contar con salidas alternativas deben valorarse en su justa medida.

Los análisis más recientes sobre la situación del conflicto del Sahara sugieren de manera velada la necesidad de alcanzar un acuerdo que, en esencia, respete la soberanía marroquí. La razón normalmente esgrimida para ello no es otra que la consolidación de facto de la presencia de Marruecos merced a un programa de colonización y asimilación exitoso. Además la necesidad occidental de contar con apoyos en el mundo musulmán en la guerra antiterrorista convierte a la monarquía alauí, más incluso que antes, en un aliado muy apreciado. Una alianza que exige un precio, uno de cuyos elementos estaría representado por el Sahara.

Ante la adopción de una postura favorable a las tesis de Ma-rruecos por parte del Reino Unido y los EE.UU. y su conjunción con la tradicional actitud francesa de apoyo al régimen marroquí, numerosos observadores en España reclaman una modificación razonable de la postura de Madrid. Pero el estado real de la cuestión merece un análisis más prudente y una valoración de las consecuencias de admitir como ciertas aseveraciones discutibles, entre ellas, la solidez de la posición marroquí en el conflicto.(...)

La naturaleza del régimen alauí hace casi inevitables los períodos de crisis, acentuados hoy por varios factores. Entre ellos: la búsqueda de legitimidad de Mohamed VI, que abandona sus cauces iniciales para amoldarse a la heredada de su padre, basada en el nacionalismo y expansión territorial; la importancia creciente del islamismo, moderado y menos moderado, fenómeno que aumenta las dudas sobre la estabilidad del régimen; y la crisis económica, ahondada por la corrupción sistemática de las instituciones y recursos públicos. En este contexto, la posición marroquí en el Sahara se enfrenta a obstáculos jurídicos y políticos notables cuya consideración es necesaria a la hora de adoptar una postura sobre el conflicto.

España tiene intereses estratégicos en la región que exigen un análisis exhaustivo de las consecuencias que una u otra postura tendría sobre aquellos, siendo necesario imaginar todos los escenarios posibles, incluyendo el de un Sahara independiente y un Marruecos en crisis y valorando las deficiencias de las relaciones hispano-marroquíes, cuyo análisis debe ser realista, no voluntarista. Son malas y susceptibles de empeorar.

(Angél Pérez González, La cuestión del Sahara y la estabilidad de Marruecos *(12 Noviembre 2002). Real Instituto Elcano, Madrid, España)*

Es de esperar que las dos naciones logren un acuerdo civilizado. Dada su vecindad, ambas necesitan de la mutua y auténtica cooperación económica, para su bienestar y el bienestar de toda la Comunidad Europea.

Para conocer mejor

1. Compara la toma de Perejil con la caída del imperio español en 1898. (ver Capítulo 12)
2. Compara los esfuerzos del Sahara por su independencia con los de País Vasco y de Cataluña. (ver Capítulos 4 y 10)

3. ¿Qué papel desempeñan los Estados Unidos en este asunto?
4. Compara la invasión de Marruecos con la invasión de los árabes en 711. (ver Capítulo 11)
5. ¿Qué papel pueden desempeñar las Naciones Unidas ante esta situación?
6. ¿Cómo afecta este asunto la inmigración en el lugar?
7. ¿Qué peligros hay para Ceuta y Melilla?
8. En tu opinión, ¿cuál debería ser la postura de la Comunidad Europea ante este conflicto?
9. Según el texto incluido, ¿cuál es la postura de España, y cuál la de Marruecos?
10. En tu opinión, ¿cómo es posible un acuerdo entre España, Marruecos y el Sahara?

Para saber más

1. Busca las últimas noticias sobre este conflicto.
2. Busca más información sobre la postura de Ceuta y Melilla ante esta situación.
3. Busca más información sobre la postura de los Estados Unidos, las Naciones Unidas y la Comunidad Europea ante este asunto.

Materiales suplementarios

Los guanches

Abreu Galindo, Juan de. *Historia de la conquista de las siete islas de Canarias*. Tenerife: Goya Ediciones, 1977.

Bethencourt Alfonso, Juan. *Historia del pueblo guanche I, II*. Francisco Lemus, editor, 1991.

Viera y Clavijo, Joseph de. *Historia de Canarias I, II*. Tenerife: Goya Ediciones, 1982.

El plurilingüismo centí

Lodares, Juan Ramón. *El paraíso políglota*. Madrid: Taurus, 1999.

Arte rupestre (Baleares)

Martin-Cano Abreu, Francisca. "Claves astronómicas del arte rupestre. Si los bisontes hablaran". Madrid: *Revista Más Allá*. No.124, junio, 1999.

Garrido, Carlos. *Arqueología de Cataluña y Baleares: una guía práctica para visitar el pasado*. Barcelona: Planeta, 1998.

Juncosa Vecchierini, Elena: "Valoración del patrimonio histórico como elemento de diferenciación turística". *Premio Art Jove 2001*. Govern de les Illes Balears: Palma de Mallorca, 2001.

Rosselló Bordoy, Guillemo. *Cerámica popular en las Baleares*. Barcelona: Àmbit, 1997.

Serafín, Gabriel. *Leyendas y cuentos casi olvidados de las Islas Baleares*. Palma de Mallorca: José J. de Olañeta, 1996.

Sureda, Joan y Xavier Barral i Altet. *Baleares*. Madrid: Encuentro Ediciones, 1994.

Carnaval de Tenerife

Alemán de Armas, Adrián. *Carnaval de Tenerife*. Santa Cruz de Tenerife: Cabildo Insular de Tenerife, 1985 (modificación 2001).

Santos Perdomo, Amparo y José Solórzano Sánchez. *Historia del Carnaval de Santa Cruz de Tenerife*. Santa Cruz de Tenerife: Ayuntamiento de Santa Cruz de Tenerife, 1983 (modificación 2001).

La crisis diplomática entre España y Marruecos

Diego Aguirre, José Ramón. *Historia del Sahara Español: La verdad de una traición*. Madrid: Kaydeda Ed., Mártires Concepcionistas, 1988.

Ruiz Miguel, Carlos (Ed.). *El Sahara Occidental y España: historia, política y derecho*. Madrid: Dykinson, 1995.

Soroeta Liceras, Juan. "El Sahara Occidental: la deuda pendiente de la comunidad internacional." *Meridiano CERI* (Revista del Centro Español de Relaciones Internacionales), número 19, febrero 1998, pp. 20–24.

Valenzuela, Javier y Alberto Masegosa. *La última frontera. Marruecos, el vecino inquietante*. Madrid: Temas de Hoy, 1996.

Vídeo

"Camilo José Cela". Films for the Humanities & Sciences.

CD

Los Sabandeños. *Teide y Nublo*. Manzana Producciones Discográficas, 2001. CD.

Varios Autores. *Nueva Música Canaria*, Volumen 1/ Gofio Records.

Capítulo

14

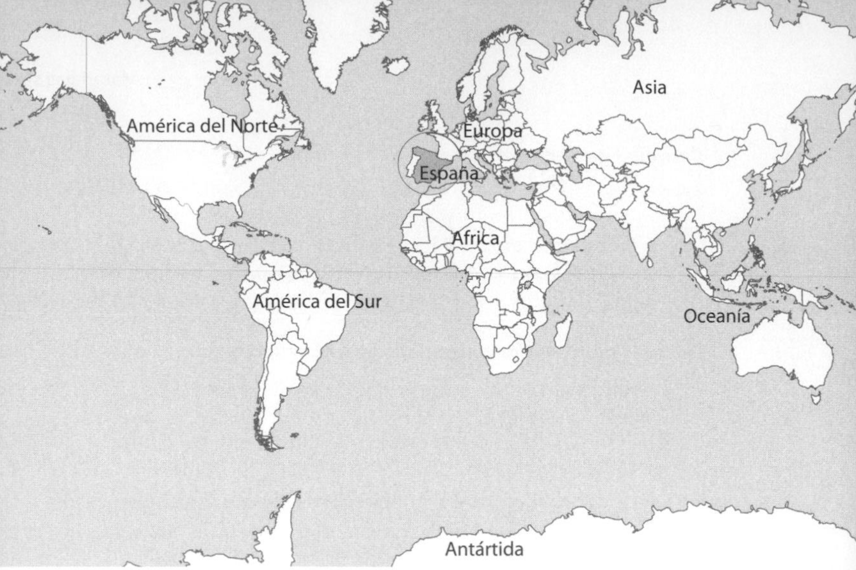

España en el mundo

Para explorar

1. Piensa en los elementos que consideras "modernos" de tu país. ¿Qué significa la modernización de un país, y cómo afecta la modernización la relación con otros países?
2. Piensa en algún país que haya estado bajo dictadura por muchos años, y que luego se haya democratizadó. Describe la diferencia y el contraste entre la vida durante y después de la dictadura.
3. Piensa en las formas en que un país puede considerarse como puente entre otros. ¿Qué implica esta imagen, y qué elementos tienen que desarrollarse en un país para que desempeñe ese papel?

http://espana.heinle.com 

Introducción

La cultura española goza hoy en día de un amplio prestigio a nivel mundial. La presencia española en el mundo se manifiesta no sólo a nivel de la lengua (que la hablan más de 400 millones de personas), sino en muchos aspectos, como son la música, el baile, la pintura, la literatura, el cine, la ciencia, los deportes y la gastronomía. Hablar de los vinos españoles, de los toros, de las tapas o la paella, las playas de Mallorca o la Costa del Sol, del flamenco, de la pintura de Goya o Picasso, de la arquitectura de Gaudí, de las películas de Almodóvar, o de la música de Andrés Segovia, para citar sólo unos cuantos ejemplos, es algo ya típico a nivel internacional.

Con la Constitución de 1978 se restablece la democracia en España, quedando atrás cuatro décadas de dictadura bajo el régimen del general Francisco Franco y la triste imagen de una España conservadora y antidemocrática. En los años siguientes los españoles rompen con su aislamiento y abren su país al mundo. El ingreso de España a la Comunidad Europea en enero de 1986 proyecta una dinámica completamente novedosa y vital para sus políticas interna y externa. Apoyándose en las ventajas que les brinda la tecnología moderna, los españoles trabajan concienzudamente en la difusión de esta nueva imagen a través de la promoción del turismo —su fuente de ingresos más importante— y de la cultura al exterior. A nivel cultural, por ejemplo, se crea en 1991 el Instituto Cervantes, entidad que desempeña una labor de primer orden en la promoción y enseñanza de la lengua española y en la difusión de la cultura española e hispanoamericana a nivel internacional.

La nueva imagen de España en el mundo se concretiza en hechos de gran envergadura como lo fueron los Juegos Olímpicos de Barcelona en 1992 y la Exposición Universal de Sevilla en el mismo año. Las Olimpiadas se consideraron en su momento como las mejores de la historia, y su sola inauguración la siguieron cerca de dos mil millones de expectadores en todo el mundo. La Expo 92, por su parte, fue también el escenario en donde decenas de países de todos los continentes exhibieron lo mejor de su cultura, ciencia y tecnología.

En la actualidad España continúa perfilándose como puente hispano entre la Unión Europea, Latinoamérica y el resto del mundo. Es de esperarse que en el futuro, España profundice este proyecto, considerado vital para el proceso de consolidación de la identidad cultural, la estabilidad y el progreso del mundo hispánico.

Para saber más

1. Compara la extensión cultural de España durante su imperio a la de hoy en día. Busca información en el Internet, y prepara un informe para tus compañeros.
2. Busca información sobre los Juegos Olímpicos en Barcelona en 1992. Prepara un informe para el resto de la clase.
3. Busca más información sobre la función y los servicios que ofrece el Instituto Cervantes. Comparte lo que encuentres con tus compañeros de clase.

Gente y personajes ilustres: La inmigración española a Latinoamérica

A tu parecer

1. En parejas, enumerad las razones por las que un individuo o individuos emigran de un país. Ponedlas en orden de importancia o de valor.
2. En grupos, identificad qué países han tenido más inmigrantes y más emigrantes. ¿Por qué pensáis que esos países en particular son los más afectados?
3. En parejas, pensad en algunas de las dificultades que tienen que enfrentar los emigrantes. ¿De qué manera pueden sobrepasar esas dificultades? Pensad en ejemplos de emigrantes que conozcáis.

España es uno de los países en donde mejor se puede apreciar el fenómeno histórico de la emigración, o desplazamiento de importantes sectores de la población por circumstancias que han tenido que ver con conquistas y colonizaciones, guerras y persecuciones políticas. Históricamente se considera 1492 como año clave en la historia de España. Antes de esta fecha quedan atrás casi ocho siglos de dominación musulmana (711–1492) y de conformación de grupos cristianos minoritarios de resistencia. Cada uno de estos grupos desarrolla su propia lengua, cultura e instituciones, y es la base histórica de lo que hoy conocemos como Comunidades Autónomas.

En 1492 la mayoría de estos reinos peninsulares son unificados política y administrativamente en torno al matrimonio de Isabel de Castilla y Fernando de Aragón. El último reducto islámico se expulsa de Granada, y toda la península, menos Portugal y Navarra —anexionada en 1512— dependerá ahora de la monarquía católica de Castilla. En el mismo año de 1492, y más exactamente el

31 de marzo, un grupo de aproximadamente 160.000 a 800.000 judíos españoles se ve forzado a emigrar de España por motivos religiosos. Más adelante entre 1609 y 1613 se da una segunda oleada de emigrantes, esta vez moriscos. Se estima que se desplazan casi 300.000 artesanos, herreros, albañiles y carpinteros.

Entre los siglos XIX y XX se presentan por los menos tres grandes oleadas migratorias en España. El éxodo de la mayoría de estos españoles se dirige hacia América Latina. Se estima que hasta 1860 aproximadamente, 200.000 emigrantes españoles se instalan en territorio americano, principalmente en países como Argentina, Brasil, Cuba, Uruguay y Venezuela. Las causas de dicho éxodo son mayormente políticas, y tienen que ver con la persecuciones por parte del gobierno absolutista de Fernando VII, y más adelante por las tres guerras carlistas desarrolladas entre 1833–1835, 1846–1849 y 1872–1876 respectivamente.

Las guerras carlistas son ante todo conflictos civiles generados por el ansia de poder político por parte de liberales y tradicionalistas. Con la muerte de Fernando VII, la única heredera es su hija Isabel, quien apenas tiene tres años. Asume el trono de gobierno su madre. Los carlistas o partidarios de que sea Don Carlos (hermano de Fernando) quien asuma el liderazgo del gobierno se oponen y se sublevan violentamente. Estos conflictos tienen mayor impacto y resonancia en País Vásco, Navarra, Galicia y Cataluña en donde los carlistas tienen mayor aceptación. La última guerra termina con la derrota de Carlos VII, a quien se le obliga a dejar España en febrero de 1876. Mucha gente desencantada con la situación y el nuevo sistema político imperante con la caída de Carlos, se decide a emigrar a Suramérica, principalmente a Argentina.

En el siglo XX se presentan dos grandes corrientes migratorias de España a Latinoamérica. La primera tiene que ver con la Guerra Civil española de 1936–1939, en la que medio millón de españoles se ven en la necesidad de emigrar por razones políticas y laborales. También entre la década de los años 50 y 60 otros dos millones y medio de trabajadores españoles se desplazan por toda Europa y en menos proporción por Latinoamérica y el Caribe, en busca de un mejor porvenir económico para su familia.

Una vez en territorio americano los emigrantes españoles fundan instituciones como Sociedades Hispanas, Casas Gallega, Asturiana y Valenciana, de Aragón, de Cataluña, etc. También se preocupan por mantener y transmitir su identidad étnica a sus hijos. Para ello organizan fiestas, grupos de teatro, festivales regionales, gastronómicos, o participan en espectáculos musicales, deportivos y folclóricos.

Dadas las ventajas lingüísticas y culturales semejantes, pero ante todo dado el hecho de que los pueblos latinoamericanos acogen a los inmigrantes españoles con los brazos abiertos, la gran mayoría de ellos opta por quedarse definitivamente en Latinoamérica. Allí no se sienten extranjeros y tienen toda la libertad para rehacer su hogar, trabajar, brindarles educación a sus hijos y construir un futuro que, aunque no les brindó mucha riqueza, al menos sí les ofrece la libertad que no tenían en su patria.

Aquí están reproducidos unos testimonios de dos emigrantes españoles.

Andrés Reguera Franco (89 años)

Mi padre luchó en la guerra y la perdió. No quería el mismo destino para mí, y prefirió mandarme al mundo. Como en España no te dejaban salir después de los 12 años, ya que entrabas en edad militar, mi padre me encomendó a un amigo que se iba a La Habana. Allí había mandado a mi hermano antes. Llegué en 1922 a bordo del Bremen, tenía 14 años, era de noche. ¡Qué linda, la entrada en La Habana!

Mis primeros días los pasé en Triscornia hasta que mi hermano arregló mis papeles. En León yo era guardador de ovejas y no me gustaba porque me salía el lobo y me comía la oveja, una vez me fajé con uno y le eché a pedradas... Lo peor fue dejar a mi madre, ¡tan grande como era esa viejita! Lo único que supera a una madre es Dios.

Los primeros años los pasé de allá para acá y en tres años junté dinero para montar con un amigo, Arturo, una carnicería, y por cierto, muy buena.

Este país es maravilloso, siempre lo he pasado bien. De joven iba a los bailes de las sociedades españolas. Siempre he sido bohemio, alegre y cantante, me gustaba disfrazarme en los carnavales ¡qué carnavales había en La Habana!

He vuelto cuatro veces a España, alguna vez he pensado en quedarme, pero al final he regresado a Cuba, me siento igual de español que cubano.

Nunca me casé, yo por lo libre, prefiero la mujer española porque es más profunda, la cubana es más ligera, aunque también me gusta. Cuando envejecí, me encontré solo y aburrido y la vida se me hacía triste, por eso ingresé en el asilo ya hace siete años, y estoy encantado y feliz. Tengo una pensión del Estado cubano, y conozco a Fidel, un día me abrazó.

("Los abuelos españoles de Cuba", La Revista Diario, El Mundo *(7 Septiembre 1997))*

María Begoña Uriondo Mendiola (74 años)

Mi madre tenía un hermano en La Habana, y un día el resto de la familia le seguimos. Nací el 19 de noviembre de 1923 en Marquina, un pueblo próximo a la costa en donde mi familia vivía del mar. Cambiamos el Cantábrico por el Caribe y la pesca por la tienda de cuadros y artículos de pintura que tenía mi tío en La Habana, La Venecia. Lo que yo más recordaba de España era a mi amiga Antonia, pero poco a poco mi vida volvió a la normalidad, tuve un hermano y empecé a trabajar en el negocio familiar. Éramos socios de la Asociación Vasco-Navarra de Beneficencia, manteníamos vivas nuestras tradiciones, celebrábamos Nuestra Señora de Begoña los 15 de agosto. Recuerdo que mi padre, como buen vasco, preparaba el bacalao a la vizcaína los días de fiesta.

Ahora soy la presidenta de la Asociación Vasco-Navarra, y hago todo lo posible para mantenerla en pie, se lo merecen los pocos emigrantes vascos y sus muchos descendientes que aún integran nuestra sociedad, aunque la sede está en unas condiciones deplorables.

Nunca he regresado a España, pero ahora sé que iré pronto, aunque he mantenido un vínculo con mi tierra. Mi tío Fiel, al que llamamos así porque nunca ha dejado de escribir, siempre nos tuvo al corriente de las cosas del pueblo, nada me pillará de sorpresa. Deseo volver a esa tierra y ese mar.

Cuando pongo en la balanza a España y a Cuba se queda quieta.

("Las abuelos españoles de Cuba", La Revista Diario, El Mundo, *(7 Septiembre 1997))*

Para conocer mejor

1. Compara la emigración de España en esta lectura con la inmigración a España de Marruecos y el Sahara. (ver Capítulo 13)
2. ¿Cuáles son algunas diferencias y similitudes entre los emigrantes mencionados en esta lectura y los indianos en el Capítulo 11?
3. En tu opinión, ¿por qué emigraron los españoles al continente americano?
4. Según tu punto de vista, ¿qué repercusiones pudo haber habido al emigrar de España más de 300.000 artesanos, herreros, albañiles y carpinteros?
5. Compara la información sobre las guerras carlistas en esta lectura con la caída del imperio en el Capítulo 12.
6. Durante la monarquía católica, ¿qué consecuencias podrían sufrir los moriscos y judíos que no salían del país? (ver Capítulo 2)
7. En tu opinión, ¿por qué salieron tantos españoles entre los años 50 y 60? (ver Capítulo 9)
8. Según tu opinión, ¿por qué se sienten los españoles tan a gusto en Cuba?
9. Por lo qué conoces de España, ¿qué similitudes geográficas hay entre España y el Caribe?
10. Explica la siguiente oración: "Cuando pongo en la balanza a España y a Cuba se queda quieta".

Para saber más

1. Busca información sobre alguna sociedad española en Latinoamérica. Prepara un pequeño informe sobre su trabajo y sus actividades.
2. Averigua qué tipo de emigración española existe hoy en día. Relátale lo que encuentres al resto de la clase.
3. Recientemente ha habido oleadas de inmigrantes a España, en particular de Latinoamérica. Busca más información sobre este fenómeno y las razones por las que ha ocurrido.

El idioma: Del castellano al español

A tu parecer

1. En parejas, identificad las razones por las que un idioma se extiende y traspasa las fronteras. Usad ejemplos específicos.
2. En grupos, pensad en los idiomas que se consideran muertos. ¿Cómo ocurrió su decadencia? ¿Cómo hubiera sido posible evitar su desuso?
3. Con todo el grupo, dialogad sobre qué puede ocurrirle a un idioma cuando éste se extiende. ¿Cuáles son los factores en pro y los en contra de la extensión de un idioma?

Para conglomerar a los diferentes pueblos y culturas bajo una sola lengua durante el imperio, la Corona española se sirvió del *castellano*, debido a la normalización de las reglas ortográficas y estructurales en la *Gramática* de Antonio de Nebrija, y a la oficialización de este idioma por los Reyes Católicos. La expansión del imperio español dio lugar a la difusión del idioma a nivel político, cortesano, social, religioso y literario. En algunos territorios fue tanto el impacto del castellano que ni con la caída del imperio, ni con el pasar de los siglos, se ha borrado el uso de este idioma que ahora se conoce como el *español*. En otros pocos casos ha quedado esta lengua sólo como vestigio del antiguo imperio y raramente ha pasado al desuso total. Hoy en día, aún en otros territorios que ni formaban parte del imperio, se ha extendido a hablarse el español por razones políticas, sociales, religiosas, de inmigración y peregrinaje. Actualmente el español es la tercera lengua del mundo, una de las más extendidas. Aunque existen muchas variaciones del español, se intenta preservar su unidad y uniformidad ortográfica y estructural por medio de la literatura, la televisión, la informática y otros medios de comunicación, al igual que por las Academias de la Lengua Española que se encuentran en todo el mundo.

En el continente americano la extensión geográfica del imperio español ocupaba lo que ahora comprende México, Centroamérica, Sudamérica, Cuba, República Dominicana, Puerto Rico y parte del suroeste de los Estados Unidos. Los españoles recién llegados, aunque propagaban el uso del castellano, provenían mayormente de Andalucía. De hecho antes de emprender su viaje, los navegantes se reunían en Sevilla y luego en Canarias, y tal vez así se expliquen algunas tendencias lingüísticas y peculiaridades fonéticas del español trasladado al América. Unos ejemplos que se oyen en varias partes de Latinoamérica y del Caribe son la pérdida de la *d intervocálica* (prendido – prendío; acabado – acabao), la confusión entre la *r* y la *l* (comer – comel; aprender – aplendel); la aspiración de la *s* (isla – ihla; estas – ehtah); la pronunciación de *h* para la *g, x, y, j* y el *seseo*. Además el español de América consiste en una enorme influencia léxica, estructural y fonética de idiomas indígenas y africanos. A principios del siglo XV el Continente Americano era uno de los más fragmentados lingüísticamente, contando con más de 120 familias de lenguas indígenas, cada una con sus innumerables dialectos. La gran importación de esclavos negros procedentes de diferentes territorios africanos contribuyó a la mezcla de idiomas en el continente.

El español que se habla hoy en día en diversas regiones del continente Americano se debe a éstas y otras influencias seculares y variadas. Rafael Lapesa señala en su *Historia de la lengua española* que:

> *Cuando decimos 'español de América', pensamos en una modalidad de lenguaje distinta a la del español peninsular, sobre todo del corriente en el Norte y Centro de España. Sin embargo esa expresión global agrupa matices muy diversos: no es igual el habla cubana que la argentina, ni la de un mejicano o guatemalteco que la de un peruano o chileno. Pero, aunque no exista uniformidad lingüística en Hispanoamérica, la impresión de comunidad general no está injustificada: sus variantes son menos discordantes entre sí que los dialectalismos peninsulares, y poseen menor arraigo histórico. Mientras las diferencias lingüísticas de dentro de España han tenido en ella su cuna y ulterior desarrollo, el español de América es una lengua extendida por la colonización; y ésta se inició cuando el idioma había consolidado sus caracteres esenciales y se hallaba próximo a la madurez. Ahora bien, lo llevaron a Indias gentes de abigarrada procedencia y desigual cultura; en la constitución de la sociedad colonial tuvo cabida el elemento indígena, que, o bien aprendió la lengua española, modificándola en mayor o menor grado según los hábitos de la pronunciación nativa, o conservó sus idiomas originarios, con progresiva infiltración de hispanismos; durante más de cuatro centurias, la constante afluencia de emigrados ha introducido innovaciones; y si la convivencia ha hecho que regionalismos y vulgarismos se diluyan en un tipo de expresión hasta cierto punto común, las condiciones en que todos estos factores han intervenido en cada zona de Hispanoamérica han sido distintas y explican los particularismos. El estudio del español de América está, por tanto, erizado de problemas cuya aclaración total no será posible sin conocer detalladamente, además de la procedencia regional de los conquistadores y primeros colonos de cada país —hoy explorada en buena parte— su definitivo asentamiento, sus relaciones con los indígenas, el desarrollo del mestizaje, las inmigraciones posteriores, y la acción de la cultura y de la administración durante el período colonial y el siglo XIX.*
>
> *(Rafael Lapesa.* Historia de la lengua española, *9a Edición.*
> *Madrid: Editorial Gredos, S. A., 1981, pp. 535–6)*

De menor impacto fue la influencia del imperio español en las islas Filipinas. Desde 1565 hasta 1898 la hispanización de las islas fue mucho más superficial que en el caso del continente americano. A causa de la distancia geográfica la Corona gobernaba las islas por medio de México, y la lengua ocupaba una función meramente administrativa, cortesana y cultural. Al independizarse las islas en 1946, se estableció el español como lengua oficial junto al inglés y al tagaló o filipino; luego en 1987 el español perdió su estado oficial. Hoy en día las Islas Filipinas cuentan con casi dos millones de hispanohablantes muy determinados en fomentar el renacimiento del español en su país. Comenta Edmundo Farolán de la Academia Filipina:

> *Es verdad que el español, si lo entendemos como el castellano, es hoy día una reliquia en Filipinas. La mayoría de los filipinos ya no hablamos el castellano, pero hablamos dialectos que tienen sus rasgos en español. (...) Lo que ha pasado en los últimos años es la estrategia problemática que el gobierno filipino tomaba en la enseñanza del español. Se enseñaba 'desde arriba', como los curas odiados que predicaban desde el pupitre, lo cual fue un error tremendo porque los filipinos, por su historia de cuatro siglos, se cansaron ya de ser dominados por los españoles, tal que rebelaron y ganaron en la guerra de 1898, como lo que ocurría en sus otras colonias, y desde entonces, nosotros sentimos que no era correcto que la lengua filipina sea el castellano, una lengua forzada por los colonizadores. (...) Ahora, si la estrategia fue lo que Gómez Rivera y yo pensábamos, es decir enseñar el español 'desde abajo', desde el nivel de las masas, y no 'desde arriba' desde las torres de marfil, quizás el español sería hoy día una lengua hablada, una de las lenguas propiamente habladas en Filipinas además del inglés, tagaló y los dialectos nativos.*
>
> *(Edmundo Farolán, "Geometria luminosa",* La Guirnalda Polar *N°16 (febrero 1998))*

Actualmente el español es uno de los idiomas oficiales de la ONU, de la Unión Europea y de otras organizaciones internacionales. Con la difusión del idioma a través de las redes del Internet, promete ser una de las lenguas de mayor expansión en este nuevo siglo.

Para conocer mejor

1. En tu opinión, ¿fue justa la decisión de declarar el castellano el idioma del imperio? ¿Por qué sí o por qué no?
2. ¿Qué papel desempeñan las Academias de la Lengua para el mantenimiento y extensión del español en el mundo? (ver Capítulo 2)
3. ¿En qué forma piensas que los emigrantes y los exiliados tratados en este capítulo hayan podido influir en la expansión del español en el mundo?
4. ¿Por qué es polémico y debatible decir que en el continente americano se habla castellano?
5. Según Rafael Lapesa, ¿en qué se asemejan el español peninsular y el español americano?

6. ¿Qué diferencias y similitudes histórico-lingüísticas hay entre Cuba, Puerto Rico y las Filipinas?
7. Compara el esfuerzo para recuperar el español en Filipinas con los esfuerzos en España para mantener los idiomas regionales (el valenciano, el extremeño, etc.)
8. Edmundo Farolán dice: "La mayoría de los filipinos ya no hablamos el castellano, pero hablamos dialectos que tienen rasgos en español". ¿Por qué es contradictoria esta oración?
9. ¿Qué significa enseñar desde arriba y enseñar desde abajo?
10. En tu opinión, ¿cómo puede ayudar el Internet a fomentar una mayor expansión del español?

Para saber más

1. Busca más información sobre otros idiomas que se han extendido por todo el mundo al igual que el español, como el inglés por ejemplo. ¿Cuáles son las similitudes y las diferencias entre la historia de la expansión del español y del inglés?
2. Busca más información sobre las comunidades de hispanohablantes que viven en países donde el español no es el idioma oficial.
3. Busca más información sobre los esfuerzos para revivir el español en las Filipinas.

El arte y la arquitectura: El Barroco y las Américas

A tu parecer

1. Con todo el grupo, formad un debate sobre si las condiciones políticas de un país deben o no influir en el arte.
2. En grupos, tomad un movimiento o época artísticos, y describídselo a los otros grupos. Tratad de usar ejemplos concretos.
3. En parejas, identificad ejemplos en que el arte y la arquitectura se enriquecen con el contacto con otras culturas. Tratad de usar ejemplos específicos.

En el siglo XVII España experimenta una transformación excepcional en todos los aspectos de su cultura, que curiosamente coincide con una etapa de crisis económica, social, política y militar que la colocan en una situación muy por debajo de otras potencias europeas como Francia e Inglaterra. Las causas de la rápida decadencia del imperio tienen que ver con la pobre administración de las políticas interna y externa por parte de los llamados Austrias menores —Felipe III, Felipe IV, Carlos II y sus respectivos ministros.

Algunas de las causas de la crisis de dirección política y administrativa de la España de la época tienen que ver con las guerras innecesarias, y la expulsión de los moriscos. Ambos hechos generan una agudización de los problemas demográficos, el hambre, las enfermedades, las rebeliones y sublevaciones de sectores importantes de la población, así como también el éxodo de millares de campesinos a los principales centros urbanos, lo que ocasiona altos índices de mendicidad y delincuencia.

Esta crisis contrasta con el auge de ese gran movimiento artístico que es el Barroco y que impacta todos los aspectos de la realidad. El estilo Barroco se opone radicalmente al equilibrio, la proporción, la serenidad y la armonía clásica que predominaba en el Renacimiento, y por el contrario le da rienda suelta al movimiento y al dinamismo, la teatralidad, el detalle en la decoración, el gusto por la ornamentación, el contraste y el uso de las líneas curvas. La idea de los artistas Barrocos era impactar, impresionar y maravillar al público; desarrollar sus sentidos y su imaginación con la ilusión de enormes espacios, formas inmensas y grandiosas. Todo esto con el trabajo magistral en el uso de herramientas y materiales como el mármol, el oro y la piedra.

El Barroco originalmente fecundado en Italia se esparce no sólo por todo el continente europeo, sino que alcanza también a Hispanoamérica en donde se mezcla impresionantemente con las nacientes formas artísticas coloniales, y con las manifestaciones ya establecidas de arte indígena. A esta fusión artística se le denomina también Barroco mestizo. Muchas de las obras hispanas tienen una temática religiosa que refleja una fusión entre los mitos indígenas y los cristianos. Tal es el caso de "La virgen del Cerro Rico de Potosí", una impresionante muestra del arte colonial del alto Perú. Esta peculiar interpretación iberoamericana del Barroco se reflejará también en la construcción de monumentos, catedrales, templos y viviendas. La pintura, la arquitectura y la escultura constituyeron las formas artísticas barrocas más desarrolladas en todos y cada uno de los países hispanoaméricanos, pero no fueron sin embargo las únicas; también la orfebrería y la carpintería las adoptaron los indígenas para dar un toque único, exclusivo a sus trabajos.

La arquitectura de México ofrece muchas manifestaciones barrocas como se puede apreciar en la decoración de la Catedral de Ciudad de México, el templo de la Santísima Trinidad construido entre 1755 y 1783, y muy especialmente la Catedral de Zacatecas considerada por muchos como el mayor ejemplo del Barroco hispanoamericano. También la pintura barroca se manifiesta en México con artistas de la talla de Luis Juárez, Cristóbal de Villapando y Miguel Cabrera; además en Guatemala, la Catedral de Guatemala y la Basílica de Esquipulas mandada a construir por Fray Pedro Pardo de Figueroa en 1736, para que se trasladara allí al Santo Cristo de Esquipulas, considerado milagroso por miles de centroamericanos, quienes cada año acuden en peregrinaciones para venerarlo. En Colombia buena parte de los templos de la ciudad de Popayán se consideran verdaderas joyas barrocas, pero muy especialmente la Capilla del Rosario que se encuentra dentro del Templo y Convento Renacentista de Santo Domingo. Esta capilla se le conoce también como la capilla Sixtina de Hispanoamérica; así mismo los conventos de Santa Fe de Bogotá, los templos de Cartagena de Indias, las obras del escultor Pedro Laboria, las pinturas barrocas de Antonio Acero de la Cruz, Gregorio Vázquez y del padre e hijo Baltazar y Gaspar de Figueroa. En el Perú las muestras del Barroco son el convento de San Agustín y San Francisco de Lima, la Catedral de Cajamarca, la de Arequipa y la fachada de la Catedral de Cuzco. Esta última fue levantada sobre el antiguo Kiswar Cancha, palacio del inca Virachocha.

Catedral de Cuzco, Perú

La riqueza y elaboración de los diseños y la estructuras barrocas siguen maravillando al público, tanto en las Américas como en España. El movimiento y la ornamentación sirven de mayor contraste con los estilos arquitectónicos anteriores, y abren el camino para cambiar la perspectiva del pueblo español, incitando su sentido de fantasía e imaginación.

Para conocer mejor

1. En tu opinión, ¿cómo influyeron las dificultades políticas en España en su producción artística?
2. Compara o contrasta la "decadencia" de la sociedad española con las tendencias del arte barroco.
3. En el Capítulo 5 se describe "la paella" como platillo barroco. Compara este plato gastronómico con el arte descrito en esta lectura.
4. En tu opinión, ¿por qué el Barroco en América se manifiesta con representaciones religiosas?
5. ¿Qué papel desempeña el arte indígena en el arte barroco?
6. Compara la adaptación del arte barroco español en las Américas con la adaptación de las recetas del turrón en el continente americano. (ver este mismo Capítulo)
7. ¿Cuáles son las diferencias y similitudes entre el Barroco en España y el Barroco de las Américas?
8. Compara la Catedral de Zacatecas con la Catedral de Santiago de Compostela. (ver Capítulo 3)
9. Compara la Virgen del Cerro con algún retrato de El Greco. (ver Capítulo 12)
10. Compara la fachada de la Catedral de Cuzco con El Escorial. (ver Capítulo 2)

Para saber más

1. Busca más información sobre los artistas mencionados en esta lectura.
2. Selecciona una pieza artística del Barroco español, y compárala con una del Barroco de las Américas.
3. Busca más información sobre la influencia indígena en la arquitectura barroca en las Américas.

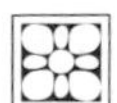 Las fiestas y el folclore: La guitarra española

A tu parecer

1. En parejas, identificad los instrumentos de cuerda que conozcáis. ¿De dónde se originó cada uno de ellos?
2. En grupos, pensad en instrumentos que se identifiquen con ciertos países en particular. ¿A qué se debe esta conexión?
3. Con todo el grupo, formad un debate sobre si es posible clasificar instrumentos como cultos o plebeyos.

En la España del medioevo se utilizaban varios instrumentos de cuerda para acompañar el cante. Los antecesores de la guitarra: la cítara, la cítola, el laúd, la vihuela, la guitarra morisca se tocaban mayormente con púa o el extremo de la pluma de aves hasta el siglo XV, cuando se independizó el uso de estos instrumentos del cante, y los músicos empezaron a desarrollar más técnica en los dedos. El laúd y la vihuela, los instrumentos cortesanos por ontonomacia, y la guitarra morisca, de índole más popular, se abandonaron a causa de los prejuicios religiosos de la época, debido a su origen árabe. La guitarra latina también de herencia árabe sobrevivió el recelo, quizás por su nombre, quizás por sus tonos más occidentales, y hacia el siglo XV comenzó a redondearse su cuerpo en forma de ocho, muy semejante a aquel de la guitarra moderna. La guitarra latina consistía en cuatro pares de cuerdas que luego se convirtieron en cinco y seis. La guitarra moderna es el resultado de varios siglos de desarrollo, construcción y experimentación por parte de guitarristas y músicos españoles, italianos y alemanes.

Uno de los mayores proponentes de la guitarra fue Francisco de Asís Tárrega, nacido en Villareal (Castellón) en 1852. Antes de Tárrega la guitarra se consideraba un instrumento plebeyo, secundario, únicamente de acompañamiento. En esa época la guitarra carecía de repertorio y las selecciones que se tocaban no propulsionaban la técnica que el instrumento posibilitaba. Además de desarrollar enormemente las técnicas de la mano derecha, Tárrega realizó muchas transcripciones de la música de Haydn, Bach, Beethoven y Mozart. Los discípulos de Tárrega ejecutaban estas composiciones transcritas con tanta destreza, que así influyeron a otros grandes maestros de la guitarra en todo el mundo. Se destacan entre ellos Mario Castelnuovo-Tedesco, italiano, que al mudarse a los Estados Unidos trabajó para la compañía Metro Goldwyn Meyer como compositor de música para películas. Isaías Savio, uruguayo y Heitor Villa-Lobos, brasileño, fueron influenciados por Tárrega, y a su vez desarrollaron técnicas aún menos ortodoxas y más innovadoras.

Andrés Segovia, nacido en Linares (Jaén), también fue influenciado por Tárrega quien aceptó tomarlo como alumno. Desafortunadamente Tárrega murió antes de que se diera a conocer. Segovia se conoce como el mejor guitarrista de su tiempo porque elevó la guitarra de un instrumento "vulgar" a uno "culto" y mundialmente respetado en salas de concierto. Influyó a un sinnúmero de guitarristas de varias partes del mundo como John Williams, australiano, David Russell, escocés, Christopher Parkening, Alirio Díaz, Elliot Fisk y Oscar Ghiglia. La guitarra actual es un instrumento claramente internacional: muchas composiciones y ejecuciones clásicas han sido desarrolladas por guitarristas y músicos de todo el mundo. Los intérpretes y luthiers de renombre han sido españoles, al igual que de otros países.

La guitarra flamenca nació en España, y también ha influido la música en todo el mundo. Difiere de la guitarra clásica en construcción y en las técnicas que se utilizan para tocarla, que se definen por ser más espontáneas. Al igual que la guitarra clásica, la flamenca comenzó como instrumento de acompañamiento al cante; pero desde Niño Ricardo y Agustín Castellón "Sabicas" hasta Manolo Sanlucar, Serranito, y el gran maestro Paco de Lucía, la guitarra se ha transformado, ha alcanzado su mayor potencial. En la actualidad influye también en una infinidad de estilos musicales, como por ejemplo el jazz.

Desde sus antiguos y humildes comienzos con los instrumentos de cuerda árabes hasta la complejidad de construcción y la elaboración de técnicas y sonidos de las épocas más modernas, la guitarra española sigue desarrollándose en su forma clásica y flamenca, influyendo y hasta revolucionando la percepción musical del mundo entero. Félix Grande habla de Paco de Lucía en su *Memoria del Flamenco*. En sus palabras se puede percibir el poder que han alcanzado la guitarra y el guitarrista en su camino siempre hacia el porvenir:

> *...escucho ahora otro tema de este disco, un tema que se llama "Cueva del gato"; es una rondeña que se abre con una tenebrosa soledad (...) luego, un trémolo doloroso, todo muy lento, despidiéndose; poco después, esa parsimoniosa rondeña aprieta el paso, echa a correr. ¿A dónde va? Algo con esta prisa está empezando. Y corre y corre esa rondeña sincopada y nerviosa, casi furiosa y altiva, solitaria, apretando los dientes. ¿A dónde va? Y Paco de Lucía, ¿a dónde va con ella? ¿A dónde irá después de ella? En realidad no importa el sitio: importa sólo ir. La soledad, la angustia, el desconcierto, todo eso nada importa: importa sólo hacer. Sufrir, ¿qué importa? Importa únicamente perseguir.*
>
> *¿Perseguir a qué, santodiós? ¿Al tiempo, al enigma del ser, al pliegue del universo donde nace la música, al último rincón del desconsuelo en donde nos espera tal vez un vaso de consuelo? ¿Perseguidor de qué? Mientras escucho los com-*

pases más veloces de esta rondeña que va corriendo por la música estoy imaginando a Paco de Lucía, con su sonrisa bondadosa y su escondida falta de sosiego; sentado, como él suele sentarse, a la manera musulmana; con una guitarra en los brazos, simulando que está tranquilo. Pero no está tranquilo. Está mirando a la guitarra. La está mirando fijamente. La mira como si lentamente se estuviera volviendo loco y empezase a pensar que la guitarra habla. Y habla.

(Félix Grande. Memoria del flamenco.
Tomo 2. Madrid: Espasa-Calpe, S.A., 1979, pp. 659–60)

Para conocer mejor

1. ¿Por qué es la popularidad de la guitarra latina un ejemplo de la discriminación española en contra de lo árabe?
2. Compara los instrumentos árabes antecesores de la guitarra con la gaita celta. (ver Capítulo 3) ¿Cómo, por quién y en qué contexto se utilizaba?
3. En tu opinión, ¿qué razones pudieron haber generadas un cambio en la construcción de la guitarra?
4. Según tu punto de vista, ¿por qué es polémico clasificar un instrumento como culto y otro como plebeyo?
5. ¿Por qué piensas que la guitarra se presta como instrumento a la popularidad internacional?
6. ¿Cuáles son algunas diferencias entre la música de guitarra clásica y la música de la guitarra flamenca?
7. En tu opinión, ¿en qué puede consistir la transformación o revolución de la guitarra?
8. Según tu punto de vista, ¿cuáles pueden ser algunos peligros de la internacionalización de la guitarra?
9. Félix Grande descibe el toque de la guitarra como un viaje o un caminar. ¿Por qué?
10. En tu opinión, ¿cómo puede hablar la guitarra?

Para saber más

1. Busca más información sobre los guitarristas clásicos o flamencos mencionados en la lectura.
2. Busca más información sobre la diferencia entre la música clásica y la música flamenca.
3. Busca más información sobre otros instrumentos de cuerda de España.

Gastronomía: El turrón

A tu parecer

1. En parejas, identificad algún postre típico de vuestra cultura que se consuma para conmemorar algún evento o celebración particular.
2. En grupos, pensad en algún platillo que se consume mundialmente. ¿Hay variaciones en las recetas? ¿A qué se deben estas variaciones?
3. En grupos, identificad algunos postres u otros platillos que se confeccionen para distribuirse en todo el mundo. ¿De dónde se provienen? ¿A qué se debe su popularidad?

El turrón es un postre que se elabora y se consume en España en la época de las fiestas navideñas. Se elabora con pocos ingredientes básicos: miel, yemas y masa de almendras. Aunque el origen de este bocado no está claro, se piensa que fue creado por los árabes, dado que se hace referencia a un postre parecido en *Las mil y una noches*. Pero la combinación de nueces o almendras y miel es postre también de origen judío, que se desarrolló luego en el *nougat provenzal*. Los italianos, por otro lado, sostienen que los turrones o *torroni* nacieron en la ciudad de Cremona en el siglo XV, cuando en la boda de Bianca Visconti y Francesco Sforza se sirvió un postre en forma de torreón. Pero luego muchos italianos reconocen que probablemente este postre les llegó de los árabes por medio de los españoles. Lo más problable es que les haya llegado esta golosina por medio de Cataluña, donde aparece primero con el nombre de terró y luego torró en la primera mitad del siglo XIV. Siguen muchas teorías y leyendas sobre el origen del turrón, pero la más segura parece ser la que lo vincula a las huellas árabes en España, y que desde España se ha exportado en todo el mundo.

Hay muchas variedades de turrones en España: los hay de Alicante, de Jijona, de Castuera, pero sus ingredientes son similares: azúcar, clara de huevo, miel y almendra tostada. Con el pasar de los siglos se ha distribuido este postre a varios lugares del mundo: además de Italia, a otros países europeos, asiáticos, africanos y americanos. Es sin duda un postre internacional por excelencia. Muchas culturas han adaptado la receta básica sustituyendo los ingredientes a su propio gusto y segun sus tradiciones y ambientes. El procedimiento sin embargo parece mantenerse igual, la elaboración de una masa caramelizada en forma de torta o tableta rectangular. Aquí reproducimos algunas recetas para el turrón de diferentes culturas para compararlas y contrastarlas.

Turrón de Alicante (España)

Ingredientes (como pa' una tableta)

125 grs. de azúcar
una clara de huevo
250 grs. de miel
1/2 kg. de almendras

Preparación

Se preparan las almendras para tostar, cortándolas en trozos grandes y metiéndolas a continuación en el horno para dorarlas ligeramente. Se pone el azúcar al fuego con un pocillo de agua para hacer un almíbar a punto de caramelo, cuidando de que no se tueste. Por otro lado se calienta la miel, y una vez deshecha se agrega el almíbar, removiéndolo de prisa fuera del fuego para que no se queme. Cuando está todo mezclado, se vuelve a acercar al fuego sin dejar de removerlo, se le da el punto de lámina (cuando el almíbar cae formando lámina). Conseguido esto, se añaden las almendras y la clara de huevo batida a punto de nieve. Se trabaja la mezcla hasta que quede bien unida y se echa en un molde forrado con obleas, poniendo debajo un papel blanco. Se deja endurecer, se saca del molde y ya puede utilizarse.

(Las recetas del cunao)

Turrón de coco (Cuba)

Ingredientes para 6 porciones

1 taza de coco rallado
2 tazas de azúcar
1/2 taza de leche
1/8 cucharadita de sal
1 cucharada de mantequilla
1 cucharada de vainilla

Preparación

Mide la cantidad de coco, apretándolo bien en la taza. Mézclalo con el azúcar, la leche, la sal y la mantequilla en una cacerola. Pon la cacerola en el fuego y mueve constantemente de un lado a otro, con cuchara de madera, para que no se pegue al fondo. Cuando esté espeso y al moverlo se vea el fondo de la cazuela, bájalo de la candela. Añádele la vainilla, bátelo y viértelo en un molde pequeño engrasado con mantequilla. Déjalo enfriar antes de cortarlo en cuadritos.

(Cocina Latina)

Turrón de Doña Pepa (Perú)

Para 10 personas

500 gramos de harina preparada
250 gramos de manteca
1 tapa de chancaca
1 pizca de anís de grano
1 pizca de achiote
clavo de olor
canela entera
cáscara de naranja o limón, limón, sal

Preparación

Luego de remojar el anís en un vaso de agua tibia, cernimos la harina y la mezclamos con la manteca. En este momento, añadimos el agua con una pizca de achiote (hasta que la masa adquiera una coloración entre amarillo y anaranjado). Luego, agregamos una pizca de sal, las pepas del anís (remojadas en agua tibia) y amasamos (utilizar el agua del anís). Dejar reposar la masa. Posteriormente, hacer rollitos circulares (estos deben poseer un largo de acuerdo a la fuente en la que hornearán). Llevar al horno hasta que se doren y se inflen levemente. Por otro lado, elaboramos la miel con chancaca, clavo de olor, canela en corteza, cáscara de naranja o limón (también podemos agregar unas gotas de limón). Este dulce debe tener una consistencia gruesa. Finalmente, armamos el turrón, colocando los palitos horneados e intercalados con la miel. Para adornar el turrón utilizar confites de azúcar.

(Sabores del Perú)

Para conocer mejor

1. Compara la polémica en torno al origen del turrón con la polémica en torno al origen de la guitarra. (ver este mismo capítulo)
2. En tu opinión, ¿por qué hay tantas variedades de turrón en España?
3. Compara la exportación del turrón con la emigración de los españoles por todo del mundo. (ver este mismo capítulo)
4. ¿Cuál es la relación entre el turrón y la tradición judía?
5. Compara el origen del turrón según los italianos y los castells de Cataluña. (ver Capítulo 10)
6. Compara el turrón con la crema catalana. (ver Capítulo 10)
7. Compara la elaboración del turrón de Alicante con su presentación.
8. ¿Qué diferencia hay entre el turrón de Cuba y el de Alicante?

9. ¿Cuáles son los ingredientes "peruanos" en el turrón de doña Pepa, y como se distingue este turrón de los otros?
10. Mirando los ingredientes de las tres recetas, ¿cuál te gustaría más probar? ¿Por qué?

Para saber más

1. ¿Qué otros postres hay en España? ¿Cuál es su origen?
2. Busca más recetas de turrones de otras partes del mundo.
3. ¿Qué otras comidas típicas se comen en España durante la época de navidad?

Aspectos sociopolíticos: El exilio español

A tu parecer

1. En parejas, identificad algunas de las razones para el exilio. Usad ejemplos concretos.
2. En grupos, pensad en un personaje histórico que sea famoso por haber sido exiliado de su país. Comparad vuestro personaje con el de otro grupo.
3. En parejas, pensad en los sentimientos que pueda sufrir un exiliado mientras está en otro país. Comparad vuestras ideas con las de otras parejas.

Todos Vuelven (Vals Peruano)

Todos vuelven a la tierra en que nacieron
Al embrujo incomparable de su sol
Todos vuelven al rincón donde vivieron
Donde acaso floreció más de un amor.

Bajo el árbol solitario del silencio
Cuantas veces nos ponemos a soñar
Todos vuelven por la ruta del recuerdo
pero el tiempo del amor no vuelve más (...)

que es santo el amor de la tierra,
que triste es la ausencia que deja el ayer.

Una de las consecuencias de la Guerra Civil española (1936–1939) y quizá una de las más nefastas fue el desplazamiento voluntario o involuntario —aunque en ambos casos forzado— al que se vieron sometidos miles y miles de españoles republicanos.

Entre 1939 y 1975 muchos de los españoles desplazados por la dictadura fueron generosamente acogidos por países europeos como Francia y la Unión Soviética; así como también por muchos países latinoamericanos, especialmente México y Argentina. Entre estos exiliados republicanos (socialistas, comunistas, anarquistas y nacionalistas gallegos, vascos y catalanes) se encontraban también muchos escritores, artistas, científicos y filósofos españoles. Todos ellos tuvieron que abandonar su cultura, o recibir todo el peso de la mano dura del fascismo nacional y extranjero encabezado por el general Francisco Franco.

Las mujeres hicieron también un papel protagonístico en la Guerra Civil española. En su proceso de resistencia al fascismo muchas de ellas también fueron fusiladas, encarceladas o tuvieron que abandonar su patria.

Dentro del marco de nostalgia y frustración que conllevaba su nueva vida por fuera de la patria, los escritores españoles en el exilio sublimaron esas carencias produciendo una importantísima y muy variada actividad artística. Gran parte de los contenidos de la obra en exilio refleja una actitud reflexiva y crítica de la dura realidad de la guerra y la posguerra. Escritores como Max Aub, Rafael Alberti, Luis Cernuda, León Felipe y Antonio Machado se consolidan como figuras importantes del exilio español.

En cuanto a la literatura escrita por mujeres merece la pena destacar el nombre de María Zambrano, excelente escritora quien en una de sus obras dramáticas *La tumba de Antígona* logra recrear, de manera simbólica, el impacto nefasto de la guerra y el exilio. Otras escritoras también reconocidas por la crítica son Concha Méndez, Nuria Parés, Ernestina de Champourcín y Rosa Chacel.

El llanto es nuestro

Español del éxodo y del llanto, escúchame sereno:

En nuestro éxodo no hay orgullo como en el hebreo. Aquí no viene el hombre elegido, sino el hombre. El hombre solo, sin tribu, sin obispo y sin espada. En nuestro éxodo no hay saudade tampoco, como en el celta. No dejamos a la espalda ni la casa ni el archivo ni el campanario. Ni el mito de un rey que ha de volver. Detrás y delante de nosotros se abre el mundo. Hostil, pero se abre. Y en medio de este mundo, como en el centro de un círculo, el español solo, perfilado en el viento. Solo. Con su Arca; con el Arca sagrada. Cada uno con su Arca. Y dentro de esta Arca, en llanto y la Justicia derribado. ¡La Justicia! La única Justicia que aún queda en el mundo (las últimas palabras de Don Quijote, el testamento de Don Quijote, la esencia de España). Si estas palabras se pierden, si esta última semilla de la dignidad del hombre no germina más, el mundo se tornará en un páramo. Pero para que no se pierdan estas palabras ni se pudra en la tierra la semilla de la justicia humana, hemos aprendido a llorar con lágrimas que no habían conocido los hombres.

Españoles:
el llanto es nuestro
y la tragedia también,
como el agua y el trueno de las nubes.
Se ha muerto un pueblo
pero no se ha muerto el hombre.
Porque aún existe el llanto,
el hombre está aquí de pie,
de pie y con su congoja al hombro,
con su congoja antigua, original y eterna,
con su tesoro infinito
para comprar el misterio del mundo,
el silencio de los dioses
y el reino de la luz.
Toda la luz de la Tierra
la verá un día el hombre
por la ventana de una lágrima...
Españoles,
españoles del éxodo y del llanto:
levantad la cabeza
porque yo no soy el que canta la destrucción
sino la esperanza.

(*Léon Felipe,* Español del éxodo y del llanto: doctrina, élegías y canciones. *México: La casa de España en México, 1939.)*

Dentro de estas nuevas oportunidades que les ofrecían otros países, los exiliados españoles trataban de hacerse camino, sin perder su identidad de origen. A pesar de que sufren interna y constantemente por las heridas abiertas que aún no lograban cicatrizar, por fuera de su tierra continuaban con su esfuerzo por difundir sus ideas, sus principios, su voz por una España humanitaria y democrática.

Para conocer mejor

1. ¿Cuál es la diferencia entre un exilio voluntario y un exilio no voluntario?
2. En tu opinión, ¿por qué fueron acogidos los exiliados españoles por Francia y la Unión Soviética?
3. Compara el papel que desempeñaron las mujeres en la Guerra Civil con el papel de las mujeres en los sitios de Aragón. (ver Capítulo 6)
4. Según tu opinión, ¿por qué el exilio fomentó la actividad artística de los desterrados?
5. Compara el emigrante con el exiliado. (ver este mismo capítulo)
6. ¿Cuáles son algunos factores que pueden afectar la identidad del exiliado, según tu punto de vista?
7. Explica el contraste que León Felipe hace entre los exiliados, los hebreos y los celtas.
8. ¿Según la lectura, ¿qué importancia tiene la justicia para los exiliados españolas?
9. ¿En qué consiste el éxodo y el llanto?, según el poema.
10. En tu opinión, dentro de tanta tristeza ¿cómo puede haber esperanza?

Para saber más

1. Busca más información sobre uno de los autores mencionados en la lectura.
2. Los individuos exiliados que se mencionan en la lectura son autores literarios. Busca información sobre gente de otras profesiones que también fueron desterrados de España durante la época de la Guerra Civil.
3. Busca más información sobre los factores, además de la Guerra Civil española, que causaron una migración hacia el continente americano.

Materiales suplementarios

La emigración

Historia general de la emigración española a Iberoamérica. Madrid; Historia 16: Madrid: Sociedad Estatal V Centenario, D.L. 1992.

Macías Domínguez, Isabelo. *La llamada del Nuevo Mundo: La emigración española a América, 1701-1750.* Sevilla: Universidad de Sevilla, Secretariado de Publicaciones, 1999.

Sánchez Alonso, Blanca. *Las causas de la emigración española, 1880–1930.* Madrid: Alianza, D.L. 1995.

Del castellano al español

Albalá Hernández, Paloma. *Americanismos en las Indias del Poniente: Voces de origen indígena americano en las lenguas del Pacífico.* Frankfurt am Main: Vervuert; Madrid: Iberoamericana, 2000.

Calzado, Araceli. *Gramática esencial: Con el español que se habla hoy en España y en América Latina.* Madrid: SM Ediciones, 2002.

Rivarola, José Luis. *El español de América en su historia.* Valladolid: Universidad de Valladolid, Secretariado de Publicaciones e Intercambio Editorial, 2001.

Sánchez Gómez, Luis Ángel. *Las Principalías indígenas y la administración española en Filipinas: aproximación etnohistórica.* Madrid: Universidad Complutense, 1991.

El Barroco

Flor, Fernando R. de la. *Barroco: Representación e ideología en el mundo hispánico, 1580–1680.* Madrid: Cátedra, 2002.

Schumm, Petra, ed. *Barrocos y modernos: Nuevos caminos en la investigación del Barroco iberoamericano.* Frankfurt am Main: Vervuert; Madrid: Iberoamericana, 1998.

Valdivieso, Enrique. *El Barroco y el Rococó.* Madrid: Alhambra, 1989.

El turrón

Navarro García, Eduardo. *El turrón canario: Alimento y postre artesanal.* 1a. ed. La Laguna, Tenerife: Centro de la Cultura Popular Canaria, 2001.

Vídeo

"The Image of Modern Spain", Films for the Humanities & Sciences, BVL2808.

"The New Spain", Films for the Humanities & Sciences, BVL9115.

"Spanish Writers in Exile", Films for the Humanities & Sciences, BVL30155.

CD

Paco De Lucía, "La fabulosa guitarrra de Paco de Lucía", "Fantasía flamenca", "Fuente y caudal", "Almoraima", "Castro Marín", "Passion, Grace and Fire", "Siroco", "Zyryab", "Concierto de Aranjuez", "Luzia" (Phillips).

Sabicas, "Flamenco puro" (Hispavox), "Flamenco Styles on Two Guitars" (Montilla).

Serranito, "Serranito y su guitarra" (Odeón), "Luz de luna" (Columbia), "Aires Flamencos" (Columbia).

Conclusión

Con la muerte del General Francisco Franco en 1975 se inicia en España un período de democratización y de rápidos cambios políticos, económicos y sociales. A Juan Carlos I se le proclama rey de España y el país se convierte en una Monarquía Constitucional. En 1976 Juan Carlos nombra como presidente del gobierno a Adolfo Suárez, al mismo tiempo que se redacta una Ley de Reforma Política, la cual los españoles aprueban abrumadoramente en un referéndum. En 1977 los partidos politicos, aún el Partido Comunista, obtienen su personalidad jurídica para actuar libremente en España. De esta manera se llevan a cabo las primeras elecciones libres y democráticas desde la Segunda República, y en las que triunfa el partido Unión Centro Democrático (UCD) de Adolfo Suárez, quien gobierna el país por los siguientes seis años.

Durante el período de Suárez, y más especificamente en 1978, el Parlamento español aprueba la Constitución democrática por medio de la cual se garantizan importantes reivindicaciones para España. El país es una Monarquía Parlamentaria, en la que pueden participar democráticamente todos los partidos politicos legalmente constituídos y reconocidos, así como también se da vía libre a los sindicatos de trabajadores para sacar adelante sus reivindicaciones laborales.

http://espana.heinle.com

Con la Constitución de 1978 se dan los primeros pasos hacia el reconocimiento de la autodeterminación de las diferentes regiones o Comunidades Autónomas con sus respectivas lenguas y dialectos, y muy particularmente con el gallego, vasco, catalán, valenciano y balear. Todas estas lenguas que se reprimen durante la dictadura del general Franco, son de origen románico, a excepción del vasco o euskera, cuyo origen aún hoy en día no está claramente establecido. Otros dialectos como el bable y el aragonés, pertenecientes a las Comunidades Autónomas de Asturias y Aragón respectivamente, todavía están en proceso de recuperación para usarse como lenguas en los Estatutos de Autonomías.

Con el gobierno de Suárez, España da un importante paso hacia su incorporación a la Comunidad Europea. Este esfuerzo llega finalmente a hacerse efectivo en junio de 1985 cuando, bajo el mandato del Primer Ministro socialista Felipe González, se firma el Tratado de Adhesión de España a la Comunidad Europea (hoy Unión Europea). Suárez renuncia a la presidencia en 1981 siendo sucedido temporalmente por Leopoldo Calvo Sotelo. El 23 de febrero de 1981, día en que justamente el Congreso debate la investidura de Sotelo, la transición democrática española se ve en peligro a raíz de un intento de golpe de estado, dirigido por el exteniente coronel de la Guardia Civil Antonio Tejero, quien asalta al congreso y mantiene secuestrados a algunos diputados. El rey Juan Carlos, las mismas fuerzas armadas y de conjunto todos los grupos democráticos del país repudian este intento de golpe, y reivindican el proceso democrático español. Se detiene y encarcela al coronel Tejero.

En 1982 se realizan las nuevas elecciones que dan la victoria al candidato del Partido Socialista Obrero Español (PSOE) Felipe González, quien lleva las riendas del país durante tres legislaturas consecutivas (1982–1996). En 1996 pierde las elecciones y es vencido por el Partido Popular y José María Aznar, a quien se elige como presidente de España.

Durante el mandato de Felipe González suceden varios hechos de gran envergadura para España. El 2 de diciembre de 1982, tras una consulta popular a través de un referéndum, España entra a formar parte de la Organización del Tratado del Atlántico Norte (OTAN). En el año de 1992 España invierte miles de millones de dólares en los actos conmemorativos de los 500 años de su llegada a América. También en 1992 Madrid se selecciona como Capital Cultural Europea, y se llevan a cabo la Exposición Universal EXPO 92 de Sevilla y los Juegos Olímpicos de Barcelona. Todos estos eventos, y muy especialmente las Olimpiadas, llegan hasta los más apartados rincones del mundo, gracias a los grandes avances en las telecomunicaciones.

El auge político de los socialistas durante la década de los noventa se ve desmejorado por una serie de denuncias por delitos de corrupción contra varios de sus ministros de gobierno, y de algunos de sus hombres contra confianza, entre los cuales está Mario Conde, ex-supervisor del Banco Español de Crédito (Banesto). Los escándalos terminan en dimisiones, arrestos y encarcelamientos que debilitan la popularidad del gobierno socialista, y lo llevan a perder el respaldo parlamentario en las elecciones regionales de mayo de 1995. En estas elecciones el PP obtiene 10 de los 13 gobiernos.

A la crisis del gobierno de González se une el descontento de los sectores trabajadores, debido a los altos índices de desempleo que en 1994 han alcanzado un 24 porciento, el nivel más alto de la Unión Europea. Sus líderes convocan cuatro importantes huelgas generales entre 1992 y 1994 dirigidas por la Unión General de Trabajadores (UGT), organización obrera que anteriormente ha simpatizado con el PSOE de Felipe González.

El Partido Popular sabe sacar buen provecho de la oposición a Felipe González a través de José María Aznar, jefe del Partido Popular (PP) —nombre actual de la Alianza Popular (AP)— un partido de derecha constituido en 1977 por antiguos miembros y ministros del general Franco. Aznar proviene de una familia acaudalada de Navarra, y antes de recibirse como abogado de la Universidad Complutense de Madrid es miembro militante del Frente de Estudiantes Sindicalistas (FES), una organización católica ultraconservadora. En abril de 1995, siendo candidato a primer ministro, Aznar sufre un atentado a manos de ETA, del cual se salva milagrosamente.

El Partido Popular de Aznar obtiene el triunfo en las elecciones parlamentarias del 3 de marzo de 1996 con un 38,9 porciento, después de entrar en alianza con grupos nacionalistas de Cataluña, País Vasco y Canarias, a quienes promete mayores cuotas para sus respectivas autonomías. El PSOE queda en segundo lugar con 37,5 porciento y la Izquierda Unida (IU) en tercero con un 10,6 porciento de los votos. De esta manera a Aznar se le nombra presidente del Gobierno España el 5 de abril.

A partir de 1989 el PP modera su discurso autoritario de corte franquista por uno más moderno, centrista y con proyección más europea. De esta manera el PP entra a formar parte de la Internacional Demócrata Cristiana.

Algunos de los aspectos más relevantes del gobierno de Aznar:

- El crecimiento del Mercado de trabajo español impulsado por un crecimiento de la economía sin mayores preocupaciones inflacionistas. Entre 1995 y 2000 la taza de crecimiento del producto interno bruto (PIB) se incrementa del 1,5 porciento, al 3,1 porciento. De la misma manera en el mismo período se da una reducción de los índices de desempleo de un 22,9 porciento en 1995, a un 15,1 porciento en el año 2000.

- La acumulación de ganancias para el estado de cuatro billones de pesetas por concepto de privatización de empresas públicas como Telefónica, Repsol, Enagás y Argentaria, entre otras.
- El ingreso de España a la Nueva Estructura de Mandos de la OTAN en 1997.
- Un distanciamiento de José María Aznar de la órbita alemana para buscar una más estrecha cooperación con el líder laboral inglés Tony Blair, el conservador italiano Berlusconi y el republicano George Bush. Aznar coincide ideológicamente y simpatiza con el proyecto centrista Tercera Vía de Blair, que desde planteamientos bien distintos ha conducido a su partido hacia un nuevo laborismo reformista y radical, en los que se adoptan a una serie de argumentos liberales. El 10 de abril de 1999 Aznar y Blair se reunen en la residencia que este último tiene en Chequers, para firmar una declaración conjunta en la que expresan sus pensamientos. Cabe destacar que este acercamiento entre dos mandatarios se da a pesar de que España mantiene una disputa con Gran Bretaña por la posesión de Gibraltar, que se encuentra en poder de los ingleses desde 1704.
- La toma de medidas radicales para contrarrestar las acciones terroristas del grupo separatista vasco ETA. Entre estas medidas están la confiscación de capitales manejados por los terroristas, la ilegalización del Partido vasco de Herri Batasuna que según Aznar "forma parte del conglomerado del terror en España", y acuerdos de lucha común con el gobierno francés para contrarrestar este grupo. Entre 1996 y 1997 se dan una serie de atentados terroristas por parte de ETA. Uno de los casos que más impactan la opinión pública de España y el mundo es el secuestro y posterior ejecución de Miguel Ángel Blanco, un joven militante del PP quien es asesinado después de haberse cumplido el plazo de 48 horas dado por ETA, para que el gobierno cumpliera con sus exigencias. Este acto es repudiado por el gobierno y los partidos de la oposición exceptuando a Herri Batasuna y al HB, grupo político considerado cercano a ETA.
- Un mayor acercamiento económico con América Latina. En el caso de las relaciones entre España y la República Socialista de Cuba, el gobierno de Aznar opta por un endurecimiento de su política frente a la isla, suspendiendo los créditos que ya se habían pactado durante las administraciones anteriores.
- El viaje de Aznar a Marruecos el 27 de mayo de 1996 para dialogar sobre a diferencias entre los dos países, sobre todo lo que tiene que ver con las ciudades de Ceuta y Melilla, reivindicada desde hace varios años por Marruecos.

- A partir del 1 de mayo de 1997 Aznar inicia la primera de una serie de visitas a los Estados Unidos para estrechar los lazos de amistad y cooperación con este país.
- Segundo mandato de Aznar. El PP obtiene una amplia victoria en las legislativas del 12 de marzo de 2000, con el 44,5 porciento de los votos y 183 escaños: y el 26 de abril Aznar, como en todas las convocatorias desde 1989 es el cabeza de lista por Madrid, gana la investidura por el Congreso con 202 votos a favor y 148 en contra (incluidos los de CIU, pero no los del PNV). Al día siguiente presta juramento para su segundo mandato.
- El 23 de febrero de 2003 alrededor de un millón de personas hacen manifestones en Madrid para protestar y exigir responsabilidades de los gobiernos central y de Galicia, por la mayor catástrofe ecológica de la historia del país con el derramamiento en costas gallegas de varias toneladas de petróleo crudo, tras el hundimiento del barco francés "Prestige".

La Unión Europea así como también la ONU experimentan actualmente un momento de crisis. La causa fundamental de esta crisis tiene que ver con los graves acontecimientos en Irak, que conducen a la invasión de este país por parte de una coalición de tropas de 300.000 soldados lideradas por los Estados Unidos e Inglaterra el 20 de marzo de 2003. Tras la invasión varios centenares de soldados y civiles iraquíes pierden su vida. También las tropas invasoras sufren un buen número de bajos. Varias ciudades de Irak, especialmente su capital Bagdad, son prácticamente destruidas por las fuerzas de la coalición quienes utilizan un sofisticado y ultramoderno armamento.

La UE no puede tomar una posición única frente a este conflicto. Dos tendencias claras son evidentes en esta crisis: la encabezada por Francia y Alemania que aboga por dejar a la ONU la toma de una decisión en torno a Irak; la otra completamente opuesta y radical apoyada por España, que favorece la propuesta de los Estados Unidos e Inglaterra (país que todavía no se ha incorporado a la UE) de invadir Irak. Esta última posición recibe el apoyo de 18 países europeos como Italia, Polonia y Portugal pertenecientes a la UE, y otros en proceso de pedir su entrada. El derrocamiento del presidente de Irak Saddam Hussein y la invasión de su país es un duro golpe para la UE, y pone de manifiesto que en la actualidad esta organización de países europeos no ha sido capaz de definir una política exterior propia, ni tampoco una política de defensa y justicia comunes. La invasión de Irak, independientemente de lo corrupto y dictatorial del régimen de Hussein, es una clara violación de las normas diplomáticas internacionales, y la repudian millones de personas en todo el mundo. No obstantes las protestas ni la ONU ni la UE pueden mediar para dar una salida pacífica al conflicto.

La crisis de Irak ha hecho que las relaciones entre Europa y los EE.UU. atraviesen por un momento difícil. Esto se debe en gran parte a la decisión estadounidense de invadir, y a la ausencia de un consenso entre los miembros de la UE sobre la conveniencia de dicha guerra. Todo esto ha llevado a una serie de enfrentamientos dentro y fuera de la ONU que es de esperar puedan resolverse pronto. Algunos países europeos ven esta crisis de Irak como una lección de la cual se debe aprender y sacar el mejor provecho. Después de la invasión los ministros de los países miembros de la EU se reúnen en Atenas para reclamar que sea la ONU, y no las fuerzas invasoras, quien entre a hacer un papel central en la reconstrucción de Irak. Paralelamente a esta reunión se da otra, la de los ministros de Exterior de los países árabes (Turquía, Irán, Kuwait, Arabia Saudí, Jordania, Siria, Egipto y Bahrain), quienes demandan que la reconstrucción de Irak, así como también la explotación y mercado de sus inmensas riquezas petrolíferas, sean obra del mismo pueblo iraquí. Merece la pena señalar que antes de la guerra el territorio iraquí constituye la segunda reserva mundial de crudo, con una producción de un poco más de 2.5 millones de barriles diarios y unas reservas conocidas de 112.500 millones de barriles.

Es de esperarse que en el transcurso de los acontecimiemtos presentes, la UE pueda continuar su marcha como federación política. De la misma manera en que se logra establecer una moneda única europea —el Euro— así mismo se espera que se pueda sacar adelante algunos de los proyectos de su agenda actual, como la elaboración de su propia Constitución y el nombramiento de un único presidente electo, así como también una política exterior y de defensa común y mayor cooperación intergubernamental entre los países miembros.

Otro paso importante hacia un fortalecimiento de la Europa integrada lo constituye la aprobación del Tratado de Adhesión, que va a permitir el ingreso de diez nuevos países: ocho del llamado "bloque soviético" (Hungría, Polonia, República Checa, Eslovaquia, Eslovenia, Estonia, Letonia y Lituania) y las islas mediterráneas de Chipre y Malta a partir del 1 de mayo de 2004. Con todas estas medidas la UE aspira a convertirse en un futuro no muy lejano en una superpotencia regional, y de esta manera poder entrar a competir con los Estados Unidos y otros países en un marco de igualdad y respeto mutuo.

Cronología

	100.000 a.C.		20.000 a.C.	1.000 a.C.	500 a.C.	1 d.C
Civilizaciones	100.000–40.000 a.C.	35.000 a.C.		1.100–775 a.C.		
	Hombre de Neanderthal en Gibraltar	Hombre de Cro-Magnon		Los fenicios fundan Cádiz y colonias cerca de Málaga		
Soberanos						
Historia					264–38 a.C.	
					Guerras Púnicas.Victoria de Roma y destrucción de Cartago (264–146 a.C.) Destrucción de Numancia (122 a.C.) Julio César conquista Hispalis (Sevilla) (45 a.C.) Octavio Agusto incorpora la península al imperio (38 a.C.)	
Arte y Arquitectura			18.000–14.000 a.C.	1.200 a.C.		
			Pinturas de Altamira (Cantabria)	Arte rupestre en Menorca		
Literatura						

	1 d.C.	300 d.C.		400 d.C.		500 d.C.		700 d.C.
Civilizaciones	10–414 d.C.				414–711			
	Período romano en la península				Período visigodo			
Soberanos	53–117 a.D.	306–337 a.D.	379–395 a.D		466–484 a.D.	554–567 a.D.	568–586 d.C.	673–711 d.C.
	Emperador Trajano	Emperador Constantino El Grande	Emperador Teodosio El Grande		Eurico, rey visigodo	Atanagildo, rey visigodo	Leovigildo, rey visigodo	Rodrigo, último rey visigodo
Historia		35–380 d.C.			476 d.C	554 a. D		711
		Cristianización de la península			Fin del Imperio Romano	Toledo, capital de Hispania		Batalla de Guadalete e inicio de la presencia árabe
Arte y Arquitectura	10–414 d.C.							
	Construcción de acueductos, puentes y anfiteatros							
Literatura						570–636 d.C.	m. 667 d.C	
						Obispo San Isidoro, escritor	San Ildefonso de Toledo, poeta y teólogo	

711	750	800	850	900	1000

	Fecha	
Civilizaciones	711–1492	Período musulmán de "Al-Ándalus" y reconquista de los cristianos
Soberanos		
musulmanes	756–788	Emir Abderramán I
	822–852	Califa Abderramán II
	912–961	Califa Abderramán III
cristianos	718–737	rey Pelayo
	744	Alfonso I, rey de Asturias y León
	866	rey Alfonso III
	905	Sancho I, rey de Navarra
	910	Ordoño, rey de Galicia y León
Historia	718	Comienza la Reconquista en Covadonga
	c.800	Se descubre la tumba del apóstol Santiago
	950	Conde Fernán González, independencia de Castilla
Arte y Arquitectura	711–1492	
musulmana		Época musulmana (Mezquita de Córdoba, la Giralda de Sevilla, la Alhambra de Granada y otras construcciones)
cristiana	c.800	Período románico
Literatura	711–?	Las jarchas

	1000	1200	1400

Categoría	Fecha	
Civilizaciones	1000–1492	Los musulmanes y los cristianos
Soberanos	1000–1035	Sancho III, el mayor rey de Navarra
	1035–1065	Fernando, primer rey de Castilla
	1035–1063	Ramiro, primer rey de Aragón
	1072–1109	Alfonso VI, rey de Castilla
	1158–1214	Alfonso VIII, rey de Castilla
	1213–1276	Jaime I, rey de Aragón
	1217–1252	Fernando III
	1252–1284	Alfonso X, El Sabio, rey de Castilla
	1469	Matrimonio de Isabel de Castilla y Fernando de Aragón
Historia	1085	Toma de Toledo
	1094	Rodrigo Díaz Toma de Valencia
	1137	Unión de Aragón y Cataluña
	1215	Fundación de la Universidad de Salamanca
	1230	Unión de Castilla y León
	1478	Tomás de Torquemada establece la Inquisición
Arte y Arquitectura	1285–1348	Ferrer Bassá
	1363–95	Jaume Serra
	1388–1424	Luis Borrassa
	1428–1460	Luis Daimau
	1450–1504	Pedro Berruguete
Literatura	1140	Poema, *Cantar del Mío Cid* y Mester de juglaría
	1250	Gonzalo de Berceo, *Milagros de Nuestra Señora*
	1252	Alfonso X, el Sabio *Siete Partidas . . .*
	1335	Juan Manuel, *El Conde Lucanor*
	1335	Juan Ruiz *El Libro de Buen Amor*

	1500	1600	1700

Civilizaciones	1492
	Los cristianos

Soberanos	1469–1504	1504–16	1516–56	1556–98	1598–1621	1621–65	1665–1700	1700–46
	Isabel y Fernando	Juana la Loca	(Los Hapsburgos) Carlos I de España y V de Alemania	(Los Hapsburgos) Felipe II	(Los Hapsburgos) Felipe III	(Los Hapsburgos) Felipe IV	(Los Hapsburgos) Carlos II	(Los Borbones) Felipe V

Historia	1492	1502	1512	1561	1571	1588	1643	1683–4	1702–14
	Triunfo en Granada, fin de la Reconquista, Colón viaja a América, expulsión de los judíos	Expulsión de los musulmanes	Se anexa Navarra	Madrid es capital de España	Batalla de Lepanto contra los turcos	Derrota de la Armada contra Inglatera	Batalla de Rocrois, Francia derrota España	Francia ataca Cataluña	Guerra de Sucesión (Tratado de Utrecht)

Arte y Arquitectura	1474–95	1450–1504	1541–1614	1565–1628	1591–1652	1598–1664	1599–1660	1618–82	1642–93	
	Bartolomé Bermejo	Pedro Berruguete	El Greco	Francisco Ribalta	José de Ribera	Francisco de Zurbarán	Diego de Velázquez	Bartolomé Esteban Murillo	Claudio Coello	

Literatura	1499	1503	1515–1582	1528–1591	1542–1591	1554	1547–1616	1562–1635	1561–1627	1580–1645	1600–1681	
	La Celestina de Fernando de Rojas	Garcilaso de la Vega	Santa Teresa de Jesús	Fray Luis de León	San Juan de la Cruz	*Lazarillo de Tormes*	Miguel de Cervantes	Lope de Vega	Luis de Góngora	Francisco de Quevedo	Calderón de la Barca	

	1750	1800	1850	1900
Civilizaciones				

Soberanos	1746–59	1759–88	1788–1808	1808–13	1814–33	1843–68	1871–3	1875–85	1886–1902	1902–1931
	(Los Borbones) Fernando VI	(Los Borbones) Carlos III	(Los Borbones) Carlos IV	José I, hermano de Napoleón	(Los Borbones) Fernando VII	(Los Borbones) Isabel II	Amadeo I de Savoya	(Los Borbones) Alfonso XII	(Los Borbones) María Cristina, Regenta por Alfonso XIII	(Los Borbones) Alfonso XIII

Historia		1808–14	1833–9	1847–9	1870–5	1873	1898	1923–30	1931
		Guerra de Independencia	Primera guerra carlista	Segunda guerra carlista	Tercera guerra carlista	Se declara la primera república	Independencia de Cuba, Puerto Rico y Filipinas	Dictadura militar de Primo de Rivera	Se declara la segunda república

Arte y Arquitectura	1746–1828		1863–1923	1881–1973	1887–1927	1893–1983	1904–1989
	Francisco de Goya		Joaquín Sorolla	Pablo Picasso	Juan Gris	Joan Miró	Salvador Dalí

Literatura	1726c–1850c	1830c–1900c	1850c–1920c	1928
	Neoclacisismo: Feijoo, Jovellanos, Luzean, Samaniego	Romanticismo: Duque de Rivas, Espronceda, Zorrilla, Campoamor, Becquer, Tamayo y Baus	Realismo: Alarcón, Valera, Galdós, Emilia Pardo Bazán, Blasco Ibáñez	Generación del 98: Unamuno, Azorín, Baroja, Valle-Inclán, Benavente, Antonio Machado, Juan Ramón Jiménez

	1930			1950		1970					2000
Civilizaciones											
Soberanos						1975–presente					
						(Los Borbones) Juan Carlos I					
Historia	1936	1936–9	1937	1955	1959	1975	1977	1982	1989	1992	2002
	Comienza la dictadura de Franco	Guerra Civil española	Bombardeo de Guernica	España se une a la ONU	Creación de ETA	Muerte de Franco	Restauración de la democracia	Copa mundial de fútbol	España se une a la Comunidad Europea (ahora Unión Europea)	Las Olimpiadas en Barcelona y la Expo '92 en Sevilla	Cambio de peseta al euro
Arte y Arquitectura	1852–1926		1923–		1930–					1997	
	Antonio Gaudí		Antoni Tapies		Antonio Saura					Museo Guggenheim en Bilbao	
Literatura	1927			1936–1974			1975–presente				
	Generación del 27: Jorge Guillén, Pedro Salinas, Federico García Lorca, Rafael Alberti, Aleixandre			Celaya, Angela Figuera, Camilo José Cela, Ana María Matute, Concha Zardoya, Carmen Laforet, Max Aub, Miguel Delibes, Elena Quiroga, Juan Goytisolo			Rosa Montero, Angel González, Gloria Fuertes, Luis Landero, Antonio Muñoz Molina, Lourdes Ortíz, Javier Marías, Juan José Millás, Julio Llamazares, Luis Mateo Díez, Manuel Vázquez Montalbán, Juan Marcé, Bernardo Atxaga, Soledad Puértolas				

Glosario de términos literarios y artísticos

Arte Rupestre dibujos y pinturas de la época prehistórica que se encuentran mayormente en cuevas.

Auto Sacramental alegoría en forma de drama breve.

Barroco estilo literario, artístico y arquitectónico de los siglos XVI, XVII y XVIII donde predominan el adorno, la complejidad y puntos de vista multiples.

Bizantino estilo de arte del Imperio de Oriente que floreció durante la Edad Media. Es una combinación del arte grecorromano y el árabe.

Conceptualismo estilo de arte con base en un concepto o una idea.

Costumbrismo género literario dedicado a la narración e interpretación de las costumbres y tipos del país.

Cuaderna vía también llamado verso alejandrino, estrofa de cuatro versos monorrimos de catorce sílabas cada uno. Es la estrofa típica del mester de clerecía.

Cubismo estilo moderno de arte donde se representan los objetos por su forma geométrica.

Exemplum cuento breve didáctico de tradición medieval que contiene moraleja.

Existencialismo pensamiento filosófico que analiza y describe la existencia concreta del individuo.

Expresionismo escuela y tendencia estética que, reaccionando contra el impresionismo, propugna la intensidad de la expresión sincera aun a costa del equilibrio formal.

Generación del 27 grupo poético formado en conmemoración del tercer centenario de la muerte de Luis de Góngora. Fueron muy influidos por las tendencias extranjeras de la vanguardia y se destacan por su espíritu de renovación incorporando lo popular y lo culto por igual. Muchos tuvieron que exiliar durante y después de la Guerra Civil española.

Generación del 98 grupo literario establecido en 1898 que intenta definir la nueva España no imperialista por medio de estudios del alma española. Se incorporan varios estilos como el modernista, el decadentista, el simbolista, el expresionista y el impresionista.

Gótico estilo de arte y arquitectura que se desarrolla desde el siglo XII hasta el Renacimiento. Viene a España desde Francia y se conoce por sus templos de decoración opulenta.

Ilustración movimiento filosófico en Europa durante el siglo XVIII dedicado a la difusión del saber y de la razón y a la crítica de las instituciones tradicionales.

Impresionismo corriente pictórica del siglo XIX que representa su objeto según la impresión que la luz produce a la vista, y no de acuerdo con la supuesta realidad objetiva. También se refiere al estilo literario o musical que traduce una determinada experiencia mediante la selección subjetiva de algunos de sus componentes.

Libro de caballería Género novelesco en que se cuentan las hazañas y hechos fabulosos de caballeros aventureros o andantes. En *Don Quijote de la Mancha,* Cervantes parodia el género.

Mester de Clerecía estilo literario de la Edad Media que se opone al de juglaría. Consiste en obras escritas por clérigos en cuaderna vía o verso alejandrino que tratan temas religiosos e históricos.

Mester de Juglaría estilo literario de la Edad Media que consiste en obras compuestas y recitadas de memoria por juglares o por cantores populares.

Minimalismo estilo de arte que propone el uso de un mínimo de formas.

Modernismo estilo literario de comienzo del siglo XX compuesto de formas y temas musicales y relucientes.

Mozárabe estilo de arte y arquitectura con influencia árabe.

Mudejar estilo arquitectónico donde se combina el arte cristiano y la ornamentación árabe.

Neoclasicismo estilo literario y arquitectónico del siglo XVIII que restaura los conceptos clásicos.

Picaresca género literario del Siglo de Oro que sirve como sátira de la sociedad del momento. Se origina en España en el siglo XVI como una reacción contra las novelas de caballería. El *Lazarillo de Tormes* sirve como ejemplo de este género.

Plateresco estilo decorativo en que el entalle se asemeja al trabajo en plata.

Poesía Trovadoresca poesía de tradición provenzal recitada por poetas de la Edad Media.

Renacimiento movimiento artístico y literario en Europa durante los siglos XV y XVI que demuestra vivo entusiasmo por el estudio de la Antigüedad clásica griega y latina.

Romance composición poética con rima asonante en los versos pares.

Románico estilo arquitectónico que consiste en la construcción de templos y monasterios que se distinguen por paredes masivas y por su falta de decoración.

Romanticismo movimiento artístico y literario del siglo XIX que se identifica por su subjetivismo y amor a lo folclórico. A través de este movimiento, se establecen rupturas con el arte clásico y antiguo.

Siglo de Oro época de más esplendor de la literatura de España entre los siglos XVI y XVII.

Superrealismo ver surrealismo

Surrealismo movimiento artístico y literario en que se expresan pensamientos sin preocupación por la lógica o la estética.

Ultraísmo movimiento literario con orígenes en Francia y Italia que floreció en España desde 1920 en adelante. Propone una renovación del espíritu y de las técnicas de la poesía, resaltando en particular el valor de la métafora.

Vanguardia tradición literaria surgida alrededor de la Primera Guerra mundial que tiende hacia la renovación y rompe con lo más tradicional.

Índice

These pages constitute an extension of the copyright page. We have made every effort to trace the ownership of all copyrighted material and to secure permission from copyright holders. In the event of any question arising as to the use of any material, we will be pleased to make the necessary corrections in future printings. Thanks are due to the authors, publishers, and agents for permission to use the material indicated.

 Epigraph Credits

115: *Rasmia* by Ángel Pestime. Reprinted by permission of the author.

160: *Sanfermines de San Fermín* by Francisco Javier Garisoaín. *Treinta y cinco sonetos variopintos.* Pamplona: Libros con Historia, S.A. Reprinted by permission of the author.

210: *Mediterráneo,* song by Juan Manuel Serrat. Reprinted by permission of Elizabeth García, Licensing Manager, SGAE.

232: *Asturias,* song by Víctor Manual San José and Joaquín González Regueiro. Reprinted by permission of Elizabeth García, Licensing Manager, SGAE.

 Text Credits

11: *La ija de Rey y el ijo del haham* from *Tehiat ametim: Koseja i konsejikas del mundo djudeo-espanyol* courtesy of Matilda Cohen Sarano.

21–22: *La guerra o la fiesta* by Eduardo Galeano in *La Jornada* (30 mayo 2002) courtesy of Lic. Jorge Martínez Jiménez, Gerente General, DEMOS.

32, 34: *Pongamos que hablo de Madrid,* song by Joaquín Sabina.

38: Interview with Ilan Stavans from *En torno al español* in *Cuaderno Cervantes, N° 31, 2001, VII.* Reprinted by permission of David Hernández de la Fuente, Editor Adjunto, Cuadernos Cervantes.

45: Tortilla de patatas a la española (Receta 521) in *1080 Recetas de cocina* by Simone K. Ortega.

55–56: *El árbol era la vida* from *Los Celtas* by Jorge R.A. Nuñez Cid.

59: *Andurinha,* song by Juan Pardo.

69: *La conciencia nacional gallega y la percepción pragmática de que "O que non chora, non mama"* from *¿Qué está pasando en Galicia?* (20 diciembre 1997) courtesy of Luis Bouza-Brey.

88: Recipe for Angulas a la cazuela from *Papeo,* an online collection by Ángel Cabiedes Escudero.

91–92: *Pugnan cinco premios Nobel por diálogo de paz en el País Vasco y España* in *La Jornada* (18 octubre 1998) courtesy of Lic. Jorge Martínez Jiménez, Gerente General, DEMOS.

101: *Dende Valencia, con amor* by Salvador Silvestre Larrea in *Refisa Enza N°13* courtesy of Manuel Zapata Nicolás, Presidente de la asociación cultural L'Ajuntaera.

106: Discurso de la Crida in *Raco Faller de Foment de Fires I Festes* courtesy of Sara Martín Marín, Fallera Mayor de Valencia del año 2002, and Francisco Collado Martínez, *Raco Faller.*

119–121: *Viridiana* from *Cineismo.com* courtesy of Guillermo Ravaschino, Director de *Cineismo.com.*

123–124: *Declarazion d'os dreitos d'o nino* from *L'aragones en Internet* by Anton Chuse Gil.

129–131: *La Virgen del Pilar* in *Humanismo Cristiano* (15 octubre 2001) courtesy of Reverendo Padre Pedro Hernández Lomana.

145: Rafael Lapesa. *Historia de la lengua española,* 9e. Madrid: Editorial Gredos, 1981, pp. 289–290. Reprinted by permission.

153–154: *Jornada de matanza* from *La matanza tradicional del cerdo* by Mario Fuentes.

157: *Los comuneros olvidados: La insurrección de 1781 en los llanos del Casanare* in *Boletín Cultural y Bibliográfico* reprinted by permission of Professor Jane Rausch, Department of History, University of Massachusetts, Amherst.

162: *De escrituras, mitos, leyendas y narraciones* by Santiago J. Vallé.

175: *El capotillo de Hemingway* in *Antología de Recuadros, Diario 16* (11 julio 1993) courtesy of Antonio Burgos, El Redcuadro (www.antonioburgos.com).

182–183: *Convivencia lingüística* in *El Correo* (9 julio 1998) reprinted by permission of Ángel Arnedo, Director, *El Correo.*

192: *Himno romanó* from *Del romanó al caló: Seis siglos de la lengua gitana en España* courtesy of Marcelo Romero-Yantorno.

201–202: *El mercado español del gazpacho envasado aumenta un 60% en dos años* from Notas de prensa (27 noviembre 2002), Taylor Nelson Sofres, reprinted by permission of MasterPANEL de TNS Worldpanel.

206: Pablo Neruda. "Generales traidores" from *España en el corazón*, Editorial Nascimiento (1937). Reprinted by permission of Bella Campillo, Representante de la Agencia Literaria Carmen Balcells.

215: *Crítica de la ley del catalán*, editorial piece by the Asociación Cultural Miguel de Cervantes in *Razón española, No. 99* (febrero 2000). Reprinted by permission.

215: *El catalán es la lengua propia de la UB* from Universitat de Barcelona Virtual. Reprinted by permission of Fernando Sánchez Mesones, Responsable de Màrqueting, UB Virtual.

228: *Una Cataluña abierta* in *La Vanguardia* (2 mayo 2002) courtesy of Emilio Cuatrecasas.

235: *Los indianos vuelven a casa* in *Crónica* (4 enero 2001), *El Mundo* by Mempo Giardinelli. Reprinted by permission of Mónica Herrero, Representante de Guillermo Schavelzon & Asociados.

248: Ramón Menendez-Pidal. *Romance nuevamente rehecho de la fatal desenvoltura de la Cava Florinda* from *Flor nueva de romances viejos, 4e.* Madrid: Espasa Calpe, pp. 43–44. Reprinted by permission of Carlos Ezponda, Director, Departamento de Derechos, Editorial Espasa Calpe S.A.

260: *The Spanish of Extremadura* courtesy of Dr. John Lipski, Department of Spanish, Italian, and Portuguese, Pennsylvania State University.

274: *Armada invincible* from *Batallas de España* courtesy of Francisco Moreno, Edad Antigua: Portal de la historia.

282: *La Atlántida* from *Canarias en la leyenda* courtesy of Julio N. Rancel-Villamandos.

285: *Por qué perderemos Ceuta* from *WebIslam* by Jesús Flores Contín, Secretario de Organización y Coordinador de Áreas de Izquierda Unida de Ceuta. Reprinted by permission of Abdennur Prado, Director, WebIslam.

295: *Carnaval* by Dulce Díaz Marrero.

300–301: *La cuestión del Sahara y la estabilidad de Marruecos* by Ángel Pérez González courtesy of Pilar Tena, Representante del Real Instituto Elcano (www.realinstitutoelcano.org).

308–309: *Los abuelos españoles en Cuba* in *La Revista* (7 septiembre 1997), *Diario El Mundo.* Reprinted by permission of Manuela Ortega Calvente, Asistente de Dirección, *El Mundo.*

312: *Geometría luminosa* in *La Guirnalda Polar, No. 16* courtesy of Edmundo Farolan Romero de la Academia de la Lengua Española de Filipinas and LGPolar Publishing Society A.C.

321: Recipe for Turrón de doña Pepa from *Sabores del Perú* (www.saboresdelperu.com) in *Proyecto Sabores del Perú* (2000) courtesy of Julio Durand, Presidente del Patronato del Perú (www.patronatodelperu.org).

324–325: León Felipe. *El llanto es nuestro* from *Español del éxodo y del llanto: doctrina, elegías y canciones, Libro I.* México: Colegio de México, 1939, p. 34. Reprinted by permission of David Pantoja Morán, Licenciado, Departmento Jurídico, Colegio de México.

Photo Credits

Front Cover Photos:

Left: Castellers Festival: Zefa Visual Media-Germany/Index Stock Imagery;
Center: Architectural detail: Kindra Clineff/Index Stock Imagery;
Bottom: Grass and poppies: Peter Adams/Index Stock Imagery; Spanish homes: Peter Adams/Index Stock Imagery; all other images are owned by Heinle.

All escudos or Coats of Arms within the text are courtesy of Jose Luis Brugués Alonso.

All images not otherwise credited were provided by Heinle, Thomson Learning.

17 © Heinle **33** © Robert / Roncen /CORBIS Sygma **40** © Christopher J. Hall; Eye Ubiquitous/CORBIS **45** © Heinle **49** © Charles & Josette Lenars/CORBIS **54** Courtesy Universe of Bagpipes at www.hotpipes.com **61** © Michael Busselle/CORBIS **65** Courtesy of University of Coruna **81** © Todd Daquisto/Index Stock Imagery **85** © Lake County Museum/CORBIS **87** © Kindra Clineff/Index Stock Imagery **88** © Dean Conger/CORBIS **98** © Archivo Iconografico, S.A./CORBIS **103** Courtesy of Lladro, and Roadside China **105** © Carl & Ann Purcell/CORBIS **108** © FoodPix **117** ©The Bettmann Archive/CORBIS **118** The Kobal Collection/Films 59/Ala Triste / Uninci **126** © Burstein Collection/CORBIS **127** © Archivo Iconografico/CORBIS **134** © Heinle **136** © Bettmann/CORBIS **144** © Archivo Iconografico/CORBIS **147** © Macduff Everton/CORBIS **152** © Ed Kashi/CORBIS **169** Courtesy of Sanda Kaufman, Levin College, Cleveland State University **174** © AFP/CORBIS **195** © Bettmann/CORBIS **196** © 2004 Estate of Pablo Picasso/Artists Rights Society (ARS), NY © Archivo Iconografico.S.A./CORBIS **198** © Peter Adams/Index Stock Imagery **200** © John Wood/Index Stock Imagery **206** © 2004 Estate of Pablo Picasso / Artists Rights Society (ARS), NY © Burstein Collection /CORBIS **211** © Colita/Corbis **218** © 2004 Successió Miró/Artists Rights Society (ARS), NY/ ADAGP, Paris © Christie's Images/CORBIS **219** © 2004 Salvador Dali, Gala-Salvador Dali Foundation/Artists Rights Society (ARS), NY © Bettmann/ CORBIS **220** © Tina Buckman/Index Stock Imagery **223** © AP/Wide World Photos **234** Courtesy of José Luciano Menéndez Muslera **239** © Gianni Dagli Orti /CORBIS **249** © Archivo Iconografico, S.A./CORBIS **250** Courtesy of Espana es **263** © Archivo Iconografico, S.A./CORBIS **266** © Archivo Iconografico, S.A./CORBIS **270** © Jacqui Hurst/CORBIS **281** © Jack Fields/CORBIS **288** © Hulton-Deutsch Collection/CORBIS **292** © AFP/Corbis **315** © Barbara Haynor/Index Stock Imagery